Wertorientierte Risikofrüherkennung und ihre Überwachung durch den Aufsichtsrat

Europäische Hochschulschriften
Publications Universitaires Européennes
European University Studies

Reihe V
Volks- und Betriebswirtschaft

Série V Series V
Sciences économiques, gestion d'entreprise
Economics and Management

Bd./Vol. 3055

PETER LANG
Frankfurt am Main · Berlin · Bern · Bruxelles · New York · Oxford · Wien

Alexander Lenz

Wertorientierte Risikofrüherkennung und ihre Überwachung durch den Aufsichtsrat

Haftungsrechtliche Implikationen aus §§ 111 Abs. 1, 91 Abs. 2 AktG für eine verbesserte Corporate Governance

PETER LANG
Europäischer Verlag der Wissenschaften

Bibliografische Information Der Deutschen Bibliothek
Die Deutsche Bibliothek verzeichnet diese Publikation in der Deutschen Nationalbibliografie; detaillierte bibliografische Daten sind im Internet über <http://dnb.ddb.de> abrufbar.

Zugl.: Marburg, Univ., Diss., 2003

D 4
ISSN 0531-7339
ISBN 3-631-52326-2

www.peterlang.de

Geleitwort

Der Komplex der Unternehmensüberwachung ist nicht nur in Deutschland ein hochbrisantes und aktuelles Thema, das auch in der breiten Öffentlichkeit intensiv diskutiert wird. Spektakuläre Fehlsteuerungen, die zum Teil in Unternehmenszusammenbrüche mündeten, haben die Bundesregierung 1997 veranlasst, das Gesetz zur Kontrolle und Transparenz im Unternehmensbereich (KonTraG) auf den Weg zu bringen. Darin wird in § 91 Abs. 2 des AktG vom Vorstand einer Gesellschaft verlangt, dass er geeignete Maßnahmen, insbesondere in Form eines Überwachungssystems, ergreift, um Entwicklungen, die den Fortbestand des Unternehmens gefährden, früh zu erkennen.

Herr Lenz beschäftigt sich in seiner Untersuchung vor allem mit der Frage, wie ein angemessenes Überwachungsverhalten des Leitungsorgans gesichert werden kann. Dies schließt die risikoorientierte Umsetzung der Organisationspflicht des § 91 Abs. 2 ebenso ein wie die Vermeidung von fahrlässigem bzw. vorsätzlichem Fehlverhalten der Entscheidungsträger. Als mögliches Anreizsystem zur Gewährleistung des angemessenen Überwachungsverhaltens bieten sich in erster Linie Haftungssanktionen an. Diese Sanktionen können nur auf der Basis rechtlich umsetzbarer Sorgfaltsstandards eingeleitet werden, die dann mit den Gestaltungsparametern und Modalitäten einer wertorientierten Unternehmensüberwachung verknüpft sein müssen. Insofern bewegt sich Lenz in seiner Schrift im Rahmen der ökonomischen Analyse des Rechts, die nahezu gleichgewichtig wirtschaftswissenschaftliche mit juristischen Argumentationen verbindet. Als Analyseraster verwendet er überwiegend den positiven Prinzipal-Agenten-Ansatz.

Im Ergebnis wird auf der Basis der wertorientierten Unternehmensüberwachung ein Haftungsregime entwickelt, das eine erfolgreiche Vorstandsüberwachung im Sinne der Unternehmensbeteiligten durch den Aufsichtsrat ermöglicht. Ich wünsche der grundlegenden, innovativen und gut geschriebenen Arbeit eine nachhaltige Beachtung in der wissenschaftlichen Diskussion und wirtschaftsjuristischen Praxis.

Prof. Dr. Joachim Krag

Vorwort des Verfassers

„Caminante, son tus huellas el camino, y nada mas;
caminante, no hay camino se hace camino al andar"
(A. Machado)

Der auch in der Einleitung der Habilitationsschrift von Frau Prof. Dr. Eva Terberger zitierte Beginn eines Gedichtes des spanischen Lyrikers *Machado* – zu übersetzen etwa mit: *Wanderer, deine Spuren sind der Weg, und sonst nichts; Wanderer, es gibt keinen Weg, der Weg ergibt sich beim Gehen* – stellt für mich im Rückblick eine treffende Metapher für den Entwicklungsprozeß der vorliegenden Schrift sowie für meinen persönlichen Lebensweg während ihrer Anfertigung dar. Ihre Fertigstellung ist mir gleichsam in einer Analogie ein Symbol dafür, dass sich letztlich immer ein „Weg" ergibt, solange man nicht aufhört zu laufen. Die Arbeit entstand während meiner Tätigkeit am Institut für Allgemeine Betriebswirtschaftslehre und Wirtschaftsprüfung an der Philipps-Universität Marburg und wurde vom Fachbereich Wirtschaftswissenschaften dieser Fakultät im Dezember 2003 als Dissertation angenommen. Es ist mir ein Anliegen, all denjenigen meinen Dank auszusprechen, die einen Beitrag zu ihrem Entstehen geleistet und mir damit im übertragenen Sinn geholfen haben, den „Weg" erfolgreich beschreiten zu dürfen.

Meinem Doktorvater, Herrn Prof. Dr. Joachim Krag, danke ich für die nachhaltige Betreuung sowie die mir großzügig eingeräumten Promotionsfreiräume. Herrn Prof. Dr. Michael Wehrheim danke ich für die Übernahme des Zweitgutachtens. Besonders bin ich auch meinem ehemaligen Kollegen PD Dr. Rainer Kasperzak für seine konstruktiven Ratschläge zu Dank verpflichtet. Sandra, Jan, Lorsch und Ralph danke ich für das kritische Korrekturlesen und einige sehr wertvolle Anregungen. Vielen Dank! Außerordentlichen Dank schulde ich darüberhinaus allen Freunden, die meiner Familie und mir in der persönlich schwierigen Zeit, die plötzlich mitten in der Entstehungsphase dieser Arbeit eintrat, beiseite gestanden haben. Ohne Übertreibung kann ich behaupten, dass ich den „Weg" ohne sie nicht bis zum Ende hätte gehen können. Die erfahrene Unterstützung werde ich nie vergessen.

Ohne die stetige Hilfe und den Rückhalt meiner Eltern und Großeltern in allen Belangen wäre weder mein Studium noch meine Promotion möglich gewesen. Ihnen gilt mein größter Dank und Ihnen widme ich diese Arbeit.

Marburg, im Januar 2004 Alex Lenz

Inhaltsverzeichnis

Abkürzungsverzeichnis

Abb.	Abbildung
Abs.	Absatz
AG	Aktiengesellschaft
AktG	Aktiengesetz
ALI	American Law Institute
APT	Arbitrage Pricing-Theorie
APV	Adjusted Present Value
Art.	Artikel
Aufl.	Auflage
Bd.	Band
BetrVG	Betriebsverfassungsgesetz
BGB	Bürgerliches Gesetzbuch
BGH	Bundesgerichtshof
BGHZ	Amtliche Sammlung der Entscheidungen des BGH in Zivilsachen
BMJ	Bundesministerium der Justiz
BörsZulV	Börsenzulassungsverordnung
bspw.	beispielsweise
bzw.	beziehungsweise
CAPM	Capital Asset Pricing-Modell
CFROI	Cash Flow Return on Investment
DCF	Discounted Cash-Flow(s)
DCFA	Discounted Cash-Flow-Ansatz
ders.	derselbe
d.h.	das heißt
DJT	Deutscher Juristentag
DM	Deutsche Mark
DRS	Deutscher Rechnungslegungsstandard
EG	Europäische Gemeinschaft
EU	Europäische Union
EVA	Economic Value Added
EWG	Europäische Wirtschaftsgemeinschaft
et al.	et alii
etc.	et cetera
e.V.	eingetragener Verein

e.V.	eingetragener Verein
evtl.	eventuell
EwiR	Entscheidungen zum Wirtschaftsrecht
f.	folgende
ff.	fortfolgende
FASB	Financial Accounting Standards Board
FCW	Free-Cash-Flow(s)
FN	Fußnote
GB	Geschäftsbereich
ggf.	gegebenenfalls
GenG	Gesetz betreffend die Erwerbs- und Wirtschaftsgenossenschaften
GmbH	Gesellschaft mit beschränkter Haftung
GoRÜ	Grundsätze ordnungsmäßiger Risikoüberwachung
GP	Gliederungspunkt
HGB	Handelsgesetzbuch
HGrG	Gesetz über die Grundsätze des Haushaltsrechts des Bundes und der Länder (Haushaltsgrundsätzegesetz)
h.M.	herrschende Meinung
hrsg.	herausgegeben
IAS	International Accounting Standards
IDW	Institut der Wirtschaftsprüfer in Deutschland e.V.
i.d.R.	in der Regel
i.e.L.	in erster Linie
i.e.S.	im engeren Sinn
i.S.d.	im Sinne des(r)
i.H.v.	in Höhe von
InsO	Insolvenzordnung
i.V.m.	in Verbindung mit
JA	Jahresabschluss
KapAEG	Kapitalaufnahmeerleichterungsgesetz
KonTraG	Gesetz zur Kontrolle und Transparenz im Unternehmensbereich
LG	Landgericht
Mio	Million(en)
MitbestG	Mitbestimmungsgesetz
n.F.	neuer Fassung
N.J.	New Jersey

OLG	Oberlandesgericht
o.V.	ohne Verfasser
p.a.	per anno
PC	Personal-Computer
Rz.	Randzeichen
S.	Seite(n)
Sec.	Section
SEC	Securities and Exchange Commission
SFAS	Statements of Financial Accounting Standards
SGE	Strategische Geschäftseinheiten
SOA	Sarbanes-Oxley Act
Sp.	Spalte
StGB	Strafgesetzbuch
TCF	Total Cash-Flow
TransPuG	Transparenz- und Publizitätsgesetz
Tz.	Textziffer
u.a.	unter anderem
u.ä.	und ähnlichem
USA	United States of America
US-GAAP	Generally Accepted Accounting Principles in den USA
u.U.	unter Umständen
v.	von
vs.	versus
VAR	Value at Risk
VerkProspV	Verkaufsprospektverordnung
Vgl.	Vergleiche
WACC	Weighted Average Cost of Capital
z.B.	zum Beispiel
z.T.	zum Teil

Symbolverzeichnis

a	Überwachungsniveau
b	Wahrscheinlichkeit des Signals von Mängeln in den Managementdispositionen
BCF_t	Einzahlungsüberschuß aus operativer Geschäftstätigkeit im Konzept des CFROI
BIB_0	inflationsbereinigte Anschaffungsauszahlungen im Konzept des CFROI
c*	prozentualer Kapitalkostensatz im EVA-Ansatz
CF_{min}	Mindest-Cash-Flow als Untergrenze des Konfidenzintervalls
EK	Marktwert des Eigenkapitals
$E(R_j)$	Rendite des Wertpapiers j im APT-Modell, abhängige Variable
$E(R_{FK})$	Aktienrendite im APT-Modell in Abhängigkeit von dem k-ten Einflussfaktor
$EW_{Haftung}$	Erwartungswert potenziell zu leistender Haftungszahlungen
EW_{Mandat}	Erwartungswert des Nutzens aus der Mandatsübernahme
FCF_t	Free Cash-Flow der Periode t im Rahmen des Bruttoansatzes
FCF_t^*	Free Cash-Flow der Periode t im Rahmen des Nettoansatzes
G	Gerichtskosten
FK	Marktwert des Fremdkapitals
Fk_t	Marktwert des Fremdkapitals zu Beginn der Periode t
H	absolute Größe hypothetischer Haftungszahlungen
i_{CFROI}	interner Zinsfuß einer Investition nach dem Konzept des CFROI
i_f	Verzinsung risikofreier Anlagen
k	Gesamtkapitalkostensatz
k_x	Eigenkapitalkosten bei reiner Eigenfinanzierung
n	Planungshorizont (ca. 5-10 Jahre)
NAAT	fiktiver Veräußerungserlös im Konzept des CFROI
NOA	betrieblich gebundenes Vermögen im EVA-Ansatz
NOPAT	Betriebsergebnis vor Zinsen und nach Steuern im EVA-Ansatz
p	Korrelationskoeffizient
q	Aufdeckungswahrscheinlichkeit von Verfehlungen
R	Kosten negativer Reputationseffekte
r_{ek}	Kapitalkostensatz der Eigenkapitalgeber
r_{fk}	Kapitalkostensatz der Fremdkapitalgeber
r_m	Marktrendite risikobehafteter Anlagen
s	Unternehmenssteuersatz
t	Zeitindex

t	Zeitindex
UW	Unternehmensgesamtwert
ÜK	Überwachungskosten
$VAR_{1-\alpha}$	Value at Risk bei einem Konfidenzniveau von (1-α)
VAR_{GU}	Value at Risk der Gesamtunternehmung
VAR_A	Value at Risk des Segments A
VAR_B	Value at Risk des Segments B
z	Wahrscheinlichkeit von Managementfehlern
β	unternehmensspezifischer Beta-Faktor bzw. faktorspezifisches Sensitivitätsmaß im APT-Modell
γ	Interpretationsfigur des Gerichts
τ	Relation DCF zu Liquidationswert
μ	Erwartungswert
σ	Standardabweichung
τ_α	α-Fraktil des zugrundeliegenden Verteilungstypes
π	Wahrscheinlichkeit einer Klageerhebung

I. Problemstellung und theoretischer Bezugsrahmen

A. Untersuchungsgebiet „Corporate Governance“

1. Erkenntnisinteressen und Anspruchsprofil der Untersuchung

Als Folge der Perzeption von Schwächen und Fehlsteuerungen im deutschen System der Unternehmensüberwachung wurde das Gesetz zur Kontrolle und Transparenz im Unternehmensbereich (KonTraG) am 06.11.1997 durch das Bundeskabinett verabschiedet. Durch dieses „Artikelgesetz“ wurde folgender Pflichtenstandard neu in das Aktiengesetz eingefügt:

„Der Vorstand hat geeignete Maßnahmen zu treffen, insbesondere ein Überwachungssystem einzurichten, damit den Fortbestand der Gesellschaft gefährdende Entwicklungen früh erkannt werden.“ (§ 91 Abs. 2 AktG)

Der Gesetzgeber hat damit die risikoorientierte Kontrollpflicht des Vorstands hervorgehoben. Dem Aufsichtsrat obliegt die Kontrolle diesbezüglicher Vorstandsdispositionen im Rahmen seiner Überwachung der Geschäftsführung nach § 111 Abs. 1 AktG.[1] Nach h.M. impliziert die Gesetzesvorschrift die Verpflichtung zu einer systemgebundenen Risikofrüherkennung.[2] Der Gesetzgeber läßt die konkrete Ausgestaltung des Systems offen und überantwortet die Problematik der Beurteilung der Angemessenheit im Einzelfall der Betriebswirtschaftslehre, Rechtswissenschaft und Rechtsprechung. Im Zusammenhang mit der Gesetzesneuerung durch das KonTraG sind daher im Schrifttum zahlreiche Beiträge erschienen, die sich dem Problemkreis der konzeptionellen Umsetzung der diesbezüglichen Vorstandsmaßnahmen widmen.[3] Hierbei tritt zutage, dass erheblich divergierende Systemvorstellungen hinsichtlich Gestaltung und Komplexität existieren.[4]

In großen deutschen Publikumsaktiengesellschaften wird vermehrt der Ausrichtung der Unternehmensstrategie auf den Shareholder Value höchste Bedeutung beigemessen.[5] Hierzu

---

[1] Vgl. Hüffer (2002): Rz. 1ff. zu § 111 AktG, Salzberger (2000): S. 756ff., Pahlke (2002): S. 1680ff.

[2] Vgl. hierzu die Ausführungen im weiteren auf S. 53ff.

[3] Vgl. u.a. die Beiträge Bitz (2000a), Lehner/ Schmidt (2000), Drygala/ Drygala (2000), Pollanz (1999b), Füßer/ Gleißner/ Meier (1999), Weber/ Weißenberger/ Liekweg (1999), Holst (1998), Hommelhoff/ Mattheus (2000b), Hornung/ Reichmann/ Diederichs (1999), Kromschröder/ Lück (1998), Lachnit/ Müller (2001), Lück (1998c).

[4] Vgl. zu dem Meinungsstreit u.a. Forster (1999): S. 195, Gernoth (2001): S. 299, Hommelhoff/ Mattheus (2000a): S. 15, Drygala/ Drygala (2000): S. 297ff., Mattheus (1999): S. 682, S. 685, Giese (1998): S. 451ff., Hüffer (2002): Rz. 8ff. zu § 91 AktG, Jacob (1998): S. 1043ff. sowie die Ausführungen im weiteren auf S. 51ff.

[5] Vgl. Pabst (2000): S. 268, Pfaff (1998): S. 491, Brockhoff (1997): S. 4ff., Weber (2000): S. 278ff., Kagermann (2000): S. 409, Werder v. (1997): S. 10ff., Werder v. (1998): S. 69ff. Große Aktiengesellschaften prägen die

werden wertorientierte Steuerungs- und Analysekonzepte im Sinne eines ganzheitlichen „Value Based Management" eingesetzt.[6] Vor diesem Hintergrund wird in Teilen der betriebswirtschaftlichen Literatur das Konzept einer wertorientierten Unternehmensführung bzw. eine kapitalmarktorientierte Wertanalyse auf der Basis eines Discounted Cash-Flow (DCF) als ganzheitlicher Basisansatz der risikoorientierten Umsetzung der Organisationspflicht nach § 91 Abs. 2 AktG vorgeschlagen.[7] Dieser Ansatz, so die vorgetragene Argumentation, ermögliche eine konzeptionell geschlossene Analyse der Unternehmensplanung und sei dazu geeignet, Erfolgspotenziale unter Risikoaspekten finanziell abzubilden. Damit sei es auch möglich, in Form einer globalen Herangehensweise bestandsgefährdende Entwicklungen aufzudecken und damit Risikofrüherkennung i.S.d. Gesetzgebers zu betreiben. Der tatsächliche Eignungsgehalt respektive die Modalitäten der Anwendung des Managementansatzes für diesen Einsatzbereich sind allerdings bislang von wissenschaftlicher Seite nicht im Detail vor dem Hintergrund der gesetzlichen Anforderungen analysiert worden.

Die gesetzliche Verpflichtung zu institutionalisierter Risikofrüherkennung ist ihrem Wesen nach kein Neuland im Bereich der aktienrechtlichen Unternehmensüberwachung. Abgeleitet aus dem Pflichtenstandard des § 76 AktG entsprach es bereits nach altem Recht den kaufmännischen Grundprinzipien verantwortungsbewusst agierender Vorstände und Aufsichtsräte, eine angemessene Risikokontrolle sicherzustellen.[8] Auslöser der Neuregelung in § 91 Abs. 2 AktG war demnach ein Personenkreis von unternehmerischen Entscheidungsträgern, bei dem fahrlässiges bzw. vorsätzliches Fehlverhalten in diesem Verantwortungsfeld vermutet wurde. Tritt man vor diesem Hintergrund mit dem Anspruch an, durch die Gesetzesreform eine flä-

---

wirtschaftliche und soziokulturelle Szenerie unseres Landes. Die Umsatzsteuerstatistik des Jahres 2000 belegt, dass mehr als 99 % der umsatzsteuerpflichtigen Unternehmen in Deutschland gemessen an der Größenklassifikation des Bundeswirtschaftsministeriums in die Kategorie klein und mittelgroß einzuordnen ist (d.h. weniger als 100 Mio. DM Jahresumsatz erzielen). Vgl. Statistisches Jahrbuch (2002): S. 536. Damit sind nach dieser Abgrenzung weniger als 1 Prozent aller Unternehmen Großunternehmen, wobei ein Großteil hiervon in aktienrechtlicher Form organisiert ist. Vgl. Statistisches Jahrbuch (2002): S. 538. Die Großunternehmen beschäftigen mehr als 30% aller privatwirtschaftlich Beschäftigten, vereinigen in etwa die Hälfte des Gesamtumsatzes der Gesamtwirtschaft auf sich und sind für ca. 60% der jährlichen Bruttoinvestitionen in unserem marktwirtschaftlichen System verantwortlich. Ein Großteil der kleineren und mittelgroßen Unternehmen steht ferner über Lieferbeziehungen in einem Abhängigkeitsverhältnis zu den Großunternehmen. Vgl. Herrmann (1996): S. 121ff.

[6] Vgl. Trützschler (2000): S. 301ff., PriceWaterhouseCoopers (2003): S. 12, Arbeitskreis „Finanzierung" der Schmalenbach-Gesellschaft/ Deutsche Gesellschaft für Betriebswirtschaft e.V. (1996): S. 543ff., Siegert et al. (1997): S. 471ff.

[7] Vgl. zu diesem Vorschlag u.a. Pritzer (1999): S. 166, Mengele (1999): S. IX, Schäfer (2001): S. 191ff., die Beiträge Reichmann/ Richter (2001), Wolbert (1999), Schmidbauer (2000), Gleißner (2002), Gleißner (2000), sowie in der Konsequenz ihrer Ausführungen auch auf die Rechtspflicht nach § 91 Abs. 2 AktG übertragbar Roland (2000): S. 28ff., Siegert (1995): S. 581.

[8] Die Gesetzesneuerung hat somit i.e.L. apellativen Charakter und dient als systematischer Anknüpfungspunkt der aktienrechtlichen Überwachungspflicht. § 91 Abs. 2 AktG ist insofern lex specialis gegenüber § 76 AktG. Vgl. hierzu auch Kindler/ Pahlke (2001): S. 71.

chendeckende Effektivierung der Unternehmenskontrolle erreichen zu wollen, so erweist sich eine rein an betriebswirtschaftlichen Kriterien ausgerichtete Debatte um die konzeptionelle Umsetzung des geforderten Systems als unzureichend. Schließt man auch eine potenzielle Neigung zu Fehlverhalten der für Systemaufbau, -pflege und -überwachung verantwortlichen Organe Vorstand und Aufsichtsrat in die Betrachtung mit ein, so bedarf es darüberhinaus grundsätzlicher Überlegungen, ob Anreize zur sachgerechten Umsetzung der Gesetzesvorschrift erzeugt werden können. Diesem Erkenntnisanspruch verschreibt sich die vorliegende Untersuchung und konzentriert den Blick auf den Aufsichtsrat als Überwachungsträger der Maßnahmen nach § 91 Abs. 2 AktG.[9]

Ein mögliches Anreizinstrumentarium zur Gewährleistung eines angemessenen Überwachungsverhaltens im beschriebenen Kontext stellen Haftungssanktionen dar. Das Überwachungsgebot der Maßnahmen nach § 91 Abs. 2 AktG wird aufgrund der offenen Formulierung des Gesetzgebers und der damit einhergehenden Divergenz in den Systemvorstellungen überwiegend als weiterer Problemkreis der Aufsichtsratshaftung gewertet.[10] Eine geschlossene Analyse der haftungsrechtlich relevanten Sorgfaltspflicht des Aufsichtsrats in diesem Bereich ist bislang weder in der rechts- noch in der wirtschaftswissenschaftlichen Literatur erfolgt. Lediglich ansatzweise sind in verschiedenen Beiträgen Umrisse der Überwachungspflichten und haftungsrechtlichen Konsequenzen nachgezeichnet worden.[11] Eine gefestigte Rechtsprechung existiert nicht.[12] Diesen Tatbestand aufgreifend wird hier eine andere Herangehensweise als bei den bislang erschienen Beiträgen zur konzeptionellen Umsetzung des aktienrechtlich geforderten Risikofrüherkennungssystems vorgetragen. Dem Problemkreis wird sich aus haftungsrechtlicher Sicht genähert. Gewissermaßen wird „das Pferd von hinten aufgezäumt". Die Untersuchung widmet sich der Überwachungsverantwortung des Aufsichtsrats im Bezugsfeld der Vorstandsmaßnahme einer Wertanalyse i.S.d. Verhaltensanforderungen aus § 91 Abs. 2 AktG unter besonderer Berücksichtigung des Aufsichtsratshaftungsregimes de lege lata. In Form einer integrativen Sichtweise soll zutage gefördert werden, inwiefern die Setzung betriebswirtschaftlich abgeleiteter Mindeststandards und rechtlich-

[9] Die Konzentration des Erkenntnisinteresses auf den Aufsichtrat als Überwachungsträger kann hier angesichts des Tatbestands, dass Managementfehler bzw. eine nicht ausreichende Effizienz der Unternehmensführung im allgemeinen als hauptsächliche Ursachen für Unternehmenskrisen und –zusammenbrüche zu klassifizieren sind, vgl. hierzu u.a. Haeseler (1993): S. 182, Vogelsang (1988): S. 100 sowie die Beiträge Bea/ Kötzle (1983), Baltzer (1983), Stein v. (1985), als legitime Vorgehensweise gewertet werden.

[10] Vgl. Forster (1998): S. 47, Hommelhoff/ Mattheus (1998): S. 252f., Franz (2000): S. 62, Gernoth (2001): S. 299, Schichold (2001): S. 399ff., Pollanz (1999b): S. 393, explizit für den Konzern Hommelhoff/ Mattheus (2000b): S. 227.

[11] Vgl. die Beiträge Salzberger (2000), Claussen/ Korth (2001), Gernoth (2001) sowie Pahlke (2002).

[12] Vgl. hierzu Claussen/ Korth (2001): S. 331, Pahlke (2002): S. 1680ff.

institutionelle Rahmenbedingungen in Form von Haftungsregeln im Sinne einer effektiven risikoorientierten Unternehmenskontrolle konvergieren können. Im Kern geht es darum, aus vorhandenen gesetzgeberischen bzw. höchstrichterlichen Vorgaben,[13] allgemeinen Rechtsgrundsätzen und Erkenntnissen verschiedener betriebswirtschaftlicher Fachdisziplinen konstitutive Gestaltungsparameter und Modalitäten einer wertorientierten Unternehmensüberwachung in Gestalt eines haftungsrechtlich umsetzbaren Sorgfaltsstandards zu entwickeln. Hierdurch sollen zugleich Ansatzpunkte eines „Pflichtrasters" zur Exkulpation von Ratsmitgliedern im Bereich der Überwachung der Maßnahmen nach § 91 Abs. 2 AktG und implizit auch der zukunftsorientierten Unternehmensplanung geschaffen werden. Damit wäre der weit verbreiteten Forderung von Fachvertretern entgegengekommen, die Forschung nach funktionsadäquaten und praxisrelevanten Überwachungsmaßstäben der Vorstandsgeschäftsführung zu intensivieren.[14]

Die Betrachtung erfolgt theoriegeleitet auf der Basis des Prinzipal-Agent-Ansatzes. Mit dessen Hilfe lassen sich Vertragsgestaltungen bei asymmetrischer Informationsverteilung unter Aspekten der Anreizgestaltung untersuchen.[15] Das aktienrechtliche System der Unternehmenskontrolle mit seinen Überwachungsträgern Vorstand, Aufsichtsrat und Abschlussprüfer wird im folgenden in einem solchen theoretischen Modellgerüst abgebildet.[16] Dieses bietet als Bezugsrahmen die Möglichkeit, unter dem Postulat streng im Eigeninteresse operierender Akteure theoretisch-stringent die Problemfelder der gegenwärtig praktizierten Unternehmensüberwachung in deutschen Aktiengesellschaften zu analysieren. Insbesondere die verhaltenssteuernden Wirkungen respektive die Mängel von Haftungsregeln können hierüber offenge-

---

[13] Hierbei gilt es insbesondere, die diesbezüglich ungeklärten Konsequenzen jüngerer gesetzgeberischer Neurungen wie etwa des Transparenz- und Publizitätsgesetzes (TransPuG) sowie des im Februar verabschiedeten Corporate Governance-Kodexes zu eruieren. Vgl. zu dem deutlichen Trend einer gesetzgeberischen Dauerreform im Bereich der aktienrechtlichen Unternehmensüberwachung Sieg (2002).

[14] „Zynischen Theoretikern sowie theoretisierenden Praktikern wird immer wieder die Aussage zu entlocken sein, dass das Aktiengesetz seit jeher den Überwachungsauftrag eben gerade deshalb nicht näher normiert, weil der Aufsichtsrat weder in der Lage ist noch sein soll (!), die Geschäftsführung qualifiziert zu überwachen.", Theisen (1987): S. 212. Um die vermeintlich pseudonormative Leerformel des § 111 Abs. 1 AktG materiell mit Inhalt zu füllen, ist eine verstärkte Zusammenarbeit der Rechtswissenschaften mit den einzelnen Fachdisziplinen der Betriebswirtschaftslehre erforderlich, damit Voraussetzungen, Maßstäbe und Instrumente einer zukunftsorientierten und erfolgreichen Unternehmensüberwachung formuliert werden können. Vgl. Theisen (1993a): S. 297.

[15] Vgl. hierzu die grundlegenden Ausführungen im weiteren auf S. 29ff.

[16] Vgl. zu einem agency-theoretischen Erklärungsansatz für Mechanismen im Bereich der Unternehmensüberwachung u.a. auch die Beiträge Alvarez/ Wotschofsky (2001) sowie Martens (2000). Die Effizienz des aktienrechtlichen Aufsichtsrats als rational im Eigeninteresse agierender Intermediär ist bislang nur vereinzelt in Prinzipal-Agent-Modellansätzen diskutiert worden. Eine geschlossene theoretische Grundlage unter Einbezug rechtlicher Rahmenbedingungen konnte noch nicht entwickelt werden. Vgl. zu dieser Einschätzung u.a. Auge-Dickhut (1999): S. 2, S. 26ff., Martens (2000): S. 2ff. Insbesondere ist es diesbezüglich noch nicht gelungen, Haftungsfragen als institutionelles Arrangement im ökonomischen Modell zufriedenstellend abzubilden. Mit

legt werden. Mit Blick auf das formulierte Erkenntnisziel ist der Prinzipal-Agent-Ansatz als „Wegbegleiter der Untersuchung" prädestiniert und wird als Analyseraster herangezogen.

Der skizzierte Untersuchungsgegenstand ist dem Bereich der „Corporate Governance-Forschung" zuzuordnen. Diese befasst sich mit Aspekten der Verantwortung von Entscheidungsträgern in Unternehmen sowie mit dem Prozess und den Mechanismen von deren Überwachung.[17] In der praktischen Gestaltung von Corporate Governance-Strukturen geht es um die sachgerechte Ausgestaltung unseres Gesellschaftsrechts.[18] Insofern steht die Untersuchung in der Tradition der Forschungsrichtung „der ökonomischen Analyse des Rechts",[19] welche „das Recht nicht als Randerscheinung des Ökonomischen sieht, sondern sich ihm direkt zuwendet." [20] Die Ökonomie darf vor dem Hintergrund ihrer gesellschaftlichen Verantwortung rechtliche Regeln nicht als Phänomene im Sinne unverrückbarer „ceteris-paribus-Daten" betrachten, sondern muß ihr Denkgerüst im Zuge interdisplinärer Anstrengungen mit der Jurisprudenz zur Verbesserung unseres Rechtssystems einsetzen, so der Leitgedanke. Die im folgenden vorgetragene Analyserichtung stellt sich dieser Herausforderung.

---

der im folgenden vorgetragenen Herangehensweise soll mithin auch ein Beitrag zum Abbau dieses Theoriedefizites geleistet werden.

[17] Es ist hierbei anzumerken, dass sich für den Terminus „Corporate Governance" bislang noch keine einheitliche Definition herausgebildet hat. Bspw. sprechen John/Senbet (1998): S. 372 über „mechanisms by which stakeholders of a corporation exercise control over corporate insiders and management such that their interest are protected", Gerum (1998): S. 87 verbindet hiermit „die Frage nach der „richtigen" Leitung und Kontrolle in den Unternehmen" und laut Assmann (1995): S. 289 geht es hierbei um „Zusammenhänge zwischen Unternehmensleitung, Leitungskontrolle und Unternehmenserfolg aus der Sicht der Anteilseigner."

[18] Vgl. Semler (1995): S. 51. Unternehmenskontrolle im System des privaten Eigentums am Produktivvermögen im allgemeinen und in Unternehmensformen mit breit gestreutem Anteilsbesitz im besonderen berührt die Grundstrukturen unserer Wirtschaftsordnung und ist deshalb von zentraler Bedeutung für das Gemeinwesen. Die Organisation der Großunternehmung, verstanden als Element der rechtlichen Infrastruktur eines Landes und als Standortfaktor im Wettbewerb der Systeme, muß aus diesem Grund stets in Form einer kritisch-schöpferischen Auseinandersetzung Gegenstand wissenschaftlicher Überprüfung sein. Die Auseinandersetzung mit der Thematik um eine angemessene Corporate Governance im Unternehmensbereich erfolgt allerdings überwiegend nur als Reaktion auf das Zutagetreten aufsehenerregender Krisen größerer Unternehmen und den damit einhergehenden Vermutungen hinsichtlich Versäumnissen der verantwortlichen Überwachungsträger. Ebenso Seibert (2002a): S. 418, Kallfass (1996): S. 167. Es erwächst hierbei der Eindruck, dass dieses Beschäftigungsfeld gewissermaßen als eine Art Modeströmung verstanden wird, das vornehmlich im zeitlichen Kontext momentaner Krisenfälle und der damit einhergehenden plakativen Berichterstattung aufgegriffen wird. Dies ist vor dem Hintergrund des theoretischen Standorts gesellschaftsrechtlich institutionalisierter Unternehmensüberwachung zu kritisieren. Voreilige Änderungsdebatten ohne theoretische Fundierung im Zuge kurzatmiger politischer Reformbemühungen greifen zu kurz. Fragen der Optimierung unserer Unternehmensverfassung bedürfen nicht zuletzt aufgrund ihrer gesellschaftlichen Reichweite einer tiefergreifenderen, analytisch ausgerichteten Herangehensweise. Im Zeichen dieses Anspruches steht die vorliegende Arbeit.

[19] Die noch recht junge Forschungsrichtung der ökonomischen Analyse des Rechts versucht, wirtschafts- und rechtswissenschaftliche Betrachtungsweisen und Methoden zu vereinigen. Ihre Wurzeln liegen im US-amerikanischen Raum. Das erste umfassende und zugleich grundlegende Werk zu dieser interdisziplinären Analyserichtung, die „Economic Analysis of Law" stammt von *R.A. Posner*, Professor der Law School der Universität von Chicago. Sein analytisches Grundprogramm beinhaltet im Kern die Anwendung spezieller Theorien und spezifischer Methoden der Ökonomie auf Teilgebiete eines Rechtssystems. Vgl. Posner (1972). Das zentrale Erkenntnisziel besteht in der kritischen Analyse der Wirkungen des Rechts hinsichtlich der Konfiguration einer optimalen ökonomischen Allokation der Ressourcen. Vgl. Lehmann (1983): S. 28.

[20] Kirchner (1978): S. 77.

2. Gang der Untersuchung

Auf der Grundlage der beschriebenen Erkenntnisinteressen sowie des zugewiesenen Anspruchsprofils ergibt sich für die Untersuchung der folgende Ablauf:

Der nächste Abschnitt beschäftigt sich zunächst mit dem allgemeinen Theoriegebäude des Prinzipal-Agent-Ansatzes. Auf der Basis einer kritischen Auseinandersetzung mit den theoretischen Grundlagen ist zu zeigen, dass dieser als „Wegbegleiter der Untersuchung" ein konsistentes Analysefundament bildet.

In Kapitel II erfolgt eine Einordnung der Gesetzesregelung des § 91 Abs. 2 AktG als unbestimmte Rechtsnorm für die Leitung und Überwachung in der Aktiengesellschaft. Mithilfe rechtswissenschaftlich fundierter Auslegungskriterien wird der konkrete Geltungsanspruch der Organisationspflicht abgeleitet und darauf aufbauend ein konzeptionelles Fundament zur Umsetzung der Gesetzesvorschrift entwickelt. Hieran anschließend rückt das Konzept der Wertanalyse auf der Basis des Discounted Cash-Flow-Kalküls in den Mittelpunkt der Untersuchung. Die Ausführungen belegen, dass sich dieses als ganzheitlicher Ansatz zur Früherkennung bestandsgefährdender Entwicklungen i.S.d. Gesetzeszwecks des § 91 Abs. 2 AktG eignet.

In Kapitel III wird zunächst die Vorstandskontrolle nach § 111 Abs. 1 AktG als zentrale Aufgabe des aktienrechtlichen Aufsichtsrats herausgestellt und diesbezüglich das Überwachungsgebot der Vorstandsmaßnahmen nach § 91 Abs. 2 AktG als konkretisierungsbedürftiger offener Pflichtenstandard eingeordnet. Die weitere Betrachtung richtet den Fokus auf die Problemstellung, welche Gefahren für die „Corporate Governance“ unter Anreizgesichtspunkten entstehen, wenn der Aufsichtsrat als zu illoyalem Verhalten neigender Akteur auftritt. Nach Darstellung und Analyse verschiedener Reformvorschläge hinsichtlich der Modalitäten und dem institutionellen Rahmen der Aufsichtsratsarbeit de lege lata konzentriert sich der Blickwinkel auf Haftungssanktionen als ein mögliches Lösungsinstrument der skizzierten Anreizproblematik. Es erfolgt eine kritische Auseinandersetzung mit dem geltenden Aufsichtsratshaftungsregime aus der gewählten theoretischen Perspektive, die die systemimmanenten Schwächen zur Absicherung der risikoorientierten Kontrollpflicht aufzeigt. Der eruierte haftungsrechtliche Problemgehalt wird daran anknüpfend im Rahmen eines formalanalytischen Modells strukturiert. Als Referenzobjekte dienen hierbei zwei Ansätze der ökonomischen Prüfungstheorie. Die Modellbetrachtung zeigt implizit, dass es unter ökonomischen Anreizgesichtspunkten notwendig ist, die originär rechtswissenschaftliche Problemstellung der richterlichen Kontrolle von Aufsichtsratsdispositionen in Form einer interdisziplinären Zusammenarbeit in die betriebswirtschaftliche Diskussion um eine angemessene Corporate Governance im Maßnahmenbereich des § 91 Abs. 2 AktG zu integrieren.

Das abschließende Kapitel IV widmet sich in der Konsequenz dieser Problemstellung dem richterlichen Kontrollpotenzial für Aufsichtsratsentscheidungen. Aus einer interdisziplinär ökonomisch-juristischen Perspektive wird ein haftungsrechtlicher Sorgfaltsmaßstab für die Überwachung der Vorstandsmaßnahme einer Wertanalyse i.S.d. Anforderungen aus § 91 Abs. 2 AktG abgeleitet und die damit einhergehende Ermessensproblematik spezifiziert. Im Zentrum der Analyse steht die Entwicklung eines idealtypischen Konzepts einer wert- bzw. risikoorientierten Unternehmensüberwachung durch den Rat als instrumentalisierter Exkulpationsansatz im Zuge der umgekehrten Beweislastregelung der §§ 116, 93 Abs. 2 AktG sowie die kritische Erörterung verbleibender Schlupfwinkel illoyal geneigter Aufsichtsräte.

Die Arbeit schließt mit einer zusammenfassenden Wertung der Untersuchungsergebnisse und einem gesellschaftsrechtlichen Ausblick.

B. Der Prinzipal-Agent-Ansatz als Analyse- und Gestaltungsperspektive

I. Gegenstand und Erkenntnisanspruch der Prinzipal-Agent-Theorie

a) Vertragsgestaltung bei Informationsasymmetrie: Die Grundkonzeption

(1) Das Prinzipal-Agent-Verhältnis als Modell der Aufgabendelegation

In der Modellwelt der Neoklassik bilden im allgemeinen konkurrenzgleichgewichtige Märkte mit sicheren Erwartungen sowie einem vollkommenen Informationsstand aller Wirtschaftssubjekte die Ausgangsprämisse.[21] Der neoinstitutionalistische Ansatz hingegen wird von modifizierten Annahmen bestimmt, baut aber auf den neoklassischen Kalkülen auf: Er unterstellt die Existenz von Marktunvollkommenheiten, Externalitäten und asymmetrischen Informationsverteilungen und versucht damit realistischere Prämissen in die Betrachtungsweise zu integrieren.[22]

---

[21] Vgl. Wenger/ Terberger (1988): S. 506. Als exemplarischer Referenzpunkt dieses Theorieprogramms gilt die allgemeine Gleichgewichtstheorie in der Tradition von *Arrow* und *Debreu*. Vgl. Arrow/ Debreu (1954).

[22] Vgl. Eggertson (1990): S. 3ff., Hax (1991): S. 55ff., Herzig/ Watrin (1995): S. 782, Wenger/ Terberger (1988): S. 506. Die Klassifizierung der Prämissen der Neoklassik als realitätsfern ist allerdings nicht als Kritik dieses Theoriegebäudes mißzuverstehen. Der Gehalt bzw. die Vorzüglichkeit eines Modells äußert sich nicht in der Realitätsnähe seiner Prämissen, sondern in seiner Problemadäquanz. Vgl. Erlei/ Leschke/ Sauerland (1999): S. 47f., Spremann (1995): S. 132f., ferner auch Friedmann (1953): S. 16ff. Demgegenüber ablehnend Tietzel

Der Prinzipal-Agent-Ansatz als einer der verschiedenen Beiträge der Neuen Institutionenökonomie[23] beschäftigt sich mit arbeitsteiligen Delegationsbeziehungen, die mit Hilfe der Einführung zweier fiktiver Rollen, der des Prinzipalen und der des Agenten, untersucht werden.[24] Die Abweichung von dem Vollkommenheitspostulat der Informationsverteilung stellt die bedeutendste Modifikation gegenüber der neoklassischen Sichtweise dar.[25] Die Akteure sind nicht mehr in der Lage, sämtliche Informationen zur hinreichenden Antizipation künftigen Geschehens zu erlangen, zumindest ist dies nicht mehr kostenlos möglich. Im Mittelpunkt der Betrachtung steht das Vertragsverhältnis zwischen Prinzipal (Auftraggeber) und Agent (Auftragnehmer), welches eine Aufgabenzuteilung an den Agenten impliziert. Eine sehr präzise Definition dieses Verhältnisses liefert *Schneider*: „Principal-Agent-Beziehungen entstehen, wenn mindestens ein Auftraggeber und mindestens ein Beauftragter unter Unsicherheit und bei uneinheitlichem Wissensstand untereinander gemeinsam Ziele erreichen wollen, die nur teilweise gleichgerichtet sind und bei denen teilweise auch der Vorteil des einen zum Nachteil des anderen werden kann."[26]

Es wird unterstellt, dass der Agent über die im Auftrag und im Interesse des Prinzipals durchzuführenden Tätigkeiten besser als dieser informiert ist bzw. eine diesbezüglich höhere Qualifikation besitzt.[27] Der Prinzipal verbindet mit der Delegation einer auftragsbezogenen Entscheidungskompetenz an den Agenten die Zielsetzung, dass dieser seinen spezifischen Informations- und/ oder Qualifikationsvorsprung gegenüber ihm, zu seinem Vorteil (dem des Prinzipals) einsetzt.[28] Es wird davon ausgegangen, dass das jeweilige Niveau der Agententätig-

(1981), der postuliert, dass eine auf einer idealisierenden Grundlage fußende Erklärung nur dann akzeptabel sei, wenn sie in den meisten Anwendungsfällen zu Erklärungserfolgen führe. Die Modelle und Prämissen der Neoklassik waren zu ihrer Zeit sicherlich problemadäquat, denn vorrangiges Ziel der Neoklassik war es, die Existenz eines marktwirtschaftlichen (Konkurrenz-)Gleichgewichts nachzuweisen. Vgl. Erlei/ Leschke/ Sauerland (1999): S. 48.

[23] Außerdem werden der Transaktionskostenansatz, die Property-Rights-Theorie sowie informationsökonomische Modelle der Neuen Institutionenökonomie zugeordnet.

[24] Vgl. bspw. Picot (1991): S. 150, Hart/ Holmström (1987): S. 76. Als die ersten grundlegenden Publikationen auf diesem Gebiet gelten Ross (1973), Stiglitz (1974) sowie Jensen/ Meckling (1976). Inhaltliche Vorläufer bilden u.a Alchian/ Demsetz (1972) und Arrow (1974).

[25] Die sukzessive Abweichung von einzelnen Bedingungen der konkurrenzgleichgewichtigen Idealwelt der Neoklassik mit dem Ziel, aus der Nichtexistenz einzelner Prämissen in der Realität Schlüsse auf mögliche Reaktionen der Marktakteure in unvollkommenen und nicht konkurrenzgleichgewichtigen Märkten der realen Welt ziehen zu können, hat *Demsetz* einmal als „Nirwana"-Ansatz bezeichnet. Vgl. Demsetz (1969): S. 1. Diese Vorgehensbeschreibung ist auch zutreffend für das Prinzipal-Agent-Kalkül.

[26] Schneider (1988): S. 1182. Eine recht weite Definition hingegen liefern Pratt/ Zeckhauser (1985): S. 2: „Whenever one individual depends on the action of another, an agency relationship arises." und Jensen/ Meckling (1976): S. 308: „We define an agency relationship as a contract under which one or more persons (the principal(s) engage another person (the agent) to perform some service on their behalf which involves delegating some decision making authority to the agent."

[27] Vgl. Fischer (1995): S. 320, Hannß (1995): S. 187.

[28] Die Existenz eines solchen Vorsprungs ist somit konstitutiv für eine Agency-Beziehung, gerade er soll zum Vorteil des Prinzipals eingesetzt werden. „Daher sind ausschließlich explizite Verhaltensnormen verfehlt, die

keit, d.h. die Art und Weise der Auftragsdurchführung, sowohl die Wohlfahrtsposition des Prinzipals als auch die des Agenten tangiert. Dabei stellt sich für den Prinzipal das Problem, dass der Agent den aus der asymmetrischen Informationsverteilung resultierenden diskretionären Handlungsspielraum zu seinem Nachteil (dem des Prinzipals) opportunistisch ausnutzen kann. Der Prinzipal ist deshalb an Kontroll- und Informationssystemen zur Erlangung von Erkenntnissen bezüglich des Verhaltens und des Entscheidungsrisikos seines Agenten im Leistungsprozess und an die daraus gewonnenen Erkenntnisse anknüpfend an Anreizsystemen zur Sicherstellung seiner Interessenpositionen interessiert. Der Aufbau dieser Systeme verursacht sogenannte „Agency-Kosten". Diese setzen sich nach *Jensen/ Meckling* aus den Überwachungs- und Kontrollkosten des Prinzipals, den Garantiekosten des Agenten und dem verbleibenden Wohlfahrtsverlust (Residualverlust) zusammen.[29] Die Informationsgewinnung über das Verhalten und die Risikopositionen des Agenten verursachen somit Aufwendungen bei dem Prinzipal. Sie erbringen allerdings auch Vorteile für ihn, da spezifische Anreizsysteme an die gewonnenen Erkenntnisse anknüpfen können. Zur Gewährleistung eines hinreichenden Anstrengungsniveaus des Agenten gilt es demnach aus seiner Sicht, den „Trade off" zwischen diesen Vor- und Nachteilen in der Vertragsgestaltung zu berücksichtigen.

(2) Charakterisierung der beteiligten Akteure und des Delegationsverhältnisses

Die Prinzipal-Agent-Theorie unterstellt standardmäßig Nutzenmaximierung als Verhaltensmaxime.[30] Dieses bereits aus der klassischen Mikroökonomie bekannte Postulat impliziert für die Theorieanwendung verschiedene Annahmen:

- Das Verhalten der Akteure im Delegationsverhältnis fundiert auf stabilen, gegebenen Präferenzen. Prinzipal und Agent lassen sich eindeutige Nutzenfunktionen zuweisen, wobei als unabhängige funktionale Variablen ein breites Spektrum an Größen sowohl monetärer Natur (Gehälter, Prämien, Dividenden etc.) als auch nicht-monetärer Art (Karriere, Presti-

dem Auftragnehmer eindeutig und vollständig vorschreiben, welche Entscheidungen er in welcher Weise treffen soll.", Elschen (1991b): S. 1004. Dieser Vorsprung ist insofern die ökonomische Erklärung, warum überhaupt delegiert wird. Vgl. Fleischer (2001a): S. 8, Posner (1998): S. 126.

[29] Vgl. Jensen/ Meckling (1976): S. 308. Vgl. kritisch zum „agency-costs-Konzept" Schneider (1995): S. 276ff., Meinhövel (1999): S. 50ff. sowie den Beitrag Schneider (1987a). Vgl. zum Konzept der „agency-costs" auch Fama/ Jensen (1983): S. 304.

[30] Vgl. hierzu etwa die Arbeiten der Pioniere der eher formalanalytisch ausgerichteten Agency-Theorie Ross (1973), Holmström (1979) und Stiglitz (1974), ferner auch die Ausführungen bei Martiensen (2000): S. 369ff. sowie Weißenberger (1997): S. 145ff.

ge, Macht etc.) auftreten können. Zur Formulierung der Bewertung von Entscheidungsalternativen wird auf das Konzept des *Bernoulli-Nutzens* zurückgegriffen.[31]

- Das an individuellen Nutzenaspekten orientierte Verhalten der Akteure schließt opportunistische Praktiken wie List, Betrug und Täuschung mit ein.[32] Das Axiom der Eigennutzorientierung wird dabei in den meisten Beiträgen generell moralisch negativ gedeutet. Diese einseitige Wertung ist aber abzulehnen, da sie bereits eine Spezifizierung der zunächst allgemein zu haltenden Eigennutzhypothese darstellt. Grundsätzlich kann die Nutzenfunktion des Agenten auch altruistische Parameter beinhalten, die handlungsleitend wirken.[33]
- Das Delegationsverhältnis zwischen Prinzipal und Agent basiert auf einem Vertragsabschluss. Gemäß der neoklassischen Vertragstheorie werden Verträge unter symmetrischer und asymmetrischer Information unterschieden. Unabhängig von der Informationsstruktur unterscheidet man ferner vollständige von unvollständigen Verträgen.[34] Dieser Typologisierung folgend geht man im Prinzipal-Agent-Modell hinsichtlich des ersten Unterscheidungskriteriums von Verträgen unter asymmetrischer Information aus. Hingegen existieren gegensätzliche Auffassungen, inwiefern dieser Vertrag spezifiziert sein kann. Einerseits wird in bezug auf die Gestaltung des Vertrages unterstellt, dass die Vertragspartner die Modalitäten der Auftragsbearbeitung i.d.R. nicht präzise und umfassend in den Vertragskonditionen festlegen können.[35] Die angenommene Unvollständigkeit der Verträge (incomplete contracting) wird auf unvollständige Information, Unbestimmtheit zukünftiger Umstände und auf die antizipierten Kosten der Perfektionierung des Vertragsabschlusses zurückgeführt. Die Verhaltensweise der Akteure wird als beschränkt rational (bounded rationality) klassifiziert.[36] Im klassischen Sinn bedeutet dies, dass Entscheidungen unter

---

[31] Vgl. Kleine (1995): S. 8. Nach dem Bernoulli-Prinzip handelt, wer gemäß dem Erwartungswert der nutzenbewerteten Ergebnisse entscheidet. Hierzu werden die Ergebnisse mit der subjektiven Nutzeneinschätzung des Entscheiders bewertet und mit den Einzelwahrscheinlichkeiten gewichtet. Vgl. Bamberg/ Coenenberg (2000): S. 86, Bitz (1981): S. 153f. Der Rückgriff erfolgt explizit im mathematischen Kalkül bei der normativen Theorievarante und auch implizit bei der positiven, verbal ausgerichteten Theorierichtung des Agency-Ansatzes. Vgl. zur Abgrenzung der verschiedenen Theoriezweige die Ausführungen unten auf S. 36ff.

[32] Dieses ökonomische Verhaltenspostulat ist auch als „REM-Hypothese" bekannt: Rational agierende Individuen mit unbegrenzten Bedürfnissen streben unter der Voraussetzung von Ressourcenknappheit nach Vermehrung des eigenen Vorteils unter Vermeidung von Schädigungen des Körpers, des Vermögens und der Reputation. Vgl. Herrmann (1997): S. 38f. und die dort angegebene Literatur. *Williamson* bezeichnet die Eigennutzmaximierung generell als Opportunismus. Vgl. Williamson (1985): S. 21. Er definiert sie dort als „self-interest seeking with guile. This includes but is scarely limited to more blatant forms, such as lying, stealing, and cheating."

[33] Vgl. Weißenberger (1997): S. 146, Martiensen (2000): S. 212.

[34] Vgl. zu einer allgemeinen Einführung in ökonomische Vertragstheorien Martiensen (2000): S. 351ff.

[35] Vgl. zu dieser Sichtweise bspw. Hart (1988a): S. 755ff., Hart (1988b): S. 119ff., Hart/ Holmström (1987): S. 127 ff., Bamberg/ Trost (1995): S. 127, sowie Kossbiel (1995): S. 129.

[36] Vgl. zu dem Postulat der „bounded rationality" als konstitutives Element einer Theorie der Institutionen ausführlich den Beitrag Hart (1990) sowie die Ausführungen im folgenden.

unvollständiger Information über die Handlungsalternativen und die Handlungsfolgen getroffen werden.[37]

In anderen Teilen der Literatur wird demgegenüber von vollständig spezifizierten Arbeitsverträgen i.S.d. klassischen Vertrages nach MacNeil ausgegangen:[38] Prinzipal und Agent antizipieren bei Vertragsabschluss alle in der Zukunft liegenden Anreizprobleme. Sie verfügen über unbegrenzte und subjektiv-formale Rationalität.[39] Der Prinzipal besitzt vollständiges Wissen über alle relevanten Aspekte der Nutzenfunktion des Agenten. Dies ermöglicht den beiden, vollständige Verträge im Sinne einer ex-ante-Festlegung aller Eventualitäten der Vertragsbeziehung abschließen zu können. Vollständige Verträge werden, einmal geschlossen, vereinbarungsgemäß erfüllt (pacta servantur).[40] Das Postulat einer strikten Vertragseinhaltung, so ist zu kritisieren, steht aber im Widerspruch zu der Prämisse der Eigennutzorientierung und ist deshalb unzulässig. Eine entsprechende Annahme konterkariert das Charakteristikum der zu betrachtenden Form von Aufgabendelegation (die mit einem diskretionären Handlungsspielraum einhergehende Gefahr illoyalen Verhaltens der Vertragspartner) und kommt einem Rückzug auf die neoklassische Mikroökonomie gleich.[41] Geheilt wird diese Problematik erst dann, wenn man im Fall vollständiger Verträge von dem Postulat der strikten Vertragserfüllung abrückt.[42]

- Den Akteuren können unterschiedliche Risikoneigungen zugeordnet werden. In den meisten Fällen wird dem Prinzipal Risikoneutralität und dem Agenten Risikoabneigung unterstellt.[43] Ferner wird von Anstrengungsscheu des Agenten ausgegangen. Die spezifische Neigung zu Risiko und Arbeit wird im Nutzenkalkül der Akteure berücksichtigt. Somit sind das Entscheidungsrisiko und das notwendige Anstrengungsniveau im Leistungsprozess zentrale Bestimmungsfaktoren der Handlungsweise des Agenten.

Die Unterstellung individueller Nutzenmaximierung mit den beschriebenen Implikationen führt in der Regel zu Interessendivergenzen zwischen Prinzipal und Agent. Für den Prinzipal erwächst die Gefahr, dass der zu opportunistischem Verhalten neigende Agent den diskretionären Handlungsspielraum zu seinem Nachteil ausnutzt.

[37] Vgl. grundlegend die Beiträge Simon (1957), Williamson (1985), sowie ausführlich das Konzept der „bounded rationality“ beschreibend Martiensen (2000): S. 181ff.
[38] Vgl. Weißenberger (1997): S. 142, Martiensen (2000): S. 442f., Müller (1995a): S. 64f., Baiman (1984): S. 261 sowie grundlegend die Beiträge Macneil (1974) und Macneil (1978).
[39] Vgl. Grossman/ Hart (1983): S. 7ff., Neus (1989): S. 11.
[40] Vgl. Richter /Furubotn (1999): S. 216, Neus (1989): S. 10f.
[41] Vgl. zu dieser Argumentationlinie auch Meinhövel (1999): S. 140ff.
[42] Vgl. ebenda: S. 142.
[43] So im sogenannten „Standardmodell“. Vgl. dazu Eisenhardt (1989): S. 60f. sowie Elschen (1991b): S. 1007f.

(3) Typen asymmetrischer Informationsverteilung und hieraus resultierende Problempotenziale

Hinsichtlich des Informationsgefälles zwischen Agent und Prinzipal lassen sich die folgenden Typen von Informationsasymmetrien unterscheiden, die jeweils verschiedene „Agency-Probleme" implizieren:[44]

(1) _hidden characteristics:_ Dieser Typ beschreibt Situationen, in denen dem Prinzipal unveränderbare Eigenschaften, die sich sowohl auf den Agenten selbst als auch auf die durch ihn angebotenen Leistungen beziehen können, ex-ante, also vor Beginn der Leistungsbeziehung verborgen bleiben. Hieraus resultiert für den Prinzipal die Gefahr, dass er einen unerwünschten Vertragspartner auswählt (*adverse selection*).[45] Es handelt sich hierbei um einen Fall sogenannter vorvertraglicher Informationsasymmetrie.

(2) _hidden action:_ Im Gegensatz zu *hidden characteristics* werden hiermit Informationsasymmetrien bezeichnet, die nicht vor, sondern erst im Verlauf einer Leistungsbeziehung auftreten, also nach Abschluss des Vertrages (nachvertragliche Informationsasymmetrie). Der Prinzipal kann zwar das Handlungsergebnis des Agenten beobachten. Das eigentliche Niveau der Agententätigkeit ist von dem Prinzipal aber nicht erfassbar, da das Ergebnis zwar von dem Leistungsverhalten des Agenten beeinflusst wird, wegen der potenziellen, nicht einschätzbaren (exogenen) Umwelteinflüsse aber nicht ausschließlich und unmittelbar durch dieses determiniert sein muß.[46] Hieraus resultiert die Gefahr, dass der Agent die Unwissenheit des Prinzipals opportunistisch ausnutzt, ohne eine Entlarvung befürchten zu müssen.[47] Diese Gefahr wird als *moral hazard* bezeichnet.[48]

---

[44] Vgl. zu dieser Unterscheidung Breid (1995): S. 823ff. Vgl. weniger detailliert, lediglich zwischen den Typen *hidden action* und *hidden information* differenzierend Arrow (1986): S. 1184ff., ders. (1984): S. 3, Hartmann-Wendels (1989): S. 714ff. Die Tatsache, dass im Schrifttum unterschiedliche Kategorisierungen bzw. Bezeichnungen von asymmetrischen Informationsverteilungen aufzufinden sind, sollte aber nicht dahingehend gedeutet werden, dass eine grundsätzliche Diskrepanz in den Sichtweisen zu der Existenz solcher Informationsverteilungen vorliegt. Die divergierenden „Grobunterscheidungen" zwischen unterschiedlichen Typen sind vielmehr darauf zurückzuführen, dass die Autoren ihre gewählten Typenbezeichnungen inhaltlich unterschiedlich weit auslegen.

[45] Vgl. Picot (1991): S. 152, Herzig/ Watrin (1995): S. 789, Trumpp (1995): S. 39. Dieser Typus von Informationsasymmetrie wird z.T. auch als „Qualitätsunsicherheit" bezeichnet. Vgl. Spremann (1990): S. 566ff. Einen typischen Fall von Qualitätsunsicherheit, welche zum Marktversagen aufgrund adverser Selektion führen kann, beschreibt *Akerlof* am Beispiel des Gebrauchtwagenmarktes. Vgl. hierzu den Beitrag Akerlof (1970). Vgl. zur Theorie der adversen Selektion auch den Beitrag Milde (1988).

[46] Vgl. Hartmann-Wendels (1992a): Sp. 72, Sp. 78, Wagenhofer (1996): S. 156f., Müller (1995a): S. 62, Elschen (1991a): S. 210, Elschen (1991b): S. 1004.

[47] Vgl. Herzig/ Watrin (1995): S. 790.

[48] Vgl. Spremann (1990): S. 571f., Neus (1989): S. 17.

(3) hidden information: Es handelt sich hierbei um Situationen, in denen der Agent im Vorfeld bzw. im Zeitpunkt seiner Entscheidungen über Informationen verfügt, die dem Prinzipal verborgen sind und ihm nicht kostenlos zur Verfügung stehen. Im Gegensatz zu der *hidden action*-Situation können die Handlungen des Agenten zwar beobachtet werden, der Umfang seiner jeweiligen Handlungsalternativen und deren Risikogehalt bleiben dem Prinzipal aber aufgrund der Informationslage bzw. mangelndem Sachverstand verborgen. Die Handlungsweise und das daraus resultierende Ergebnis kann insofern nur unzureichend beurteilt werden. Es erwächst hieraus für den Prinzipal die Gefahr, dass der Agent seinen Informationsvorsprung strategisch für seine eigenen Zwecke nutzt und nicht optimal im Sinne der Interessen des Prinzipals agiert. Es ergibt sich wiederum die Gefahr eines *moral hazard*.

(4) hidden intention: Hiermit wird der Sachverhalt beschrieben, dass der Prinzipal ex-ante nicht weiß, wie sich der Agent im Laufe der Auftragsbeziehung verhalten wird. Diese Form der Asymmetrie nimmt eine Art Zwischenstellung zwischen *hidden information* und *hidden characteristics* ein. Anders als bei dem *hidden information*-Fall handelt es sich hierbei nicht bzw. nicht alleinig um einen Kenntnisvorsprung bezüglich entscheidungsrelevanter Daten, sondern um die dem Prinzipalen bis zum Entscheidungszeitpunkt verborgenen, die Handlungsweise tangierenden Merkmale des Agenten. Im Unterschied zu den *hidden characteristics* unterliegen diese seinem Willen (z.B. Kulanz, Fairneß). Unter Umständen kann die Handlungsweise im Gegensatz zum *hidden action*-Fall für den Prinzipal nachvollziehbar und offen zutage treten. Besondere Brisanz erhalten die hierdurch gekennzeichneten Fälle, wenn der Prinzipal aufgrund irreversibler Investitionen in ein Abhängigkeitsverhältnis gerät und er ex-post nicht mehr die Möglichkeit besitzt, die Handlungen des Agenten in eine mit seinen Interessen konforme Verhaltensweise zu korrigieren.[49] Der hiermit einhergehende Problemkreis für den Prinzipal wird als *hold up* bezeichnet.

Bei diesen dargestellten Formen asymmetrischer Informationverteilung ist zu beachten, dass sie nicht überschneidungsfrei abgrenzbar sind und oftmals gemeinsam in der Realität auftreten.[50] Im agency-theoretischen Schrifttum werden unterschiedliche Möglichkeiten zur Lösung der typspezifischen Problempotenziale diskutiert. Hierbei geht es grundsätzlich um Anreiz-, Informations- und Kontrollsysteme, durch deren Heranziehung eine Disziplinierung bzw. wahrheitsgemäße Informationsübermittlung des Agenten erreicht werden soll.[51]

---

[49] Es kann sich hierbei um ein wechselseitiges Abhängigkeitsverhältnis handeln, d.h. nicht nur der Prinzipal kann in Abhängigkeit von dem Agenten geraten, sondern auch der umgekehrte Fall ist möglich.
[50] Vgl. Breid (1995): S. 823f.
[51] Vgl. Elschen (1991b): S. 1005. Zu den grundsätzlich denkbaren Lösungsansätzen vgl. Breid (1995): S. 824.

b) Zum Versuch der Abgrenzung verschiedener Theoriezweige

Die Agency-Theorie wird üblicherweise in unterschiedliche Forschungsrichtungen unterteilt bzw. es werden verschiedene Formen des analytischen Vorgehens im Rahmen des allgemeinen Theoriegebäudes herausgestellt.[52] Eine in weiten Teilen der Literatur etablierte Typologie geht auf *Jensen* zurück, der zwischen „normativen“ und „positiven“ Ansätzen unterscheidet:[53]

Unter die normative Variante („principal-agent-literature“) werden diejenigen Beiträge subsumiert, die grundsätzlich formalanalytisch und nicht empirisch ausgerichtet sind.[54] Die typische Vorgehensweise besteht in der Ableitung optimaler Kontrakte im Rahmen eines mathematisch-deduktiv ausgerichteten Konzepts. Mithilfe einer entscheidungslogisch-stringenten Modellierung von Auftragsbeziehungen, in Abhängigkeit von parametrisierten Risikoneigungen und Nutzenkalkülen der beteiligten Akteure sowie der (asymmetrischen) Informationsstruktur, werden hier laut Typologie unter Rückgriff auf das Pareto-Kriterium als Maßstab effiziente Vertragslösungen ermittelt. Im Rahmen dieser formalen Theorievariante wird also die neoklassische Argumentationsweise nahezu unverändert fortgeführt: „Die Nutzenmaximierung, das Marginalprinzip und der Nachweis eines pareto-effizienten Gleichgewichts bilden weiterhin die Säulen der Argumentation.“[55]

Die sogenannte positive Prinzipal-Agent-Theorie („positive theory of agency“) hingegen wird als grundsätzlich nicht formal und mit empirischem Bezug charakterisiert.[56] Ihr ordnet man gemeinhin die verbal argumentierende Beschreibung, Erklärung und Problematisierung institutioneller Arrangements von Delegationsbeziehungen in einer lediglich allgemeinen, nicht in

---

[52] Mittlerweile existiert eine kaum überschaubare Anzahl von Veröffentlichungen mit agency-theoretischem Hintergrund. Ansätze, Prämissen und Ergebnisse sind dabei sehr vielfältig. An Ausweitungsversuchen der Theorie mangelt es nicht. Aus diesem Grund ist es immens schwer, die Grenzen der „eigentlichen“ Agency-Theorie abzustecken. Vgl. Elschen (1991b): S. 1007.

[53] Vgl. Jensen (1983): S. 334ff., zu dieser Unterscheidung auch Eisenhardt (1989): S. 59f. Eine andere Einteilung von *Barnea*, *Haugen* und *Senbet* differenziert zwischen einer „ökonomischen“ und „finanziellen“ Theorieströmung. Bei dem ökonomischen Ansatz geht es hiernach um eine allgemeine Vorgehensweise, die auf inhaltlich unterschiedliche ökonomische Probleme angewendet werden kann. Ziel ist die Bestimmung optimaler Kontrakte unter Berücksichtigung des Anreizproblemes und von Aspekten der Risikoteilung. Die finanzielle Agency-Theorie ist als ein Spezialfall der ökonomischen Agency-Theorie zu klassifizieren, die sich auf konkrete Anwendungsfälle im Finanzbereich der Unternehmung konzentriert. Vgl. Barnea/ Haugen/ Senbet (1985): S. 31. Allerdings ist diese Typologisierung im Gegensatz zu der von *Jensen* keine strikte methodologische Trennung von Strömungen innerhalb des Gesamtgebäudes einer Theorie, auch wenn das Vorgehen innerhalb der finanziellen Strömung in der Regel spezielle Züge aufweist. Vgl. Ewert (1990): S. 18ff. Es wird lediglich eine spezielle Anwendungsrichtung eines Argumentationsgerüstes von einer allgemeinen Variante unterschieden.

[54] Als Prototypen der so charakterisierten normativen, formalanalytischen Richtung sind insbesondere die Modelle von Ross (1973), Stiglitz (1974), Holmström (1979) und Shavell (1979) anzusehen. Vgl. hierzu auch Ewert (1990): S. 17.

[55] Terberger (1994): S. 98f.

[56] Als klassische Beispiele dieser Theorieströmung gelten u.a. die Arbeiten von Fama (1980), Fama/ Jensen (1983) und Jensen (1986).

mathematischen Strukturen gebundenen Weise zu. Nach *Jensen* sind sämtliche auf den Finanzbereich bezogene Ansätze dem positiven Zweig zuzurechnen.[57]

Jeder Theorieströmung sind bestimmte Vertreter zuzuordnen. Mittlerweile hat sich ein regelrechter Methodologiestreit um die Vorzüge bzw. die Existenzberechtigung der einen oder anderen Variante herausgebildet. Kritisch gegenüber der normativen Ausrichtung argumentieren bspw. *Jensen*: „mathematically inclined scholars take the attitude that if the analytical language is not mathematics, it isn`t rigorous, and if a problem cannot be solved with the use of mathematics, the effort should be abandoned",[58] *Helmstädter*: „Man hat gesagt, die mathematischen Ökonomen seien wie Kinder, die selbst die Ostereier verstecken und sich freuen, wenn sie sie am gleichen Ort wiederfinden."[59] und *Müller*, der insbesondere den fehlenden empirischen Gehalt der normativen Ansätze bemängelt.[60] *Elschen* sowie *Baiman* hingegen kritisieren die mangelnde Präzision der positiven Richtung und plädieren für die mathematische Strenge der normativen Ausprägung.[61] Ebenso spricht sich *Weißenberger* gegen die positive Variante aus und verweist darauf, dass Anforderungen an Kooperationsdesigns bei einer rein verbalen Betrachtung verborgen bleiben können, Annahmen und Vorgehensweise im Rahmen eines normativen Modelltyps hingegen aufgrund der formalen Sprache besser offengelegt werden.[62]

Die erläuterte methodologische Unterscheidungspraxis ist aber in der Gesamtbetrachtung unsauber und deshalb abzulehnen.[63] So finden sich in der Literatur zahlreiche Arbeiten, die in der Typologie *Jensens* aufgrund ihres formalanalytischen Vorgehens (primär) der normativen Variante zuzuordnen sind, jedoch bei näherer Betrachtung umfassende empirische Bezüge aufweisen oder bewusst mit der Intention antreten, gerade durch eine mathematisch-deduzierende Vorgehensweise Strukturen fassen sowie deren Wirkungsweise erklären zu wollen.[64] Umgekehrt verhält es sich bei Arbeiten, die aufgrund ihres Finanzierungsbezuges klassischerweise der positiven Strömung zuzuordnen wären, aber in ihrer Grundausrichtung

---

[57] Vgl. Jensen (1983): S. 335.
[58] ebenda: S. 335.
[59] Helmstädter (1991): S. 18.
[60] Vgl. Müller (1995a): S. 61.
[61] Vgl. Elschen (1991b): S. 1007, Baiman (1984): S. 252.
[62] Vgl. Weißenberger (1997): S. 221ff.
[63] Ebenso Ewert (1990): S. 17ff.
[64] Vgl. in diesem Zusammenhang bspw. die Arbeit von Baiman/ Demski (1980), die primär auf die Erklärung eines real existierenden Vorganges zielt, das Modell von Tirole (1986), das auf die Beschreibung respektive Erklärung eines koalitionssicheren Vertrages ausgerichtet ist oder den Ansatz von Verrecchia (1986) zur Erklärung von Wahlrechten in der Rechnungslegung. Nach *Arrow* lassen sich die Ergebnisse jedes agency-theoretischen Ansatzes sowohl normativ als auch positiv interpretieren. Vgl. Arrow (1986): S. 1184. Auch

formalanalytische Züge tragen.[65] Ferner birgt der Versuch einer methodologischen Durchtrennung in der beschriebenen Form, der damit einhergeht, dass bestimmte Vertreter des normativen oder positiven Zweiges ihre spezifische Vorgehensweise als die einzig erkenntnisversprechende ansehen und in strikt ablehnende Opposition zu der anderen Theorieströmung treten, eine Gefahr für die weitere Entwicklung des Gesamttheoriegebäudes. Durch die Dichotomie entsteht eine Verklärung des eigentlichen Forschungsinteresses: der kritischen Erkenntniserzielung hinsichtlich arbeitsteiliger Delegationsbeziehungen als erste Schritte zur Entwicklung einer umfassenden Theorie von Auftragsbeziehungen, die bislang noch in ihren Anfängen steckt.[66] Die von Eitelkeiten geprägte Diskussion um die vermeintlichen Vorzüge bzw. die alleinige Existenzberechtigung der einen oder anderen Forschungsrichtung ist in diesem Zusammenhang kontraproduktiv, wenn sie dazu führt, dass heterogenen Argumentationslinien die Möglichkeit eines konstruktiven gegenseitigen Förderprozesses entzogen wird. Vielmehr gilt es zu berücksichtigen, dass neue Denk- und Forschungsströmungen nie im isolierten Nebeneinander einzelner Arbeiten entstehen, sondern sich erst in der Diskussion und wechselseitigen Befruchtung in einem gewissermaßen evolutiven Prozess herausbilden.[67] Aus diesem Grund ist es mit Blick auf das Erkenntnisziel einer umfassenden Theorie von Auftragsbeziehungen verfehlt, eine methodologische Trennungslinie in der skizzierten Form zu ziehen. Weder der sogenannte normative noch der positive Theoriestrang, der jeweils in seiner Reinform wie dargelegt ja gar nicht existent ist, sondern wenn überhaupt nur tendenziell vorkommt, kann als alleinig zielkonform gewertet werden.

Im folgenden wird (aufgrund dieser Überlegungen) weder speziell der einen noch der anderen vermeintlichen methodologischen Grundvariante der Agency-Theorie gefolgt. Vielmehr werden sowohl formalanalytische, normativ anmutende als auch rein verbal-argumentierende, eher dem positiven Theoriestrang zuzuordnende Analyseperspektiven herangezogen. Dabei wird sich im jeweiligen Untersuchungszusammenhang zeigen, dass insbesondere dieses Nebeneinander erkenntnisfördernd, gegenseitig befruchtend wirken kann.

Jensen (1983): S. 335 selbst merkt hinsichtlich der normativen Variante an: „Most of it can be interpreted in a positive fashion."

[65] Es wäre bspw. abwegig die Modellansätze von Green (1984), Green/ Talmor (1986), Williams (1987), Maug (1997), Nippel (1999) oder Martens (2000), die sich allesamt mit Problembereichen aus dem Finanzierungssektor auseinandersetzen und somit nach *Jensen* dem positiven Strang zuzuordnen wären, als nicht formal zu kennzeichnen.

[66] Vgl. Elschen (1991a): S. 210f., Elschen (1991b): S. 1004ff., Weißenberger (1997): S. 254, Kossbiel (1995): S. 129f.

[67] Vgl. zu dieser Argumentationsrichtung auch Spremann (1995): S. 132.

c) Standortbestimmung des Prinzipal-Agent-Ansatzes als eine Theorie von Auftragsbeziehungen

Der Erkenntnisgehalt von Prinzipal-Agent-Modellen wird kontrovers diskutiert. Die Theorie sieht sich mit Berechtigung insbesondere folgenden zentralen Kritikpunkten ausgesetzt:[68]

- Die Ergebnisse der meisten Ansätze halten einer empirischen Bewährung nur unzureichend stand. Einer der Gründe liegt darin, dass die relevanten Einflussfaktoren sehr schlecht zu operationalisieren sind.[69]
- Es existiert eine gewisse Widersprüchlichkeit einerseits in den Annahmen zum Vertragsverhältnis im Fall vollständiger Verträge und andererseits in der Prämisse der Eigennutzorientierung.[70]
- Es kommt innerhalb formalanalytischer Modelle regelmäßig zu einer Überbetonung des neoklassischen Ideals konkurrenzgleichgewichtiger Märkte. Rechentechniken werden zu Lasten des Aufgreifens realiter gegebener institutioneller Einflüsse in den Vordergrund gerückt.[71]

Der der Agency-Theorie häufig entgegengebrachte Vorwurf einer Realitätsferne in den Annahmen überzeugt indes nicht. Zwar liegt dem Vorgehen ein bisweilen hoher Abstraktionsgrad zugrunde, allerdings ändert dies nichts an dessen methodologischem Wert.[72] Denn jede Theorie muß von der Realität abstrahieren, um zu gehaltvollen Aussagen führen zu können und der jeweilige methodologische Status äußert sich nicht in der Realitätsnähe der Prämissen, sondern in ihrer Problemadäquanz.[73] Entscheidend für die Beurteilung ist damit der Problembezug im Einzelfall und die Sicherstellung, dass Prämissen und Folgerungen transparent werden und die Folgerungen zulässig sind.[74]

---

[68] Vgl. zu einer dezidierten Kritik an der Prinzipal-Agent-Theorie insbesondere die Arbeit von Meinhövel (1999). Vgl. ferner auch kritisch Müller (1995a): S. 71f., Ballwieser (1987): S. 359, Trumpp (1995): S. 47 sowie die Beiträge Eisenhardt (1989), Müller (1995b).

[69] Vgl. Weißenberger (1997): S. 221ff., Meinhövel (1999): S. 143ff., Müller (1995a): S. 71f., Kole (1997): S. 79ff.

[70] Vgl. hierzu die Ausführungen oben auf S. 32f.

[71] Vgl. Jensen (1983): S. 335, Terberger (1994): S. 105f., Müller (1995): S. 72, Meinhövel (1999): S. 214f.

[72] Vgl. Spremann (1995): S. 132f., Elschen (1991b): S. 1003f.

[73] „Gleichwohl heißt es einem fundamentalen methodologischem Irrtum zu erliegen, wenn man eine Theorie auf der Basis kritisiert, dass ihre Annahmen unrealistisch seien. Abstraktion ist das Wesen der wissenschaftlichen Untersuchung. Eine wissenschaftliche Theorie muß aus dem Gewirr der Erfahrung, das sie erklären will, auswählen und ist deshalb notwendig „unrealistisch", wenn sie unmittelbar mit der Realität verglichen wird.", Posner (1978): S. 102. Vgl. hierzu auch Erlei/ Leschke/ Sauerland (1999): S. 47f., ferner auch Friedmann (1953): S. 16ff., demgegenüber ablehnend Tietzel (1981): S. 237ff.

[74] Vgl. zu dieser Argumentationslinie auch Elschen (1991b): S. 1002ff., Elschen (1995): S. 123ff. sowie Spremann (1995): S. 130ff.

Trotz der genannten Defizite kann die agency-theoretische Analyse einen nicht zu unterschätzenden Beitrag zu einer kritisch-reflexiven systematischen Durchdringung von Delegationsbeziehungen einschließlich der zugrundeliegenden institutionellen Arrangements leisten.[75] Sie fördert das Verständnis von Bestimmungsgrößen für die Effizienz von Delegationsformen und Koordinationsmechanismen. Man darf allerdings von der Agency-Theorie nicht erwarten, dass sie ein Lösungsinstrument für sämtliche Problemstellungen im Bereich arbeitsteiliger Delegationsbeziehungen darstellt. Betrachtet man sie als Hilfsmittel der Analyse und nicht alleinig als Erklärungs- und Prognoseinstrument im Sinne einer Ideologie, so ist die Agency-Theorie als ein im Entwicklungsprozess befindliches Teilelement einer übergeordneten Theorie von Auftragsbeziehungen zu klassifizieren, die der ökonomischen Forschung wichtige Impulse geben kann.[76] Bei dieser Domäne müssen bspw. auch noch die Theorie der ökonomischen Analyse des Vertragsrechts[77] oder verschiedene verhaltenswissenschaftliche Theorieansätze Platz finden.[78]

2. Aktienrechtliche Corporate Governance als Prinzipal-Agent-Konstrukt

a) Agency-Beziehungen im Bereich der aktienrechtlichen Unternehmenüberwachung

Mit der Trennung von Verfügungsmacht und Anteilsbesitz in deutschen Publikumsaktiengesellschaften wird die ursprüngliche Interesseneinheit von Eigentum und Geschäftsführung im Sinne der kapitalistischen Unternehmensordnung beseitigt.[79] Das Mandat der Disposition über die Produktivmittel wird von den Kapitaleignern auf Dritte in Form eines professionalisierten Managements übertragen.[80] Die strukturelle Grundordnung der Unternehmensleitung und deren Überwachung ist mehrstufig ausgestaltet: Die Hauptversammlung als Repräsentantin des gemeinschaftlichen Willens der Aktionäre wählt als oberste Verfassungsinstanz nach Maßgabe zur Anwendung gelangender Mitbestimmungsregeln einen Teil des Aufsichtsrats (§§ 101, 102 AktG). Dieser tritt zusammen und bestimmt den Vorstand (§ 84, 1 AktG), der als alleiniges Geschäftsführungs- und Vertretungsorgan mit der Leitung der Gesellschaft unter eigener Verantwortung betraut wird (§§ 76-78 AktG). Die Überwachung der Geschäftsfüh-

---

[75] Ebenso Terberger (1994): S. 101, Kossbiel (1995): S. 129f., Weißenberger (1997): S. 222f.

[76] Ebenso Spremann (1995): S. 132f.

[77] Vgl. ausführlich zu dieser Theorierichtung Schäfer/ Ott (1995): S. 321ff.

[78] Eine demgegenüber negative Einschätzung vertritt Meinhövel (1999): S. 215: „Die Defizite in der Forschungskonzeption der Principal-Agent-Theorie sorgen dafür, dass sie derzeit keine ausbaufähige Grundlage für eine Theorie des Auftragshandelns bietet."

[79] Vgl. zum Begriff der kapitalistischen Unternehmensordnung und zum empirischen Phänomen der Trennung von Verfügungsmacht und Eigentum Steinmann/ Gerum (1992): S. 223ff. sowie Gerum (1995): Sp. 1457ff.

rung des Vorstands obliegt dem Aufsichtsrat (§ 111 AktG). Als externer Überwachungsträger kommt außerdem der handelsrechtliche Abschlussprüfer hinzu, dessen Überwachungsaufgabe sich aus §§ 316, 317 HGB ergibt.

Durch die Übertragung der Entscheidungsgewalt über die Produktivmittel von den Anteilseignern auf ein professionalisiertes Management und die institutionalisierte Kontrolle dieses Gremiums mithilfe des Aufsichtsrats und des Abschlussprüfers entstehen Auftraggeber-Auftragnehmerbeziehungen, die sich als Prinzipal-Agent-Konstrukt darstellen lassen.[81] Die Anteilseigner schließen als Prinzipale mit dem Vorstand (Agent) einen Kontrakt. Sie beauftragen diesen damit, die Gesellschaft in ihrem Sinne zu leiten.[82] Diese Beziehung wird mehrstufig, wenn der Aufsichtsrat als zusätzliche Partei mit in die Betrachtung eingeführt wird. Es entsteht eine weitere Prinzipal-Agent Beziehung: Der Aufsichtsrat verpflichtet sich in einem Kontrakt mit den Eigentümern zu einer Unternehmensüberwachung in ihrem Interesse, tritt somit ebenfalls als deren Agent in Erscheinung. Mittelbar ist der Aufsichtsrat auch als Prinzipal des Vorstands zu begreifen, da er aufgrund seines Überwachungsauftrags und der damit einhergehenden Gefahr von Fehleinschätzungen ein Interesse an einer seriösen Handlungsweise des Vorstands besitzt. Andererseits kann der Aufsichtsrat auch als Agent des Vorstands betrachtet werden, wenn unterstellt wird, dass der Vorstand an einer effektiven, seine Arbeit unterstützenden Aufsichtsratstätigkeit interessiert ist.

Neben den dargelegten Beziehungen kann auch das Verhältnis zwischen Vorstand bzw. Aufsichtsrat (jeweils stellvertretend für die Eigentümer) und Fremdkapitalgebern als Prinzipal-Agent-Beziehung identifiziert werden.[83] Vorstand und Aufsichtsrat nehmen dabei als Agenten von Eigentümern und Fremdkapitalgebern auf der Grundlage eines annahmegemäß vorherrschenden Informations- respektive Fähigkeitsvorsprungs Gewähr für eine effektive Leitung bzw. Überwachung der Geschäfte.

---

[80] Vgl. zu dieser Beobachtung für Großunternehmen grundlegend Fama/ Jensen (1983). Dieser empirisch beobachtbare Sachverhalt wurde zum Schlagwort durch die berühmte Untersuchung von Berle/ Means (1932). Vgl. zu deren wissenschaftsgeschichtlicher Bedeutung auch Stigler/ Friedland (1983).

[81] Außerdem könnte man noch als weitere Überwachungsinstanzen den Betriebsrat, die Interne Revision und die steuerliche Außenprüfung klassifizieren. Vgl. Schlömer (1985): S. 67ff.

[82] Nach neoklassischem Denkmuster ergibt sich hieraus kein Problem für die Anteilseignerschaft, denn auf einem vollkommenen Kapitalmarkt unter der Annahme symmetrischer Information können Reichtumsverlagerungen auf Kosten anderer nicht erfolgen. Eine Überwachung des Managements ist nicht erforderlich. Unter Einbezug von Marktunvollkommenheiten, inbesondere von Informationsasymmetrien, ergibt sich allerdings ein anderes Bild. Es erwächst für die Eigner die Gefahr, dass das Management seinen Informationsvorsprung für eigene Zwecke nutzt und aus ihrem Blickwinkel suboptimale Entscheidungen trifft.

[83] Vgl. zur Charakterisierung einer Kreditnehmer-Kreditgeber-Beziehung als Agency-Verhältnis bspw. Hartmann/ Wendels (1992b): S. 412ff., zur speziellen Kennzeichnung des Verhältnisses Manager-Gläubiger als Agency-Beziehung Ewert (1986): S. 2f.

Der handelsrechtliche Abschlussprüfer kann ebenfalls in ein entsprechendes agency-theoretisches Modellgerüst integriert werden. Es ergibt sich damit ein erweiterter Ansatz, in dem Vorstand, Aufsichtsrat und Prüfer als nutzenmaximierende Agenten auftreten und eine grundlegende Verantwortung für die aktienrechtliche Corporate Governance wahrnehmen. Im Mittelpunkt der Untersuchung stehen dann Kontrakte zwischen den Kapitalgebern (Anteilseigner und Gläubiger) als Prinzipalen und dem Vorstand (Management), dem Aufsichtsrat und dem Prüfer als deren Agenten, die die Eigenschaft besitzen sollen, die Agenten zu einem, mit den Interessen der Prinzipale konformen Verhalten zu motivieren.[84]

Unter Berücksichtigung der deutschen Mitbestimmungsregeln nach dem Mitbestimmungsgesetz von 1976 entsteht ein weiteres Prinzipal-Agent-Verhältnis: das zwischen Belegschaft und Arbeitnehmervertretern im Aufsichtsrat. Zugleich konstituiert sich mit dem Aufsichtsratsgremium in seiner mitbestimmten Fassung eine Agentur mit zwei in ihren Interessen u.U. originär divergierenden Interessen. Eine weiteres Maß an Komplexität gelangt in die Betrachtung, wenn konzernierte Strukturen untersucht werden sollen. So agieren je nach Blickwinkel bspw. „Tochter-Vorstände" als Agenten ihres „Tochter-Aufsichtsrats", der seinerseits wiederum als Agent des „Mutter-Vorstands" auftritt. Ferner lassen sich auch die Mitbestimmungsregeln im Konzern auf Aufsichtsratsebene als Spezialfall der allgemeinen Mitbestimmungsgesetzgebung berücksichtigen. Durch die einheitliche Leitung im Konzern hat auch die Mitbestimmung im Aufsichtsrat der Obergesellschaft zu erfolgen. Die Arbeitnehmervertreter sind von den Mitarbeitern aller Konzerngesellschaften zu wählen.[85] Es erwächst in diesem Zusammenhang ein weiteres Prinzipal-Agent-Verhältnis: das zwischen den Arbeitnehmern in den Konzerntöchtern und den von ihnen entsendeten Arbeitnehmervertretern im Aufsichtsrat der Konzernmutter.

Wie nur ansatzweise gezeigt, läßt sich je nach Erkenntnisinteresse ein überaus kompliziertes Geflecht von ineinandergreifenden Agency-Beziehungen konstruieren, wobei nur situationsabhängig beurteilt werden kann, wer Prinzipal und wer Agent ist. Eine Aufnahme sämtlicher denkbarer Delegationsverhältnisse im Bereich der aktienrechtlichen Corporate Governance und damit gewissermaßen die Konstruktion eines Totalmodells würde allerdings „die Grenzen der Handhabbarkeit sprengen".

---

[84] Gleichzeitig kann der Prüfer auch als Agent des Aufsichtsrats aufgefasst werden, da dieser ihm gegenüber eine Hilfsfunktion bei seiner Überwachung der Geschäftsführung wahrnimmt. Vgl. zur Beschreibung des Verhältnisses dieser beiden Überwachungsträger ausführlich S. 188f. in Kapitel 4.

[85] Zur Bestimmung des anzuwendenden Mitbestimmungsgesetzes (Montan-MitbestG, BetrVG52 oder MitbestG76) wird die Zahl aller im Konzern beschäftigten Arbeitnehmer zugrundegelegt.

Es ist somit notwendig, die Komplexität der realen Strukturen zu reduzieren und durch Abstraktion eine hinreichende Einfachheit zur Erkenntniserzielung sicherzustellen. Aus diesem Grund ist es geboten, den für den weiteren Untersuchungsgang relevanten Modellrahmen zu spezifizieren.

b) Der Aufsichtsrat als Agent im Geflecht mehrstufiger Agency-Beziehungen – Entwicklung eines Modellrahmens für den Untersuchungsgang

Im letzten Abschnitt wurde das Geflecht an potenziellen Prinzipal-Agent-Beziehungen im Bereich der aktienrechtlichen Unternehmensüberwachung strukturiert. Wie gezeigt wurde, kann dabei ein äußerst komplexes Modell mit verschiedenen ineinandergreifenden Agency-Beziehungen aufgestellt werden.

Die Analyse im folgenden konzentriert sich auf die Tätigkeit des Aufsichtsrats. Dieser wird als nutzenmaximierend agierender Agent der Anteilseigner modelliert, der in deren Auftrag die Geschäftsführung des Vorstands in einer börsennotierten Muttergesellschaft eines Unterordnungskonzerns überwachen soll. Diese operiert annahmegemäß mit eigenen Leistungen am Markt für Dritte und ist durch eine diversifizierte Geschäftsstruktur sowie eine breite Streuung ihrer Aktien gekennzeichnet,[86] wobei die (Klein-)Aktionäre dem Management die Verfügungsrechte über ihr zur Disposition gestelltes Kapital einräumen. Die Anteilseigener sind dabei auf der einen Seite zum Empfang einer angemessenen Dividende berechtigt, andererseits sind sie auch jederzeit dem Risiko eines Verlustes ausgesetzt. Ferner wird davon ausgegangen, dass die Gesellschaft eine hinreichende Größe besitzt, damit die Regelungen des Mitbestimmungsgesetzes von 1976 zur Anwendung gelangen. Der Aufsichtsrat ist infolgedessen paritätisch aus Vertretern der Kapitaleigner und der Beschäftigten besetzt.

Gemäß dem Axiom der Eigennutzorientierung wird grundsätzlich unterstellt, dass der Aufsichtsrat bei seinen Entscheidungen rational im Eigeninteresse handelt. Dabei wird angenommen, dass sein Nutzenniveau positiv mit der Einkommenshöhe korreliert, dass er eine Nutzeneinbuße durch Ausweitung des Arbeitseinsatzes erfährt, dass er risikoscheu gegenüber seiner finanziellen Zielgröße ist und dass Reputationseffekte nutzenwirksam sind. Der dem Delegationsverhältnis zugrundeliegende Vertrag wird als unvollständig angenommen (incomplete contracting) und den Akteuren beschränkte Rationalität (bounded rationality) i.S.d. Ver-

[86] Vgl. zur Bedeutung der Fokussierung auf die Publikums-AG im Bereich der Corporate Governance-Diskussion auch Wenger (2001): S. 321f.

haltenskonzepts von *Simon* unterstellt.[87] Danach verhalten sich Individuen in klaren, eindeutigen Entscheidungssituationen streng rational. In Entscheidungssituationen, die durch einen unzureichenden Informationsstand geprägt sind, geben sie hingegen die Maximierungsmaxime i.S.d. neoklassischen Rationalverhaltensmodells auf und verhalten sich beschränkt rational.[88] Eine beschränkt rationale Verhaltensweise ist nach *Simon* dadurch gekennzeichnet, dass die instrumentelle Rationalität neoklassischer Anschauung durch Verfahrensrationalität substituiert wird. Rationalität in diesem Sinne impliziert weiterhin prinzipiell Maximierungsverhalten. Allerdings werden seitens der Akteure die Unvollkommenheit einer Entscheidungssituation und die damit einhergehenden prohibitiven Entscheidungskosten antizipiert und komplexitätsreduzierende Lösungsverfahren bei der Entscheidungsfindung herangezogen.[89] Letztendlich bedeutet dies, dass nicht in jeder Entscheidungssituation eine vollständige Optimierung des Verhaltens angestrebt wird.

Der Vorstand wird als weiterer Agent der oben skizzierten Prinzipalschaft in das Modell integriert. Es wird davon ausgegangen, dass dieser kein Interesse an einer effektiven Kontrolle durch den Aufsichtsrat besitzt, da hierdurch Fehler seiner Geschäftsführungstätigkeit ex-post aufgedeckt werden könnten. Eine Koalitionsbildung zwischen Vorstand und Aufsichtsrat mit kollusiven Absichten wird nicht ausgeschlossen. Die dem Modellgerüst implizit zugrundeliegende Denkstruktur unterstellt, dass die Güte der Überwachung durch den Aufsichtsrat maßgeblich dadurch bestimmt wird, in welcher Weise er seinen aus verschiedenen Informationsasymmetrien resultierenden diskretionären Handlungsspielraum im Sinne der Zielvorstellungen seiner Auftraggeber nutzt. Als Erkenntnisobjekt der agency-theoretischen Betrachtung können dabei die Wirkungen spezifischer Arten von Informationsasymmetrien und von Zielkonflikten zwischen dem Aufsichtsrat und seinen Vertragspartnern sowie die Möglichkeiten der Einflussnahme durch strukturelle Vorkehrungen hierauf angesehen werden.[90] Es geht demnach darum, den Aufsichtsrat trotz individueller Zielvorstellungen und Risikoneigungen sowie problemspezifischer Informationsvorsprünge zu einer von den Prinzipalen gewünschten Überwachungsleistung zu motivieren.

---

[87] Vgl. Simon (1957) sowie beschreibend auch Schäfer/ Ott (1995): S. 56f. und Martiensen (2000): S. 181ff.

[88] In der Literatur finden sich allerdings noch andere Konzepte, die ebenfalls als Form „beschränkter Rationalität" tituliert werden. Vgl. hierzu bspw. das Modell von Conlisk (1996).

[89] Ein gutes Beispiel hierzu ist die Anschaffung eines PC`s. Zwar wird sich das Individuum bei beschränkt rationaler Verhaltensweise eingehend beraten lassen und verschiedene Angebote prüfen. Allerdings werden die Suchkosten des optimalen Angebots in aller Regel den Nutzen übersteigen, da die Kostensituation fast täglich deutlich schwankt, der PC, überspitzt formuliert, am nächsten Tag ohnehin veraltet ist. Vgl. hierzu Martiensen (2000): S. 188.

[90] Vgl. zum Erfahrungs- und Erkenntnisobjekt der Agency-Theorie Elschen (1991b): S. 1010.

3. *Möglichkeiten und Grenzen des gewählten neoinstitutionellen Argumentationsmodells - eine methodologische Rechtfertigung der Prinzipal-Agent-Theorie als Wegbegleiter der Analyse*

Der Untersuchung wird der beschriebene Modellansatz als theoretischer Bezugsrahmen zugrundegelegt.[91] Die Argumentation unterstellt einen rational im Eigeninteresse handelnden Aufsichtsrat und Vorstand, womit implizit pessimistische Verhaltenshypothesen gesetzt werden, die sich empirisch nur unzureichend verifizieren lassen.[92] Gegen die vorgetragene Analyserichtung könnte demnach eingewendet werden, dass ein agency-theoretischer Bezugsrahmen im allgemeinen und der hier verwendete vereinfachende Modellansatz im besonderen von unrealistischen Prämissen ausgeht und damit kaum zur praxisrelevanten Erkenntnisförderung im Bereich der beschriebenen Problemstellung beiträgt. Die Ergebnisse der agency-theoretischen Betrachtung werden unter diesem Aspekt aber keineswegs nutzlos. Wie beschrieben ist es ein Anliegen der Arbeit, die gegenwärtig praktizierte Corporate Governance in deutschen Aktiengesellschaften zu problematisieren, Schwachstellen aufzudecken und Lösungsansätze zu formulieren. Wenn in einer Modellwelt unter den gesetzten Rationalitätsannahmen gezeigt wird, dass es für einen „Agenten-Organträger“ optimal sein kann, entgegen den Interessen seiner Auftraggeber zu handeln, dann ist die Gefahr eines unzureichenden Aktivitätsniveaus von Aufsichtsrat und Vorstand in einer Welt, in der ihre Auftaggeber nicht ein eigennutzorientiertes Verhalten antizipieren, erst recht gegeben.[93] Insofern ist eine pauschale Herabwürdigung des Erkenntnisgehalts des verwendeten agency-theoretischen Bezugsrahmens aufgrund seiner vereinfachenden Sichtweise zurückzuweisen. Gerade eine Argumenta-

---

[91] "Ein theoretischer Bezugsrahmen dient als Orientierungshilfe für eine systematische Erkenntnisgewinnung. Er ist als ein Aussagensystem anzusehen, das von seiner logischen Konsistenz und Operationalität her nicht den strengen Anforderungen an ein Hypothesensystem genügt. Er ist daher als ein provisorisches Erklärungsmodell zu begreifen, das den weiteren Erkenntnisprozess steuert.", Pollanz (1999b): S. 393.

[92] Die Annahme der Nutzenmaximierung der beteiligten Akteure ist nicht unabhängig testbar. Vgl. hierzu Boland (1981): S. 1033, Caldwell (1983): S. 824 sowie Terberger (1994): S. 33ff. Damit wird das methodologische Forschungsideal *Poppers* und *Friedmans* ignoriert, demgemäß die unabhängige empirische Testbarkeit aller zugrundegelegten Annahmen konstitutiv für die Theorieanwendung ist. Vgl. hierzu die Arbeiten Popper (1959), Friedman (1953). Gemäß dem sogenannten F-Kniff *Friedmans* ist das Verhältnis zwischen der Signifikanz einer Theorie und der Realitätsnähe ihrer Annahmen ein proportional umgekehrtes. Vgl. Tietzel (1981): S. 241. Ferner unterstellt die neoinstitutionalistische Argumentation auch implizit, dass sich „agency-cost-minimierende“ Institutionen durchsetzen. Da „agency-costs“ einer Messung aber nicht zugänglich sind, ist eine empirische Überprüfung in diesem Feld ebenfalls ausgeschlossen.

[93] Vgl. zu dieser Argumentation für einen anderen Anwendungsfall der Theorie auch Ballwieser (1987): S. 361. Allerdings darf in diesem Zusammenhang keine Kausalität in dem Sinne gefolgert werden, dass bei negativen Ergebnissen in der Modellwelt zwangsläufig auch negative Ergebnisse in der Realität auftreten. Vielmehr ist es auch denkbar, dass realiter bestimmte (unvorhersehbare) Umwelteinflüsse, die in der Modellstruktur nicht berücksichtigt werden, di Betrachtungsergebnisse radikal modifizieren. Vgl. zu diesem grundsätzlichen methodologischen Einwand gegenüber der Übertragung von Modellergebnissen auf reale Sachverhalte Tietzel (1981). Trotzdem ist aber im beschriebenen Kontext zumindest die realiter verstärkte Gefahr illoyalen Verhaltens unter den gesetzten Annahmen plausibel und als Argumentationshilfe überzeugend.

tionslinie unter Zugrundelegung eines „worst case“ im Bereich der Verhaltensanahmen der im Fokus stehenden Akteure ist dazu geeignet, ein reales Problemfeld einer kritischen Reflexion zu unterziehen. Die Möglichkeit eines empirischen Gütesiegels wird hier bewusst nicht angestrebt. Vielmehr läßt sich die im nachfolgenden vorgetragene Forschungsmethodik dem Wissenschaftsideal des „pragmatischen Instrumentalismus“ bzw. der „Economics as Rhetoric“ zuordnen.[94] Hiernach gelten nicht nur solche Aussagen als wissenschaftlich, die empirisch falsifizierbar sind, sondern ein Argumentationsstrang bzw. ein allgemeines Aussagensystem erlangen schon dann wissenschaftliche Güte, wenn sie dazu geeignet sind, das Verständnis von realen Zusammenhängen zu fördern sowie Problemfelder zu strukturieren und damit die Orientierung in der komplexen Realität erleichtern.[95] Nach dieser methodologischen Sichtweise, die gegenüber dem Wissenschaftsideal *Poppers* weichere Gütekriterien verwendet, stellt auch der hier angewandte stilisierende sowie karikierende Modellrahmen ein mögliches Analyseraster mit wissenschaftlichem Geltungsanspruch dar. Im Rahmen des pragmatischen Instrumentalismus wird die Aufmerksamkeit auf den Ablauf des Diskussionsprozesses gelenkt. Entscheidendes Gütekriterium ist nicht die empirische Falsifizierbarkeit, sondern die Überzeugungskraft der verwendeten Argumente. Das Vorgehen in der Ökonomie als Wissenschaftsfeld wird als Rhetorik, als eine Kunst des Argumentierens verstanden.[96] Der herangezogene agency-theoretische Modellansatz ist so gesehen zwar einerseits Erklärungs- und Prognoseinstrument, darüber hinaus aber, und damit wird dem Ideal der „Economics as Rhetorics“ entsprochen, fungiert der in seinem Rahmen stattfindende Argumentationsprozess auch als „Sprache, die der Entwicklung von Sprache dient".[97] Werden hierbei Argumente generiert, die in der wissenschaftlichen Gemeinschaft oder bei den potenziellen Nutzern wissenschaftlicher Erkenntnisse Überzeugungskraft entfalten, so ist dem zugrundegelegten Gütekriterium Genüge getan.

---

[94] Vgl. zu diesem Wissenschaftsideal Terberger (1994): S. 38ff., die Beiträge von Klamer (1984), Rappaport (1988) und Schor (1991), sowie grundlegend McCloskey (1983).

[95] Vgl. hierzu Schmidt/ Schor (1987): S. 26ff., Schor (1991): S. 109ff. Ein gutes Beispiel in diesem Zusammenhang stellt das Capital Asset Pricing-Modell (CAPM) der Kapitalmarkttheorie dar, von dem Drukarczyk (2003): S. 363 behauptet: „Obwohl die Botschaften des CAPM einfach und plausibel sind, haben sie aufgrund empirischer Testergebnisse und theoretischer Einwände an Überzeugungskraft eingebüßt. Bislang ist jedoch ein überzeugenderer Bewertungsansatz, der das CAPM verdrängen könnte, nicht etabliert. Folglich nutzen wir das CAPM.“ Vgl. zum CAPM auch die Ausführungen unten auf S. 74f.

[96] Vgl. Terberger (1994): S. 41.

[97] Vgl. hierzu auch Spremann (1995): S. 132f.

II. Die Wertanalyse als ganzheitlicher Basisansatz zur Früherkennung bestandsgefährdender Entwicklungen nach § 91 Abs. 2 AktG

A. Der § 91 Abs. 2 AktG als unbestimmte Rechtsnorm für die Leitung und Überwachung in der Aktiengesellschaft

1. Der Normzweck der Gesetzesneuerung

Mit § 91 Abs. 2 AktG wird der Vorstand einer Aktiengesellschaft expressis verbis dazu verpflichtet, geeignete Maßnahmen zur Früherkennung von den Fortbestand der Gesellschaft gefährdenden Entwicklungen zu treffen und hierfür insbesondere ein Überwachungssystem einzurichten.[98] Die Begründung zum Regierungsentwurf präzisiert die diesbezügliche Geschäftsführungsaufgabe desweiteren, indem sie insbesondere die Vorstandsverantwortung, für ein „adäquates Risikomanagement" und eine angemessene „interne Revision zu sorgen", hervorhebt.[99]

Diese nunmehr explizit formulierte Organisationspflicht des Vorstands ist allerdings mit Blick auf die aktienrechtliche Unternehmensverfassung nicht neu. Wie in der Einführung oben beschrieben, gehörte es bereits vor Inkrafttreten des KonTraG zu den ordentlichen Leitungspflichten der Geschäftsführung nach § 76 AktG, risikoorientierte Kontrollsysteme zu unterhalten.[100] Institutionalisierte Überwachungsmaßnahmen zur Früherkennung und Handhabung unternehmerischer Risikopositionen waren bereits nach altem Recht in der Praxis weitverbreitet und Gegenstand betriebswirtschaftlicher Forschung, insbesondere im Bereich von Großunternehmen. Aus diesem Grund ist im Vorfeld des Versuchs einer konzeptionellen Operationalisierung der geforderten Leitungsmaßnahmen, der gesetzgeberische Hintergrund bzw. der Neuigkeitsgehalt des § 91 Abs. 2 AktG für die aktienrechtliche Corporate Governance zu hinterfragen.

---

[98] Diese Organisationspflicht betrifft gemäß Wortlaut explizit nur Aktiengesellschaften. Gemäß gefestigter Meinung ist allerdings davon auszugehen, dass die Neuregelung je nach Größe, Komplexität und Struktur der jeweiligen Gesellschaft auch Ausstrahlungswirkung auf den Pflichtenrahmen der Geschäftsführer anderer Gesellschaftsformen hat. Vgl. u.a. Lachnit/ Müller (2001): S. 366, Bitz (2000b): S. 3, Drygala/ Drygala (2000): S. 300f., Hommelhoff/ Mattheus (2000b): S. 221f., Hornung/ Reichmann/ Diederichs (1999): S. 318.

[99] Vgl. BMJ (1997): S. 36.

[100] Vgl. hierzu die Ausführungen oben auf S. 24 sowie Emmerich (1999): S. 1079, Hommelhoff/ Mattheus (2000a): S. 10f., Lingemann/ Wasmann (1998): S. 859. Lange vor dem Inkrafttreten des KontraG hat der BGH in einer Entscheidung aus dem Jahr 1985 bereits hervorgehoben, daß es zu den Pflichten eines sorgfältigen Geschäftsführers einer GmbH gehört, zur laufenden Beobachtung der wirtschaftlichen Lage des Unternehmens geeignete organisatorische Vorkehrungen zu institutionalisieren, die ihm die erforderliche Übersicht gewährleisten. Vgl. BGH (1985). Die Rechtsprechung in diesem Fall ist auf den Vorstand einer AG übertragbar. Vgl. Kindler/ Pahlke (2001): S. 71.

Zunächst erfolgt mit der Einführung des § 91 Abs. 2 AktG als lex specialis eine Präzisierung der allgemeinen Leitungspflicht des Vorstands nach § 76 Abs. 1 AktG.[101] Letztere bedarf aufgrund ihrer Stellung als einer aus unbestimmten Rechtsbegriffen zusammengesetzten Generalklausel im Zeitablauf rechtsverbindlicher Konkretisierungen in Form höchstrichterlicher Entscheidungen, um als eingrenzbarer Verhaltensmaßstab dienen zu können. Im Bereich der risikoorientierten Leitungspflicht existiert allerdings kaum höchstrichterliche Entscheidungspraxis und damit keine Rechtssicherheit. Einer der Normzwecke des § 91 Abs. 2 AktG war demnach offensichtlich der Wunsch des Gesetzgebers, über die Gesetzesinitiative einen als besonders wichtig erachteten Teilbereich der Unternehmensführung als Pflichtaufgabe zu spezifizieren und insofern zumindest im Bereich der Frage der Bestandsnotwendigkeit einer systematischen Risikovorsorge Rechtssicherheit zu schaffen.[102]

Für Aktiengesellschaften, deren Aktien an der Börse zum Handel mit amtlicher Notierung zugelassen sind, sieht der Gesetzgeber ein Testat des Wirtschaftsprüfers über die Einführung des Risikofrüherkennungssystems und dessen Funktionsfähigkeit vor (§ 317 Abs. 4 HGB). Das Ergebnis der Systembeurteilung wird im Prüfungsbericht dargelegt (§ 321 Abs. 4 HGB). Der Aufsichtsrat ist primärer Adressat des Prüfungsberichts. Über die kodifizierte Prüfungspflicht intendiert damit der Gesetzgeber eine verbesserte Einbindung von Aufsichtsrat und Abschlussprüfer in die risikoorientierte Unternehmensüberwachung und damit eine Effektivierung der aktienrechtlichen Corporate Governance. Die über die systembezogene Prüfungspflicht und –berichterstattung angestrebte Intensivierung der Zusammenarbeit der Überwachungsinstanzen Prüfer und Aufsichtsrat kann als weiterer Normzweck des § 91 Abs. 2 AktG interpretiert werden.[103]

---

[101] Vgl. Gernoth (2001): S. 300, Dörner/ Doleczik (2000): S. 195, Bitz (2000a): S. 232 sowie BMJ (1997): S. 36.

[102] Vgl. hierzu Hommelhoff/ Mattheus (2000a): S. 11f., Seibert (2000): S. 437f. Mit der Durchführung der Vorstandsmaßnahmen nach § 91 Abs. 2 AktG ist ein erheblicher Verwaltungsaufwand verbunden. Die rein vorsorgliche Einrichtung komplexer Risikokontrollsysteme dort, wo der Umfang der vorhandenen Risiken ihre Einführung materiell nicht rechtfertigt, ist ineffizient und dem Interesse einer optimalen Ressourcenallokation auf betrieblicher Ebene abträglich. Ebenso Drygala/ Drygala (2000): S. 301f., Hoffmann-Becking (1998): S. 513f. Im Bereich der hier fokussierten Betrachtungsebene einer großen Publikumsgesellschaft dürfte allerdings in den allermeisten Fällen von einem hinreichenden Umfang von Risiken auszugehen und die Notwendigkeit zur Unterhaltung institutionalisierter Risikokontrolle zu bejahen sein. Es gilt daher im folgenden auch zu analysieren, welche ökonomischen Gefahren eines generellen „Mehrs" an institutionalisierter Vorsicht in einer durch Formalien ohnehin schon reichlich belasteten Wirtschaft entstehen und inwiefern diese bei der Konzeptionalisierung der systemgebundenen Vorstandsmaßnahmen und damit korrespondierender Haftungsregeln berücksichtigt werden müssen. Hierbei ist insbesondere die Gefahr evident, dass aufgrund einer perzipierten Haftungsverschärfung seitens der Organträger Risiken nicht mehr in einem ausreichendem Maße eingegangen werden und darunter die unternehmerische Prosperität leiden könnte. In diesem Sinne würde die Gesetzesvorschrift eine gegenüber ihrem Normzweck dysfunktiale Wirkung erzeugen. Vgl. hierzu auch die Ausführungen im weiteren auf S. 138.

[103] Vgl. hierzu u.a. Gernoth (2001): S. 305f., Salzberger (2000): S. 762f., Feddersen (2000): S. 387, Strobel (2000): S. 560f., Schichold (2001): S. 399, Pahlke (2002): S. 1680ff., Schäfer (2001): S. 230ff.

Ferner kann der Gesetzesneuerung normative Funktion zugewiesen werden, indem sie die Adressaten Vorstand und Aufsichtsrat für ihre Risikoverantwortung sensibilisiert. Damit soll eine Verbesserung der Insolvenzprophylaxe im Unternehmensbereich erreicht werden, was gemäß der Begründung des Gesetzgebers das maßgebliche Ziel der Gesetzesreform durch das KonTraG gewesen ist.[104]

2. Konzeptionelle Orientierungsleitlinie

a) Der Risikobegriff als Basismodul der Systemgestaltung

Welches Risikoverständnis das KonTraG zugrunde legt, geht weder aus dem Gesetz noch der Gesetzesbegründung in eindeutig formulierter Form hervor. Aus juristischer Sicht ist die der Gesetzesneuerung zugrundeliegende Risikoauffassung damit eine auslegungsbedürftige Rechtsfigur, die abgegrenzt werden muß.[105]

Der Terminus „Risiko" wird in der Betriebswirtschaftslehre nicht einheitlich definiert. Eine für die Offenlegung des hier relevanten Riskobegriffs zweckmäßige Systematik unterscheidet „reine" Risiken, die ausschließlich Schadensgefahren repräsentieren (bspw. Vermögensverluste durch Feuer oder Sturm) und „spekulative" Risiken.[106] Letztere erfassen Verlustgefahren (Risiko i.e.S.) in Gegenüberstellung zu Chancen aus unternehmerischer Tätigkeit und können mithin bspw. in Form von Volatilität gemessen werden. Der spekulative Risikobegriff entspricht damit dem in der Statistik verwendeten Risikobegriff, der die Streuung einer zufallsabhängigen Variablen um ihren Mittel- bzw. Erwartungswert bezeichnet.[107]

Im Hinblick auf die risikoorientierten Vorstandsmaßnahmen nach § 91 Abs. 2 AktG ist unter Berücksichtigung von Wortlaut und Sinnzusammenhang, der Entstehungsgeschichte sowie dem skizzierten Normzweck der Gesetzesvorschrift davon auszugehen, dass auf den engeren Risikobegriff abgezielt wird.[108] Risiko wird als die Möglichkeit einer negativen Abweichung

---

[104] Vgl. BMJ (1997): S. 36f., Schäfer (2001): S. 74, Kindler/ Pahlke (2001): S. 63 sowie Pahlke (2002): S. 1680 mit folgender treffenden Definition des Gesetzesziels: "Erklärtes gesetzgeberisches Ziel war es, sicherzustellen, dass existenzgefährdende Unternehmenskrisen künftig frühzeitig identifiziert und so abgewehrt werden können." Auch die Begründung des Referentenentwurfs unterstreicht dieses gesetzgeberische Ziel. Vgl. BMJ (1996): S. 2129ff.

[105] Vgl. Hommelhoff/ Mattheus (2000a): S. 15f., Lachnit/ Müller (2001): S. 367, Seibert (2000): S. 436ff.

[106] Vgl. zu dieser Systematik bspw. Farny (1979): S. 20f., Kromschröder/ Lück (1998): S. 1573 sowie leicht modifiziert Bitz (2000b): S. 15.

[107] Vgl. Gleißner/ Wolfrum (2001): S. 150f., Baetge/ Jerschensky (1999): S. 171, Lachnit/ Müller (2001): S. 367.

[108] Vgl. diese Begriffsauslegung befürwortend Moxter (1997): S. 723, Kromschröder/ Lück (1998): S. 1573, Wolz (2001): S. 791, Eggemann/ Konradt (1997): S. 504, IDW (1999): S. 658, Pfitzer et al. (2002): S. 2005, Wolf (2002): S. 802, anders Hüffer (2002): Rz. 6 zu § 91 AktG, der gänzlich von einem Risikobegriff im Zusammenhang mit der Gesetzesnorm abstrahiert.

der Handlungsergebnisse i.S.d. tatsächlichen Entwicklung vom Handlungsziel i.S.d. geplanten verstanden. Chancen als positive Abweichungen werden hingegen nicht unter den Risikobegriff gefasst.[109] Risiko i.S.d. § 91 Abs. 2 AktG meint also die Möglichkeit einer ungünstigen künftigen Entwicklung mit der Gefahr eines Vermögensverlustes.[110] Eine weitere Eingrenzung erfolgt dadurch, dass im Gesetz nur von risikobehafteten Entwicklungen die Rede ist, die bestandsgefährdend sind oder werden können.[111] Nach der Gesetzesbegründung gehören hierzu insbesondere risikobehaftete Geschäfte, Unrichtigkeiten der Rechnungslegung und Verstöße gegen gesetzliche Vorschriften, die sich wesentlich auf die Vermögens-, Finanz- und Ertragslage auswirken.[112] Eine Bestandsgefährdung in diesem Sinne liegt bspw. vor, wenn aufgrund des Risikopotenzials Zahlungsunfähigkeit, Überschuldung oder auf längere Sicht keine hinreichende Rentabilität der eingesetzten Mittel zur Befriedigung der Forderungen der Kapitalgeber zu erwarten sind.[113] Die mit einer entsprechenden Bestandsgefährdung einhergehende Risikosituation ist für die Darstellungsanforderungen der §§ 264 Abs. 2, 289 sowie 315 Abs. 1 HGB relevant.[114]

Allerdings darf der Begriff des Risikos in qualitativer Hinsicht nicht zu eng verstanden werden. Regelmäßig können auch Risiken, die isoliert gesehen keine Bestandsgefährdung erzeugen, durch Kumulation eine solche mit sich bringen und müssen demgemäß auch Gegenstand der Vorstandsmaßnahmen nach § 91 Abs. 2 AktG sein.[115] Eine genaue Abgrenzung der ein-

---

[109] Anders hierzu bspw. die Auffassung der *Jenoptik*-AG, die auch das Versäumen oder die mangelhafte Nutzung von Chancen als Risiko definiert. Vgl. hierzu Einhelliger (2000): S. 302.

[110] Ebenso IDW (1999): S. 658, Scheffler (2000): S. 849, Wolbert (1999): S. 102, Pahlke (2002): S. 1681f.

[111] In diesem Zusammenhang gilt es allerdings zu bedenken, dass es in den Anfängen einer risikobehafteten Entwicklung nur schwer erkennbar ist, inwiefern sie tatsächlich bestandsgefährdenden Charakter annehmen wird; die Übergänge zu anderen Entwicklungen werden i.d.R. wiederum fließend und von anderen Entwicklungen abhängig sein.

[112] Vgl. BMJ (1997): S. 36, Hüffer (2002): Rz. 6 zu § 91 AktG. Eine inhaltliche Affinität besteht hierbei zu der Redepflicht des Abschlussprüfers angesichts einer bedrohlichen Lage oder ruinösen Entwicklung. Vgl. hierzu Schäfer (2001): S. 74 sowie BGH (1954).

[113] Vgl. Emmerich (1999): S. 1082, Martin/ Bär (2002): S. 73. Der Begriff der Bestandssicherung stellt in diesem Zusammenhang einen weiteren unbestimmten Rechtsterminus dar. Aus soziologischer Perspektive lässt sich der Organisationsbestand niemals konkret fixieren, da die Interaktionsbeziehungen der Mitglieder sowie die formalen Gestaltungsparameter fortlaufenden Änderungen ausgesetzt sind. Vgl. hierzu Schäfer (2001): S. 73f. sowie zur Charakterisierung sozialer Systeme für diesen Kontext Luhmann (1993). Ferner sind Unternehmen auch durch Umfirmierungen, Wechseln im Bereich der Beteiligungsverhältnisse sowie durch Umstrukturierungen des Geschäftsfeldportfolios ständigen Veränderungen ausgesetzt. Operationalisiertes Ziel der Bestandssicherung i.S.d. Gesetzeszwecks kann damit nicht die Sicherung eines strukturellen *Status Quo* sein, sondern der Erhalt der langfristigen Lebens- und Entwicklungsfähigkeit der Unternehmung, also eine permanente Insolvenzprophylaxe im weitesten Sinne. Ebenso Schäfer (2001): S. 74, Hüffer (2002): Rz. 6 zu § 91 AktG, Seibert (2000): S. 437 sowie in der Konsequenz der Ausführungen auch BMJ (1997): S. 36f.

[114] Vgl. Hüffer (2002): Rz. 6 zu § 91 AktG, Hommelhoff/ Mattheus (2000a): S. 13, IDW (1999): S. 658ff.

[115] Ebenso Hommelhoff/ Mattheus (2000a): S. 16, Pahlke (2002): S. 1682, Kromschröder/ Lück (1998): S. 1573, Eggemann/ Konradt (1997): S. 503. Gleichzeitig gilt es hierbei zu bedenken, dass natürlich eine Aufdeckung und Überwachung sämtlicher Risiken aus praktischen Gründen kaum möglich sein wird. Deshalb darf aber per se eine Ausgrenzung entsprechender Risikopositionen, die erst durch Kumulation eine Bestandsgefährdung erzeugen können, nicht stattfinden.

zubeziehenden Gefahrenmomente bleibt jedoch in der Gesamtsicht unklar, solange in diesem Bereich durch eine gefestigte höchstrichterliche Rechtsprechung keine Konkretisierung erfolgt ist. Legt man den wesentlichen Normzeck des 91 Abs. 2 AktG, die Verbesserung der Insolvenzprophylaxe im Unternehmensbereich, zugrunde, so sind aus einer teleologischen Perspektive insbesondere strategische Gefährdungen im Sinne einer ausbleibenden Realisierung geplanter Erfolgsziele in den Fokus zu rücken.[116] Hieraus lässt sich zwar oftmals keine unmittelbare Bestandsgefahr ableiten. Es entsteht hierüber aber i.d.R. ein massives latentes Risikopotenzial, das in der langen Sicht eine Existenzgefährdung implizieren kann.[117] Die Modalitäten institutionalisierter Risikokontrolle in Form einer systematischen Aufdeckung dieser Gefahrenmomente nach Maßgabe aus § 91 Abs. 2 AktG werden im folgenden einen Untersuchungsschwerpunkt bilden.

b) Gestaltungsempfehlungen der betriebswirtschaftlichen und rechtswissenschaftlichen Literatur – Strukturierung und Analyse divergierender Systemvorstellungen

Zu der Rechtslage hinsichtlich der inhaltlichen und strukturellen Anforderungen aus § 91 Abs. 2 AktG hat sich bislang keine einheitliche Meinung herausgebildet. Eine gefestigte höchstrichterliche Rechtsprechung existiert nicht.[118] Weder der Gesetzeswortlaut noch die Gesetzesbegründung geben eindeutige Gestaltungshilfen zur Umsetzung der in § 91 Abs. 2 AktG formulierten Organisationspflicht. In der Konsequenz haben sich divergierende Auffassungen zum Umfang des aus § 91 Abs. 2 AktG resultierenden Anspruchsprofils herausgebildet.

Gemäß einer „weiten" Auffassung impliziert die Gesetzesneuerung die Verpflichtung zur Installierung eines umfassenden Risikokontroll- und –steuerungssystems. Dieses konstituiert sich nach dieser Sichtweise aus der Gesamtheit aller organisatorischen Regelungen und Maßnahmen zur Risikoerkennung und zum Umgang mit den Risiken unternehmerischer Betäti-

---

[116] Ebenso Saitz (1999): S. 73, Krystek/ Müller (1999): S. 182, Gleißner (2000): S. 1625, Bitz (2000b): S. 28ff., Hornung/ Reichmann/ Diederichs (1999): S. 319, Wolf/ Runzheimer (2000): S. 25, Hahn/ Krystek (2000): S. 83ff., Reichmann/ Richter (2001): S. 178ff., Gleißner/ Meier (2001): S. 56, in der Konsequenz ihrer Ausführungen auch Schäfer (2001): S. 74f., Soll/ Labes (1999): S. 200 sowie Pahlke (2002): S. 1681f.

[117] Vgl. zum Begriff des „strategischen Risikos" die Ausführungen unten auf S. 59.

[118] Es ist zu beachten, dass eine sich in Zukunft herausbildende höchstrichterliche Entscheidungspraxis zwar für die juristische Beurteilung der konkreten Implikationen aus § 91 Abs. 2 AktG einen weitreichenden normsetzenden Gehalt beinhaltet, sich hieraus gleichwohl aber nicht die „objektiv wahren oder falschen" Anforderungen ableiten lassen. Die Rechtsprechung kann in diesem Kontext lediglich erste Anhaltspunkte liefern; eine allgemein deduzierende Herangehensweise kann bspw. ebenso eine bedeutsame Hilfestellung zur praxisgerechten Umsetzung der Gesetzeserfordernisse leisten.

gung.[119] Hinsichtlich der konkreten Ausgestaltung werden unterschiedliche Vorschläge dargebracht. Bspw. folgert *Lück* aus der Formulierung des Gesetzesabschnitts sowie der diesbezüglichen Gesetzesbegründung, dass die systemgebundene Umsetzung der Vorstandspflicht die Module Risikomanagementsystem, Internes Überwachungssystem (einschließlich Interner Revision), Controlling sowie Frühwarnsystem erfordert.[120] Eine andere Einteilung verwendet *Krystek,* der als Oberbegriff das Interne Kontrollsystem mit den beiden Subsystemen Risikomanagementsystem und Internes Überwachungssystem nennt und eine strikte Trennung dieser beiden Systeme befürwortet.[121] Ebenfalls eine andere (sprachliche) Einteilung trifft *Giese*, der ein Risikomanagementsystem und ein Internes Kontrollsystem unterscheidet.[122] Festzustellen in der Gesamtbetrachtung der „weiten" Auffassung verbleibt, dass kein fundamentaler materieller Dissens hinsichtlich des Umfangs der aus § 91 Abs. 2 AktG resultierenden Vorstandspflichten vorliegt. Die divergierenden Systemvorstellungen resultieren vielmehr aus der verschiedenen Einteilung und Benennung von Subsystemen. Die Unterschiede sind eher sprachlicher denn konzeptioneller Natur im Hinblick auf den zu leistenden Systemanspruch. Die Vorstandspflicht nach § 91 Abs. 2 AktG wird übereinstimmend dahingehend gedeutet, sowohl Risikoerkennung als auch Risikobewältigung zu umschließen.

Gemäß einer „weniger weit" gefassten Auffassung beschränkt sich die durch § 91 Abs. 2 AktG kodifizierte Vorstandsaufgabe lediglich auf Maßnahmen der systematischen Risikofrüherkennung und deren Sicherstellung durch ein Überwachungssystem. Der Pflichtenstandard erstreckt sich in diesen Bereichen analog der „weiten" Auffassung auf eine systematische, in sich schlüssige und unternehmensweite Risikoerfassung, die auf Leitlinien des Vorstands beruht. Die Reaktionen der Geschäftsleitung auf erfasste und kommunizierte Risiken, also die Risikobewältigung, ist hiernach jedoch nicht Gegenstand der Organisationspflicht.[123]

Demgegenüber wird von einigen Rechtswissenschaftlern eine „enge" Gegenauffassung vertreten, wonach die Gesetzesnorm den Vorstand lediglich dazu verpflichtet, organisatorische Maßnahmen dahingehend zu treffen, dass eine nachteilige Veränderung bestimmter Risikozu-

---

[119] Eine entsprechend weite Auffassung wird u.a vertreten in den Beiträgen Lück (1998a), Lück (1998b), Lück (1998c), Weber/ Weißenberger/ Liekweg (1999), Fanz (2000), Lachnit/ Müller (2001), Alvarez/ Wotschofsky (2001), Keitsch (2000), Bitz (2000a), Lehner/ Schmidt (2000), Krystek (1999b) sowie bei Martin/ Bär (2002): S. 107ff.

[120] Vgl. Lück (1998a): S. 1925ff., Lück (1998b): S. 513ff., Lück (1998c): S. 8ff. sowie dieser Einteilung in der Konsequenz seiner Ausführungen beipflichtend Pollanz (1999b): S. 393ff.

[121] Vgl. Krystek (1999b): S. 146.

[122] Vgl. Giese (1998): S. 452.

[123] Eine solche „weniger weite" Auffassung vertreten u.a. Emmerich (1999): S. 1078, Gernoth (2001): S. 300, Lachnit/ Müller (2001): S. 367, Schichold (2001): S. 399ff., IDW(1999): S. 658ff. sowie Drygala/ Drygala (2000): S. 299.

stände ihm rechtzeitig bekannt wird.[124] Das in § 91 Abs. 2 AktG genannte Überwachungssystem bezieht sich gemäß dieser Gesetzesinterpretation auf die Einhaltung der getroffenen organisatorischen Dispositionen und wird prinzipiell mit der Internen Revision gleichgesetzt.[125] Im Gegensatz zu der „weiten" und auch der „weniger weiten" Auffassung wird der Pflichtenstandard aus § 91 Abs. 2 AktG als wenig „dicht" gedeutet. Er impliziert hiernach unmittelbar keine Verpflichtung zur Unterhaltung einer systemgebundenen Risikobehandlung, die unternehmensweit Risiken schlüssig erfasst, bewertet und unter Zugrundelegung von Grenzwerten innerhalb der Führungsstruktur kommuniziert.

c) Disposition und kritische Würdigung – zur Ableitung des haftungsrechtlich relevanten Pflichtenrahmens aus § 91 Abs. 2 AktG

Wie dargelegt, hat sich zum Pflichtenrahmen aus § 91 Abs. 2 AktG noch keine einhellige Meinung herausgebildet. Die Gefahr einer Fehlbeurteilung der diesbezüglichen Rechtslage, insbesondere im Hinblick auf die Organhaftung, ist evident.[126] Nach Auffassung des Rechtswissenschaftlers *Hüffer* als „Federführer" der „engen" Auffassung genügen die Vorstandsmaßnahmen im Bereich der Früherkennung dem intendierten Pflichtenstandard, sofern Entwicklungen, die zu einer Bestandsgefährdung führen können, erfahrungsgemäß bekannt werden.[127] Eine systemgebundene Früherkennung ist nicht erforderlich. Vor dem Hintergrund der Entstehungsgeschichte sowie mit Blick auf den beschriebenen Normzweck des § 91 Abs. 2 AktG muß allerdings dementgegen zwingend gefolgert werden, dass die Organisationspflicht weiter gefasst ist.[128] Wie sonst, als in Form einer systemgebundenen Risikoüberwachung, die auf in sich schlüssigen Leitlinien beruht, kann sichergestellt werden, dass angesichts der Vielzahl unternehmerischer Risikoquellen und der beschränkten Informationsverarbeitungskapazität der oberen Leitungsorgane frühzeitig die vom Gesetzgeber fokussierten Gefahrensituationen erkannt und so noch rechtzeitig geeignete Maßnahmen zur Gefahrenabwehr getroffen werden können. Die „enge" Auffassung ist daher insbesondere unter Berücksichtigung der Regierungsbegründung abzulehnen, als da hierin explizit auf die Notwendigkeit der Frühzei-

---

[124] Vgl. zu dieser „engen" Auffassung vor allem Hüffer (2002): Rz. 1ff. zu § 91 AktG und wohl auch Seibert (2000): S. 437f.

[125] Auch gemäß der „weniger weiten" Auffassung dient das Überwachungssystem nicht der Überwachung von Risiken, sondern von organisatorischen Maßnahmen. Allerdings erfolgt dort keine Gleichstellung mit der Internen Revision. Das System wird weiter gefasst und kann bspw. auch sonstige organisatorische Sicherungsmaßnahmen und Controllingdispositionen umfassen. Vgl. Salzberger (2000): S. 758. Lediglich Drygala/ Drygala (2000), die in der Gesamtsicht der „weniger weiten" Auffassung zuzurechnen sind, setzen das Überwachungssystem analog der „engen" Auffassung mit der Internen Revision gleich.

[126] Vgl. ebenso Drygala/ Drygala (2000): S. 298.

[127] Vgl. Hüffer (2002): Rz. 7 zu § 91 AktG.

[128] Ebenso bspw. Salzberger (2000): S. 757ff., Drygala/ Drygala (2000): S. 299, Gernoth (2001) S. 300.

tigkeit der Gefahrenaufdeckung für die Geschäftsleitung verwiesen und damit implizit eine systematische, gesteuerte Risikoaufdeckung auch in der langen Sicht gefordert wird.[129] Dem Normzweck einer Verbesserung der Insolvenzprophylaxe kann nur auf der Basis einer solchen Verfahrensweise entsprochen werden. Nur auf Zufall oder Stichproben fußende Früherkennungsmaßnahmen müssen hingegen als nicht dem Gesetzeszweck konform gewertet werden, auch wenn sie in der Vergangenheit in Einzelfällen, also erfahrungsgemäß, zur Gefahrenaufdeckung geführt haben.[130]

Die Vertreter der „weiten" Auffassung interpretieren den Gesetzeswortlaut des § 91 Abs. 2 AktG, dass der „Vorstand .. geeignete Maßnahmen zu treffen, insbesondere ein Überwachungssystem einzurichten" hat, dahingehend, dass mit Maßnahmen in diesem Sinne die Installierung eines umfassenden Risikomanagementsystems nach betriebswirtschaftlichem Verständnis gemeint ist.[131] Die Aufgabe des Überwachungssystems, so die vorgetragene Auslegung, besteht in der Überwachung negativer Entwicklungen bzw. Risiken. Berücksichtigt man die Gesetzgebungsgeschichte, so ist auch diese Interpretation zurückzuweisen. In dem Referentenentwurf war das jetzt in § 91 Abs. 2 AktG genannte Überwachungssystem noch in einem eigenen Satz geregelt, der lautete: „Dazu gehört auch die Einrichtung eines Überwachungssystems mit der Aufgabe, die Einhaltung der nach Satz 2 zu treffenden Maßnahmen zu überwachen" (§ 93 Abs. 1 Satz 2 ReFE).[132] Aus dieser eindeutigen Formulierung ist zu folgern, dass die Aufgabe des Überwachungssystems lediglich in der Überwachung geeigneter Früherkennungsmaßnahmen i.S.d. Satzes 2 des Referentenentwurfes liegt.[133] Die Begründung zum Regierungsentwurf lässt diesbezüglich erkennen, dass die in der weiteren Gesetzgebungsgeschichte erfolgte sprachliche Veränderung hin zu der heutigen Formulierung keiner diesbezüglich inhaltlichen Modifikation des Gesetzesabschnitts diente.[134] Ebenfalls zurückzuweisen ist die von Vertretern der „weiten" Auffassung vertretene Anspruch an die organisatorische Umsetzung des § 91 Abs. 2 AktG, mittels Abwägung von Chance und Risiko weiterführende Maßnahmen als die der Früherkennung bereitstellen zu müssen.[135] Weder aus Wortlaut, Regierungsbegründung oder Entstehungsgeschichte der Gesetzesnorm noch aus

---

129 Vgl. BMJ (1997): S. 36.
130 Ebenso Drygala/ Drygala (2000): S. 299, Salzberger (2000): S. 758.
131 Vgl. u.a. Lück (1998a): S. 1925ff., Lück (1998c): S. 8ff., Weber/ Weißenberger/ Liekweg (1999): S. 1710ff., Franz (2000): S. 53ff., Lachnit/ Müller (2001): S. 366ff., Alvarez/ Wotschofsky (2001): S. 117, Keitsch (2000): S. 14f., Bitz (2000b): S. 1f., Lehner/ Schmidt (2000): S. 261ff., Krystek (1999a): S. 177ff., Martin/ Bär (2002): S. 107ff.
132 Vgl. BMJ (1996).
133 Ebenso Pahlke (2002): S. 1681, Seibert (2000): S. 437f.
134 Vgl. Drygala/ Drygala (2000): S. 299.
135 In der Konsequenz ihrer Ausführungen so bspw. in den Beiträgen von Lück (1998c), Weber/ Weißenberger/ Liekweg (1999), Franz (2000), Krystek (1999a).

einer teleologischen Perspektive kann diesbezüglich eine Verpflichtung zu Maßnahmen der Risikobewältigung respektive Risikosteuerung abgeleitet werden.[136]

Demnach ist für den weiteren Untersuchungsgang im wesentlichen der „weniger weiten" Auffassung im Sinne eines konzeptionellen Basisanspruchs zu folgen.[137] Erforderlich ist damit zweierlei: Zum einen ein Geflecht organisatorischer Maßnahmen, das die systematische, unternehmensweite Erfassung, Bewertung und Kommunikation bestandsgefährdender Risiken sicherstellt. Desweiteren eine systemgebundene Kontrolle dieses Maßnahmenpaketes in Form eines Überwachungssystems. Letzteres dient nicht der Überwachung negativer Entwicklungen bzw. Risiken, sondern lediglich der Einhaltung geeigneter organisatorischer Maßnahmen im Bereich der Risikofrüherkennung. Die Gesamtheit beider Subsysteme wird im folgenden als das haftungsrechtlich relevante Risikokontrollsystem i.S.d. § 91 Abs. 2 AktG definiert. Dieses Maßnahmenpaket gemäß der „weniger weiten" Auffassung verkörpert für den weiteren Untersuchungsgang das Soll-Objekt der risikoorientierten Geschäftsführungspflicht in Form gerichtlich einklagbarer Mindestanforderungen.[138]

3. Konzeptionelles Gestaltungsspektrum in Form von Mindestanforderungen

a) Konzerndimensionale Ausgestaltung

In der Gesetzesbegründung zu § 91 Abs. 2 AktG wird darauf verwiesen, dass sich die Organisationspflicht bei Mutterunternehmen i.S.d. § 290 HGB nicht nur auf die einzelne rechtliche Einheit bezieht, sondern im Rahmen der bestehenden gesellschaftsrechtlichen Möglichkeiten konzernweit zu verstehen ist.[139] Sie folgt damit der Konzernleitungspflicht, welche dem Vor-

---

[136] Ebenso Hüffer (2002): Rz. 6ff. zu § 91 AktG, Pahlke (2002): S. 1681f., Bitz (2000b): S. 232f., Emmerich (1999): S. 1078f., Seibert (2000): S. 432ff., Dobler (2001): S. 2087, Gernoth (2001): S. 299f., Drygala/ Drygala (2000): S. 299, Schichold (2001): S. 400. Der in der Regierungsbegründung sowie im Referentenentwurf verwendete Begriff „Risikomanagement" ist insofern irreführend und nicht nach dem Sinngehalt, der ihm in der Betriebswirtschaftslehre zugeordnet wird, auszulegen. Vgl. Kindler/ Pahlke (2001): S. 65f., Seibert (2000): S. 438 sowie Preußner/ Zimmermann (2002): S. 657ff.

[137] Lediglich im Hinblick auf das Überwachungssystem wird im folgenden der „engen" Auffassung der Maßnahmenreichweite aus § 91 Abs. 2 AktG gefolgt. Vgl. diesbezüglich zur Spezifizierung der Gestalt des Überwachungssystems nach der hier vetretenen Rechtsauslegung des § 91 Abs. 2 AktG die Ausführungen unten auf S. 65f.

[138] Hierbei gilt es allerdings wie bereits erwähnt zu beachten, dass es sich bei diesem skizzierten Haftungsgegenstand lediglich um eine vorläufige Interpretation der Gesetzesnorm handelt. Erst eine gefestigte Rechtsprechung in diesem Bereich kann an dieser Stelle abschließende Rechtssicherheit hinsichtlich der realiter gegebenen Anspruchsgrundlage schaffen. Der Interpretation einer „weniger weiten" Auffassung folgte im Bereich der Rechtsprechung aber bereits das LG Berlin in einem Urteil vom 03.07.2002. Vgl. hierzu Preußner/ Zimmermann (2002): S. 659.

[139] Vgl. BMJ (1997): S. 36. Unternehmung im betriebswirtschaftlichen Sinn ist dementsprechend nicht das einzelne Mutterunternehmen, sondern die im Konsolidierungskreis vereinte Gruppe, die einen Risikoverbund bildet. Vgl. hierzu auch Ordelheide (1995): S. 104. Die risikoorientierten Organisations- und Überwachungs-

stand der Konzernobergesellschaft obliegt.[140] Dies trägt dem Umstand Rechnung, dass der Konzernmutter aus der Konzernierung nicht nur ein gesteigertes Gewinnpotenzial anheimfallen kann, sondern dass hieraus auch regelmäßig erhebliche zusätzliche Risikopositionen entstehen, die sich u.U. als bestandsgefährdend erweisen.[141] Im Hinblick auf die Organisationspflicht nach § 91 Abs. 2 AktG ist es sowohl unerheblich, ob die konzernleitende Gesellschaft als Holding oder Stammhauskonzern agiert, als auch, ob es sich bei der Konzernform um einen Vertrags- oder faktischen Konzern handelt. Die Begründung für letzteres liegt darin, dass Entstehung und Kumulation konzernspezifischer Risiken unabhängig davon erfolgen, auf welchem Weg die Konzernleitungsmacht übermittelt wird.[142] Allerdings ergeben sich wesentliche Unterschiede der Ingerenzbefugnisse der Obergesellschaft gegenüber den abhängigen Gesellschaften in Abhängigkeit von der Konzernform und damit einhergehend auch abgestufte Möglichkeiten der Verankerung konzernweiter Risikofrüherkennungsschritte.[143]

b) Strategische Einbindung in Form risikopolitischer Ziele und Grundsätze

Die systemgebundene Umsetzung der Vorstandsmaßnahmen nach § 91 Abs. 2 AktG erfolgt sachgemäß auf der Grundlage einer „Risikostrategie" in Form risikopolitischer Grundsätze und Ziele.[144] Diese müssen sich an den strategischen Dispositionen der Unternehmensleitung auf der Ebene des Gesamtunternehmens und der einzelnen Geschäftsfelder ausrichten, da hierdurch in einem großen Umfang vorgegeben wird, inwiefern die unternehmerischen Aktivitäten mit Risiken behaftet sind.[145] Die der strategischen Planung zugrundeliegenden Prämissen dienen bei der Konzeptionalisierung der Risikostrategie als übergeordnetes Prärogativ.

Entscheidungen im Bereich der strategischen Planung sind i.d.R. durch Merkmale gekennzeichnet, die die besondere Bedeutung von systematischer Risikoüberwachung im Zuge ihrer Realisierung begründen.[146] Hierzu zählen insbesondere ein langfristiger Planungshorizont, die Unbestimmtheit des erforderlichen Ressourceneinsatzes, die mitunter starke Abhängigkeit der

---

pflichten von Organträgern in Tochterunternehmen, die selbst in den Anwendungsbereich des § 91 Abs. 2 AktG fallen, bleiben unberührt.

[140] Vgl. Scheffler (2000): S. 852, zum Meinungsstreit über Tatbestand und Umfang der Konzernleitungspflicht allgemein Semler (1996): S. 157ff. sowie Altmeppen (1998): S. 31ff. mit weiteren Nachweisen.

[141] Diese sogenannten konzernspezifischen Risiken werden im Rahmen der Risikokategorisierung im folgenden noch erläutert. Vgl. hierzu die Ausführungen unten auf S. 60f.

[142] Vgl. Hommelhoff/ Mattheus (2000b): S. 221.

[143] Vgl. Emmerich (1999): S. 1078, Hommelhoff/ Mattheus (2000b): S. 220f.

[144] Die Verpflichtung zur Entwicklung einer transparenten Risikostrategie kann bereits aus der allgemeinen Leitungspflicht nach § 76 Abs. 1 AktG abgeleitet werden. Vgl. zum Gebot einer konkludenten risikopolitischen Ausrichtung Wittmann (2000): S. 796, Gleißner (2000): S. 1625f.

[145] Vgl. Lück/ Hunecke (1998): S. 514., Schichold (2001): S. 406, Pritzer (1999): S. 157, zur Unterscheidung von Unternehmens- und Geschäftsbereichsstrategie detailliert die Ausführungen in Kapitel 4 auf S. 203f.

[146] Vgl. Götze/ Mikus (2000): S. 92ff., Koch (1991): S. 39f.

Entscheidungswirkung von einzelnen Umweltbedingungen sowie der hohe Einfluss der Entscheidungen auf die Unternehmensergebnisse. Das Risikofrüherkennungssystem nach § 91 Abs. 2 AktG läßt sich in diesem Zusammenhang mit dem ihm u.a. zugeordneten Aufgabenbereich der Aufdeckung bestandsgefährdender Entwicklungen, die durch Abweichungen vom „strategischen Zielkorridor" induziert sind, als funktionales Teilglied der strategischen Unternehmensführung einordnen.[147] Legt man diesbezüglich prozessual den strategischen Managementprozess bestehend aus Planung, Organisation, Personaleinsatz, Führung und Kontrolle zugrunde,[148] so ist dem System ein Standort im Bereich der strategischen Kontrolle zuzuweisen. Damit besteht einerseits ein deterministisches Verhältnis zwischen den organisatorischen Dispositionen im Bereich des Risikofrüherkennung und den übergeordneten strategischen Planungsvorgaben. Systemgebundene Risikokontrolle i.S.d. § 91 Abs. 2 AktG stellt damit eine organisatorische Sicherungsmaßnahme der Planrealisierung dar, die der Strategie eindeutig folgt. Allerdings nimmt das System im Idealfall durch die Bereitstellung frühzeitiger Warnsignale im Hinblick auf bestandsgefährdende Entwicklungen im Zuge eines rückkoppelnden Prozesses wiederum Einfluss auf die Planung.[149] Es dient damit auch als selbstständiges Steuerungsinstrument, das den Planungsprozess kritisch absichernd begleitet. In der prozessualen Gesamtsicht besteht demnach ein interdependentes Verhältnis zwischen den Maßnahmen zur Risikofrüherkennung und der strategischen Planung.[150] Obgleich den Vorstandsmaßnahmen nach § 91 Abs. 2 AktG insofern eindeutig eine strategische Dimension zukommt, muß hiervon klar ein Systemansatz unterschieden werden, der strategische Risikokontrolle als eine begleitende unternehmerische Führungsfunktion begreift, die sämtliche zielbezogene Aktivitäten unter dem Blickwinkel der möglichen Störpotenziale überprüft und steuert.[151] Eine solche weite Konzeption beinhaltet „die Gesamtheit der (willensbildenden) Institutionen, Prozesse und Instrumente, welche auf eine zielgerichtete Gestaltung der Risikolage bzw. der Sicherheitslage des Wirtschaftssubjektes ausgerichtet sind und damit der Risikoproblemlösung dienen."[152] Dieses in der betriebswirtschaftlichen Controlling-Literatur schon seit langer Zeit im Vorfeld des KonTraG diskutierte weite Verständnis betrieblichen Risikomanagements kommt der oben skizzierten „weiten" Auffassung der zu treffenden Vorstandsmaßnahmen

---

[147] Vgl. Gleißner (2000): S. 1625, Gleißner (2002): S. 427. Vgl. zu der Kategorie des „strategischen Risikos" als Bezugsobjekt der Maßnahmen nach § 91 Abs. 2 AktG die Ausführungen unten auf S. 59.

[148] Vgl. zu diesem Verständnis des strategischen Managementprozesses das Grundlagenwerk Steinmann/ Schreyögg (2000).

[149] Vgl. hierzu auch die Ausführungen zu der Bedeutung betrieblicher Frühwarnsysteme im Bereich der strategischen Planung und Kontrolle bei Hasselberg (1989): S. 151ff. sowie auch Hammer (1988): S. 274ff.

[150] In der Konsequenz der dargebrachten Ausführungen ebenso Gleißner (2000): S. 1627ff., Gleißner (2002): S. 427, Hermann (1996): S. 105ff., Bitz (2000b): S. 19f.

[151] Vgl. zu einem solchen Verständnis bspw. die Beiträge Haller (1986) und Hinterhuber (1998) sowie die Ausführungen bei Hermann (1996): S. 37.

nach § 91 Abs. 2 AktG nahe. Diese tritt aber unter Berücksichtigung der oben skizzierten rechtswissenschaftlichen Auslegung der Gesetzesvorschrift für das hier fokussierte haftungsrechtliche Erkenntnisinteresse in den Hintergrund. Zu beachten ist allerdings, dass im Idealfall ein solches umfassendes Risikomanagementsystem in Großunternehmen umgesetzt wird und seinerseits das Risikofrüherkennungssystem i.S.d. § 91 Abs. 2 AktG umschließt.[153]

c) Kategorisierung der abzudeckenden Risiken

Im folgenden Abschnitt wird ein mögliches Raster zur Systematisierung der Risiken vorgestellt, die zu einer Bestandsgefährdung i.S.d. § 91 Abs. 2 AktG führen können. Die systemgebundene Berücksichtigung dieser Risikopositionen in ihrer Gesamtheit ist als konzeptionelle Mindestanforderung zu werten, die sich unmittelbar aus der Gesetzesauslegung ergibt. Prinzipiell lässt sich eine kapitalmarktbezogene und eine unternehmensbezogene Betrachtungsebene für eine Risikounterteilung heranziehen, wobei Interdependenzen zwischen beiden Sichtweisen bestehen:

(1) Abgrenzung aus der internen Sicht des Unternehmens(-verbundes)

Bei der Entwicklung einer Risikokategorisierung aus der Perspektive des Unternehmens bzw. Unternehmensverbundes kann grundsätzlich verschiedenen Gliederungsprinzipien gefolgt werden. Es kann bspw. eine Gliederung nach Wirkungen, Herkunft oder Risikoursachen erfolgen, wobei auf der zweiten Gliederungsebene wiederum andere Kriterien zum Tragen kommen können.[154] Die im folgenden vorgetragene Abgrenzung nach Risikoherkunft folgt zum einen dem Anspruch, auf Basis der analysierten konzeptionellen Orientierungsleitlinie die abzudeckenden Risikopositionen geordnet, weitestgehend abgrenzbar sowie umfassend darzulegen. Die Risikoarten werden unterteilt in strategische, operative, regulatorische, finanzwirtschaftliche und konzernspezifische Risiken.[155] Zum anderen sollen durch Heranziehung dieser Systematisierung explizit die Bereiche strategischer und regulatorischer Risiken

---

[152] Fasse (1995): S. 61.

[153] Ebenso Schichold (2001): S. 400f., Salzberger (2000): S. 758f.

[154] Vgl. zu möglichen Aufgliederungsmustern des Unternehmensrisikos Bruse (1984): S. 964ff., Pape (1999): S. 85ff.

[155] Vgl. eine ähnliche Kategorisierung vortragend Saitz (1999): S. 77ff., Lehner/ Schmidt (2000): S. 262, Martin/ Bär (2002): S. 75ff. sowie das *Deutsche Rechnungslegungs Standards Committee*, das eine Aufgliederung in Umfeld-, unternehmensstrategische, leistungswirtschaftliche, pesonalwirtschaftliche, informationstechnologische, finanzwirtschaftliche und sonstige Risiken vorschlägt. Vgl. hierzu DRS 5 zur Risikoberichterstattung. Es ist dabei zu beachten, dass die Abgrenzung der einzelnen Risikokategorien für den praktischen Einsatz unternehmensindividuell mit modifizierten Schwerpunktsetzungen zu verfeinern ist. Die Bedeutung der individuellen Unternehmensrisiken wird besonders durch die Art der Geschäftstätigkeit determiniert. Die systematische Erfassung im Detail als Basis zweckadäquater Vorstandsmaßnahmen nach § 91 Abs. 2 AktG sollte daher in Abhängigkeit des jeweiligen Unternehmensprofils erfolgen.

herausgestellt werden, da diese im weiteren Verlauf der Untersuchung im Mittelpunkt der Betrachtung stehen werden.

(a) Risiken im Bereich der rechtseinheitlichen Unternehmung

Strategische Risiken

Strategische Risiken manifestieren sich gemäß dieser Einteilung als potenzielle negative Abweichung von dem ex-ante im Rahmen der strategischen Planung festgelegten Zielkorridor.[156] Sie sind i.d.R. gekennzeichnet durch vielfältige Einflussfaktoren, einen längerfristigen Wirkungshorizont und einen hohen Grad an informatorischer Unvollkommenheit.[157] Diese Risikopositionen können zu einer wesentlichen Beeinträchtigung der Erfolgssituation des Unternehmens führen und sind wegen ihrer langfristigen Bindung für den Unternehmensfortbestand von erheblicher Bedeutung. Damit besitzen strategische Risiken eine besondere Bedeutung als Bezugsobjekte der Früherkennungsmaßnahmen nach § 91 Abs. 2 AktG.[158]

Operative Risiken

Diese Risikokategorie bezieht sich auf Mängel im Bereich des betrieblichen Ablaufs zur Erreichung der Unternehmensziele.[159] Im Mittelpunkt stehen prozessuale Aspekte der Leistungserstellung sowie der Information und Kommunikation im Unternehmen. Risiken entstehen dadurch, dass zum einen Fehler auftreten und diese zum anderen nicht durch geeignete Kontrollen beseitigt werden. Beispiele sind etwa Mängel in der Aufbau- und Ablauforganisation, die unzureichende Dokumentation der Arbeitsanweisungen, Unzulänglichkeiten der Mitarbeiter sowie Gefahren durch Verlust, Beschädigung oder Fehlen von adäquaten Betriebsmitteln und Infrastruktureinrichtungen.[160]

Finanzielle Risiken

Unter diese Risikokategorie fallen das Liquiditätsrisiko, das Adressenausfall- und Länderrisiko sowie Marktpreisrisiken von Finanzinstrumenten (Bewertungsparameter: Währungen, Zinsen, Aktienkurse, Rohstoffe, Volatilitäten und Laufzeiten).[161]

---

[156] Eine ähnliche Beschreibung eines strategischen Risikos liefert auch Schinle (1987): S. 96, der hierin „die Möglichkeit eines punktuellen oder strukturellen Störprozesses [sieht], der sofort oder schrittweise zu einer signifikanten Abweichung von überlebensnotwendigen Ergebnisgrössen führt, was die Unternehmung in einen überlebensbedrohenden, ungewollten Zustand bringen kann." Vgl. ähnlich auch Martin/ Bär (2002): S. 75.

[157] Vgl. zu dieser Definition auch Hermann (1996): S. 29.

[158] Vgl. Gleißner (2000): S. 1625, Schäfer (2001): S. 186ff., Gleißner/ Meier (2001): S. 56, Mott (2001): S. 204, Pfitzer et al. (2002): S. 2005f., Saitz (1999): S. 77ff., Kemper/ Sachse (1999): S. 55.

[159] Ebenso bei Saitz (1999): S. 78.

[160] Vgl. Scharpf (2000): S. 259.

[161] Vgl. bspw. Westphalen (2000): S. 62ff., Kreke (1994): S. 87ff., Scharpf (2000): S. 255ff.

Die Gesetzesbegründung zu § 91 Abs. 2 AktG nennt im Hinblick auf Marktpreisrisiken bspw. den Derivatehandel als ein Geschäftsfeld, aus dem sich besondere Risiken ergeben können.[162] Die Abgrenzung zu den finanziellen Auswirkungen von strategischen und operativen Risiken erfolgt anhand der Bezugnahme auf das jeweilige Grundgeschäft. Strategische und operative Risiken entstehen im Vorfeld der Investitionsentscheidungen respektive im Rahmen der Durchführung der Grundgeschäfte. Finanzielle Risiken im hier vorgetragenen Sinn treten hingegen nach der Durchführung der Grundgeschäfte auf. Eine eindeutige Abgrenzung ist jedoch nicht immer möglich.

Regulatorische Risiken

Hierunter fallen insbesondere Unrichtigkeiten der Rechnungslegung und Verstöße gegen gesetzliche Vorschriften, die sich wesentlich auf die Vermögens-, Finanz- und Ertragslage auswirken können.[163] In der Gesetzesbegründung werden diese Tatbestände expressis verbis als mögliche Auslöser bestandsgefährdender Entwicklungen i.S.d § 91 Abs. 2 AktG genannt.[164]

Alternativ zu dieser Risikounterteilung wird in der Literatur oftmals bei der unternehmensbezogenen Risikobetrachtung zwischen Markt- bzw. Umsatzrisiko, leistungswirtschaftlichem und finanziellem Risiko differenziert. Das Marktrisiko resultiert aus der Abhängigkeit der erwirtschafteten Erlöse von den Schwankungen des gesamtwirtschaftlichen Konjunkturzyklusses.[165] Das leistungswirtschaftliche Risiko (operational risk) beschreibt die Reaktion des Unternehmenserfolges auf Umsatzschwankungen.[166] Seine Höhe wird durch die unternehmensspezifische Fixkostenbelastung und damit von der Anlagen- bzw. Kapitalintensität des Leistungserstellungsprozesses bestimmt. Das finanzielle Risiko (financial leverage) erfasst als dritte Komponente des Gesamtrisikos die Auswirkungen der Verschuldung auf die Höhe des Unternehmenserfolges.[167] Im Hinblick auf die Gesetzesanforderungen nach § 91 Abs. 2 AktG weist diese Unterteilung den Nachteil auf, dass strategische und regulatorische Risiken als besonders bedeutsame Bezugsobjekte nicht explizit herausgestellt werden. Im folgenden wird daher aus unternehmenbezogener Sicht der oben skizzierten Unterteilung in strategische, operative, finanzielle und regulatorische Risiken gefolgt.

---

[162] Vgl. BMJ (1997): S. 37.
[163] Vgl. ähnlich Saitz (1999): S. 78. Unter diese Risikokategorie fallen demnach auch sämtliche Gefahrenpositionen, die aus betrügerischen Handlungen der Leitungsorgane oder der Geschäftspartner resultieren.
[164] Vgl. BMJ (1997): S. 36.
[165] Vgl. Pape (1999): S. 85, Schmidbauer (2000): S. 158.
[166] Vgl. Weston/ Copeland (1992): S. 251, Brigham/ Gapenski/ Ehrhard (1999): S. 583ff.
[167] Vgl. Buckley et al. (1998): S. 307.

(b) Konzernspezifische Risiken

Nach h.M. erweitern sich aus der Perspektive einer Muttergesellschaft die nach § 91 Abs. 2 AktG zu erfassenden Risikopositionen gegenüber einer nicht konzernierten Aktiengesellschaft um den Bereich konzernspezifischer Risiken.[168] Hierbei handelt es sich um einen auslegungsbedürftigen Terminus, der weder seitens der Betriebswirtschaftlehre noch durch die Rechtswissenschaften abschließend definiert wird.

Zum einen sind hiermit sämtliche der oben aufgeführten Risiken im Bereich der rechtseinheitlichen Tochterunternehmung gemeint, die über einen Haftungsverbund respektive die ökonomischen Leistungsverflechtungen im Konzern zu einer Bestandsgefährdung der Mutter führen können.[169] Dabei müssen die Einzelrisiken aus den verbundenen Unternehmen nicht zwangsläufig für sich eine Bestandsgefährdung der Mutter bedeuten. Vielmehr kann eine solche auch durch ihre Kumulation entlang des Verbundes zur Konzernspitze erzeugt werden. Desweiteren werden hierunter Risiken subsumiert, die aus Finanzierungseffekten im Konzern resultieren. Beispielhaft genannt sei hier das Risiko der Mutter im Rahmen der Konzerninnenfinanzierung, das durch die Existenz einer Eigenkapital- oder Kreditpyramide ausgelöst wird.[170] Ferner ist an Risiken zu denken, die aus Interessenkonflikten zwischen Mutter- und Tochterunternehmen herrühren oder aus Koordinierungsmängeln bei dezentraler Managementstruktur resultieren.[171] Eine besondere Bedeutung kommt außerdem der Berücksichtigung von Gefährdungen im Bereich der strategischen Konzernführung zu. Diese betreffen Abweichungen von dem festgeschriebenen strategischen Zielkorridor für den Konzernverbund. Betriebswirtschaftlich entsprechen diese den strategischen Risiken im Bereich der rechtseinheitlichen Unternehmung, juristisch sind sie als Spezifikum des Konzerns dem Verantwortungsbereich der Konzernleitung zuzuordnen.[172]

(2) Kapitalmarktbezogene Risikokategorisierung

Das Unternehmensgesamtrisiko wird aus kapitalmarkttheoretischer Sicht unter Zugrundelegung der Modellwelt eines vollkommenen Marktes in das systematische sowie das unsyste-

---

[168] Vgl. Hommelhoff/ Mattheus (2000a): S. 32, Wolf (2002): S. 799 sowie BMJ (1997): S. 36f.

[169] Vgl. Semler (1996): S. 253. Zu erinnern ist in diesem Zusammenhang an die Krise der Metallgesellschaft, die durch Derivatgeschäfte in einer nachgeordneten ausländischen Enkelgesellschaft ausgelöst wurde. Vgl. Hommelhoff/ Mattheus (2000b): S. 217.

[170] Vgl. detailliert zu Finanzierungseffekten im Konzern etwa Schneider (1998): S. 264ff.

[171] Vgl. Scheffler (2000): S. 852.

[172] Vgl. zu dem juristischen Dissens, inwiefern ein Muttervorstand grundsätzlich zur Konzernleitung verpflichtet ist Werder v. (2001): S. 158f., zur Berücksichtigung konzernspezifischer strategischer Zielsetzungen im Rahmen der Konzernleitungspflicht Hommelhoff/ Mattheus (2000b): S. 222f. sowie Mellewigt/ Matiaske (2001): S. 125ff.

matische Risiko differenziert.[173] Zu den unsystematischen Risiken zählen hiernach unternehmenspezifische Risiken wie bspw. Managementfehler, Produktionsausfälle, Erfindungen, neue Wettbewerber etc. Das unsystematische Risiko wird nicht durch den Kapitalmarkt vergolten, denn es kann durch Diversifikation beseitigt werden. Der nicht zu diversifizierende Teil des Gesamtrisikos, der durch das Tätigkeitsfeld der Unternehmung bestimmt wird, wird als systematisches Risiko bezeichnet. Nur das systematische Risiko wird vom Markt durch eine Risikoprämie vergütet.[174]

Zwischen unternehmensextern kapitalmarktbezogener und unternehmensinterner Risikoeinschätzung bestehen Interdependenzen. Verdeutlichen läßt sich dies anhand der oben beschriebenen Möglichkeit, das Unternehmensgesamtrisiko aus interner Perspektive in ein marktbezogenes, leistungswirtschaftliches und finanzielles Risiko aufzuspalten. Das Marktrisiko läßt sich zweifelsfrei dem systematischen Risiko zuordnen, da es unmittelbar durch das Tätigkeitsfeld des Unternehmens bestimmt wird.[175] Das leistungswirtschaftliche Risiko umfasst demgegenüber sowohl systematische als auch unsystematische Komponenten.[176] Ein Beispiel für ein unsystematisches Risiko in diesem Bereich ist etwa ein Managementfehler; ein Beispiel für ein systematisches Teilrisiko ist die branchenbedingte Anlagenintensität.[177] Das finanzielle Risiko kann ebenfalls sowohl als systematisches als auch als unsystematisches Risiko interpretiert werden. Die systematische Komponente ist darauf zurückzuführen, dass die Verschuldung des Unternehmens das nicht diversifizierbare Risiko der Eigenkapitalgeber erhöht.[178] Das finanzwirtschaftliche Kapitalstrukturrisiko wird z.T. allerdings auch als unternehmensindividueller Gestaltungsparameter und damit implizit als unsystematisches Risiko interpretiert.[179]

(3) Fazit

Die vorgetragene Klassifikation und inhaltliche Beschreibung der Risikopositionen stellen keine abschließende Aufzählung dar. Weitergehende Aufspaltungen sind möglich und im

[173] Zur Differenzierung von systematischem und unsystematischem Risiko vgl. Drukarczyk (1993): S. 246f., Drukarczyk (1980): S. 333, Rudolph (1993): Sp. 2117ff., Copeland/ Weston (1992): S. 198ff., Sharpe (1964): S. 436. Es ist jedoch zu beachten, dass eine klare Trennung oftmals nicht möglich ist, da sich beide Risikoarten überlagern können. Vgl. Steiner/ Bauer (1992): S. 348.

[174] Vgl. Ross/ Westerfield/ Jaffe (1999): S. 250, Brealey/ Myers (2003): S. 152ff., S. 220ff., Krag/ Kasperzak (2000): S. 92, Pape (1999): S. 85, Baetge/ Krause (1994): S. 454.

[175] Vgl. Brigham/ Gapenski/ Erhard (1999): S. 520, Schmidbauer (2000): S. 158.

[176] Vgl. hierzu Pape (1999): S. 87. Eine andere Auffassung vertritt Rudolph (1986): S. 894, der dem leistungswirtschaftlichen Risiko ausschließlich eine systematische Prägung zuweist.

[177] Vgl. zu diesem Beispiel Pape (1999): S. 87.

[178] Vgl. Steiner/ Bauer (1992): S. 350.

[179] Vgl. hierzu Pape (1999): S. 87, Schmidbauer (2000): S. 159.

Einzelfall in Abhängigkeit der betrieblichen Lage notwendig, um komplexe Risikosituationen transparent zu machen.

Im Hinblick auf den Gesetzeszweck des § 91 Abs. 2 AktG kann prinzipiell sowohl aus unternehmens- als auch aus kapitalmarktbezogener Perspektive eine Aufgliederung in Risikoarten erfolgen. Beide Sichtweisen sind aufgrund der beschriebenen Interdependenzen ineinander überführbar und bilden in der Gesamtsicht identische Risikopotenziale ab. Das unternehmerische Gesamtrisiko aus der internen Betrachtungsebene entspricht der Summe aus systematischen und unsystematischen Risiken. Im weiteren Verlauf der Untersuchung wird sich zeigen, dass beide Perspektiven nützlich für eine analytische Aufbereitung der Gesetzespflicht sein können.[180]

d) Idealtypische Eckpunkte eines integrativen Konzepts institutioneller Risikofrüherkennung nach § 91 Abs. 2 AktG

(1) Prozessuale Gestaltungsparameter des Früherkennungssystems

Die prozessuale Gestaltung ist im Hinblick auf das Anspruchsprofil des Früherkennungssystems nach KonTraG auszurichten. Dies beinhaltet den Prozessanspruch, dass alle wesentlichen Risiken im Unternehmen frühzeitig identifiziert, nachvollziehbar analysiert, in ihrer Gesamtwirkung bewertet sowie rechtzeitig und aussagekräftig kommuniziert werden.[181]

Risikoidentifikation

Die erste Phase des Risikofrüherkennungsprozesses bildet prozesslogisch die strukturierte Bestandsaufnahme relevanter Risikoquellen und damit einhergehend die Festlegung der Beobachtungsbereiche (Risikoidentifikation).[182] Unter dem Gebot der Vollständigkeit müssen geeignete Frühwarnindikatoren in allen festgelegten Beobachtungsbereichen generiert und ständig aktualisiert werden, damit tatsächlich solche Entwicklungen frühzeitig identifiziert werden können, die bestandsgefährdendes Ausmaß erreichen können. Die Maßnahmen aus § 91 Abs. 2 AktG haben sich dabei auf die Untersuchung sämtlicher betrieblicher Prozesse und

---

[180] Im Rahmen der Umsetzung der Anforderungen aus § 91 Abs. 2 AktG gilt es aufbauend auf diesen Klassifikationsansätzen zu prüfen, inwiefern den den einzelnen Kategorien zuzuordnenden Positionen tatsächlich bestandsgefährdender Charakter zukommt.

[181] Vgl. Lachnit/ Müller (2001): S. 385, BMJ (1997): S. 36, Emmerich (1999): S. 1079ff., Bitz (2000b): S. 25ff., Dobler (2001): S. 2087.

[182] Vgl. IDW (1999): S. 659, Wolz (2001): S. 792, Lück (1998c): S. 1926f.

Funktionsbereiche auf allen Hierarchieebenen des Unternehmens respektive Konzernverbunds zu erstrecken.[183]

Risikobewertung und Risikoaggregation

Aufbauend auf den gewonnenen Erkenntnissen im Bereich der Risikoidentifikation muß in einem zweiten Schritt eine Überführung der identifizierten Gefährdungspotenziale in quantifizierbare Größen erfolgen. Dies ist erforderlich, um die Risikopositionen im Hinblick auf ihr Gefahrenausmaß einschätzen und anschließend die Modalitäten ihrer weiteren Behandlung festlegen zu können.[184] Da sich Einzelrisiken gegenseitig verstärken, kompensieren bzw. gegenseitig bedingen können, sind entsprechende Abhängigkeitsgefüge bei einer gesamtheitlichen Betrachtung der Risikosituation auf der Basis bewerteter Einzelrisiken zu berücksichtigen.[185] Die Erfassung sämtlicher Interdependenzen wird dabei in der Praxis erhebliche Schwierigkeiten bereiten.[186]

Risikodokumentation u. -kommunikation

Die Kommunikation zwischen den Risikoverantwortlichen ist entscheidend für die Funktionsfähigkeit eines Risikofrüherkennungssystems.[187] Informationen über Risikopositionen müssen vollständig, zeitnah und in nachweisbarer Form weitergegeben werden. Die Notwendigkeit einer ausreichenden und transparenten Dokumentation der Maßnahmen ergibt sich dabei bereits im Hinblick auf die Rechnungslegungsprüfung sowie eine ggf. zum Tragen kommende Exkulpationspflicht der Organträger im Falle eines Haftungsprozesses.[188] Das Risikoberichtwesen wird idealerweise als integraler Bestandteil eines Management-Informationssystems implementiert. Dieses hat die Aufgabe, die relevanten Informationen rechtzeitig sowohl von der Geschäftsführungs- zu nachgelagerten Hierarchieebenen (top-down) als auch umgekehrt (bottom-up) zu vermitteln.[189] Die Modalitäten der Berichterstattung über die Veränderung einzelner Risikopositionen sowie die organisatorische Festlegung der Berichtsempfänger werden dabei durch die jeweilige Risikoart und ihre perzipierte Bedeutung für den Unternehmensbestand determiniert.

---

[183] Vgl. Wolbert (1999): S. 104, Hommelhoff/ Mattheus (2000b): S. 218, Hornung/ Reichmann/ Diederichs (1999): S. 318.
[184] Vgl. Vogler/ Engelhard/ Gundert (2000): S. 1428, Lachnit/ Müller (2001): S. 371.
[185] Vgl. Gleißner/ Meier (2001): S. 56f., Holst (1998): S. 10, Baetge/ Jerschensky (1999): S. 172.
[186] Vgl. Lachnit/ Müller (2001): S. 374, Brebeck/ Hermann (1997): S. 384 sowie ferner Dowd (1998): S. 198.
[187] Vgl. u.a. Hommelhoff/ Matteus (2000a): S. 17, Weidemann (2001): S. 2618, Martin/ Bär (2002): S. 142ff.
[188] Vgl. Dörner/ Doleczik (2000): S. 205, Salzberger (2000): S. 758f., IDW (1999): S. 660.
[189] Vgl. Guserl (1999): S. 429f., Lachnit/ Müller (2001): S. 373.

Die Risikokommunikation und -dokumentation kann nicht eindeutig im Rahmen einer prozessualen Schrittfolge der Früherkennungsmaßnahmen verortet werden. In Abhängigkeit von der organisatorischen Verankerung des Systems erfolgen Informationsflüsse sowohl im Anschluß an die Risikoidentifikation, um zu einer Einzelbewertung zu gelangen als auch im Vorfeld und Anschluß einer Gesamtbewertung.

Die Früherkennungsmaßnahmen nach § 91 Abs. 2 AktG sind im Idealfall Teilglied eines umfassenden, stets revolvierenden Risikohandhabungsprozesses im Sinne eines Risikomanagementsystems der oben skizzierten „weiten" Auffassung.[190] In diesem Prozess werden im Anschluß an die Risikoidentifikation ggf. Bewältigungs- bzw. Steuerungsmaßnahmen eingeleitet. Diese erzeugen eine veränderte Risikosituation, die wiederum Ausgangspunkt erneuter Früherkennungschritte ist. Eine zweifelsfreie prozessuale Trennung zwischen Früherkennungs- und Risikobewältigungsmaßnahmen wird daher in der Gesamtbetrachtung nicht immer möglich sein, da die Übergänge z.T. fließend sind. Dies ist insofern einleuchtend, als bereits die Festlegung einer den Dispositionen nach § 91 Abs. 2 AktG übergeordneten Risikostrategie einen Teilbereich der nachgelagerten Rikobewältigung darstellt.[191] Wie sich im weiteren Verlauf der Untersuchung zeigen wird, ist die Abgrenzung zwischen Früherkennungs- und Bewältigungsmaßnahmen aus haftungsrechtlichen Erwägungen heraus nicht unerheblich, weshalb diese bei der Analyse der Aufsichtsratsüberwachung in diesem Bereich noch zur näheren Disposition stehen wird.

(2) Sicherung des Früherkennungssystems mithilfe eines Überwachungssystems in Form der Internen Revision

Die oben beschriebenen prozessualen Parameter des Früherkennungssystems müssen gemäß Gesetzeswortlaut durch ein Überwachungssystem ergänzt werden. Wie dargelegt unterliegen insbesondere verschiedene betriebswirtschaftliche Fachvertreter einem terminologischen Mißverständnis, wenn sie dieses als ganzheitliches Risikoüberwachungssystem definieren, das Geschäftsvorfälle umfassend auf ihr Verhältnis von Chance und Risiko hin untersuchen und im Rahmen einer Präventivfunktion zur Vermeidung bzw. Verminderung potenzieller Risiken beitragen soll.[192] Folgt man einer streng rechtswissenschaftlichen Auslegung des § 91

---

[190] Vgl. Schichold (2001): S. 400f., Salzberger (2000): S. 758f. sowie die Ausführungen oben auf S. 57f.

[191] Ebenso Gernoth (2001): S. 301.

[192] So bspw. im Hinblick auf rechtliche Implikationen der Gesetzesneuerung irrtümlich Lück (1998a): S. 1928 sowie die weiteren Vertreter der oben skizzierten „weiten" Auffassung. Vgl. hierzu die Ausführungen und Quellennachweise oben auf S. 51f. Lediglich die von *Lück* postulierte Korrekturfunktion des Überwachungssystems ist auf gesetzlicher Basis zwingend. Diese obliegt, wie er ausführt, der Internen Revision. Vgl. ebenda.

Abs. 2 AktG so ist hingegen unter dem Überwachungssystem im Rechtssinn nichts anderes zu verstehen als ein einzurichtender Teilbereich der Internen Revision, der sich den getroffenen Früherkennungsdispositionen widmet.[193] Diese Deutung in Analogie zu der „engen" Auffassung der Rechtslage aus § 91 Abs. 2 AktG ergibt sich zwangsläufig aus der bereits beschriebenen Fassung des Referentenentwurfs, in dem die Aufgabe des Systems präzisiert wird.[194] Ferner muß diese Interpretation auch auf Grundlage der amtlichen Begründung zum Regierungsentwurf erfolgen. Dort wird ausgeführt: „Die Verpflichtung des Vorstands, für ein angemessenes Risikomanagement und für eine angemessene Interne Revision zu sorgen, soll verdeutlicht werden."[195] Die Aufarbeitung der Entstehungsgeschichte lässt demnach nur eine Interpretation zu. Danach meint der in der Gesetzesbegründung verwendete Terminus „Risikomanagement" lediglich die beschriebenen Maßnahmen zur Früherkennung und das im Gesetzestext erwähnte Überwachungssystem ist im wesentlichen mit der Internen Revision gleichzusetzen.[196] Der Internen Revision kommt im Rechtssinn dabei lediglich die Aufgabe zu, die Einhaltung der Früherkennungsmaßnahmen zu sichern und deren Funktionsfähigkeit fortlaufend zu überwachen.

(3) Organisatorische Einbindung

Von entscheidender Bedeutung für die Funktionsfähigkeit und Effizienz der Maßnahmen nach § 91 Abs. 2 AktG ist eine transparente und eindeutige organisatorische Eingliederung.[197] Die wesentlichen organisatorischen Umsetzungsoptionen manifestieren sich in der Zuordnung zu den Stabs- oder Linienaufgaben. Grundsätzlich können drei Gruppen von denkbaren Organisationskonzepten unterschieden werden, deren Vorteilhaftigkeit einzelfallbezogen in Abhängigkeit von der jeweiligen Gesellschaftsstruktur beurteilt werden muß:[198]

Gruppe A: Die Früherkennungsmaßnahmen werden vollständig dem bestehenden Linienmanagement und den Zentralbereichen zugeordnet (Integrationskonzept). Diejenige Instanz, die über die Sache entscheidet, entscheidet auch über die damit verbundene Risikoüberwachung.

---

[193] So Drygala/ Drygala (2000): S. 299, Pahlke (2002): S. 1682, Hüffer (2002): Rz. 6ff. zu § 91 AktG sowie Seibert (2000): S. 436ff.

[194] Vgl. BMJ (1996) sowie die Ausführungen oben auf S. 54.

[195] BMJ (1997): S. 36.

[196] Ebenso Drygala/ Drygala (2000): S. 299, in der Konsequenz der Ausführungen auch Seibert (2000): S. 435ff., Hüffer (2002): Rz. 7f. zu § 91 AktG sowie Pahlke (2002): S. 1682.

[197] Vgl. etwa Kromschröder/ Lück (1998): S. 1575, Horvath (2002): S. 810ff., Wittmann (2000): S. 797, Wittmann/ Spannagl (2000): S. 45ff., Drygala/ Drygala (2000): S. 299, Wolf/ Runzheimer (2000): S. 123, Pritzer (1999): 154f.

[198] Vgl. zum folgenden insbesondere Mott (2001): S. 207ff., Wittmann (2000): S. 797ff. sowie auch Farny (1979): S. 33ff. Zu empirischen Ergebnissen der organisatorischen Umsetzung in deutschen Unternehmen vgl.

Gruppe B: Die Früherkennungsmaßnahmen werden separat in einer eigenständigen Aufbauorganisation zusammengefasst, die parallel zu den bestehenden operativen Einheiten des Unternehmens besteht (Separationskonzept).[199] Die eine Instanz erzeugt mit ihrer Sachentscheidung Risikopositionen, die die andere Instanz im Sinne der übergeordneten Risikopolitik zu beurteilen hat.

Gruppe C: Die Früherkennungsmaßnahmen werden z.T dezentral im Rahmen der bestehenden Linie wahrgenommen. Hinzu treten unterstützende organisatorische Einheiten in Form von „Risikostäben", die die einzelnen Geschäftsbereiche und die Geschäftsführungsebene zum einen bei der Entscheidungsfindung beratend unterstützen.[200] Andererseits werden bestimmte Entscheidungskompetenzen auch auf sie verlagert. Die Nuancen dieses Mischkonzepts sind vielseitig. Bei extrem zentraler Ausrichtung werden sämtliche risikopolitischen Aufgaben gemäß § 91 Abs. 2 AktG einem zentralen „Risikostab" an der Konzernspitze überantwortet, eine vollständig dezentrale Ausrichtung wiederum führt zu dem oben beschriebenen Integrationskonzept.

4. Zwischenergebnis: Verbleibende Verhaltensunsicherheiten im Bereich der Disposition der Maßnahmen nach § 91 Abs. 2 AktG

Der von der Prüfungspraxis sowie weiten Teilen des Schrifttums vorgetragenen Auffassung, die Gesetzesneuregelung verpflichte den Vorstand zur Einrichtung eines umfassenden Risikomanagementsystems nach betriebswirtschaftlichem Verständnis einschließlich der Maßnahmen zur Risikobewältigung, ist aus rechtswissenschaftlicher Perspektive nicht zu folgen. Die Disposition entsprechend weit gefasster Maßnahmen ist allerdings, eine hinreichende Größe und Komplexität der Geschäftsfelder vorausgesetzt, eine Ausprägung der allgemeinen Geschäftsführungspflicht i.S.d. §§ 76, 93 Abs. 1, S. 1 AktG und steht im Leitungsermessen des Vorstands.[201] Weder auf der Grundlage der Gesetzgebung noch durch die betriebswirtschaftliche Theorie und Praxis konnte bislang ein idealtypisches, universell einsetzbares Aufbauschema der organisatorischen Maßnahmen nach § 91 Abs. 2 AktG abgeleitet werden. Dies

---

Institut der Niedersächsischen Wirtschaft (2000): S. 8, Wolz (2001): S. 795 sowie Füser/ Gleißner/ Meier (1999): S. 757f.

[199] Die aufbauorganisatorische Eingliederung kann wiederum auf unterschiedliche Weise erfolgen, bspw. funktionsorientiert, divisional, mehrdimensional oder teamorientiert. Vgl. Wolf /Runzheimer (2000): S. 85.

[200] Dieses organisatorische Mischkonzept wird bspw. bei dem Siemens- und Daimler-Chrysler-Konzern praktiziert. Vgl. diesbezüglich Wittmann (2000): S. 797f., Horvath (2002): S. 810ff.

[201] Vgl. Pahlke (2002): S. 1683, Hommelhoff/ Mattheus (2000a): S. 11f.

ist auch nicht möglich, da Unterschiede in Größe, Branche, Struktur und Kapitalmarktzugang der Unternehmen konzeptionelle Divergenzen im Einzelfall erforderlich machen.[202]

Bei Unterstellung eines streng im Eigeninteresse agierenden Vorstands erwachsen demzufolge verschiedene Unsicherheiten im Hinblick auf eine sachgerechte Umsetzung der Anforderungen aus § 91 Abs. 2 AktG. Im Zuge der kontrovers geführten Diskussion um die Implikationen der Gesetzesvorschrift für die organisatorische Bezugsebene eröffnet sich den Organträgern ein weiter diskretionärer Handlungsspielraum. Es steht in Anbetracht der angenommenen Arbeitsaversion zu befürchten, dass der Vorstand seine diesbezüglichen Dispositionen nicht an dem Normzweck des Gesetzesparagraphen ausrichtet, sondern offiziell lediglich ein bestimmtes Frühwarninstrumentarium institutionalisiert, dem gewissermaßen eine Alibifunktion zukommt.[203] Für die Aktionäre erwächst in diesem Zusammenhang die Gefahr eines *moral hazard*, da sie die Qualität und Sachgerechtigkeit des installierten Risikofrüherkennungssystems aufgrund bestehender Informationsasymmetrien nicht beurteilen können. Eine Möglichkeit der Disziplinierung bietet die gesellschaftsrechtliche Zuweisung einer Überwachungsverantwortung hinsichtlich der Maßnahmen nach § 91 Abs. 2 AktG an den Aufsichtsrat. Die diesbezügliche Kontrolle durch den Rat ist aus Sicht der Aktionäre allerdings unter der Annahme von Eigeninteressen dieser Partei ebenfalls problembehaftet, wie zu zeigen sein wird.[204]

Im folgenden wird die Konzeption der Wertanalyse als potenzielles Modul des nach § 91 Abs. 2 AktG einzurichtenden Früherkennungssystems respektive als ganzheitlicher Basisansatz der risikoorientierten Umsetzung der Organisationspflicht nach § 91 Abs. 2 AktG in den Mittelpunkt gerückt.

---

[202] Vgl. BMJ (1997): S. 36 sowie Lehner/ Schmidt (2000): S. 261, Wolz (2001): S. 789.

[203] Wie noch zu zeigen sein wird, gilt es sich aus der gewählten agency-theoretischen Perspektive bei der Analyse der Organisationspflicht aus § 91 Abs. 2 AktG nicht an dem betriebswirtschaftlich erreichbaren Optimum systemgebundener Risikohandhabung i.S.d. oben skizzierten weiten Auffassung zu orientieren, sondern an diesbezüglich gerichtlich einklagbaren Mindestanforderungen, die unter Berücksichtigung von Verhaltensannahmen der Organträger und Haftungsregeln eine hinreichende Anreizwirkung entfalten.

[204] Vgl. hierzu die Ausführungen in Kapitel 3 auf S. 109ff.

B. Die Konzeption der Wertanalyse auf der Basis des Discounted Cash-Flow-Ansatzes

1. Die Wertanalyse als Verbindung von Unternehmensplanung und Finanzierungstheorie im Bezugsfeld des Shareholder Value-Kalküls

Der Ausgangspunkt des Shareholder Value-Ansatzes (SVA) konstituiert sich in der grundsätzlichen Überzeugung, dass die Maximierung des Marktwerts des Unternehmens sowie die Sicherung von Dividendenzahlungen die primäre Zielsetzung des Managements sein sollte.[205] Der Orientierung an den ökonomischen Zielsetzungen der Anteilseigner wird höchste Priorität beigemessen. Die konzeptionelle Grundlage für diese Ausrichtungsmaxime und das hieraus ableitbare Marktwertkonzept wurde unter der Annahme sicherer Erwartungen bereits im Jahr 1930 von *Fisher* errichtet und später von *Modigliani* und *Miller* auf den Fall unsicherer Erwartungen erweitert.[206]

Zur Bewertung des Anteilseignervermögens sind diesbezüglich von Wissenschaft und Praxis unterschiedliche Vorschläge entwickelt worden.[207] Gemeinsam ist allen Ansätzen die Orientierung an zukünftigen Zahlungsströmen, eine tendenziell langfristige Perspektive sowie die Verwendung der Erwartungen der Eigenkapitalgeber als Referenzkriterium zur Beurteilung des Managements. Eine Befriedigung ihrer Interessen ist nur dann möglich, wenn das zur Verfügung gestellte Kapital eine höhere Verzinsung als vergleichbare Investitionsobjekte erwirtschaftet. Die finanziellen Ziele der Eigentümer gelten im Kalkül als wichtigste Entscheidungsgrundlage der Unternehmensführung. Die Existenz anderer, nicht finanzieller, wie bspw. sozialer, ethischer, Unabhängigkeits- oder Machtziele wird aber keineswegs per se ausgeschlossen.[208] Ihre zusätzliche Beachtung unter Berücksichtigung gesetzlicher Vorschriften, Erwägungen der allgemeinen Unternehmenspolitik, sozialpolitischer Ziele sowie Aspekten der Unternehmensverfassung zwingt zur Formulierung von Entscheidungsmodellen mit Mehrfachzielsetzungen und der Analyse der Zielinterdependenzen.[209]

---

[205] "Corporate Mission Statements proclaiming that the primary responsibility of management is to maximize shareholders total return via dividends and increases in the market price of the company's shares abound", Rappaport (1986): S. 1.

[206] Vgl. Fisher (1930): S. 129ff., Modigliani/ Miller (1958): S. 261ff., beschreibend Bischoff (1994): S. 83.

[207] Für einen Überblick vgl. etwa Hachmeister (1997b): S. 825ff., Bühner (1994): S. 35ff., Lorson (1999): S. 1329ff.

[208] Vgl. Hax (1985): S. 9, Hachmeister (1995): S. 8f., Mengele (1999): S. 6.

[209] Vgl. Hachmeister (1995): S. 8f., Mengele (1999): S. 7, Sieben (1969): S. 71ff.

Der Shareholder Value (SV) wird auf Basis des Kapitalwertkriteriums über die Diskontierung prognostizierter Erfolgsgrößen ermittelt.[210] Dem SVA liegt damit die Grundkonzeption einer dynamischen Investitionsanalyse zugrunde.[211] Die Betrachtungsweise kann sowohl auf Akquisitions- und Desinvestitionsentscheidungen als auch auf die strategische Planung der Geschäftsbereiche bzw. der Gesamtunternehmung angewandt werden.[212] Charakteristisches Merkmal der in diesem Kontext durchzuführenden Wertanalyse ist die integrative Zusammenführung der Unternehmens- respektive Geschäftsbereichsbewertung mit der strategischen Planung.[213] Sie kann als ein Instrument zur zukunftsorientierten Erfolgsbeurteilung unternehmerischen Handelns klassifiziert werden.[214] Ihr konzeptioneller Rahmen konstituiert sich im wesentlichen aus den folgenden drei interdependenten Elementen:[215]

1. Der Segmentierung der Gesamtheit potenzieller Produkt-Markt-Kombinationen in unabhängige strategische Geschäftsfelder.

2. Einer Portfoliobetrachtung, in deren Rahmen die Unternehmungs- mit den Geschäftsfeldstrategien einer zusammenführenden Analyse zugeführt werden.

3. Einer finanziell-quantitativen Bewertung, die die interne Wertermittlung über den Einbezug der Kapitalkosten mit dem Markt verbindet.

Die Wertanalyse ist grundsätzlich nicht auf die Bewertung von Unternehmensteilen oder Gesamtunternehmensstrategien beschränkt. Ihre Anwendung ist bspw. auch bei der wertmäßigen Analyse von Produktlinien oder bei "make-or-buy-Entscheidungen" vorstellbar.[216] Die Methodik verknüpft implizit verschiedene betriebswirtschaftliche Teildisziplinen: Zum einen die Unternehmensbewertungslehre unter Einbezug investitionstheoretischer Grundlagen, deswei-

---

210 Zur genauen Vorgehensweise der Wertbestimmung nach der DCF-Methodik vgl. die Ausführungen unten auf S. 71ff.

211 Im Gegensatz zur buchhalterischen Periodenrechnung berücksichtigt der SVA damit den langfristigen, mehrperiodig ausgerichteten Investitions- bzw. Projektcharakter von Strategien bzw. Geschäftsfeldern mithilfe der Analyseebene einer zukunfts- und endzielorientierten Erfolgsrechnung. Vgl. Bischoff (1994): S. 85.

212 Vgl. Siegert (1995): S. 581, Raster (1995): S. 153ff., Schmidbauer (1998): S. 152ff., S. 216ff.

213 Vgl. hierzu die Beiträge Bettis (1983), Day/ Fahey (1990), Chakravarthy/ Singh (1990) sowie Hachmeister (1995): S. 6ff., Hardtmann (1996): S. 2, Bischoff (1994): S. 86f. Der Begriff der Wertanalyse wird in der Literatur teilweise synonym mit den Begriffen Shareholder Value-Analyse Wertsteigerungsanalyse oder auch Wertbeitragsanalyse verwendet. Vgl. zu entsprechenden Begriffsverwendungen bspw. Mengele (1999), Hanssmann (1988), Raster (1995): S. 6ff., Richter (1998): S. 72ff. Darüberhinaus sind als Sammelbegriff für wertorientierte Führungansätze, die auf den Implikationen einer Wertanalyse im hier vorgetragenen Sinn fußen, Bezeichnungen wie „value-based planning", „value based management oder „wertorientierte strategische Planung" gebräuchlich. Vgl. hierzu etwa die Arbeiten von Stern (1993), Michel (1993) sowie Knyphausen (1992).

214 Vgl. ähnlich Hardtmann (1996): S. 3, Hachmeister (1995): S. 6ff., Herter (1994) S. 39ff.

215 Vgl. u.a. Wilde (1989): S. 27, Rappaport (1999): S. 39ff., S. 71ff., Copeland/ Koller/ Murrin (2002): S. 171ff., Weber (1991): S. 227ff., Raster (1995): S. 119ff., Herter (1994): S. 39ff., Hardtmann (1996): S. 55ff., Günther (1994): S. 16, Brune (1995): S. 97ff.

teren die klassische Finanzierungstheorie, da der Wertanalyse je nach methodischem Vorgehen kapitalmarkttheoretische Modelle zugrunde liegen, und schließlich die Planungslehre.[217]

Die mit der Wertanalyse einhergehende Bewertung von Geschäftsfeldern und Strategien ist im ganzheitlichen Kontext der strategischen Planung lediglich als ein erster Schritt zu einem umfassenden Wertmanagement zu verstehen.[218] Als wertende Betrachtung einer prospektiven Kapitalflussrechnung bietet sie dem Management ein vielfältiges Anwendungsspektrum. Im Sinne einer absoluten Wertanalyse liefert sie Aussagen dahingehend, ob die erwartete Zukunftsentwicklung grundsätzlich Erfolg verspricht. Konzipiert als relative Wertanalyse erlaubt sie darüber hinaus Einschätzungen, welche Handlungsoptionen unter Projektion bestimmter Umweltszenarien zu präferieren sind.[219] Die sachgerechte Umsetzung der Wertanalyse in Form der Integration operativer und strategischer Planungs-, Steuerungs- und Kontrollsysteme kann daher einen sinnvollen Beitrag zur sachgerechten Unternehmensführung aus Anteilseignersicht leisten.[220]

2. Der Discounted Cash-Flow (DCF) als Bewertungsmaßstab

Hinsichtlich der marktorientierten Bewertung von Strategien zur Ermittlung des SV hat sich die DCF-Methode etabliert.[221] Sie wird im folgenden beispielhaft als Basisansatz zu einer ganzheitlichen Wertanalyse herangezogen. Es ist jedoch zu beachten, dass die Bestimmung des SV alternativ auch auf der Basis des Ertragswerts erfolgen kann. Die Ertragswertmethode ist ein Verfahren zur individuellen Grenzpreisermittlung.[222] Die DCF-Verfahren zielen demgegenüber auf die Bestimmung eines Marktwerts ab, wobei diese allerdings auch subjektive Einflussfaktoren miteinbeziehen.[223] Sowohl Ertragswert- als auch die DCF-Verfahren errechnen den SV durch Diskontierung der zukünftigen Periodenerfolge auf den Bewertungsstichtag. Beide Bewertungstechniken beruhen demnach auf den gleichen konzeptionellen Grundlagen. Bewertungsdivergenzen sind lediglich auf verfahrenstypische Bewertungsannahmen und -vereinfachungen zurückzuführen.[224] Beide Ansätze können grundsätzlich die zukunfts-

---

[216] Vgl. Rappaport (1986): S. xiv, Day/ Fahey (1988): S. 47, Hardtmann (1996): S. 58.

[217] Unter dem Terminus Finanzierungstheorie werden die betriebswirtschaftliche Kapitaltheorie, die neoklassische Kapitalmarkttheorie und der neoinstitutionalistische Ansatz der Finanzierungstheorie subsumiert. Vgl. zu diesen Ansätzen bspw. Rudolph (1979): S. 1035, Schmidt (1988): S. 239ff.

[218] Vgl. Hardtmann (1996): S. 60, Copeland/ Koller/ Murrin (2002): S. 41ff.

[219] Vgl. Gleißner (2002): S. 417, Breid (1994): S. 127ff., ferner Ganz (1991): S. 309f.

[220] Vgl. Herter (1991): S. 7, Hardtmann (1996): S. 61.

[221] Vgl. Hachmeister (1995): S. 1ff., Wolbert (1999): S. 107, Weber (1991): S. 222.

[222] Vgl. zur Gegenüberstellung von DCF- und Ertragswertmethodik Drukarczyk (1995): S. 329ff. sowie Sieben (1995): S. 715ff.

[223] Vgl. diesbezüglich detailliert die Ausführungen im weiteren auf S. 73ff.

[224] Vgl. Sieben (1995): S. 716, Kohl/ Schulte (2000): S. 1164.

bezogene Ertragskraft abbilden. Da diese Bewertungsverfahren aufgrund ihrer Methodik die unternehmensspezifisch geschätzten, zukünftigen Erfolgsgrößen unter Einschluß risikoadjustierter Kapitalkosten berücksichtigen, ist zu vermuten, dass auf der Basis ihrer Ergebnisse (zumindest graduelle) Rückschlüsse auf Gefährdungspotenziale i.S.d. § 91 Abs. 2 AktG möglich sind. Im folgenden wird das Augenmerk lediglich auf die DCF-Verfahren als potenzielles Instrumentarium einer Wertanalyse zu Früherkennungszwecken gerichtet. Die Beschränkung auf diesen Bewertungsansatz impliziert jedoch keine konzeptionelle respektive verfahrenstechnische Wertung. Beide Methoden werden in der Literatur mit unterschiedlichem Akzent kritisch diskutiert und eröffnen prinzipiell ein identisches Anwendungspotenzial im Untersuchungskontext.[225] Die im folgenden vorgetragene Analyse der Möglichkeiten wertorientierter Risikofrüherkennung und deren Überwachung durch den Aufsichtsrat auf der Basis des DCF-Kalküls ist insofern lediglich als beispielhaft zu werten. Die wesentlichen Untersuchungsergebnisse, so ist zu vermuten, ergeben sich analog auch bei Unterstellung der Verfahrenstechnik der Ertragswertmethodik.

a) Das Bewertungskalkül

Bei der DCF-Methodik handelt es sich um ein Kalkül der Bewertungslehre, aus dem verschiedene Ermittlungsmethoden eines Zukunftserfolgswerts hervorgegangen sind.[226] Die Ermittlungsmethodik der unterschiedlichen DCF-Ansätze basiert auf dem Kapitalwertkalkül der modernen Investitionstheorie.[227] Es läßt sich ein sogenannter Brutto- und ein Nettoansatz unterscheiden: Im Rahmen des Bruttoansatzes wird zunächst ein Gesamtwert durch Diskontierung zukünftiger Cash-Flow-Größen auf den Gegenwartswert berechnet. Die jeweiligen Cash-

---

[225] Vgl. zu einer kritischen Sichtweise der Anwendungsvoraussetzungen der DCF-Methodik bspw. Kruschwitz (2002): S. 19f. sowie Spremann (2002): S. 341, S. 344, demgegenüber positiv zur Verfahrenstechnik des DCF-Kalküls Drukarczyk (2003): S. 363. Für die Vorziehenswürdigkeit der DCF-Methodik im Untersuchungszusammmenhang spricht lediglich, dass sich in Teilbereichen der Wertermittlung, namentlich bei der Ableitung des Kalkulationszinses, (unter Zugrundelegung hybrider Modellprämissen) der Weg zu den Bewertungsergebnissen transparenter gestaltet; der jeweilige Anwender ist eher gezwungen, die einzelnen Bewertungsparameter stichhaltig zu begründen. Vgl. zur Ableitung der Kapitalkosten in diesem Feld die Ausführungen im weiteren auf S. 75ff. Ihm eröffnet sich ein geringerer diskretionärer Handlungsspielraum als bei der Anwendung der Ertragswert-Verfahrenstechnik. Vgl. hierzu auch Jonas (1995): S. 98. In Anbetracht der Notwendigkeit einer intersubjektiven Nachvollziehbarkeit der Wertanalyse für die Risikofrüherkennung durch den Vorstand respektive deren Überwachung durch den Aufsichtsrat einerseits sowie andererseits auch für Zwecke einer ggf. notwendigen haftungsrechtlichen Exkulpation der Organträger im Bereich der wertorientierten Risikofrüherkennung ist die Fokussierung der DCF-Verfahren im Untersuchungskontext vor diesem Hintergrund konsequent, wenn auch nicht zwingend. Vgl. ausführlich zum konkreten Eignungsgehalt einer Wertanalyse auf der Basis des DCF-Kalküls für Früherkennungszwecke die Ausführungen im weiteren auf S. 86ff.

[226] Vgl. zu einem Überblick der verschiedenen Methoden die Ausführungen im weiteren auf S. 79f.

[227] Vgl. Hachmeister (1995): S. 92ff., Serfling/ Pape (1996): S. 58, Rappaport (1986): S. 12, Copeland/ Koller/ Murrin (2002): S. 171ff. Im folgenden wird der durch ein DCF-Verfahren ermittelte Eigentümerwert verkürzt als DCF bezeichnet. Vgl. zu den der DCF-Methodik zugrundeliegenden Annahmen bspw. Hachmeister (1996): S. 357.

Flows werden dabei für einen bestimmten Planungszeitraum auf Grundlage der aus dem erwarteten Zahlungstrom abgeleiteten Einnahmeüberschüsse des Unternehmens prognostiziert und beinhalten sowohl zukünftige Zahlungen an die Eigenkapital- als auch an die Fremdkapitalgeber.[228] Sie entsprechen den Zuflüssen, die aus laufender Unternehmenstätigkeit erwirtschaftet werden und damit dem Unternehmenserfolg aus betriebsnotwendigem Vermögen.[229] Die über den Prognosezeitraum hinausgehenden Zahlungsüberschüsse werden in Form eines Restwerts bzw. Fortführungswerts erfasst und ebenso in die Kalkulation miteinbezogen wie die potenziellen Veräußerungserlöse des nicht-betriebsnotwendigen Vermögens.[230] Als Diskontierungssatz wird je nach Vorgehensweise ein bestimmter gewichteter Durchschnitt aus Fremd- und Eigenkapitalkosten unter Einbeziehung eines den zukünftigen unternehmerischen Aktivitäten angemessenen Risikozuschlags, z.B. nach dem Capital Asset Pricing-Modell (CAPM), verwendet.[231] Von dem auf diese Weise ermittelten Gesamtwert wird dann in einem zweiten Schritt der Marktwert der Fremdkapitalanteile subtrahiert, um zu dem Marktwert der Eigenkapitalanteile zu gelangen.[232] Alternativ wird im Rahmen des Nettoansatzes der Eigentümerwert über die direkte Abzinsung der ausschließlich den Eigenkapitalgebern zur Verfügung stehenden Ausschüttungen mit den risikoadjustierten Eigenkapitalkosten berechnet.[233]

b) Einzelelemente der Wertermittlung

(1) Ableitung der Cash-Flow-Basisgrößen

Je nach Begriffsverständnis und Abgrenzungsweise des Anwenders existieren unterschiedliche Herleitungsschemata der Zählergröße Cash-Flow.[234] Im Rahmen des DCF-Kalküls wird der Cash-Flow nicht als ein Bewertungsindikator im Sinne der Bilanzanalyse, sondern als eine Zahlungsstromgröße verstanden.[235] In Abhängigkeit davon, welches der unterschiedlichen DCF-Verfahren betrachtet wird, liegen divergierende Abgrenzungen der relevanten Cash-Flow-Größen vor. Bei dem sogenannten „Komponentenmodell" (Bruttoansatz) des DCF-Kalküls werden freie Cash-Flows (Free Cash-Flows) als Saldo der Ein- und Auszahlungen des Unternehmens mit seiner Umwelt auf Absatz- und Beschaffungsmärkten (Leistungsbe-

---

[228] Vgl. Mengele (1999): S. 29ff., Kirsch/ Krause (1996): S. 794, Herter (1994): S. 54ff.
[229] Vgl. Serfling/ Pape (1996): S. 59.
[230] Vgl. Copeland/ Koller/ Murrin (2002): S. 324ff., Rappaport (1986): S. 50f., S. 59ff.
[231] Vgl. Schmidt (1995): S. 1088, Sieben (1995): S. 717, Ballwieser (1993): S. 164.
[232] Vgl. Krag/ Kasperzak (2000): S. 85, Hachmeister (1996): S. 357, Schmidt (1995): S. 1091, Kirsch/ Krause (1996): S. 794.
[233] Vgl. Copeland/ Koller/ Murrin (2002): S. 192ff., Kirsch/ Krause (1996): S. 794.
[234] Vgl. Volkart (1994): S. 29, Hachmeister (1995): S. 60.
[235] Vgl. Rappaport (1986): S. 51ff., Serfling/ Pape (1996): S. 59, Ballwieser (1993): S. 164.

reich) während einer Periode bestimmt.[236] Alternativ zu dieser direkten Berechnungsweise des Cash-Flow über den Zahlungsstrom, kann dieser auch indirekt errechnet werden, indem das Betriebsergebnis vor Zinsen und Steuern um Abschreibungen und Nettozuführungen zu langfristigen Rückstellungen erhöht wird.[237] Der ermittelte „Free Cash-Flow" erfasst sowohl die Zahlungen an die Eigentümer als auch an die Gläubiger und entspricht somit einer Erfolgsgröße, die den Wert des Unternehmens aus Sicht sämtlicher Kapitalgeber widerspiegelt.[238] Entgegen der beim Bruttoansatz vorgenommenen Beschränkung des relevanten Zahlungsstroms auf den Leistungsbereich, erfolgt innerhalb des Nettoansatzes auch eine Einbeziehung von Stromgrößen, die dem Finanzierungsbereich entstammen. Somit werden Zinsen und Tilgungen im Rahmen dieser Berechnung bereits in den Auszahlungen erfasst.[239]

Bei der Ermittlung der künftig für die Kapitalgeber verfügbaren Free Cash-Flows tritt ein Prognoseproblem aufgrund der naturgemäßen Unsicherheit der Zukunft auf. Für die Prognose ist grundsätzlich eine umfassende strategische Analyse sowohl auf der Ebene der Gesamtunternehmung als auch auf der Geschäftsfeldebene erforderlich, da die Strategiewahl maßgeblichen Einfluss auf die Höhe der bewertungsrelevanten Cash-Flows nimmt.[240] In der Literatur werden mitunter sogenannte „Value-Driver-Modelle" zur Operationalisierung der Cash-Flow-Basisgrößen in den einzelnen Perioden vorgeschlagen.[241] Die „Value-Driver" sind definiert als wesentliche Bewertungsparameter zur Cash-Flow-Projektion, die den größten Einfluss auf den SV aufweisen.[242] Die Anforderungen, die an eine systematische Planungsrechnung zur Ableitung von Zukunftserfolgsgrößen inklusive der Darlegung zugehöriger Wirkungsketten und Unsicherheitsquellen zu stellen sind, können durch diese Modelle nur begrenzt erfüllt werden. Zu beachten ist stets, dass ihnen rigide, z.T. realitätsferne Annahmen zugrunde liegen.[243] Eine umfassende analytische Aufbereitung der Unternehmenssituation unter Berücksichtigung strategischer Gesichtspunkte können diese nicht ersetzen bzw. eine solche muß

---

[236] Vgl. Hachmeister (1995): S. 61, Copeland/ Koller/ Murrin (2002): S. 172ff.
[237] Vgl. Serfling/ Pape (1996): S. 60. Vgl. zur Bestimmung des freien Cash-Flows auch die Ausführungen bei Drukarczyk (2003): S. 144ff.
[238] Vgl. Krag/ Kasperzak (2000): S. 104ff., Drukarczyk (1995): S. 332.
[239] Vgl. Hachmeister (1995): S. 61f., Kirsch/ Krause (1996): S. 803ff.
[240] Vgl. Krag/ Kasperzak (2000): S. 112, Brune (1995): S. 97ff., Day/ Fahey (1990): S. 156ff., Michels (1991): S. 24ff., Reimann (1988): S. 20, Mengele (1999): S. 59ff.
[241] Die wohl bekanntesten Modelle sind zu finden bei Rappaport (1999): S. 39ff., Copeland/ Koller/ Murrin (2002): S. 177ff. sowie Stewart (1999): S. 118ff., S. 254ff. Vgl. für einen Überblick auch Mengele (1999): S. 61f.
[242] Vgl. Knight (1998): S. 167, Rappaport (1999): S. 39 sowie Mengele (1999): S. 60.
[243] Vgl. Mengele (1999): S. 63, Mandl/ Rabel (1997): S. 344, Gregory (1992): S. 46.

diesen vorgelagert sein, da ansonsten keine zuverlässigen Aussagen über die fokussierten Werttreiber ermittelt werden können.[244]

(2) Verfahren zur Abschätzung des Eigenkapitalkostensatzes

(a) Das Kapitalmarktmodell (CAPM)

Bei dem Capital Asset Pricing-Modell (CAPM) handelt es sich um einen kapitalmarkttheoretisch fundierten Ansatz zur Bestimmung des Eigenkapitalkostensatzes als abhängige Größe des anlagespezifischen Risikos.[245] Das CAPM basiert auf den Überlegungen der Portfolio-Selection-Theorie. Im Rahmen folgender Prämissen des Modells ist die erwartetet Rendite eines Wertpapiers im Kapitalmarktgleichgewicht allein von ihrem Beitrag zum Risiko des effizienten Marktportefeuilles, das sich aus allen am Kapitalmarkt gehandelten, risikobehafteten Vermögenstiteln im Verhältnis ihrer Marktwerte zusammensetzt, abhängig:[246]

1) Die Investoren sind risikoavers und streben nach Maximierung des erwarteten Risiko-Nutzens ihres Vermögens am Ende der Planperiode (implizites Einperioden-Modell)
2) Orientierung der Anleger an Erwartungswert und Varianz
3) Homogene Erwartungen
4) Existenz einer risikolosen Kapitalaufnahme- und –anlagemöglichkeit
5) Keine Friktionen (etwa Steuern oder Transaktionskosten) und Unvollkommenheiten sowie Informationseffizienz am Kapitalmarkt

Die CAPM-Berechnungsformel zur Bestimmung der Renditeforderung der Anleger lautet:

$$r_{ek} = i_f + \beta(r_m - i_f)$$

Der Kostensatz berechnet sich danach als Summe aus der Rendite risikofreier Kapitalanlagen und dem Produkt aus dem landesspezifischen Risikomarktpreis (Risikoprämie), welcher der Differenz aus der Marktrendite risikobehafteter (r_m) und der Verzinsung risikofreier Anlagen (i_f) entspricht, und dem unternehmensspezifischen Beta-Faktor (β). „Der unter Anwendung des Modells aus vergangenheitsorientierten Kapitalmarktdaten abgeleitete Beta-Faktor be-

[244] Vgl. Hachmeister (1995): S. 59, Jacobs (1991): S. 30, Mandl/ Rabel (1997): S. 344, Mengele (1999): S. 63.
[245] Vgl. grundlegend Sharpe (1964): S. 433f., Lintner (1965): S. 15ff., Mossin (1966): S. 766ff., kritisch wertend Drukarczyk (1993): S. 234ff., Serfling/ Pape (1994): S. 519.
[246] Vgl. zu den grundlegenden Annahmen des Standard-CAPM neben den grundlegenden Aufsätzen in der vorherigen Fußnote auch Brigham/ Gapenski/ Erhard (1999): S. 212f., Copeland/ Weston (1992): S. 194 sowie Rudolph (1979): S. 1044f.

rücksichtigt das systematische oder das Marktrisiko des Unternehmens sowie das aus der unternehmensspezifischen Kapitalstruktur resultierende finanzielle Risiko."[247] Es wird dabei davon ausgegangen, dass die Finanzierungsstruktur mit zunehmendem Fremdkapitalanteil risikosteigernd wirkt und damit die Renditeforderungen der Eigenkapitalgeber beeinflusst werden.[248]

(b) Die Arbitrage Pricing-Theorie (APT)

Während bei dem CAPM für die Ermittlung der Aktienrenditen lediglich der Beta-Faktor als Bestimmungsdeterminante herangezogen wird, beurteilt die APT das systematische Risiko anhand verschiedener Faktoren.[249] Die APT kann demnach als eine multifaktorielle Variante des CAPM klassifiziert werden.[250] Die Ermittlung der Eigenkapitalkosten stellt sich hiernach in parametrisierter Form folgendermaßen dar:[251]

$$E(R_j) = i + [E(R_{F1}) - i] \cdot \beta_{j1} + \ldots + [E(R_{FK}) - i] \cdot \beta_{jK}$$

Der Eigenkapitalkostensatz errechnet sich danach aus den kumulierten, mit Beta gewichteten faktorspezifischen Risikoprämien und einer risikolosen Verzinsung i. Für das faktorspezifische Sensitivitätsmaß ß gilt:

$$\beta_{jk} = \frac{\text{cov}(R_j, R_{Fk})}{\sigma^2(R_{Fk})}.$$

Jedes Beta misst die Sensitivität der Aktienrendite gegenüber dem k-ten wirtschaftlichen Einflussfaktor, wobei empirische Untersuchungen auf fünf grundlegende Faktoren hindeuten: den

[247] Serfling/ Pape (1996): S. 61. Das systematische Risiko bezieht hierbei ökonomische und politische Risikofaktoren der Volkswirtschaft ein, auf welche die Unternehmensleitung keinen Einfluss ausüben kann, während das finanzielle Risiko die Folgen einer Verschiebung der Kapitalstruktur des Unternehmens erfasst. Vgl. Serfling/ Marx (1990a): S. 367, Serfling/ Pape (1994): S. 519 sowie die Ausführungen oben zur Unterscheidung systematischer und unsystematischer Risiken auf S. 61f.

[248] Vgl. Serfling/ Marx (1990b): S. 425ff. Die DCF-Verfahren amerikanischer Lehrbücher basieren auf den von *Modigliani* und *Miller* aufgestellten Thesen zur Bewertung unsicherer Erfolgsströme. Vgl. Modigliani/ Miller (1958): S. 261ff. Hiernach wird ein linearer Einfluss des Verschuldungsgrads auf die Eigenkapitalkosten unterstellt, woraus ein verschuldungsgradunabhängiger Gesamtkapitalkostensatz resultiert. Dies gilt jedoch lediglich in einer Welt ohne Steuern. *Modigliani* und *Miller* korrigieren ihre Thesen für den Fall eines Besteuerungssystems, welches eine steuerliche Abzugsfähigkeit von Fremdkapitalzinsen zulässt. Vgl. Modigliani/ Miller (1963): S. 433ff. Die Neutralitätshypothese der Kapitalstruktur in bezug auf den Unternehmenserfolg wird in diesem Fall aufgegeben. Es wird angenommen, dass durch die Berücksichtigung von Fremdkapitalzinsen bei der Bildung der Steuerbemessungsgrundlage ein sogenanntes „Tax-Shield" aufgebaut wird, welches dem aus der Verschuldung resultierenden finanziellen Vorteil entspricht. Vgl. Sieben (1995): S. 725.

[249] Vgl. grundlegend Ross (1976), darüberhinaus bspw. auch Copeland/ Koller/ Murrin (2002): S. 277, Schmidbauer (2000): S. 158.

[250] Vgl. Brealey/ Myers (2003): S. 204ff., Hachmeister (1995): S. 229ff., Krag/ Kasperzak (2000): S. 95.

Index der industriellen Produktion, den kurzfristigen Realzins, die kurzfristige Inflation, die langfristige Inflation und das Ausfallrisiko.[252] Gleichwohl liefert die Theorie grundsätzlich keine Informationen über die konkrete Anzahl und die ökonomische Interpretation preisbeeinflussender Determinanten, sondern gibt lediglich eine Bewertungsstruktur vor.[253] Sie kann aber in transparenter Weise Aufschlüsse über relevante, wertbeeinflussende Risikokomponenten geben.

Die praktische Anwendung der APT gestaltet sich wesentlich schwieriger als die des CAPM, da vorab eine Vielzahl relevanter Einflussfaktoren spezifiziert und getestet werden muß. Hierbei ist stets zu beachten, dass diese im Rahmen einer solchen Vorabspezifikation gewonnenen Einflussfaktoren gegenüber der Zeit invariant sind und theoretisch nicht eindeutig begründet werden können.[254]

(3) Bestimmung der Fremdkapitalkosten

Fremdkapitalkosten werden je nach Methodik der Wertermittlung unterschiedlich in das Bewertungskalkül integriert.[255] Ihre Ermittlung erweist sich im Vergleich zur wertmäßigen Abbildung der Eigenkapitalkosten als relativ unkompliziert, da i.d.R. konkrete vertragliche Vereinbarungen der Kapitalüberlassung zugrunde liegen.[256] Bei dem Einbezug in die Wertanalyse ist die steuerliche Abzugsfähigkeit von Fremdkapitalkosten zu berücksichtigen, die zu einem steuerwerten Vorteil der Fremdfinanzierung führen kann (Tax Shield).[257] Die Abschätzung der Kosten der im einzelnen verwendeten Fremdfinanzierungsinstrumente sollte grundsätzlich in Anlehnung an langfristige Kapitalkostensätze unter Einbeziehung von Inflationserwartungen vorgenommen werden. Die für die einzelnen Fremdkapitalarten im Unternehmen generierten Zinssätze sind dann mit ihrem Anteil am Gesamtfremdkapital zu gewichten und in Form eines aggregierten Fremdkapitalzinssatzes der SV-Wertermittlung zuzuführen.[258]

---

[251] Vgl. bspw. Bower/ Bower/ Logue (1986): S. 69, Copeland/ Weston (1992): S. 222.
[252] Vgl. Roll/ Ross (1980): S. 1088, Chen (1983): S. 1397ff., Copeland/ Koller/ Murrin (2002): S. 277, Raster (1995): S. 77.
[253] Vgl. Elton/ Gruber (1991): S. 375, Krag/ Kasperzak (2000): S. 96, Sharpe/ Alexander (1990): S. 254.
[254] Vgl. Krag/ Kasperzak (2000): S. 96, Sach (1993): S. 122.
[255] Ein Überblick über die verschiedenen DCF-Methoden und die unterschiedliche Behandlung bzw. Integration der Fremdkapitalkosten wird unten auf S. 78f. gegeben.
[256] Vgl. zu speziellen Fragen der Fremdfinanzierung im Rahmen der DCF-Methodik Hachmeister (1995): S. 237ff., Richter (1998): S. 136ff., Copeland/ Koller/ Murrin (2002): S. 259ff., Herter (1994): S. 90ff. sowie Pape (1999): S. 109f.
[257] Vgl. Brealey/ Myers (2000): S. 524ff., Sieben (1995): S. 725, Höfner/ Pohl (1994): S. 71, ausführlich zum Einfluss der Besteuerung auf den Unternehmenswert auch Drukarczyk (2003): S. 188ff.
[258] Vgl. Hachmeister (1995): S. 237ff., Zens/ Rehnen (1994): S. 98ff., Richter (1998): S. 136ff.

(4) Bewertung des Restwerts und des nicht-betriebsnotwendigen Vermögens

Der Unternehmens-, Geschäftsbereichs- bzw. Strategiewert nach Ablauf der Prognoseperiode geht in die Berechnung in Form eines Restwerts bzw. Residualwerts ein.[259] Obwohl dieser oftmals einen erheblichen Anteil am Gesamtwert ausmacht, existiert keine allgemeingültige Berechnungsformel. Erwartet man im Rahmen einer Bewertung am Ende des Planungshorizonts bspw. eine Auflösung bzw. einen Verkauf des Unternehmens, so kann man alternativ die prognostizierten Einzelwerte der liquidierbaren Unternehmensteile oder einen zukünftigen Verkaufswert ansetzen, der z.B. anhand geschätzter Kurs/ Gewinn- bzw. Marktwert/ Buchwert-Verhältnisse ermittelt wird.[260] Alternativ werden bei Unterstellung der „going-concern-Prämisse“ verschiedene Verrentungsverfahren diskutiert.[261] Zur Ermittlung des Restwerts ist dann eine Einschätzung der spezifischen Wettbewerbssituation am Ende des Planungshorizonts sowie der zu diesem Zeitpunkt gültigen Unternehmensstrategie notwendig. Oftmals wird der Restwert dann vereinfacht als unendlicher Fortführungswert in Form einer ewigen, gleichbleibenden Rente angesetzt:[262]

$$RW = \frac{CF}{k}$$

mit: RW= Restwert, CF= Cash-Flow des letzten Planungszeitraums, k= Kapitalkostensatz

Bei dieser Methodik unterstellt man nach Ablauf der Planungsperiode eine interne Unternehmensrendite, die exakt den zukünftigen Kapitalkosten entspricht. Damit wird implizit davon ausgegangen, dass der Nettogegenwartswert zusätzlicher Investitionen bei 0 liegt. Dem liegt die Vorstellung auf lange Sicht nicht zu erhaltender Wettbewerbsvorteile und vollkommener Produktmärkte zugrunde. Andere Verfahren unterstellen ein die durchschnittlichen Kapitalkosten übersteigendes Wachstum der Cash-Flows für die Zeit nach Ablauf des Planungszeitraums. Dabei werden auch notwendige Erweiterungsinvestitionen sowie deren interne Verzinsung in der Berechnungsformel der ewigen Rente berücksichtigt, indem man eine konstante Wachstumsrate g der Cash-Flows unterstellt.[263]

---

[259] Vgl. hierzu ausführlich u.a. Rappaport (1986): S. 59f., Gomez/ Weber (1989): S. 34, Schmidt (1993): S. 283f., Copeland/ Koller/ Murrin (2002): S. 324ff., Hachmeister (1995): S. 88ff.

[260] Vgl. bspw. Rappaport (1986): S. 63, Gooch/ Grabowski (1976): S. 25, Pape (1999): S. 114.

[261] Vgl. zu möglichen Modellansätzen Richter (1998): S. 135f., Breid (1994): S. 128, Brune (1995): S. 85ff.

[262] Vgl. zu dieser Methodik u.a. Herter (1994): S. 68ff., Mengele (1999): S. 30, zum Rentenmodell allgemein auch Moxter (1983): S. 80.

[263] Vgl. zu diesem Wachstumsmodell Copeland/ Koller/ Murrin (2002): S. 324, Gregory (1992): S. 162f., Schmidt (1993): S. 283f., Herter (1994): S. 70f.

$$RW = \frac{CF}{k-g}$$

Neben den künftigen Cash-Flows ist auch eventuell vorhandenes nicht-betriebsnotwendiges Vermögen bewertungsrelevant. Bestandteile dieser Vermögenskategorie sind i.e.L. Wertpapiere und solche Vermögensgegenstände, die nicht zum Kernbereich der Geschäftstätigkeit zählen. Nach Rappaport handelt es sich hierbei genaugenommen um "*the current value of marketable securities and other investments that can be converted to cash and are not essential to operating the business.*"[264]

c) Verschiedene DCF-Methoden im Überblick

In Abhängigkeit von der jeweiligen Cash-Flow-Abgrenzung sowie der herangezogenen Diskontierungssatzvariante können verschiedene DCF-Methoden zur Berechnung des Eigentümerwerts unterschieden werden. Diese werden im folgenden überblickhaft dargestellt.[265] Die Berechnungsformeln beziehen sich hier vereinfachend auf einen Planungszeitraum von 5-10 Jahren ohne Berücksichtigung eventueller Restwertgrößen oder eines nicht-betriebsnotwendigen Vermögens:

- Equity-Methode:

Bei dem Equity-Konzept, das dem beschriebenen Netto-Ansatz entspricht, werden die an die Anteilseigner fließenden Ausschüttungen mit den Eigenkapitalkosten diskontiert. In der zu diskontierenden Zielgröße sind daher bereits Zinsen und Steuern berücksichtigt. Die wertbeeinflussende Abzugsfähigkeit der FK-Zinsen vom zu versteuernden Ertrag (Tax-Shield) wird insofern im Zähler erfasst.

$$\text{EK} = \sum_{t=1}^{n} \frac{FCF_t^{*}}{(1 + r_{ek})^t}$$

- APV-Methode:

Der APV-Ansatz geht von einem fiktiv verschuldungsfreien Unternehmen aus und addiert sämtliche wertbeeinflussende Nebeneffekte, die sich aus der gewählten (tatsächlichen) Finanzierungsstruktur des Unternehmen ergeben, separat. Die Diskontierung der Free Cash-Flows

[264] Rappaport (1986): S. 51. Ähnlich auch Copeland/ Koller/ Murrin (2002): S. 213.

[265] Vgl. zu dieser Unterscheidung im folgenden Hachmeister (1995): S. 92ff., Hachmeister (1996): S. 357ff. sowie Drukarczyk (2003): S. 199ff., dessen Definition der Entity-Methode sowohl auf den TCF-Ansatz als auch auf die Lehrbuchformel zutrifft.

erfolgt mit den Kapitalkosten bei fiktiver, vollständiger Eigenfinanzierung. Von dem berechneten Unternehmensgesamtwert wird im letzten Schritt der Wert der Fremdkapitalgeber subtrahiert, um zu dem Eigentümerwert zu gelangen.

$$\text{UW} = \sum_{t=1}^{n} \frac{FCF_t}{(1+k_s)^t} + \sum_{t=1}^{n} s \cdot r_{fk} \cdot FK_t \cdot (1+r_{fk})^{-t}$$

- Entity-Methode:

Die Entity-Verfahren arbeiten mit einem gewogenen Kapitalkostensatz (WACC). Je nach Anwendung wird das Tax-Shield entweder im Zähler oder im Nenner erfasst. Zunächst wird, wie bei dem APV-Ansatz, ein Unternehmensgesamtwert berechnet. In einem zweiten Schritt wird dann der Wert der Fremdkapitalanteile subtrahiert, um zu dem Eigentümerwert zu gelangen. Bei der Lehrbuchformel finden im Zähler ausschließlich Wertgrößen des Leistungsbereichs und im Nenner ausschließlich Parameter des Finanzierungsbereichs Platz. Es erfolgt insofern eine strikte Trennung zwischen den wertbeeinflussenden Faktoren der beiden Bereiche. Bei dem Total-Cash-Flow, der im Schrifttum als ein möglicher Entity- bzw. WACC-Ansatz kaum Erwähnung findet, wird diese Trennung nicht vollzogen - das Tax-Shield wird im Zähler erfasst.

a) Lehrbuchformel: $$\text{UW} = \sum_{t=1}^{n} \frac{FCF_t}{[1+(r_{ek} \cdot \frac{EK}{UW} + r_{fk} \cdot (1-s)\frac{FK}{UW})]^t}$$

b) Total Cash-Flow: $$\text{UW} = \sum_{t=1}^{n} \frac{FCF_t + r_{fk} \cdot s \cdot FK_t}{[1+(r_{ek} \cdot \frac{EK}{UW} + r_{fk} \cdot \frac{FK}{UW})]^t}$$

d) Würdigung

Eine Wertermittlung auf der Basis der DCF-Methodik vermischt subjektbezogene mit marktbezogenen Einflussfaktoren. Die Schätzung der Free Cash-Flows erfolgt in Abhängigkeit von der individuellen strategischen Ausrichtung, während die Ableitung der Kapitalkosten idealtypisch auf objektivierten, marktbezogenen Größen fußt.[266] Streng genommen sind Wertsteigerungen bei Unterstellung der Prämissen der verwendeten kapitalmarkttheoretischen Modelle nicht möglich, da von einem Kapitalmarktgleichgewicht ausgegangen wird, in dem

[266] Vgl. Krag/ Kasperzak (2000): S. 112, Zens/ Rehnen (1994): S. 92ff., Siegert (1995): S. 595f., Bühner/ Weinberger (1991): S. 196ff., Mengele (1999): S. 29ff., Dirrigl (1994): S. 415ff.

Wert-/ Preisdifferenzen nicht entstehen können.[267] Gerade die Identifizierung entsprechender unternehmenspolitikabhängiger Wertlücken ist aber wie beschrieben eines der Hauptanliegen der Wertanalyse, die einen Lösungsansatz ungleichgewichtiger Wettbewerbssituationen bereitzustellen versucht.[268] Als modelllogische Schwäche ist insofern festzuhalten, dass sich die auf strategischen Analysen fußende Projektion zukünftiger Erfolgsgrößen, die implizit auf Marktunvollkommenheiten und schöpferischen Aktionen beruhen, und das der vorgetragenen Risikoadjustierung über Kapitalmarktmodelle immanente Gleichgewichtsdenken prinzipiell nicht miteinander vereinbar sind.[269] Die Bewertungspraxis ist daher dazu gezwungen, den engen Theorierahmen zu verlassen. Die Anwendungsvoraussetzungen des Ansatzes sind aufzuweichen. Die Wertermittlung erhält unter Zugrundelegung der oben beschriebenen Vorgehensweise im Bereich der Cash-Flow-Projektion, die z.B. Implikationen der individuellen Unternehmensstrategie und persönliche Steuern integriert, ebenfalls den Charakter einer (marktorientierten) Grenzpreisbestimmung.[270]

Neben dem Vorwurf einer entsprechenden Inkonsistenz zwischen unternehmensspezifischer Cash-Flow-Projektion einerseits und marktorientierter Riskioadjustierung auf der anderen Seite, zielt die vielerorts vorgetragene Kritik an den DCF-Verfahren auch auf die kapitalmarkttheoretischen Modelle zur Bestimmung des Eigenkapitalkostensatzes an sich. Die Kritik an dem CAPM richtet sich bspw. auf die Annahme normalverteilter Renditen, den unterstellten einperiodigen Planungszeitraum und die Stabilität der verwendeten Beta-Faktoren.[271] Gegenüber dem APT-Modell wird insbesondere eingewendet, dass die multifaktorielle Bestimmung des Risikos nur eingeschränkt theoretisch erklärbar sei.[272] Auch wenn die herangezogenen Gleichgewichtsansätze und damit auch das DCF-Kalkül auf rigiden, z.T. realitätsfernen Annahmen basieren, so bleibt unabhängig von der teilweise berechtigten Kritik festzuhalten, dass die vorgestellten Modelle, insbesondere das CAPM, die bislang wichtigsten Ansätze von praktischer Relevanz sind, die eine Verknüpfung von Renditeanforderungen der Kapitalgeber

---

267 Vgl. Kasperzak (2000): S. 467, Ballwieser (1990): S. 175.

268 Vgl. MacTaggert (1988): S. 27, Mengele (1999): S. 57, Krag/ Kasperzak (2000): S. 112f., Hachmeister (1995): S. 9f. Bei Unterstellung dieser Prämissen wäre auch kein aktives Risikomanagement seitens der Unternehmen notwendig, da die Anleger annahmegemäß voll diversifizierte Portfoliostrukturen halten und unsystematische Risiken eigenständig und kostenlos eliminieren können. Vgl. Pritsch/ Hommel (1997): S. 674.

269 Vgl. ähnlich Schmidbauer (1998): S. 125, Bischoff (1994): S. 116f., Hachmeister (1995): S. 178f., Schneider (1989): S. 28.

270 Vgl. Krag/ Kasperzak (2000): S. 83, Krag (2000): S. 499.

271 Vgl. zu einem umfassenden Überblick über die Annahmenkritik Richter (1998): S. 60ff., zur Problematik der auf kapitalmarkttheoretischen Vorstellungen aufbauenden Kapitalkostenkonzepte u.a. Rudolph (1986): S. 892 sowie ferner auch Pollanz (1999a): S. 1278.

272 Vgl. Fama (1991): S. 1594, Brigham/ Gapenski/ Ehrhard (1999): S. 225, Pape (1999): S. 122.

und Mindestanforderungen an Investitionsrenditen von Unternehmen erlauben.[273] Innerhalb des zugrundeliegenden Modellrahmens erfolgt eine logisch-stringente Riskoadjustierung auf weitestgehend transparente, intersubjektiv nachvollziehbare Art und Weise. Gleichwertige oder gar überlegene Ansätze in diesem Bereich konnten bislang nicht entwickelt werden.[274] Darüberhinaus wird die Eignung der Modelle durch das in der Realität zu beobachtende Verhalten von Kapitalmarktakteuren unterstützt, da diese oftmals diese Ansätze nutzen.[275]

Die DCF-Methodik ermöglicht eine wertorientierte, konzeptionell geschlossene Analyse der Unternehmensplanung aus kapitalmarktorientierter Sicht. Trotz der vielerorts vorgetragenen, z.T. berechtigten modelltheoretischen Einwände ist die Bewertungsmethodik grundsätzlich dazu geeignet, Erfolgspotenziale finanziell abzubilden, Ansatzpunkte einer quantitativen Strategiebewertung bereitzustellen und damit unternehmerische Ziel- und Steuerungsgrößen zur Performancemessung generieren zu können.[276] Der DCF kann somit als ein theoretisch fundiertes, valides Näherungsmaß für den ökonomischen Wert einer Unternehmung, von Unternehmensbereichen bzw. Strategien herangezogen werden.[277]

3. Problembereiche des Wertkalküls

a) Maximierung des Eigenkapitalwerts im Spannungsfeld der Stakeholderinteressen

Die konsequente Ausrichtung der Unternehmensführung an den Eigentümerinteressen i.S.d. SV-Kalküls sieht sich umfassender Kritik ausgesetzt. Bemängelt wird, dass das Konzept die Zielvorstellungen anderer Interessengruppen (Stakeholder) wie Arbeitnehmer, Lieferanten, Kunden, Gläubiger oder Staat vernachlässige.[278] Die vorgetragenen Kritikpunkte stehen in

---

[273] Vgl. Schmidbauer (1998): S. 123, Drukarczyk (2003): S. 363. Vgl. zur empirischen Überprüfung der postulierten Zusammenhänge der Modellansätze für den amerikanischen Markt bspw. die Beiträge Black/ Jensen/ Scholes (1972), Fama/ MacBeth (1973), Goding (1978), Gibbons (1982) sowie Stambaugh (1982).

[274] Vgl. Richter (1998): S. 68, Schmidbauer (1998): S. 126ff. Vgl. kritisch zum CAPM u.a. Kruschwitz (2002): S. 18ff. Zu den theoretischen Einwänden gegenüber dem CAPM merkt *Drukarczyk* an: „Bislang ist jedoch ein überzeugenderer Bewertungsansatz, der das CAPM verdrängen könnte, nicht etabliert. Folglich nutzen wir das CAPM.", Drukarczyk (2003): S. 363.

[275] Vgl. Pape (1999): S. 123, Brigham/ Gapenski/ Ehrhard (1999): S. 190f., zur Bedeutung verhaltenswissenschaftlicher Aspekte im Rahmen der Preisbildung an Kapitalmärkten grundlegend auch Kasperzak (1997).

[276] Vgl. Schmidbauer (1998): S. 128, Hachmeister (1995): S. 102ff., Siegert (1995): S. 598f., Weber (1991): S. 227ff., Hachmeister (1995): S. 102ff., Herter (1994): S. 39ff. sowie in der Konsequenz seiner Ausführungen auch Breid (1994): S. 105ff.

[277] Vgl. Rappaport (1995): S. 53ff., Pape (1999): S. 124, Mengele (1999): S. 18ff., Richter (1998): S. 22ff., Michels (1991): S. 116.

[278] Vgl. u.a. Spremann (1991): S. 96, Bleicher (1991): S. 96ff., Janisch (1993): S. 349, Knyphausen (1992): S. 349, Milgrom/ Roberts (1992): S. 116ff., Werder v. (1997): S. 12ff., Werder v. (1998): S. 69ff., Busse v. Colbe (1997): S. 271ff.

einem engen Zusammenhang mit Überlegungen der Koalitionstheorie.[279] Hiernach ist das Unternehmen als Koalition der verschiedenen Interessengruppen zu verstehen. Die Ziele der Unternehmung sind über Verhandlungen der Koalitionsmitglieder abzuleiten. Demnach sollte es zur Ausrichtungsmaxime der Unternehmensleitung werden, Wert für alle Stakeholder zu schaffen und nicht der Maximierung des Eigenkapitalwerts absolute Priorität einzuräumen.[280]

Die Kritik am SV-Kalkül aus der Perspektive der Koalitionstheorie greift aber zu kurz.[281] Einer Marktwertorientierung stehen die Stakeholder in der Realität nicht handlungsunfähig und schutzlos gegenüber. Zum einen existiert eine Absicherung in Form von gesetzlichen Vorschriften wie Mitbestimmungsrechten, Verbraucherschutzvorschriften, Insolvenzregelungen, Organhaftungsregeln etc. Zum anderen besitzen die Stakeholder vielfältige Optionen, über den Vertragsabschluss ihre Interessen zu wahren, bspw. über die Festlegung von Genehmigungsvorbehalten, Selbstbindungen, Kündigungsoptionen, institutionalisierte Rechenschaftspflichten u.ä.[282] In der Realität gilt es weiterhin zu berücksichtigen, dass die Beachtung der Stakeholderinteressen für die Anteilseigner ohnehin unerlässlich ist, um überhaupt eine dauerhafte Kooperation zu erreichen. Deren Interessenwahrung wird zur zwingenden Nebenbedingung der SV-Ausrichtung.[283] Grundsätzlich ist es auch fragwürdig, ob überhaupt von einer strukturellen Disparität der Zielvorstellungen von Stakeholdern und Shareholdern ausgegangen werden muß. So lässt sich z.B. einem gewinnbeteiligten Arbeitnehmer oder einem Lieferanten, der firmenspezifische Investitionen tätigt, ein strukturell gleichartiges finanzielles Risiko wie einem Aktionär zuordnen.[284] Ferner gilt es auch zu bedenken, dass die Vielzahl finanziell geprägter Interessen der Stakeholder von der Zahlungsfähigkeit des Unternehmens abhängt.[285] Diese wird durch dessen Innen- und Außenfinanzierungskraft determiniert, wobei

---

[279] Vgl. hierzu grundlegend Cyert/ March (1963): insbes. S. 26ff., S. 114ff., beschreibend Hachmeister (1995): S. 30ff., Mengele (1999): S. 13ff., Bischoff (1994): S. 169ff.

[280] Vgl. Janisch (1993): S. 117f., Freeman (1984): S. 31ff., Weston/ Chung/ Hoag (1990): S. 57.

[281] Ebenso Hachmeister (1995): S. 30ff., Mengele (1999): S. 13ff., Bischoff (1994): S. 169ff.

[282] Vgl. Hax (1991): S. 58f., Schneider (1987b): S. 565ff.

[283] Vgl. hierzu bspw. Jensen (1991): S. 21: "Even the most aggressive maximizer of stockholder wealth must care about other constituencies such as employees, customers, suppliers, and local communities. Maximizing value, in fact, means allocating corporate resources (to the point where marginal costs equal marginal benefits) among all groups or interests that affect firm value. Value-maximizing decision-making devotes resources to members of each important corporate constituency to improve the terms on which they contract with the company, to maintain the firm 's reputation, and to reduce the threat of restrictive regulation. In this sense, there is no conflict between management's service to its stockholders and to other corporate stakeholders."

[284] Vgl. Bischoff (1994): S. 178.

[285] Als solche finanziellen Interessen lassen sich bspw. die Forderungen der Arbeitnehmer nach pünktlicher Zahlung angemessener Gehälter, die Forderungen der Gläubiger nach Zins- und Tilgungsleistungen, die Forderungen der Zulieferer nach Bezahlung sowie die Forderungen des Staates nach Steuerzahlungen identifizieren.

letztere direkt von der Höhe des Marktwerts der Eigenkapitalanteile beeinflusst wird.[286] Die Orientierung am Marktwert entspricht in der Konsequenz keiner interessenmonistischen Ausrichtung an den Zielvorstellungen der Anteilseigner. Denn diese liegt (unter den aufgeführten Nebenbedingungen) auch im Interesse aller finanziell interessierten Stakeholder, weil hierdurch tendenziell die Zahlungsfähigkeit und damit einhergehend die persönliche Anspruchsbefriedigung gesichert werden kann.

Die Orientierung an den Eigentümerinteressen ist daher in einem marktwirtschaftlichen Kontext legitim und notwendig. Die Marktwertorientierung steigert unter Zugrundelegung der vertragstheoretischen Parameter die Effizienz der Unternehmung und führt zu gesamtwirtschaftlichen Wohlstandssteigerungen.[287] Darüberhinaus konnte der Stakeholder-Value-Gedanke bislang nicht operational in interpersonell nachvollziehbare finanzwirtschaftliche Größen umgesetzt werden. Eine Bewertungstheorie, die unter Beachtung der Interessenlagen aller Vertragspartner Empfehlungen für unternehmerische Entscheidungen geben kann, ist nicht existent.[288] Mit dem Postulat einer Marktwertmaximierung unter Berücksichtigung diverser Nebenbedingungen wird daher bei Zugrundelegung realer Verhältnisse eine Komplexitätsreduktion erreicht, die sowohl Shareholder- als auch Stakeholderinteressen hilfreich sein kann.[289]

b) Agency-Problemfelder

Die Orientierung am SV soll unter Agency-Gesichtspunkten zu einer Ausrichtung der Interessen und unternehmerischen Entscheidungen des Agenten Management an den Zielvorstellungen des Prinzipals Anteilseignerschaft führen.[290] Unter Zugrundelegung der Verhaltensannahmen der Akteure sowie einer asymmetrischen Informationsverteilung treten jedoch Probleme bei der konzeptionellen Umsetzung auf:[291]

[286] "Therefore, management's financial power to deal effectively with corporate claimants also comes from increasing the value of shares", Rappaport (1986): S. 12.

[287] Vgl. Wenger (1989): S. 177, Schmidt (1992): S. 27, Hachmeister (1995): S. 38, partiell gegenläufig Werder v. (1998): S. 74f.

[288] Vgl. Wenger (1987): S. 232, Hachmeister (1995): S. 33, Bischoff (1994): S. 178, ferner auch Schneider (1987b): S. 575.

[289] Vgl. Drukarczyk (1993): S. 78, Haley/ Schall (1979): S. 473.

[290] Vgl. Rappaport (1986): S. 7f., Bischoff (1994): S. 5.

[291] An dieser Stelle wird lediglich die Prinzipal-Agent-Problematik zwischen Anteilseignern und Management beleuchtet. Die Rolle des Aufsichtsrats als zusätzlicher Akteur im erweiterten Agency-Modell wird in Kapitel 3 im folgenden aufgegriffen.

Der dezentral operierende Manager besitzt bessere Informationen über die tatsächliche bzw. wahrscheinliche Entwicklung der zukünftigen Cash-Flows als die Anteilseigner.[292] Dies führt aus agency-theoretischer Perspektive zu der Gefahr eines *moral hazard* im Sinne einer bewussten Unter- oder Überbewertung strategischer Alternativen. Selbst unter der Voraussetzung, dass die Anteilseigner den Arbeitseinsatz des Managers beobachten können, wird es ihnen nicht möglich sein, über die Qualität der gewählten Strategie zu urteilen, da sich aufgrund der disparaten Informationsverteilung *(hidden information)* Angaben über Umfang und Risiken der Handlungsalternativen ihrer Kenntnis entziehen. So kann ein rational im Eigeninteresse agierender Manager zu einer Projektion eines sogenannten „rosy pictures" verleitet werden, wenn seine Leistungsbeurteilung ausschließlich an der absoluten Wertsteigerung des Eigenkapitals ausgerichtet ist.[293] Demgegenüber bestehen Anreize zu bewusst pessimistischen Vorhersagen der Cash-Flow-Entwicklung, wenn die „Managerperformance" anhand von Zielgrößen gemessen wird, die ex-ante bspw. im Rahmen von Budgetierungsprozessen ausgehandelt werden.[294] Mit der Akzeptanz entsprechend pessimistisch geschätzter Referenzmaßstäbe kann dann der „Wertsteigerungsdruck" für das Management gesenkt werden. Neben der Schwierigkeit, künftig zu erwartende Einzahlungsüberschüsse richtig im Sinne von objektiv zu bewerten, besteht darüber hinaus die Gefahr, dass ertragreiche Strategien im Rahmen der Investitionsplanung nicht erkannt werden. Der Grund hierfür liegt aus theoretischem Blickwinkel dann in dem mit den notwendigen Informationsbeschaffungsaktivitäten verbundenen Arbeitsleid des Manager-Agenten. Infolge dieser *hidden action*-Problematik bleiben aussichtsreiche Strategiealternativen unentdeckt, wenn das zu ihrer Identifizierung notwendige planerische Aktivitätsniveau durch das „lax" operierende Management nicht realisiert wird. Die beschriebenen Gefahren eines *moral hazard* werden dabei maßgeblich von der Dauer des durch den Agenten geplanten Angestelltenverhältnisses determiniert und können tendenziell durch anreizkompatible Leistungsbeurteilungs- und Entlohnungssysteme abgefedert werden.[295] Die Entwicklung von Anreizsystemen auf der Basis der Wertanalyse, die unter

[292] Einen ähnlichen Informationsvorsprung verfügt das dezentral operierende Management auch oftmals gegenüber den Unternehmenszentralen. Zwischen Zentrale und Geschäftsbereichen kann in diesem Zusammenhang auch eine Agency-Beziehung identifiziert werden, die aber hier ausgeklammert wird.

[293] Vgl. Day/ Fahey (1991): S. 159, Elschen (1991a): S. 217, Bischoff (1994): S. 134f.

[294] Vgl. Stewart (1999): S. 223ff., Bischoff (1994): S. 137.

[295] Hieraus ergeben sich wiederum Informationsasymmetrien vom Typ der *hidden intentions*, da der Planungshorizont des Managers verborgen bleibt. Mit der pareto-optimalen Ausgestaltung anreizverträglicher Entlohnungssysteme unter Berücksichtigung divergierender Erwartungshaltungen, Informationsstände und Präferenzen von Prinzipal und Agent hat sich ein Ansatz im Rahmen des Theoriegebäudes entwickelt, den *Schneider* als „Lehre von den Verteilungsregeln für gemeinsames unsicheres Einkommen" bezeichnet. Vgl. hierzu Schneider (1987b): S. 555 sowie S. 558ff.

wirklichkeitsnahen Bedingungen zu einer vollständigen Interessenharmonisierung zwischen Management und Anteilseignern führen können, ist allerdings in der Praxis kaum möglich.[296]

Ferner gilt es zu beachten, dass dem Management im Rahmen einer Wertanalyse stets Ermessensspielräume bei der Ableitung der Eigenkapitalkostensätze verbleiben, auch wenn die herangezogenen Kapitalkostenmodelle zu einer tendenziellen Objektivierung der Wertermittlung führen.[297] Die annahmegemäß unterschiedliche Risikoeinstellung von Anteilseignern und Managern kann in diesem Zusammenhang zu weiteren Interessenkonflikten führen, und zwar im Bereich der Festlegung des risikoadäquaten Kapitalkostensatzes.[298] Es entstehen u.U. zusätzlich konfligierende Vorstellungen über das optimale, marktwertmaximierende Investitionsvolumen.[299] Die unterschiedliche Risikoeinstellung des Managements kann in der Konsequenz Über- bzw. Unter- sowie Fehlinvestitionen aus Sicht der Anteilseigner nach sich ziehen.[300] Auch die Risikoadjustierung birgt demzufolge aus der theoretischen Perspektive erhebliche Verhaltensunsicherheiten.

C. Risikofrüherkennung im Kontext der Wertanalyse - Ansatzpunkte zur Erfüllung der risikoorientierten Kontrollpflicht nach KonTraG

I. Vorbemerkung: Zur prinzipiellen Vereinbarkeit von Insolvenzprophylaxe i.S.d. § 91 Abs. 2 AktG und der Ausrichtung auf den Shareholder Value

Die Überlebenssicherung ist gemäß dem SV-Kalkül im strengen Sinn lediglich Mittel zur Wertsteigerung - kein Selbstzweck.[301] Rational agierende Aktionäre sind nur dann am Fortbestand des Unternehmens interessiert, wenn dieses die Minimalanforderungen in Form einer Mindestrendite erwirtschaftet. Marktwertvernichtende Unternehmen werden in einem kapi-

---

[296] Vgl. Ballwieser/ Schmidt (1981): S. 671. Diese Einschätzung belegen auch verschiedene empirische Studien der jüngeren Vergangenheit. Vgl. hierzu bspw. die Beiträge Wenger/ Knoll (1998) sowie Bassen (2002).

[297] Bspw. werden bei der Anwendung des CAPM in der Realität Ersatzgrößen für den risikolosen Zins und die Rendite des Marktportefeuilles herangezogen, deren Ermittlung von umfangreichen Definitions- und Meßproblemen begleitet wird. Darüberhinaus ergeben sich auch bei der Ermittlung von Beta-Faktoren mitunter erhebliche Bewertungsspielräume. Vgl. hierzu Hachmeister (1995): S. 195ff. Bei Anwendung des APT sind die Ermessensspielräume des Anwenders noch größer, da die relevanten Risikoeinflussfaktoren weitestgehend unbestimmt sind. Vgl. Krag/ Kasperzak (2000): S. 95ff., Hachmeister (1995): S. 229ff.

[298] Die größere Risikoaversion des Managements kann aus theoretischer Perspektive damit begründet werden, dass die Manager spezifische Investitionen in Form von Humankapital in das Unternehmen tätigen und hieraus für sie Risiken entstehen, die nur eingeschränkt diversifizierbar sind. Die Anteilseigner besitzen hingegen die Möglichkeit, unternehmensspezifische Risiken durch Portfoliobildung zu minimieren.

[299] So steht insbesondere zu befürchten, dass das Management aus persönlichen Reputationserwägungen heraus zu einer „ausufernden" Unternehmenspolitik tendiert und marktwertvernichtende strategische Fehlentscheidungen im Bereich der Investitionspolitik trifft.

[300] Vgl. Bischoff (1994): S. 139, Achleitner/ Wichels (2002): S. 6, Ruffner (2000b): S. 226ff.

[301] Vgl. Gomez/ Weber (1989): S. 14, Bischoff (1994): S. 172 sowie Werder v. (1997): S. 11f.

talmarktwirtschaftlichen Kontext auf Dauer nicht überlebensfähig sein. Mit der Orientierung am Marktwert wird damit auch eine Entscheidung über den Fortbestand des Unternehmens getroffen. Nur wenn durch unternehmerische Aktionen eine Marktwertsteigerung respektive die Erwirtschaftung einer angemessenen Rendite möglich ist, wird das Unternehmen seitens der Eigentümer aufrechterhalten werden. Der von diesen dem Unternehmen bereitgestellte Ressourcenbestand kann als Unternehmenserhaltungsgröße interpretiert werden.[302]

Die Wertanalyse kann aus diesem Blickwinkel einen Beitrag zur realitätsnahen Beurteilung der nachhaltigen Bestandssicherung leisten. Sie ermöglicht eine wertgebundene Beurteilung der Unternehmensentwicklung vor dem Hintergrund der Eigentümerinteressen, zeigt hierüber Mindestbedingungen zur Insolvenzprophylaxe auf und kann insofern im Bereich der Früherkennungsmaßnahmen nach § 91 Abs. 2 AktG Anwendung finden.[303] Die Wertanalyse als Teilelement der Früherkennungsmaßnahmen i.S.d. § 91 Abs. 2 AktG zielt in diesem Kontext auf die Aufdeckung sämtlicher Tatbestände und Entwicklungen, die über eine Beeinträchtigung der Erfolgspotenziale mittel- bis langfristig bestandsgefährdendes Ausmaß erlangen können und sich in der Konsequenz wertmäßig in der Performancemessung auf der Basis des DCF manifestieren. Die diesbezüglichen Analyseschritte zielen damit primär auf die Aufdekkung strategischer Risiken i.S.d. § 91 Abs. 2 AktG.

Im Hinblick auf die Risikoexposition nach KonTraG ist allerdings einschränkend hinzuzufügen, dass eine temporäre Nichtbefriedigung der finanziellen Anteilseignerinteressen unmittelbar keine Bestandsgefährdung implizieren muß. Eine tatsächliche Insolvenzgefahr ist vielmehr erst dann gegeben, wenn kurzfristige Zahlungsunfähigkeit droht.[304] Ein stetiger Rückgang der prognostizierten Erträge bzw. eine kontinuierliche Unterschreitung der Anlegerrenditeforderungen kann aber als Frühwarnsignal hinsichtlich einer sich abzeichnenden negativen Entwicklung in Form einer Abweichung der geplanten von den realisierten Erfolgszielen und

---

[302] Vgl. Hachmeister (1995): S. 16 sowie Wenger (1981): S. 30f., der unter den Rahmenbedingungen einer liberalen Wirtschaftsverfassung nur den von den Eigentümern bereitgestellten Ressourcenbestand als sinnvolle Maßgröße des Unternehmenserhalts erachtet. Neben der nachlassenden Bereitschaft gegenwärtiger und potenzieller Eigner zur Bereitstellung von Eigenkapital ist auch eine Verschlechterung der Konditionen für die Aufnahme von Fremdkapital im Falle einer unzureichenden Eigenkapitalrendite wahrscheinlich. Darüberhinaus erhöht die dauerhafte Vernachlässigung von Erfolgszielen einhergehend mit Marktwertminderungen bei börsennotierten Unternehmen die Gefahr einer unabgestimmten Übernahme, die u.U. eine Zerschlagung des ursprünglichen Unternehmensverbundes nach sich zieht. Vgl. Rappaport (1986): S. 6, Elschen (1991a): S. 209f., Günther (1994): S. 23f.

[303] Ebenso u.a. Schmidbauer (2000): S. 153ff., Pritzer (1999): S. 166, Wolbert (1999): S. 99ff., Mengele (1999): S. IX, Reichmann/ Richter (2001): S. 177ff., Schäfer (2001): S. 191ff., Gleißner (2002): S. 417ff., Gleißner (2000): S. 1625ff., Gleißner/ Weissmann (2001): S. 45ff., in der Konsequenz ihrer Ausführungen auch auf die Rechtspflicht nach § 91 Abs. 2 AktG übertragbar Roland (2000): S. 28ff., Siegert (1995): S. 581.

[304] Zukünftige Gewinne sind in diesem Sinne aber letztendlich notwendige (wenn auch nicht hinreichende) Bedingung für eine günstige Liquiditätssituation.

damit als relevantes Gefahrenpotenzial i.S.d. § 91 Abs. 2 AktG eingestuft werden.[305] Wie ausgeführt, muß es vor dem Hintergrund des offengelegten Normzwecks der Gesetzesneuerung die herausragende Aufgabe des einzurichtenden Früherkennungssystems sein, ungünstige Entwicklungen so rechtzeitig zu indizieren, dass eine Gefahrenabwehr noch möglich ist.[306] Die Früherkennungschritte müssen insbesondere Gefahrenfelder einbeziehen, die mittel- bis langfristig zu Bestandsgefährdungen führen können. Im Hinblick auf dieses Ziel kann die Wertanalyse als Modul des zu installierenden Systems ein hohes Maß an Wirkungspotenzial erzielen. Auf ihrer Basis kann, wie zu zeigen sein wird, eine dem Gesetzeszweck entsprechende risikoorientierte Unternehmensüberwachung im Sinne einer systematischen, in sich schlüssigen Auseinandersetzung mit der zukünftigen Erfolgsplanung stattfinden.

Im folgenden werden die möglichen Ansatzpunkte zur Früherkennung bestandsgefährdender Entwicklungen, die sich bei der Durchführung einer Wertanalyse ergeben, spezifiziert. Hierauf aufbauend wird im weiteren Verlauf der Untersuchung analysiert, inwiefern die Wertanalyse als Bezugsobjekt der Aufsichtsratsüberwachung Impulse für eine verbesserte Corporate-Governance i.S.d. § 91 Abs. 2 AktG bereitstellen kann.

2. Errichtung einer Portfolio-Betrachtungsebene durch Bildung strategischer Geschäftsfelder

Ein Unternehmen bzw. ein Unternehmensverbund kann i.d.R. als Aggregat unterschiedlicher Geschäftsprojekte in unterschiedlichen Phasen des Lebenszyklus aufgefasst werden.[307] Zur Ermittlung des SV erfolgt daher in einem ersten Schritt eine Aufspaltung in einzelne strategische Geschäftseinheiten (SGE). Aufgabe dieser Segmentierung ist es, relativ autonome Geschäftsfelder abzugrenzen, für die eigenständige strategische Programme entwickelt und differenzierte Geschäftspläne für einen bestimmten Planungszeitraum ermittelt werden können.[308] Um den Wertbeitrag der einzelnen Geschäftsbereiche zu messen, muß jeder Bereich in

---

[305] Ähnlich Schäfer (2001): S. 74f., Wolbert (1999): S. 102f., Gleißner (2000): S. 1625, Pritzer (1999): S. 166.
[306] Vgl. BMJ (1997): S. 36 sowie die Ausführungen oben auf S. 53ff.
[307] Vgl. Siegert (1995): S. 583.
[308] Vgl. Günther (1994): S. 16. SGE können auf verschiedenen Hierarchieebenen, sowohl auf Unternehmensbereichs- als auch auf Geschäftsbereichs- und Abteilungsebene gebildet werden. Hiermit wird die unmittelbare Verknüpfung der Wertanalyse mit der strategischen Planung deutlich. Deren Aufgabe ist es, für die unterschiedlichen SGE eine individuelle Stoßrichtung und Strategie zu entwickeln. Das Herunterbrechen des SV-Konzepts auf Geschäftsgebiets- und Produktebene ist in der Unternehmenspraxis regelmäßig mit erheblichen Schwierigkeiten verbunden. So werden in der Praxis oftmals keine separaten Bilanzen und Gewinn- und Verlustrechnungen für Geschäftsfelder und Produkte erstellt. Die Zuordnung von Sachanlagevermögen und Kapitalstruktur zu den einzelnen Sparten bereitet Probleme, da zwischen diesen vielfache Interdependenzen und Verbundeffekte bestehen. Vgl. Hoefner/ Pohl (1994): S. 52, Bischoff (1994): S. 159, Myers (1984): S. 134.

Zahlen so darstellbar sein, als ob er am Markt als selbständiges Unternehmen auftritt.[309] Aus diesem Grund sollte die Aufteilung bestimmten Kriterien genügen. Im Idealfall sind die gebildeten strategischen Geschäftsfelder durch folgende Eigenschaften gekennzeichnet, die allerdings in der praktischen Umsetzung regelmäßig nur näherungsweise erfüllt werden können:

- jede strategische Einheit produziert bestimmte Produktnutzen bei bestimmten Kundengruppen durch Anwendung bestimmter Produkttechnologien. Auf der Basis der Parameter Produkttechnologie, Produktnutzen und Kundengruppe läßt sich eindeutig und überschneidungsfrei das jeweilige strategische Geschäftsfeld definieren.[310]

- die spezifische Strategie, die Einbindung in das Markt- und Wettbewerbsgeschehen sowie die individuelle Ressourcenausstattung eines strategischen Segments stehen in keinem Abhängigkeitsverhältnis zu anderen strategischen Einheiten.[311]

- jedes strategische Geschäftsfeld generiert unabhängig von den Gegebenheiten in den anderen gebildeten Segmenten einen eigenständigen, abgrenzbaren Erfolgsbeitrag zu den langfristigen Unternehmenszielen.[312]

Durch eine transparente Aufgliederung werden die Geschäftsfelder nach ihrer Rendite und ihrem Risiko strukturiert und ihr Verhältnis zueinander analysiert. Auf dieser Grundlage kann in einem weiteren Schritt das sich synthetisch ergebende Totalrisiko erfasst werden.[313] Eine sachgerechte strategische Segmentierung i.S.d. SV-Kalküls ist damit bereits unmittelbar als Früherkennungsmaßnahme nach § 91 Abs. 2 AktG zu werten.[314]

3. Aufdeckung und Disposition unternehmerischer Risiken auf der Grundlage der Ermittlung des Shareholder Value

a) Risikoerfassung bei der Projektion der Cash-Flow-Basisgrößen

Die Wertanalyse ermöglicht bei sachgerechter Durchführung eine in die Unternehmensplanung eingebundene wirtschaftlich fundierte Auseinandersetzung mit Strategien und deren Bewertung aus Sicht der Unternehmenseigner.[315] Durch das Management werden Finanzpro-

---

[309] Vgl. Hoefner/ Pohl (1994): S. 64.
[310] Vgl. Wilde (1989): S. 27, Day (1981): S. 61, Roventa (1979): S. 120ff.
[311] Vgl. Hax/ Majluf (1981): S. 219, Roventa (1979): S. 120ff.
[312] Vgl. Wilde (1989): S. 28.
[313] Vgl. Siegert (1995): S. 583
[314] Vgl. ähnlich Pritzer (1999): S. 166, Wolbert (1999): S. 107 sowie Götze/ Mikus (2000): S. 108f.
[315] Vgl. Bühner (1993): S. 762, Rappaport (1999): S. 39ff., Bischoff (1994): S. 86f.

gnosen in Form zukünftiger Cash-Flows für einen bestimmten Planungszeitraum erarbeitet, die das Entwicklungspotenzial des Unternehmens reflektieren.[316] Die Cash-Flow-Projektion beeinhaltet eine gedankliche Vorwegnahme unternehmerischer Aktionen und Umweltzustände unter Berücksichtigung antizipierter Risiken.[317] Demzufolge kann die wertorientierte Planung als potenzielles Früherkennungsinstrument nach § 91 Abs. 2 AktG verstanden werden, wenn es gelingt, relevante Risikopositionen wie bspw. eine sich abzeichnende mangelhafte Konkurrenzfähigkeit bestimmter Produkte, Schwierigkeiten bei der Sicherung einer bestehenden segmentspezifischen Kostenführerschaftsposition oder massive Veränderungen von Zinsen oder Wechselkursen, in den Prognosen zu berücksichtigen.[318]

Ergebnis der Erfolgsprojektion sollte eine Abschätzung der Cash-Flow-Erwartungswerte und etwaiger Korrelationen der Erfolge zwischen den Geschäftsfeldern sein. In der Literatur finden sich verschiedene Ansatzpunkte einer diesbezüglichen quantitativen Operationalisierung auf Basis einer wertorientierten Planung. Diese können zu einer mit der strategischen Konzeption des Unternehmens korrespondierenden Risikoanalyse und damit zur Früherkennung bestandsgefährdender Entwicklungen nach § 91 Abs. 2 AktG herangezogen werden.

Zum einen kann über Szenariobildungen eine transparente Wahrscheinlichkeitsverteilung der zukünftigen Cash-Flows nachgebildet und darauf aufbauend ein risikobedingtes Schwankungsintervall berechnet werden.[319] *Rappaport* befürwortet bspw. eine Dreipunktschätzung in Form der Bildung eines pessimistischen, eines optimistischen und des wahrscheinlichsten Szenarios.[320] Über die Nachbildung alternativer, komplexer Zukunftsbilder wird die Volatilität der berechneten Cash-Flow-Erwartungswerte als Ausdruck des strategischen Planungsrisikos verdeutlicht.[321] Es erfolgt eine Verknüpfung der Umweltunsicherheit mit den Dispositionen der Unternehmensführung.

---

316 Zum grundsätzlichen Vorgehen vgl. bspw. Copeland/ Koller/ Murrin (2002): S. 285ff. sowie die Ausführungen oben auf S. 74f.

317 Vgl. Mengele (1999): S. 59, Burger/ Buchhart (2002): S. 597.

318 Vgl. ebenso Wolbert (1999): S. 108, Gleißner (2002): S. 420, Pritzer (1999): S. 166. Wichtig für eine Planung unter Aspekten der Früherkennung ist dabei insbesondere die Kenntnis der wesentlichen finanziellen und nicht-finanziellen Stellgrößen, deren Änderung einen besonders hohen Einfluss auf den Wert der einzelnen strategischen Einheiten ausübt.

319 Vgl. Gleißner (2001a): S. 67, Mengele (1999): S. 103ff.

320 Vgl. Rappaport (1986): S. 110. Vgl. zu diesem Bandbreitenprinzip bei der Bewertung auch, bereits schon länger zurückliegend, Moxter (1983): S. 110ff. sowie ferner Schmidbauer (1998): S. 143ff.

321 Vgl. Mengele (1999): S. 67f., Hachmeister (1995): S. 85. Hierauf aufbauend können dann in einem weiteren Schritt Kennzahlengrößen wie etwa ein „Value at Risk" berechnet werden, die in komprimierter Form das der Planung immanente Risiko signalisieren. Vgl. zu der Anwendung des Konzepts des „Value at Risk" in diesem Zusammenhang die Ausführungen im weiteren auf S. 97ff.

Desweitern können Sensitivitätsanalysen zur Ermittlung kritischer Parameter durchgeführt werden.[322] Hierüber werden Schwellenwerte berechnet, die indizieren, wie stark bestimmte Einflussfaktoren schwanken dürfen, ohne dass die Zielgröße vorgegebene Grenzwerte über- oder unterschreitet. Im Hinblick auf die Anforderungen aus § 91 Abs. 2 AktG sind hierbei insbesondere solche Werte (bspw. Mindestzielgrößen im Bereich von Rendite und Umsatz) zu bestimmen, die eine Bestandsgefährdung implizieren. Unter Berücksichtigung der zugrundegelegten Szenarien kann darauf aufbauend eine Gefahrenabschätzung unter Wahrscheinlichkeitsaspekten stattfinden.

Ferner kann mit Hilfe von Simulationen eine analytische Aufbereitung der prognostizierten Cash-Flow-Verteilung und der damit einhergehenden Risikoparameter erfolgen.[323] Dieses Vorgehen entspricht prinzipiell der Risikoquantifizierung auf der Basis von Szenariobildungen, weist aber den Unterschied auf, dass hier versucht wird, durch künstliche Zufallsexperimente das Zusammenwirken einzelner Einflussvariablen auf die Wertermittlung nachzuspielen.[324] Dies erfordert die Bildung subjektiver Wahrscheinlichkeitsverteilungen der einzelnen Modellparameter und die zusätzliche Schätzung der Korrelationen zwischen diesen sowie der Zeitreihenkorrelation der Cash-Flows. Insgesamt ergibt sich auf diese Weise ein anspruchsvolles Kausalmodell zur Abschätzung der Unsicherheit der Erfolgsprognosen.

Die Unsicherheitshandhabung respektive Risikoanalyse setzt bei allen der genannten Analyseverfahren auf der Ebene der strategieabhängigen Cash-Flow-Projektion an. Die Wertorientierung der Planungsprognosen zwingt die unternehmerischen Entscheidungsträger auf diese Weise zu einer verstärkten Auseinandersetzung mit den unternehmerischen Risiken. Auf der Basis einer detaillierten Unternehmensplanung können im Rahmen einer risikoorientierten Wertanalyse damit über Szenariobildungen, Sensitivitätsanalysen und Simulationsläufe für die einzelnen strategischen Segmente Erfolgs- und Risikowirkungen sowie bestehende Ab-

---

[322] Vgl. Wilde (1989): S. 243, Mullins (1982): S. 110, Gleißner (2002): S. 418.

[323] Ein bekanntes Verfahren stellt hierzu bspw. die „Monte-Carlo Simulation" dar. Vgl. hierzu grundlegend bspw. Coenenberg (1970). Mithilfe der „Monte-Carlo Simulation" läßt sich eine Risikoaggregation durchführen. In unabhängigen Testläufen wird anhand von Zufallszahlen ein Geschäftsjahr in hinreichend großer Anzahl (u.U. mehrere tausend Durchläufe) durchgespielt. Für jeden Simulationslauf erhält man einen Wert für die betrachtete Zielgröße (bspw. Cash-Flow). Aus den ermittelten Realisationen der Zielwerte lassen sich auf diesem Wege aggregierte Wahrscheinlichkeitsverteilungen ableiten, auf deren Basis weitergehende Analysen stattfinden können. Bspw. können hier wiederum Sensitivitätsanalysen ansetzen oder anhand von „Value-at-Risk"-Modellen Höchstschadenswerte mit bestimmten Wahrscheinlichkeiten ermittelt werden. Vgl. hierzu auch Gleißner (2001b): S. 126ff. sowie Gleißner/ Sautter (2001): S. 302ff.

[324] Vgl. bspw. Bitz (1993): S. 500ff., Coenenberg (1970): S. 793ff., Mengele (1999): S. 105.

hängigkeiten quantifiziert werden. Hinsichtlich potenzieller Bestandsgefährdungen wird Transparenz geschaffen, was dem Gesetzeszweck des § 91 Abs. 2 AktG entspricht.[325]

b) Risikoerfassung bei der Ermittlung des Diskontierungsfaktors

Die Cash-Flow-Prognose erfolgt unter Berücksichtigung von Unsicherheitserwägungen seitens des Managements und entspricht damit implizit einer unternehmensinternen Risikobeurteilung. Im Rahmen der Wertanalyse wird unternehmerisches Risiko darüberhinaus auch über die Schätzung der Eigenkapitalkosten im Rahmen des Diskontierungsfaktors abgebildet.[326] Die in den Kapitalkosten berücksichtigten Risikoprämien der Eigenkapitalgeber reflektieren die Risikoeinschätzung des Unternehmens aus Sicht des Kapitalmarkts und sind Ausdruck einer unternehmensexternen Risikobeurteilung.[327] Geschäftsfeldspezifisch wird eine Risikoexposition durch die Berechnung von „hurdle rates" in Form von Mindestrenditeforderungen über die segmentspezifischen Beta-Faktoren durchgeführt.[328] Erfasst wird hierbei lediglich das systematische Risiko. Dem liegt die Vorstellung vollständig diversifizierter Investoren zugrunde. Unsystematische Risiken werden aufgrund der angenommenen Portfolio-Betrachtungsebene ausgeblendet.[329]

Die ermittelten Renditeforderungen zeigen Mindestbedingungen für den langfristigen Fortbestand des Unternehmens respektive des Geschäftsfelds auf. Der berechnete Kapitalkostensatz kann als risikoadjustierter Schwellenwert im Bereich der Früherkennung nach § 91 Abs. 2 AktG Anwendung finden. Nur wenn die in den Kapitalkostensätzen enthaltenen Prämien für Eigen- und Fremdkapitalgeber in Form angemessener Renditen verdient werden, lohnt sich aus Sicht des Kapitalmarkts die Aufrechterhaltung des Leistungsbetriebs.[330] Über die Heranziehung von Beta-Faktoren werden zudem erste Anhaltspunkte hinsichtlich des dem einzelnen Geschäftsfeld zuzuordnenden Unsicherheitspotenzials generiert. Hierdurch wird deutlich, welche Segmente aufgrund ihres Risikogehalts einer besonders intensiven Kontrolle im Zeitablauf unterliegen sollten.

---

[325] Vgl. Wolbert (1999): S. 108f., Gleißner (2000): S. 1625ff.

[326] Neben den risikoadjustierten Renditeforderungen der Eigenkapitalgeber werden i.d.R. auch den Zinsforderungen der Fremdkapitalgeber Risikogesichtspunkte zugrunde liegen. D.h. auch Gläubiger werden bei der Überlassung von Kapital eine Abschätzung eines etwaigen Verlustrisikos vornehmen und in ihren Konditionen berücksichtigen.

[327] Vgl. bspw. Pape (1999): S. 192ff., Herter (1994): S. 102ff. sowie ferner auch Schmidbauer (1998): S. 114ff.

[328] Vgl. Mengele (1999): S. 68.

[329] Vgl. Ross/ Westerfield/ Jaffe (1999): S. 250, Brealey/ Myers (2003): S. 152ff., S. 227ff., Drukarczyk (1980): S. 333.

[330] Wie oben beschrieben, erfolgt die Berücksichtigung der Fremdkapitalkosten je nach DCF-Methode entweder im Diskontierungsfaktor oder über einen Abzug der Fremdkapitalzinsen im Zähler.

c) Risikoindizierung auf der Basis flankierender Performancemaßstäbe

Neben Ansätzen zur Ermittlung des absoluten DCF als Gesamtwert einer Investition haben sich auch isolierte Performancemaße zum Einsatz in der Wertanalyse herausgebildet. Letzteren wird über ihren Anspruch, eine periodenbezogene Leistungsmessung generieren zu wollen, sowohl die Aufgabe einer prospektiven Investitionsbewertung als auch die einer retrospektiven Ergfolgskontrolle zugewiesen. Die zwei prominentesten Ansätze, der Economic Value Added- und der Cash-Flow Return On Investment-Ansatz, werden hier exemplarisch in ihren Grundzügen dargestellt und dahingehend analysiert, inwiefern ihr Einsatz im Bereich einer Wertanalyse zusätzliche Ansatzpunkte zur Risikofrüherkennung verspricht.[331]

(1) Das Residualeinkommenskonzept EVA

Das Konzept des Economic Value Added (EVA) von *Stewart* stellt ein Performancemaß auf der Basis des Residualgewinnkonzepts dar.[332] Der EVA repräsentiert die „operating profits less a charge for the use of capital."[333] Zur Berechnung dieser periodenbezogenen Kennzahl wird das Betriebsergebnis vor Zinsen und nach Steuern (Net Operating Profit After Taxes/ NOPAT) um die Kosten für das betrieblich gebundene Eigen- und Fremdkapital vermindert. Die Kapitalkosten errechnen sich als absoluter Betrag, indem das eingesetzte Kapital mit dem prozentualen Kapitalkostensatz (c*) multipliziert wird. Das eingesetzte Kapital konstituiert sich aus dem betrieblich gebundenen und verzinslichen Vermögen (Net Operating Assets/ NOA). Den Ausgangspunkt zur Berechnung der NOA bildet dabei die Bilanzsumme zu Buchwerten, die über verschiedene Modifikationen an den ökonomischen Wert (Marktwert) des investierten Kapitals angepaßt wird. Zusammenfassend errechnet sich der EVA nach folgender Formel:[334]

$$EVA = NOPAT - (NOA * c^*)$$

[331] Neben diesen beiden Konzepten zur Generierung periodenbezogener Performancemaßstäbe i.S.d. SV-Kalküls sind noch der Value Return On Investment, der DCF-Return und der Economic-Profit-Ansatz zu nennen. Die zusätzliche Analyse dieser Konzepte verspricht aber im Hinblick auf die skizzierten Untersuchungsziele keinen zusätzlichen Erkenntnisgewinn, da an dieser Stelle lediglich die grundsätzliche Eignung periodenbezogener Erfolgsmaßstäbe zur Risikofrüherkennung exemplarisch aufgezeigt werden soll. Eine tiefergehende Analyse der methodischen Stärken und Schwächen findet deshalb hier nicht statt. Diesbezüglich sei bspw. verwiesen auf Mengele (1999): S. 124ff., Pape (1999): S. 125ff. sowie Hachmeister (1997a): S. 556ff.

[332] Vgl. Mengele (1999): S. 135ff. Der Residualgewinn kann allgemein als Überschuß eines auf Basis periodischer Erfolgsrechnungen ermittelten operativen Gewinns über die Kosten des eingesetzten Kapitals beschrieben werden. Vgl. Ewert/ Wagenhofer (2002): S. 536, Richter (1998): S. 31, Drukarczyk (1996): S. 170.

[333] Stewart (1999): S. 137.

[334] Vgl. ebenda.

Im Rahmen des EVA-Konzepts werden sowohl das gebundene Kapital als auch der operative Gewinn auf Basis von Jahresabschlussdaten, die mithilfe besonderer Ansatz- und Bewertungsregeln modifiziert werden, bestimmt.[335] Der Kapitalkostenermittlung liegt der WACC-Ansatz zugrunde, wobei als Gewichtungsfaktor die Zielkapitalstruktur und zur Bestimmung der Eigenkapitalkosten das CAPM verwendet wird.[336] Ein positiver EVA indiziert, dass in der betrachteten Periode zum einen die Kapitalkosten auf das betrieblich genutzte Vermögen erwirtschaftet und darüberhinaus auch noch der Unternehmenswert gesteigert worden ist. Bei einem negativen EVA hingegen wird der Wert des investierten Kapitals vermindert. Die Summe der Barwerte der prognostizierten betrieblichen EVA's innerhalb des Planungszeitraums zuzüglich des auf den Bewertungsstichtag diskontierten Restwerts[337] sowie des anfänglich gebundenen Kapitals entspricht dabei unter bestimmten Prämissen dem Ergebnis des DCF-Ansatzes.[338] Allerdings werden diese Voraussetzungen, die in einem anderen Anwendungsfeld grundlegend von *W. Lücke* analysiert wurden, unter praktisch relevanten Gegebenheiten regelmäßig verletzt.[339]

Mit dem EVA-Konzept kann formal eine Wertanalyse nachgebildet und mit einer Periodenerfolgsrechnung kombiniert werden.[340] Zur Ableitung der Kapitalkosten wird auf das WACC-Konzept einschließlich des CAPM zurückgegriffen. In diesem Punkt ergeben sich demnach keine Unterschiede zur Ermittlungsmethodik des DCF-Kalküls. Problematisch im Hinblick auf den Einsatz im Bereich der Früherkennungsmaßnahmen nach § 91 Abs. 2 AktG erscheint auf den ersten Blick der ausschließliche Rückgriff auf Jahresabschlussdaten. Eine systematische Schätzung zukünftiger Erfolgsgrößen mithilfe eines geschlossenen Werttreibersystems sieht das Konzept im Gegensatz bspw. zu den DCF-Ansätzen von *Rappaport* oder *Copeland*

---

[335] Vgl. Pape (1999): S. 130, Mengele (1999): S. 136.

[336] Vgl. Stewart (1999): S. 431ff. Der gewogene Kapitalkostensatz soll dabei das Entgelt für sämtliche überlassene Ressourcen erfassen. Vgl. Stern/ Stewart/ Chew (1995): S. 32, Mengele (1999): S. 136. Hierdurch soll auch ein Vergleich von arbeits- und materialintensiven Unternehmen bzw. Geschäftsbereichen ermöglicht werden. Vgl. Röttger (1994): S. 1.

[337] Als Restwert nach Ablauf der Planungsperioden ermittelt der EVA-Ansatz einen Fortführungswert nach der Methodik der ewigen Rente. Vgl. Stewart (1999): S. 323.

[338] Vgl. zu den Prämissen und einer entsprechenden Beweisrechnung Mengele (1999): S. 139ff. Für den Barwert der zukünftigen EVA's verwendet Stewart den Begriff „Market Value Added" (MVA). Dieser errechnet sich marktbezogen als Differenz zwischen Unternehmensgesamtwert und investiertem Kapital. Der MVA dient als kumultative Maßgröße zur periodenübergreifenden Planung und Kontrolle, während der EVA die periodenbezogenen Erfolgsgröße des Ansatzes darstellt. Vgl. Pape (1999): S. 130.

[339] Vgl. zur diesbezüglichen Kritik Lorson (1999): S. 1335. Die Übereinstimmung des Barwerts der zukünftigen Zahlungsüberschüsse mit dem Barwert der um die Kapitalkosten auf das gebundene Kapital verminderten zukünftigen Periodenerfolge ist im Schrifttum als sogenanntes „Lücke Theorem" bekannt. Vgl. hierzu grundlegend Lücke (1955): S. 310 sowie beschreibend auch Förster/ Ruß (2002): S. 2664f.

[340] Vgl. Hachmeister (1995): S. 152.

et al. nicht vor.[341] Allerdings wird im Rahmen des EVA-Konzepts ebenfalls ein Zukunftsbezug hergestellt. Dieser erfolgt über die Prognose betrieblicher EVA`s mittels Plan-Jahresabschlüssen während der Planungsperiode und eines Restwerts auf der Basis weiterer Planungsprämissen darüberhinaus. Ein qualitativer Nachteil zu der Vorgehensweise des DCF-Kalküls ist nicht festzustellen, sofern eine systematische Abschätzung zukünftiger EVA`s auf der Grundlage von Szenarien oder Simulationen unter Einbezug strategischer Analysetechniken erfolgt.[342] Neben einer wertorientierten Erfolgsmessung ex-post ist das EVA-Konzept auch zu einer prospektiven Planung und Bewertung von Strategien grundsätzlich geeignet. Über die Prognose der EVA`s kann periodenbezogen die geschätzte Wertentwicklung nachgestellt und dabei im Bereich der Einflussgrößen Transparenz erzeugt werden. Das EVA-Konzept eignet sich damit sowohl als Nachrechnungsinstrument im kurzfristigen Bereich als auch für die zukunftsorientierte Analyse von Gefährdungspotenzialen im Bereich der gesetzten Erfolgsziele.[343]

(2) Der Cash-Flow Return on Investment (CFROI)

Eine Kennzahl, die entwickelt wurde, um die Rendite des im Unternehmen gebundenen Eigenkapitals zu messen, ist der sogenannte Cash-Flow Return On Investment (CFROI).[344] Der Ansatz des CFROI versucht, durch eine Gegenüberstellung des erwirtschafteten Brutto Cash-Flow einer Periode und des eingesetzten Kapitals den internen Zinsfuß einer einzelnen Investition, eines Geschäftsbereichs oder einer ganzen Unternehmung zu ermitteln.[345] Der CFROI wird ausschließlich auf der Basis von Daten des Jahresabschlusses ermittelt. Zunächst wird ein fiktives Investitionsprofil für ein Geschäftsfeld bzw. ein Portfolio von Geschäftsfeldern erstellt. Das Geschäftsfeld ist nach dem Konzept dann rentabel im Sinne von wertschaffend, wenn die Differenz (sog. Spread) aus CFROI und den realen risikoadäquaten Gesamtkapitalkosten (WACC) als Ausdruck der Renditeforderungen der Kapitalgeber positiv ist. Der CFROI vollzieht damit implizit eine Nachkakulation aller Investitionen in ein Geschäft(sfeld)

---

341 Vgl. zu diesen „Value-Driver-Systemvorschlägen" Rappaport (1999): S. 39ff., Copeland/ Koller/ Murrin (2002): S. 177ff. Allerdings ist die Verwendung dieser Systeme auch unter verschiedenen Aspekten kritikwürdig. Vgl. hierzu die Ausführungen oben auf S. 74f.

342 Kritisch bleibt allerdings festzuhalten, dass das EVA-Konzept trotz Bereinigungen der verwendeten Buchwerte zu Verzerrungen im Vergleich zu dem DCF-Ansatz führen kann, wenn die Voraussetzungen des Lücke-Theorems nicht erfüllt sind. Vgl. Mengele (1999): S. 143. Vgl. zu einer kritischen Sichtweises des EVA-Konzepts ferner auch den Beitrag Schmidbauer (2003).

343 Ebenso Pape (1999): S. 129f., gegensätzlich Lorson (1999): S. 1336.

344 Vgl. Lewis/ Lehmann (1992), Busse v. Colbe (1997): S. 287, Ewert/ Wagenhofer (2000): S. 31. Dieser Ansatz wurde von der *Boston Consulting Group* entwickelt.

345 „Der CFROI ist definiert als der Brutto-Cash-Flow, den ein Geschäft relativ zu dem darin investierten Kapital innerhalb eines Jahres erwirtschaftet.", Lewis (1995): S. 40. Vgl. zu den Grundlagen und Interpretationen der Methodik des internen Zinsfußes im Bereich der Investitionsrechnung bspw. Schmidt (1986): S. 75ff.

und drückt aus, wieviel Mittel während der durchschnittlichen Nutzungsdauer auf eine eingesetzte Kapitalbasis zurückfließen.[346]

Die grundlegende Bestimmungsgleichung des CFROI lautet:[347]

$$BIB_0 + \sum_{t=1}^{T} \frac{BCF_t}{(1+i_{CFROI})^t} + \frac{NAA_T}{(1+i_{CFROI})^T} = 0$$

Die Bruttoinvestitionsbasis (BIB_0) entspricht den inflationsbereinigten Anschaffungsauszahlungen der fokussierten Investition und umschließt sämtliche abnutzbare und nicht-abnutzbare Aktiva.[348] Nicht-abnutzbare Aktiva werden zu ihrem Zeitwert erfasst. Ihnen wird am Ende des Planungshorizonts eine fiktive Veräußerung unterstellt, was zu diesem Zeitpunkt zu einem einmaligen Einzahlungsstrom (NAA_T) führt. Den abnutzbaren Aktiva hingegen wird kein Restwert unterstellt.[349] Die durchschnittliche Nutzungsdauer des Sachanlagevermögens (T) beschreibt den Zeitraum, für den ein Cash-Flow aus der Bruttoinvestitionsbasis erwartet wird. Der BCF_t wird als Einzahlungsüberschuß aus operativer Geschäftstätigkeit vor Investitionen und Zinsen, aber nach Steuern interpretiert, und kennzeichnet damit den für Investitionen und Zahlungen an die Kapitalgebergruppen verfügbaren Zahlungsstrom. Für die Ermittlung der auf die eingesetzten Aktiva zurückfließenden Mittel wird ein Brutto Cash-Flow vor Zinsen und nach Steuern verwendet, der für die gesamte Betrachtungsdauer konstant gesetzt wird.[350]

Vornehmliche Zielsetzung des CFROI ist die ex-post-Beurteilung von Investitionen hinsichtlich ihrer Wertbeitragswirkung.[351] Zu diesem Zweck wird auf der Basis von vergangenheitsbezogenen Daten und unter restriktiven Modellannahmen approximativ eine interne Verzinsung ermittelt, die mit kapitalmarktabgeleiteten Kapitalkosten verglichen wird. Obgleich der CFROI auf dem dynamischen Verfahren des internen Zinssatzes aufbaut, muß sein zukunftsorientierter Anspruch relativiert werden. Seine Berechnung basiert auf den Daten eines Jahresabschlusses, wobei eine Fortschreibung der Vergangenheit in die Zukunft durch die

[346] Vgl. Bühner (1993): S. 751.
[347] Vgl. hierzu Hachmeister (1997a): S. 558.
[348] Vgl. Mengele (1999): S. 126. Bei der Bewertung werden dabei die Altersstruktur der abnutzbaren Sachanlagegüter und Inflationseffekte neutralisiert. Ziel des Vorgehens ist eine Bewertung zu Wiederbeschaffungspreisen. Vgl. Lewis (1995): S. 41. Nicht wiederzubeschaffende Aktiva werden mit ihren Buch- oder Veräußerungswerten angesetzt. Vgl. ebenda: S. 61.
[349] Vgl. Herter (1994): S. 81, Pape (1999): S. 130ff.
[350] Vgl. ausführlich hierzu u.a. Mengele (1999): S. 126f., Herter (1994): S. 81, Bühner (1993): S. 751. Im Gegensatz zu den DCF-Ansätzen von Rappaport (1986) und Copeland/ Koller/ Murrin (2002) werden hierbei keine Ersatzinvestitionen berücksichtigt.
[351] Vgl. Lewis (1995): S. 40, Günther (1997): S. 557.

Annahme konstanter Cash-Flows erfolgt.[352] Zukunftsszenarien, die etwa aufgrund der gewählten strategischen Stoßrichtung, eines spezifischen Wettbewerbsumfelds oder konjunktureller Schwankungen im Zeitablauf keine betragsmäßig konstanten Erfolge implizieren, können in der Konsequenz nicht abgebildet werden.[353] Im Vergleich zu der Analyse auf der Basis eines DCF oder des EVA führt der CFROI im Anwendungsfeld einer zukunftsorientierten Erfolgsrechnung daher zu kaum aussagefähigen Ergebnissen. Im strengen Sinn kann kein Vergleich zwischen geplanter und realisierter Wertentwicklung durchgeführt werden. Für eine wertorientierte Risikofrüherkennung ist das CFROI-Konzept nicht geeignet.

d) Indikatorgestützte Verdichtung potenzieller Bestandsgefährdungen

(1) Risikoindikation auf der Basis des „Value at Risk"-Konzepts

Zu einer Risikobewertung im Sinne der Anforderungen des § 91 Abs. 2 AktG bedarf es insbesondere eines Anwendungskonzepts, das in der Lage ist, die strategischen Risiken der Geschäftseinheiten zu erfassen, unter Berücksichtigung etwaiger Verbundeffekte zu aggregieren und im Ergebnis das diesbezügliche Gesamtrisiko des Unternehmens bzw. Unternehmensverbunds abzubilden.[354] Als möglicher Lösungsansatz mit diesem Anspruchsprofil wird in der Literatur das „Value at Risk"-Konzept vorgeschlagen.[355]

Das Konzept des „Value at Risk" (VaR) wurde ursprünglich für das Risikomanagement im Bereich der Finanzintermediäre entwickelt. Der VaR ist definiert als maximale Schadenshöhe, die in einem bestimmten Zeitraum mit einer festgelegten Wahrscheinlichkeit (Konfidenzniveau) nicht überschritten wird.[356] Der VaR errechnet sich auf Basis der statistischen Wahrscheinlichkeitstheorie als Differenz zwischen dem Erwartungswert einer Risikobezugsgröße und der unteren Grenze eines einseitigen Konfidenzintervalls als Äquivalent einer Mindest-Risikobezugsgröße.[357] Im Standardmodell des VaR wird eine Normalverteilung der Zufallsvariablen, also der Risikobezugsgrößen unterstellt.[358] Diese Verteilung ist annahmegemäß ein-

---

[352] Vgl. Busse v. Colbe (1997): S. 287, Lorson (1999): S. 1335.

[353] Vgl. Raster (1995): S. 58, Herter (1994): S. 81, Mengele (1999): S. 129, Achleitner/ Wichels (2002): S. 8.

[354] Zusätzlich müssen gemäß den skizzierten Gesetzesanforderungen auch Konzepte zur Erfassung von operativen, finanziellen und regulatorischen Risikopositionen im Bereich der Früherkennungsmaßnahmen umgesetzt werden. Vgl. hierzu die Ausführungen oben auf S. 58ff.

[355] Vgl. hierzu bspw. Mengele (1999): S. 106ff., Ewert/ Wagenhofer (2000): S. 38, Schmidbauer (2000): S. 161f., Gleißner/ Sautter (2001): S. 302, Gleißner/ Meier (2001): S. 56f., Burger/ Buchhart (2002): S. 597f. Eine geschlossene Analyse des Eignungspotenzials dieses Ansatzes für Überwachungszwecke i.S.d. § 91 Abs. 2 AktG erfolgt bei diesen Autoren allerdings nicht.

[356] Vgl. bspw. Rau-Bredow (2002): S. 604, Rudolf (2000): S. 381.

[357] Vgl. Mengele (1999): S. 107, Schmidbauer (2000): S. 161.

[358] Die Annahme der Standardnormalverteilung ist allerdings keine notwendige Voraussetzung für die Anwendung des Konzepts. Ergeben sich bei der Schätzung der Zufallsvariablen andere Verteilungen, so ist über

deutig durch ihren Erwartungswert μ und ihre Standardabweichung σ gekennzeichnet. Der VaR beschreibt diejenige maximale Abweichung der Risikobezugsgröße vom Erwartungswert, die nur mit einer Wahrscheinlichkeit von α überschritten wird. In ihm wird nur das sogenannte „downside-risk" abgebildet. Risiko wird somit analog des Verständnisses i.S.d. KontraG als Gefahr einer negativen Abweichung vom Zielwert verstanden.

Im Anwendungsfall einer risikoorientierten Wertanalyse zu Früherkennungszwecken entspricht die Risikobezugsgröße dem jeweiligen periodenspezifischen Cash-Flow-Erwartungswert; die Mindest-Risikobezugsgröße konstituiert sich in Form eines prognostizierten Mindest-Cash-Flows. Der VaR beschreibt in diesem Fall die in monetären Einheiten bemessene, maximale Abweichung im Sinne einer entgangenen Cash-Flow-Größe, die mit einer bestimmten Wahrscheinlichkeit innerhalb des fokussierten Zeitabschnitts nicht überschritten wird.[359] Die Berechnung des Mindest-Cash-Flow als untere Intervallgrenze bei gegebenem Konfidenzniveau ergibt sich unter Zugrundelegung der Normalverteilungshypothese gemäß folgender Beziehung:[360]

$$CF_{min}=|\mu-\tau_{\alpha}*\sigma|$$

Der Value at Risk als maximale negative Abweichung im Sinne einer maximal entgangenen Erfolgsgröße bei der unterstellten Aussagesicherheit entspricht dann der Differenz zwischen dem Cash-Flow-Erwartungswert und dem Mindest-Cash-Flow:

$$VaR_{1-\alpha}= CF_{min} -\mu = |-\tau_{\alpha}*\sigma|$$

mit:

$VaR_{1-\alpha}$= Value at Risk bei einem Konfidenzniveau von $(1-\alpha)$

τ_{α} = α-Fraktil des zugrundeliegenden Verteilungstyps[361]

μ = Cash-Flow-Erwartungswert

CF_{min} = Mindest-Cash-Flow als Untergrenze des Konfidenzintervalls

---

rechnerische Modifikationen analog die Berechnung eines VaR mit der gleichen Aussagekraft möglich. Vgl. zu dem diesbezüglich modifizierten Vorgehen bspw. den Beitrag Johanning (1996), zu den Implikationen der Normalverteilungsannahme ferner auch Rau-Bredow (2002): S. 603ff.

[359] Vgl. Mengele (1999): S. 106ff., Schmidbauer (2000): S. 161f., Gleißner/ Sautter (2001): S. 302.

[360] Vgl. zur Herleitung bspw. Rau-Bredow (2002): S. 603ff., Mengele (1999): S. 108ff.

[361] Gängige Fraktile sind bei Unterstellung einer Normalverteilung bspw. τ=1,65 für ein Konfidenzniveau von 95% sowie τ=2,33 für ein Niveau von 99%. Unter der Normalverteilungsannahme entspricht der VaR daher einem bestimmten Vielfachen der Standardabweichung. Vgl. Rau-Bredow (2002): S. 604.

Die Wahrscheinlichkeit, dass der realisierte Cash-Flow einer Periode um mehr als $|\tau_\alpha * \sigma|$ vom erwarteten Cash-Flow, der der Wertanalyse zugrundeliegt, abweicht, beträgt α. Auf der Basis der VaR`s der einzelnen Geschäftsbereiche können die maximalen Abweichungswerte des Beteiligungsportfolios im Sinne einer aggregierten Risikogröße nach § 91 Abs. 2 AktG berechnet werden.[362] Erforderlich ist hierbei eine Schätzung der Korrelationen der Erfolge der einzelnen im Unternehmensportfolio enthaltenen Segmente. Am Beispiel eines aus zwei Geschäftsbereichen bestehenden Unternehmensportfolios ergibt sich folgender VaR:[363]

$$VaR_{GU} = \sqrt{VaR_A^2 + VaR_B^2 + 2VaR_A \cdot VaR_B \cdot p_{AB}}$$

mit:

VaR_{GU} = Value at Risk der Gesamtunternehmung

VaR_A = Value at Risk des Segmentes A

VaR_B = Value at Risk des Segmentes B

p_{AB} = Korrelationskoeffizient zwischen den Wertänderungen von A und B

Mit der beschriebenen Vorgehensweise lassen sich periodenspezifische VaR`s der einzelnen Geschäftsbereiche sowie des Gesamtportfolios bestimmen. Auf ihrer Basis können die maximalen kumulierten Verluste für ein bestimmtes Plan-Jahr errechnet werden, die mit einer bestimmten Wahrscheinlichkeit nicht überschritten werden.[364] Hierdurch wird das periodenspezifische Risikodeckungspotenzial unter Liquiditätsgesichtspunkten bestimmt. Diese Größe ist im Hinblick auf mögliche Insolvenzgefahren und damit vor dem Hintergrund der Gesetzesanforderungen des § 91 Abs. 2 AktG von besonderer Bedeutung. In der Gesamtsicht zeigt sich, dass sich mithilfe des Ansatzes aggregierte Messzahlen für verschiedene Risikoarten bzw. Risikokategorien und damit leicht interpretier- und kommunizierbare Kennzahlen für Risikolimitvorgaben bestimmen lassen.

---

[362] Vgl. hierzu Schmidbauer (2000): S. 161f., Gleißner/ Meier (2001): S. 56ff.

[363] Vgl. hierzu Mengele (1999): S. 110. Der Berechnung des Value at Risk für das Gesamtportfolio liegt die Portfolio-Selection-Theorie von *Markowitz* zugrunde. Die Berechnungsformel läßt sich für ein Portfolio von mehr als zwei Geschäftsbereichen erweitern. Hierzu müssen dann die paarweisen Korrelationen der einzelnen Portfoliopositionen untereinander berücksichtigt werden. Vgl. hierzu bspw. Buchner (1981): S. 317ff. Das Markowitz-Modell stellt einen Optimierungsansatz zur Bildung eines Investitionsportefeuillles unter Beachtung der Rendite-Risiko-Zusammenhänge einzelner Investitionsalternativen dar. Der Portfolio-Selection-Ansatz kann aber auch auf die realwirtschaftliche Sphäre der Unternehmung zur Beurteilung des Verbundes einzelner Investitionsprojekte bzw. Geschäftsbereiche angewendet werden. Vgl. zu einer ausführlichen Analyse der Übertragbarkeit des Ansatzes auf diesen Bereich unter Berücksichtigung der Prämissen des Modells und möglichen Unterschieden in den Anwendungsgebieten Mengele (1999): S. 96ff.

[364] Vgl. zu einer Beispielrechnung Gleißner/ Sautter (2001): S. 302.

Bei Vorliegen einer Cash-Flow-Prognoserechnung kann auch eine mehrperiodige Analyse auf Basis des Kapitalwertkalküls vorgenommen werden. Bei einer Betrachtung über die gesamte Lebensdauer der Bezugsobjekte sind die einzelnen VaR`s analog dem DCF-Kalkül zu diskontieren und zu kumulieren. Als Ergebnis ergibt sich dann ein sogenannter „Discounted Value at Risk" (DVaR).[365]

$$\text{DVaR}=\sum_{t=1}^{T}\frac{VaR_t}{(1+k)^t}$$

Als Diskontierungssatz k ist der der im Rahmen der Wertanalyse Anwendung findende marktbestimmte Kapitalkostensatz zu verwenden.[366] Der DVaR signalisiert die bei unterstelltem Konfidenzniveau maximal nicht realisierbare Wertsteigerung als Abweichung des realisierten von dem geplanten „Shareholder-Return".

Die kombinierte Anwendung der DCF-Methodik und des VaR-Ansatzes im Rahmen einer risikoorientierten Wertanalyse sei anhand folgender Beispielrechnung verdeutlicht. Dabei wird ein risikoadjustierter Diskontierungsfaktor von k=0,12 zugrundegelegt. Ferner wird ein Konfidenzniveau von 95% (α=0,05) und eine Normalverteilung der periodischen Cash-Flows unterstellt.

Eine Unternehmung bestehe aus zwei Geschäftsbereichen (GB1 und GB2). Zwischen den Erfolgen der beiden Bereiche wird eine Korrelation in Höhe von 0,4 geschätzt. Es wird von einem Planungszeitraum von 4 Perioden ausgegangen. Von einem Fortführungswert nach Ablauf der Planungsphase wird abstrahiert.

GB1	Periode	1	2	3	4	
	μ	-300	400	650	900	
	σ	20	30	35	40	
	VAR	33	49,5	57,75	66	
	DCF					1085,64
	DVaR					151,97
	Diff.					933,67

[365] Vgl. zu diesem Vorschlag Mengele (1999): S. 112ff., Schmidbauer (2000): S. 161f.

[366] Vgl. zu den jeweiligen Diskontierungssätzen der unterschiedlichen DCF-Methoden die Ausführungen oben auf S. 79f.

GB2	Periode	1	2	3	4	
	μ	-200	-50	450	700	
	σ	50	70	65	200	
	VAR	82,5	115,5	107,25	330	
	DCF					546,73
	DVaR					451,8
	Diff.					94,93

DCF	GB gesamt		1632,37
DVaR	GB gesamt	Korrelation=0,4	531,17

Unter Zugrundelegung eines Marktwerts des verzinslichen Fremdkapitals von 600 ergibt sich schließlich ein SV für den detaillierten Planungszeitraum in Höhe von 1032,37.

(2) Relation des DCF zum Liquidationswert

Berechnet man einen DCF ausschließlich auf der Basis betriebsnotwendigen Vermögens und wird dabei ein negativer Eigentümerwert berechnet, so ist für die Eigner unter Berücksichtigung rein finanzieller Gesichtspunkte ein Verkauf immer vorteilhafter als die Aufrechterhaltung des Leistungsbetriebs, wenn hierdurch ein Erlös erzielt werden kann oder die Auflösungskosten (bspw. Verschrottungskosten von Anlagen) betragsmäßig geringer sind als der errechnete negative Unternehmenswert. Vorausgesetzt die Eigentümer verhalten sich i.S.d. Gewinnmaximierungsprinzips rational und betrachten den Liquidationswert als Wertuntergrenze der Unternehmung,[367] so werden diese desweiteren auch stets eine Zerschlagung des Unternehmens anstreben, falls der berechnete DCF (unter Einbeziehung des nicht-betriebsnotwendigen Vermögens) als Derivat des zukünftigen Erfolgs (Fortführungswert) unter dem Liquidationswert (Zerschlagungswert) im Bewertungszeitpunkt liegt.[368] Dies sind jedoch lediglich zwei denkbare Extremsituationen; ein einzeln berechneter Wert der Eigenkapitalanteile besitzt i.d.R. noch keinen Aussagegehalt über den Tatbestand oder die Wahr-

[367] „Als Wertuntergrenze kann der Liquidationswert ... nur fungieren, wenn der Unternehmer sich i.S.d. Gewinnmaximierungsprinzips rational verhält.“, Münstermann (1970): S. 102. Vgl. zur Bedeutung des Liquidationswerts als Wertuntergrenze auch den Beitrag Bartke (1981).

[368] „Der Liquidationswert .. repräsentiert die Summe der verwertbaren Vermögensgegenstände zu Preisen des Absatzmarktes bei Liquidation der Unternehmung.“, Wegmann (1988): S. 805. Das nicht-betriebsnotwendige Vermögen muß demnach bei der Berechnung des DCF zum Zwecke eines Vergleichs mit dem Liquidationswert miteinbezogen werden, da bei der Berechnung des Liquidationswerts als Zerschlagungswert auch das nicht-betriebsnotwendige Vermögen berücksichtigt wird. Auf weitere Bewertungsannahmen bei einem Vergleich dieser beiden Werte wird im folgenden noch eingegangen.

scheinlichkeit einer Krisengefährdung des Unternehmens. Grundsätzlich deutet ein Unternehmensgesamtwert als Fortführungswert, der über dem Liquidationswert als Zerschlagungswert liegt, lediglich auf den Fortbestand des Unternehmens hin.

Unterzieht man jedoch jährlich berechnete DCF-Werte einem Zeitvergleich, dann kann ein kontinuierlicher Rückgang eines Unternehmensgesamtwerts auf eine negative Lageentwicklung hindeuten. Die Ergebnisse des Wertevergleichs können zwar nicht eindeutig Aufschluss dahingehend erzeugen, ob tatsächlich eine krisenhafte Entwicklung vorliegt oder in absehbarer Zeit entstehen wird, sie können aber Indikatorfunktion für die Notwendigkeit weitergehender Detailanalysen zur Bestimmung der Ursachen für die rückläufige Wertentwicklung entfalten.

Eine stetige und zugleich deutliche Verminderung der jährlich (oder auch unterjährig) berechneten Unternehmensgesamtwerte (bzw. bedeutsamer Teilwerte) ist dabei i.d.R. ein Symptom für eine nachteilige Entwicklung respektive eine sich verschlechternde Gesamtlage des Unternehmens.[369] Dieser Tatbestand reflektiert für die Eigner grundsätzlich einen Rückgang des erwarteten Nutzen aus dem Unternehmen. Dieses wird, wie bereits erwähnt, nur dann aufrecht erhalten werden, wenn dieser Nutzen, abgebildet in den kumulierten abdiskontierten Zahlungsflüssen der Zukunft (Fortführungswert) über dem Liquidationswert (Zerschlagungswert) des Unternehmen liegt. Daher ist die Verhältniskennzahl $\tau = \frac{DCF}{Liquidationswert}$ ein Indikator für den Fortbestand des Unternehmens. Sollte der DCF unter den Liquidationswert fallen, d.h. die Kennzahl τ unter den Wert 1 sinken, so ist es aus Sicht der Eigenkapitalgeber, sofern sie rational i.S.d. Gewinnmaximierungsprinzips handeln, konsequent, auf die Liquidation des Unternehmens zu drängen.[370] Daher kann diese Verhältniskennzahl für die unternehmerischen

---

[369] Es muß allerdings in diesem Zusammenhang beachtet werden, dass eine entsprechende negative Wertentwicklung nicht zwangsläufig einer Krisengefahr gleichkommt. So kann bspw. die Änderung eines Steuersatzes oder der Kapitalstruktur einen entsprechenden Rückgang zur Folge haben, der aber nicht gleichzeitig eine Verschlechterung der wirtschaftlichen Lage im Sinne einer krisenhaften Entwicklung impliziert.

[370] Bei der Berechnung bzw. Interpretation dieser Verhältniskennzahl muß folgendes berücksichtigt werden: Die DCF-Methoden berücksichtigen bei der Wertermittlung sowohl FK-Kosten als auch EK-Kosten. Die EK-Kosten werden dabei in beschriebener Form i.d.R. über das CAPM berechnet, d.h. sie setzen sich aus einer risikolosen Rendite und einer spezifischen Risikoprämie (aufgrund der Unsicherheit der erwarteten Zahlungsflüsse) zusammen. Möchte man tatsächlich das Verhältnis zwischen DCF und Liquidationswert als Indikator einer nachhaltig gewährleisteten Existenzsicherung interpretieren, so muß implizit unterstellt werden, dass zum einen im Falle einer Liquidation ein bestimmter Verkaufserlös sicher erzielt werden kann und zum anderen, dass dieser Erlös genau zu dem Zins für risikofreie Anlagen, d.h. mit der bei dem CAPM unterstellten risikolosen Rendite, am Markt angelegt werden kann. Erst unter diesen Voraussetzungen wird die dargelegte Verhältniskennzahl als relevanter Entscheidungsparameter für die Eigentümer und damit als Indikator einer Unternehmensfortführung bzw. einer nachhaltigen Existenzsicherung relevant. Dies ist einleuchtend, denn wenn der Eigentümer aus seinem gegenwärtig aus einer Liquidation erzielten Erlös am Markt nur eine geringere, als die bei der DCF-Berechnungsmethodik unterstellte sichere Rendite erzielen könnte, so würde die Be-

Entscheidungsträger als aussagekräftiger Kontrollwert der Unternehmensentwicklung im Rahmen der Früherkennungsmaßnahmen nach § 91 Abs. 2 AktG Anwendung finden. Sollte τ gegen eins konvergieren, so ist der langfristige Fortbestand des Unternehmens im Sinne der Gesetzesformulierung gefährdet. Bei einer entsprechenden Wertentwicklung des Unternehmens ist es dann erforderlich, diesbezüglich weitere Früherkennungsschritte zu initiieren, um deren Ursachen zu erforschen. Insbesondere gilt es zu eruieren, welche Unternehmensbereiche in welchem Maße und aus welchen Gründen zu der negativen Wertentwicklung beitragen.[371]

4. Periodisches Controlling der Wertbeiträge

Das Gebot der Früherkennung impliziert, dass die oben beschriebenen Ansatzpunkte der Risikoerfassung im Rahmen eines periodischen Controlling Anwendung finden. Dies bedeutet, dass in regelmäßigen Abständen eine Portfolio-Analyse durchzuführen ist, also sämtliche Geschäftsfelder einer revolvierenden Bewertung unterzogen werden.[372] Wie oben dargestellt, lassen sich i.d.R. erst durch einen entsprechenden Zeitvergleich Aussagen hinsichtlich einer nachteiligen Entwicklung und damit korrespondierend, einer sich ggf. abzeichnenden Bestandsgefährdung ableiten. Dieses Vorgehen entspricht idealtypisch einem umfassenden strategischen Controlling auf Geschäftsfeld- und Unternehmensebene. Mithilfe der wiederholt durchzuführenden Wertanalyse wird auf diesem Weg im Idealfall die Wertauswirkung einzelner implementierter Strategien i.S.d. § 91 Abs. 2 AktG unter Risikoaspekten isolier- und quantifizierbar. Hieran können ggf. Gegen- und Korrekturmaßnahmen anknüpfen. Es kann so eine zukunftsorientierte Überwachung der generierten Frühwarnindikatoren im Sinne eines Feedforwards stattfinden, um Abweichungen schon in einem möglichst frühen Stadium der Strategierealisierung zu identifizieren, was explizit dem Normzweck des § 91 Abs. 2 AktG entspricht.

Die Wertanalyse bildet nach diesem Verständnis bei der Konfiguration des Gesamtkomplexes der Früherkennungsmaßnahmen nach § 91 Abs. 2 AktG eine rahmenartige Ausgangsbasis in Form einer Globalanalyse der ökonomischen Situation. Auf der Basis ihrer Ergebnisse lassen

---

rechnung der Verhältniskennzahl τ auf einer inkonsistenten Verfahrensweise beruhen. Die im kapitalmarkttheoretischen Modell unterstellte sichere Rendite muß hier insofern auch für die Anlage des erzielbaren Liquidationswerts zugrundegelegt werden. Andernfalls kann kein entscheidungsrelevanter Vergleich eines auf der Basis investitions- und kapitalmarkttheoretischer Überlegungen abgeleiteten dynamischen Werts mit einem statischen Unternehmenswert erfolgen.

[371] Hierbei sei unterstellt, dass die Abwärtsbewegung von τ nicht durch einen steigenden Liquidationswert bedingt ist.

[372] Vgl. Busse v. Colbe (1997): S. 285, Wolbert (1999): S. 110.

sich in einem zweiten Schritt weitere Früherkennungsschritte im Sinne flankierender Detailanalysen ableiten. Hierfür müssen die Analyseergebnisse mit den Implikationen der übergeordneten Risikostrategie abgestimmt werden.[373] Die Wertanalyse erwächst zum Bindeglied der risikopolitischen Grundsätze.[374]

5. Abgeltung möglicher Bestandsgefährdungen aus Dritthaftungsansprüchen im Zuge einer fehlerhaften Ad-hoc-Berichterstattungspraxis

Nach § 15 WpHG sind kursrelevante Tatsachen in Form sogenannter Ad-hoc-Meldungen unverzüglich zu veröffentlichen.[375] Welche potenziell kursrelevanten Informationen dabei meldepflichtig sind, ist umstritten.[376] Der Tatbestand der Kursrelevanz wird nach h.M. dann als gegeben angenommen, wenn eine Kursbewegung gegenüber dem Status quo i.H.v. 5% zu erwarten ist.[377]

Das 4. Finanzmarktförderungsgesetz wurde am 22.03.2002 vom Deutschen Bundestag beschlossen. In den durch das Artikelgesetz neu eingefügten §§ 37b und 37c WpHG wird eine kapitalmarktrechtliche Haftung für unterlassene oder unrichtige Ad-hoc-Mitteilungen statuiert. Die Haftung wird auf vorsätzliches und grob fahrlässiges Handeln begrenzt.[378] Die Inanspruchnahme erfolgt gegenüber dem Unternehmen selbst.[379] Eine Schadensersatzpflicht soll durch unterlassene, verspätete oder unrichtige Mitteilungen über kursrelevante Tatsachen ausgelöst werden. Die Folge kann sein, dass durch Fehler im Bereich der Ad-hoc-

---

[373] Vgl. zu den zwingend festzulegenden Parametern einer Risikostrategie Dörner/ Doleczik (2000): S. 202 sowie die Ausführungen oben auf S. 56ff.

[374] So kann bspw. aufgrund eines identifizierten hohen Zins-, Währungs- oder Rohstoffrisikos in bestimmten Geschäftsfeldern die Notwendigkeit des Einsatzes spezieller finanzwirtschaftlicher Hedging-Instrumente indiziert werden. Deren Einsatz entspricht zwar dem Charakter einer Risikobewältigungsmaßnahme, er erfordert aber gleichzeitig nachgelagerte weitere Früherkennungsmaßnahmen, die speziell auf finanzwirtschaftliche Risiken in diesem Bereich ausgerichtet sind.

[375] Der Zweck der Ad-hoc-Publizität besteht einerseits in der Unterbindung unerwünschten Insiderhandels und andererseits in der Ergänzung der börsenrechtlichen Regelpublizität, wodurch die generelle Funktionsfähigkeit des Kapitalmarktes gesichert werden soll. Vgl. hierzu Krause (2002): S. 800f.

[376] Umstritten ist u.a., ob die kursrelevante Information auschließlich aus dem betroffenen Unternehmen selbst stammen muß, oder ob bspw. auch Auswirkungen von politischen oder konjunkturellen Ereignissen auf die Gesellschaft meldepflichtig sind. Vgl. hierzu u.a. Strieder (2002): S. 737, Fleischer/ Kalss (2002): S. 329ff. sowie Krause (2002): S. 802f.

[377] Vgl. Strieder (2002): S. 737, Assmann (1995b): Rz. 33 zu § 13 WpHG, Geibel (1999): Rz. 97 zu § 15 WpHG.

[378] Die Operationalisierung des Begriffs der groben Fahrlässigkeit für diesen Bereich dürfte allerdings zu Schwierigkeiten gereichen, da sich die Ad-hoc-Mitteilungen in aller Regel durch Eilbedürftigkeit und eine unsichere Tatsachengrundlage auszeichnen. Vgl. hierzu Spindler (2002): S. 1580.

[379] Anspruchsberechtigt sind nach § 37b bzw. § 37c WpHG zum einen geschädigte Aktionäre, die Papiere der Gesellschaft nach einer unterlassenen bzw. fehlerhaften Veröffentlichung erwerben und bei Bekanntwerden der Unterlassung respektive des Tatbestands einer Unrichtigkeit noch Inhaber sind. Zum anderen sind auch Aktionäre anspruchsberechtigt, die Wertpapiere vor dem Eintritt der berichtspflichtigen Tatsache erwerben und nach der Unterlassung veräußern bzw. die Papiere vor der Veröffentlichung erwerben und vor dem Bekanntwerden der Unrichtigkeit der Tatsache veräußern.

Berichterstattung Ersatzansprüche in einem solch hohen Ausmaß entstehen, die ein ohnehin bereits in Schwierigkeiten befindliches Unternehmen in eine bestandsgefährdende Krise führen.[380]

Diese Gefahr einer existenzgefährdenden Haftungsinanspruchnahme der Gesellschaft infolge einer fehlerhaften Ad-hoc-Berichterstattungspraxis kann als regulatorische Risikoposition i.S.d. § 91 Abs. 2 AktG gewertet werden.[381] Die rechtzeitige Aufdeckung kursrelevanter Entwicklungen bzw. Einflüsse wird aufgrund der skizzierten Haftungsverschärfung existentieller Selbstzweck. Die Wertanalyse kann damit über die Sicherung einer entsprechend regelmäßigen und konsistenten Bewertungspraxis implizit als Instrument zur Früherkennung regulatorischer Risiken in diesem Bereich interpretiert werden.

6. Zwischenergebnis

Die wesentlichen Bezugsobjekte einer wertorientierten Risikofrüherkennung nach § 91 Abs. 2 AktG in der skizzierten Form bilden strategische und regulatorische Risikopositionen.[382] In diesem Bereich verspricht das vorgestellte Instrumentarium zahlreiche Ansatzpunkte zur Identifikation nachteiliger Entwicklungen sowie zur Quantifizierung des diesbezüglichen Gefährdungspotenzials. Eine detaillierte Analyse bspw. operativer Risiken ist hiermit allerdings nicht möglich, obgleich im Idealfall entsprechende Einflussgrößen bei der Projektion der Cash-Flows unter Unsicherheitserwägungen bereits mitberücksichtigt werden.

Die Durchführung einer Wertanalyse stellt zwar einen möglichen Basisansatz zur Abgeltung der Risikokontrollpflichten nach § 91 Abs. 2 AktG dar. Sie ist jedoch ihrerseits i.S.d. Gesetzesanforderungen nicht ausreichend und bedarf ergänzender Maßnahmen. Im folgenden wird der Aufsichtsrat als Überwachungsträger der risikoorientierten Vorstandsdispositionen in die Betrachtung mitaufgenommen. Während in diesem Kapitel die grundsätzlichen Ansatzpunkte einer Wertanalyse zu Früherkennungszwecken beschrieben wurden, wird im folgenden der tatsächlich gebotene Umfang und die zu fordernde Intensität diesbezüglicher Früherkennungsmaßnahmen unter Berücksichtigung haftungsrechtlicher Gesichtspunkte näher analysiert.

---

[380] Vgl. Nehring (2001): S. 135.

[381] Vgl. zur Charakterisierung dieser Risikokategorie die Ausführungen oben auf S. 60.

[382] Gemäß der oben dargelegten Systematisierung der Risikopositionen werden mit der Durchführung einer Wertanalyse darüberhinaus auch konzernspezifische Risiken in Form von Abweichungen von dem konzernweit festgelegten strategischen Zielkorridor erfasst, die ihrem Gehalt nach ebenfalls als strategische Risiken i.S.d. hier geführten Kategorisierung zu klassifizieren sind. Vgl. hierzu die Definition konzernspezifischer Risiken oben auf S. 61.

III. Risikofrüherkennung nach § 91 Abs. 2 AktG als Bezugsobjekt der Aufsichtsratsüberwachung - zur Bedeutung des haftungsrechtlichen Rahmens für eine verbesserte Corporate Governance

A. Der Aufsichtsrat als gesellschaftsrechtliches Überwachungsorgan und seine risikoorientierte Kontrollpflicht nach §§ 111 Abs. 1, 91 Abs. 2 AktG - ein Problemaufriss

1. Die zentrale Überwachungsnorm des § 111 Abs. 1 AktG

Die organisationsrechtliche Stellung und der Kompetenzbereich des Aufsichtsrats wird in einer Vielzahl von Organisationsnormen des AktG statuiert. Die einzelnen Vorschriften sind aber wenig konkret. Die formalen Handlungserfordernisse und Schwerpunkte seiner Arbeit werden durch die Gesetzesbestimmungen lediglich im Sinne von Grenzsteinen markiert.[383] Nach ganz überwiegender Meinung im Schrifttum und gefestigter Rechtsprechung ist es gemäß § 111 Abs. 1 AktG die oberste Aufgabe des Aufsichtsrats, die dem Vorstand gesetzlich auferlegten Geschäftsführungspflichten zu überwachen.[384] Der konkrete Überwachungsumfang ist hierbei insbesondere aus den zugewiesenen Kompetenzen, der Geschäftsführungsaufgabe des Vorstands gemäß § 76 AktG sowie den Berichtspflichten des Vorstands nach § 90 AktG abzuleiten.[385]

Die Geschäftsführung als funktionales Bezugsobjekt der Überwachungspflicht nach § 111 Abs. 1 AktG umfasst sowohl die strategische als auch die operative Unternehmensführung.[386] Der Vorstand trägt im Zuge seiner Leitungsfunktion nach § 76 Abs. 1 AktG die Verantwortung für die erfolgreiche Entwicklung und Festigung der Überlebensfähigkeit der Unternehmung.[387] Auf der Basis kundenrelevanter, konkurrenzüberlegener Potenziale des Unternehmens sollen langfristig ertragsstarke Produkt-Markt-Kombinationen generiert, hierdurch eine angemessenen Kapitalrendite erzielt und die ständige Zahlungsbereitschaft gesichert werden.

---

[383] Vgl. Semler (1996): S. 55, Salzberger (2000): S. 759, kritisch dazu Theisen (1987): S. 211f.

[384] Vgl. BGH (1991), Thümmel (1998): S. 100, Mertens (1996b): Rz. 11 zu § 111 AktG, Hüffer (2002): Rz. 4ff. zu § 111 AktG, Semler (1980): S. 68. Ob der Wortlaut des § 111 Abs. 1 AktG die Verpflichtung zu einer Funktionskontrolle oder Organkontrolle meint, wird in der rechtswissenschaftlichen Literatur unterschiedlich beantwortet. Eine Problematisierung dieser Fragestellung erfolgt an dieser Stelle aber mit dem Hinweis nicht, dass Funktion und Organ letztlich zusammenfallen. Vgl. ebenso Lutter/ Krieger (2002): S. 24 mit FN 1.

[385] Außerdem ist noch die Schranke des § 111 Abs. 4, S. 1 AktG zu berücksichtigen. Vgl. Semler (1996): S. 284.

[386] In welcher Intensität der Aufsichtsrat allerdings zur Kontrolle strategischer Dispositionen des Vorstands verpflichtet ist, wird in der rechtswissenschaftlichen Literatur unterschiedlich beurteilt. Der diesbezügliche Dissens wird im folgenden noch ausführlich analysiert und gewürdigt. Vgl. hierzu die Ausführungen unten auf S. 152ff.

[387] Vgl. Semler (1996): S. 9ff., Roth (2001): S. 8f.

Die Überwachungspflicht des Aufsichtsrats umfasst nur solche Vorstandsdispositionen, die eine besondere Bedeutung für die Führung der Gesellschaft beinhalten. Hierunter fallen regelmäßig die unternehmensleitenden Maßnahmen des Vorstands gemäß § 76 AktG sowie wesentliche Einzelmaßnahmen von bedeutsamem Inhalt.[388] Zur Konkretisierung des Überwachungsumfangs werden vor allem die Berichtspflichten des Vorstands nach § 90 Abs. 1 AktG herangezogen.[389] Legt man diese Bestimmung zugrunde, erstreckt sich die Überwachungstätigkeit im Kern auf:

1. Die Planung der beabsichtigten Geschäftspolitik und andere grundsätzliche Fragen der Unternehmensplanung, insbesondere die Finanz-, Investitions- und Personalplanung (§ 90 Abs. 1, Nr. 1 AktG)
2. Die Rentabilität der Gesellschaft, insbesondere die Rentabilität des Eigenkapitals (§ 90 Abs. 1, Nr. 2 AktG)
3. Den Gang der Geschäfte (insbesondere Umsatz und Lage der Gesellschaft) und Einzelgeschäfte, die für die Rentabilität oder Liquidität der Gesellschaft von erheblicher Bedeutung sein können (§ 90 Abs. 1, Nr. 3 + 4 AktG)

Der Aufsichtsrat ist in diesem Kontext nach h.M. nicht nur zur Kontrolle der in der Vergangenheit erfolgten Geschäftsführungstätigkeit verpflichtet (ex-post-Kontrolle), sondern hat auch die laufende und vor allem die zukünftige Geschäftsführung in die Überwachung miteinzubeziehen (ex-ante-Kontrolle).[390]

Die Aufsichtspflicht in einer Konzernobergesellschaft erstreckt sich zusätzlich zu der aus § 76 Abs. 1 AktG abgeleiteten Geschäftsführung der Einzelunternehmung auch auf die Konzernleitung des Vorstands.[391] Letztere beinhaltet die Aufgabe, unter Beachtung der Interessen der Gesellschaft sowie der konzernrechtlichen Restriktionen die einzelnen Konzernunternehmen sowie den Konzern als ganzes zielorientiert zu steuern und zu überwachen. Für den Aufsichtsrat erweitert sich demzufolge der Überwachungsgegenstand um Aspekte der Konzernfüh-

---

[388] Vgl. Hüffer (2002): Rz. 2f. zu § 111 AktG, Lutter/ Krieger (2002): S. 24, Hoffmann-Becking (1988): Tz. 22 zu § 29.

[389] Vgl. Hüffer (2002): Rz. 3 zu § 111 AktG, Semler (1996): S. 65.

[390] Der Bundesgerichtshof spricht von einer „in die Zukunft gerichteten Kontrolle“, BGH (1991). Vgl. hierzu auch Mertens (1996): Rz. 11 zu § 111 AktG, Hüffer (2002): Rz. 5 zu § 111 AktG, Lutter/ Kremer (1992): S. 87, 89, Frerk (1995): S. 212ff. sowie Hoffmann (1995): S. 201ff.

[391] Vgl. Scheffler (1994): S. 793ff. Grundsätzlich ergibt sich im Unterordnungskonzern sowohl eine erweiterte Aufsichtspflicht des Aufsichtsrats in der Ober-, als auch in einer Untergesellschaft. Vgl. zu der erweiterten Überwachungsaufgabe in einer herrschenden Aktiengesellschaft Semler (1996): S. 260ff. sowie zu der in einer abhängigen Gesellschaft ebenda: S. 279f.

rung.[392] Das Ausmaß der zusätzlichen Überwachungsaufgabe bestimmt sich nach der Organisation des Konzerns sowie der Art und dem Umfang der Konzernierung.[393]

2. Die Überwachungspflicht nach §§ 111 Abs. 1, 91 Abs. 2 AktG als konkretisierungsbedürftiger offener Pflichtenstandard

Gemäß § 111 Abs. 1 AktG obliegt dem Aufsichtsrat die Überwachung der Vorstandsgeschäftsführung. Die Vorstandsmaßnahmen nach § 91 Abs. 2 AktG sind nach h.M. als spezifizierte Leitungsmaßnahmen des Vorstands gemäß § 76 AktG zu qualifizieren und damit überwachungspflichtig, auch wenn dies nicht als eigenständiger Rechtssatz kodifiziert wurde.[394] Dies ergibt sich einerseits aus dem Wortlaut der Regierungsbegründung und andererseits aus der prüfungsrechtlichen Abfolge in diesem Bereich:[395] Gemäß § 317 Abs. 4 AktG ist der Abschlussprüfer bei Gesellschaften amtlicher Notierung zu einer Prüfung der Maßnahmen nach § 91 Abs. 2 AktG auf Sachgerechtigkeit und Funktionsfähigkeit und darauf aufbauend zu einer Berichterstattung der Ergebnisse an den Aufsichtsrat verpflichtet.[396] Damit ergibt sich implizit auch die gesetzliche Zuordnung des Risikofrüherkennungssystems als Überwachungsgegenstand des Aufsichtsrats.

Die juristischen und betriebswirtschaftlichen Implikationen hinsichtlich der Form und des Umfangs der Überwachungstätigkeit in diesem Bereich sind nicht abschließend geklärt. Konkretisierungsbedarf besteht bspw. dahingehend, ob der Aufsichtsrat nur Vorstandsmaßnahmen aus § 91 Abs. 2 AktG oder aber auch Dispositionen in diesem Bereich von Organisationsstufen unterhalb der Geschäftsführung überwachen muß.[397] Uneinigkeit besteht weiterhin darin, ob der Aufsichtsrat tatsächlich in die Früherkennung bestandsgefährdender Entwicklungen nach § 91 Abs. 2 AktG zu involvieren ist, oder ob er nur dazu verpflichtet ist, zu gewährleisten, dass auf der Grundlage des zu errichtenden Systems Bestandsgefährdungen rechtzeitig

---

[392] Ferner ergeben sich besondere Pflichten für Aufsichtsräte abhängiger Gesellschaften, die den Schutz der Aktionäre betreffen aus den §§ 310, 318 AktG. Hier sind die Abhängigkeiten von anderen Konzernunternehmen und die Einflussmaßnahmen der Obergesellschaft zusätzlich überwachungsrelevant. Vgl. Scheffler (2000): S. 842f., Mutter (1994): S. 95f.

[393] Vgl. Semler (1996): S. 233ff., S. 271ff., Hommelhoff (1998): S. 339ff., Hoffmann-Becking (1995): S. 326ff.

[394] Vgl. u.a. Franz (2000): S. 62, Claussen/ Korth (2001): S. 329, Schichold (2001): S. 439, Pahlke (2002): S. 1680ff., Salzberger (2000): S. 756ff., Hommelhoff/ Mattheus (1998): S. 251f., Feddersen (2000): S. 388, Theisen (2003a): S. 1426f.

[395] Vgl. BMJ (1997): S. 37, Claussen/ Korth (2001): S. 329, Feddersen (2000): S. 388.

[396] Vgl. zu dem diesbezüglichen Pflichtenkreis des Abschlussprüfers ausführlich die Darlegungen unten auf S. 188ff.

[397] Vgl. zum diesbezüglichen Meinungsstand u.a. Henze (2000): S. 214.

erkannt werden können.[398] Ferner besteht Klärungsbedarf dahingehend, in welcher Weise sich das zum Einsatz gelangende Überwachungsinstrumentarium des Aufsichtsrats konstituieren kann bzw. muß.[399]

Auf der Basis der offengelegten Auslegung des Gesetzesabschnitts ergibt sich bereits, dass der Aufsichtsrat im Hinblick auf § 91 Abs. 2 AktG keine Maßnahmen der Risikobewältigung durch den Vorstand beurteilen muß.[400] Totzdem ist der Aufsichtsrat im Kontext der allgemeinen Überwachungsnorm aus §§ 111 Abs. 1, 76 AktG dazu verpflichtet, Risikobewältigungsmaßnahmen des Vorstands zu fordern bzw. zu überwachen, wenn die Notwendigkeit zur Einleitung diesbezüglicher Schritte durch ein funktionierendes Früherkennungssystem angezeigt wird. An dieser Stelle zeigt sich wiederholt, dass eine Abgrenzung der im Zusammenhang mit der Gesetzesneuregelung induzierten speziellen, systemgebundenen Überwachungspflicht von der allgemeinen Überwachungsverantwortung, die auch Maßnahmen der Risikobewältigung umschließt, schwierig ist. Diese Abgrenzung ist aber vor dem Hintergrund haftungsrechtlicher Gesichtspunkte u.U. bedeutsam, wie zu zeigen sein wird.

3. Verhaltensunsicherheiten aus Informationsasymmetrien im Kontext der Vorstandsüberwachung nach §§ 111 Abs.1, 91 Abs. 2 AktG

Die durch die Gesetzgebung unbestimmt formulierte Überwachungsnorm des § 111 Abs. 1 AktG wurde in Anlehnung an die h.M. in der rechtswissenschaftlichen Literatur präzisiert. Die Überwachungspflicht der Vorstandsmaßnahmen nach § 91 Abs. 2 AktG wurde als konkretisierungsbedürftiges, spezielles Teilgebiet der Aufsichtsratsüberwachung gemäß § 111 Abs. 1 AktG eingeordnet. Das diesbezügliche Überwachungsgebot verkörpert für den Aufsichtsrat in der Gesamtsicht angesichts der bislang ungeklärten rechtlichen Implikationen einen Pflichtenstandard mit geringem Bestimmtheitsmaß. Unter Zugrundelegung der in Kapitel 1 dargelegten Verhaltensprämissen im Prinzipal-Agent-Modell resultieren für die Gewährleistung eines angemessenen Niveaus der Aufsichtsratstätigkeit in diesem Bereich verschiedene Problemkreise, die im folgenden strukturiert werden.

---

[398] Dies kann als offene Rechtsfrage qualifiziert werden. Vgl. zu dem diesbezüglichen Meinungsstreit u.a. Claussen/ Korth (2001): S. 330f., Hachmeister (1999): S. 1457f., Hommelhoff/ Mattheus (1998): S. 251, zum möglichen Umfang der Überwachungspflichten insbesondere auch die Beiträge von Salzberger (2000), Gernoth (2001) sowie Pahlke (2002). Im anschließenden Kapitel 4 wird für die weiterführende Analyse haftungsrechtlicher Anforderungen im Kontext der Überwachungsdurchführung diesbezüglich ein weites Rechtsverständnis der zu fordernden Überwachungsreichweite zugrundegelegt. Vgl. hierzu die Ausführungen unten auf S. 152ff.

[399] Vgl. Schichold (2001): S. 402ff., Pahlke (2002): S. 1685ff. sowie Gernoth (2001): S. 299ff.

[400] Vgl. hierzu die Ausführungen oben auf S. 53ff. sowie insbesondere Schichold (2001): S. 398ff., Hommelhoff/ Mattheus (2000a): S. 14.

a) Das Problem einer adverse selection infolge hidden characteristics

Das Aktiengesetz fordert keine spezifischen fachlichen Voraussetzungen für die Übernahme eines Aufsichtsratsmandats. Jedes potenzielle Gremiumsmitglied ist allerdings dazu verpflichtet zu prüfen, ob es die notwendigen Mindestkenntnisse und –fähigkeiten, die das Amt seiner Art nach erfordert, besitzt oder sich anzueignen in der Lage ist.[401] Das Fehlen einer konkreten gesetzlichen Vorgabe im Sinne einer institutionalisierten Operationalisierung der fachlichen Voraussetzungen sowie eines festen Ausbildungsweges wie bspw. bei Wirtschaftsprüfern forciert aus theoretischer Perspektive die Gefahr einer *adverse selection*. Es können Bewerber für den Posten ausgewählt werden, die als Agent nicht die erwünschten fachlichen Eigenschaften aufweisen. Im Hinblick auf die Verantwortung aus §§ 111 Abs. 1, 91 Abs. 2 AktG steht insbesondere zu befürchten, dass Personen mit der risikoorientierten Kontrollpflicht betraut werden, die aufgrund mangelnder Kenntnisse im Bereich der betriebswirtschaftlichen Strategielehre die strategischen Dispositionen der Unternehmensleitung mit den ihnen immanenten strategischen Risiken nicht sachgerecht auf ihr Gefahrenpotenzial hin beurteilen können. Die Unsicherheit einer *adverse selection* des Aufsichtsrats-Agenten muß sich aber nicht nur auf einen Mangel an Fachkenntnissen beschränken. Hinzu tritt die Gefahr einer Auswahl von Räten, die nicht die persönlichen Voraussetzungen zur Ratsmitgliedschaft besitzen. Eine verborgene persönliche Eigenschaft in diesem Sinne ist etwa ein grundsätzliches Defizit an Integrität.

b) Problemfälle eines moral hazard infolge hidden actions und hidden informations

Unter der Annahme, dass der Aufsichtsrat im Rahmen seiner Überwachungstätigkeit eine Nutzeneinbuße erfährt, die er als Arbeitsleid proportional zu dem Umfang und der Intensität seiner Überwachungsaktivitäten interpretiert, ergibt sich für ihn der Anreiz, seiner Überwachungspflicht gemäß § 111 Abs. 1 AktG nicht auf einem hinreichenden Niveau nachzukommen. Die Verhaltensunsicherheit eines *moral hazard* aus *hidden actions* ergibt sich durch die defizitären Überwachungsmöglichkeiten und fehlende Ressourcenplastizität seitens der Prinzipale. Der Arbeitseinsatz der Räte kann nur unzureichend beurteilt werden. Zwar erlangen die Prinzipale Kenntnis über die Handlungsergebnisse des Agenten-Aufsichtsrats, bspw. in Form des Abschlussberichts des Aufsichtsrats gemäß § 171 Abs. 2 AktG, wonach dieser u.a. darzulegen hat, in welcher Art und in welchem Umfang er die Geschäftsführung der Gesellschaft während des Geschäftsjahres geprüft hat. Allerdings können die Prinzipale zum einen

[401] Vgl. BGH (1982b), Götz (1995): S. 345. Konkret gemeint ist hiermit die Fähigkeit, die normalerweise anfallenden Geschäftsvorfälle ohne fremde Hilfe verstehen und sachgerecht beurteilen zu können.

nicht die tatsächliche Intensität und damit die Qualität der Überwachung nachvollziehen und zum anderen wissen sie nicht um die möglichen exogenen Umwelteinflüsse, die mit den Handlungsergebnissen in einer kausalen Beziehung stehen.[402] Weiterhin kann auch ein *hidden information*-Problem mit der damit einhergehenden Gefahr eines *moral hazard* identifiziert werden. Da der Aufsichtsrat die Möglichkeit besitzt, den Prinzipalen Informationen über seine Handlungsalternativen während der Überwachungstätigkeit vorzuenthalten, erwächst die Gefahr, dass bspw. bestimmte Symptome einer wirtschaftlichen Fehlentwicklung bzw. offensichtliche Verfehlungen der Geschäftsführung im Maßnahmenbereich des § 91 Abs. 2 AktG bewusst ignoriert werden, um keinen weiterführenden, arbeitsintensiven Detailüberwachungsprozess einleiten zu müssen.[403]

c) Die Problematik eines hold up infolge hidden intentions

Für die Prinzipale entsteht in der Modellbetrachtung desweiteren die Gefahr, dass der Aufsichtsrat im Zeitpunkt des Vertragsabschlusses verborgene Handlungsabsichten besitzt, die er im Verlauf der Leistungsbeziehung opportunistisch zum Nachteil der Prinzipale realisiert. Die Gefahr eines *hold up* in diesem Bereich liegt insbesondere in der potenziellen Koalitionsbildung des Rats mit weiteren Überwachungsträgern begründet.

De facto erfolgt üblicherweise in der Hauptversammlung der Vorschlag zur Wahl der Ratsmitglieder bzw. zur Mandatsverlängerung durch den Vorstand der Gesellschaft. Der Rat steht also realiter regelmäßig in einem Abhängigkeitsverhältnis gegenüber der Partei, deren Kontrolle ihm obliegt.[404] Unter den getroffenen Verhaltensannahmen muß als Konsequenz die Formation einer Interessengemeinschaft in kollusiver Absicht zwischen Agenten-Aufsichtsrat und Vorstand befürchtet werden. Dies kann dazu führen, dass offenkundige Mängel im Bereich des Risikofrüherkennungssystems seitens des Aufsichtsrats nicht angemahnt werden. Eine Koalitionsbildung muß auch zwischen Aufsichtsrat und Prüfer in Betracht gezogen werden. Es erwächst angesichts der Ressourcenabhängigkeit des Prüfers vom Aufsichtsrat, die aus der gesetzlichen Bestellungsregelung des Prüfers resultiert, die Gefahr, dass die Ratsmit-

[402] Bspw. könnte die Aufdeckung eines Fehlers in der Geschäftsführung weniger der intensiven Kontrolle der Ratsmitglieder zuzuschreiben sein, als vielmehr dem zufälligen Zusammentreffen verschiedener Ereignisse, die die erfolgten Verfehlungen augenscheinlich machen.

[403] Die Ursache eines entsprechenden *moral hazard* im Sinne einer bewussten Unterlassung weiterführender Überwachungsschritte kann auch in der potenziellen Koalitionsbildung mit dem Vorstand liegen, die im folgenden Abschnitt unter der *hidden intentions*-Problematik beschrieben wird. Der Aufsichtsrat unterlässt dann weiterführende Maßnahmen, weil er seinem Koalitionspartner nicht schaden möchte.

[404] Vgl. bspw. Bernhardt (1995): S. 314, S. 316, Lutter (1995a): S. 301, Reichelt (1998): S. 186f. sowie zu einer möglichen Interessengemeinschaft zwischen diesen Parteien auch Stegemeyer (2001): S. 124f.

glieder Einfluss auf dessen Tätigkeit und Urteilsbildung nehmen.[405] Im Kontext der Maßnahmen nach § 91 Abs. 2 AktG steht insbesondere zu befürchten, dass im Prüfungsprozess ermittelte Systemmängel nicht durch den Prüfer hinterfragt bzw. im Prüfungsbericht vermerkt werden, wenn der Aufsichtsrat eine kollusive Gemeinschaft mit dem Vorstand bildet und kollegiale Verschonung betreiben möchte.

Die Gefahr eines *hold up* resultiert außerdem aus einer möglichen Befangenheit von Ratsmitgliedern. So ist insbesondere die übliche Bestellungspraxis ehemaliger Vorstandsmitglieder in den Aufsichtsrat aus theoretischer Perspektive zu kritisieren.[406] Es muß befürchtet werden, dass ehemals mitgetragene Entscheidungen im Bereich der Geschäftsführung, bspw. in Form strategischer Weichenstellungen, keiner fortwährend kritischen Reflexion durch den jeweils betroffenen Aufsichtsrat-Agenten ausgesetzt sein werden, denn eine Revision der ehemals gewählten Grundausrichtung würde über negative Reputationseffekte nutzenmindernd wirken. Insbesondere die ordnungsgemäße Überwachung strategischer Risikopositionen i.S.d. § 91 Abs. 2 AktG könnte vor diesem Hintergrund gefährdet sein. Das empirisch nachweisbare Phänomen der Gepflogenheit, vom Vorstand in den Aufsichtsrat zu wechseln, kommt damit einer Konterkarierung der Idee der dualistischen Unternehmensverfassung gleich, da das Grundprinzip der Trennung von Führung und Überwachung de facto ausgehöhlt wird.[407] Die aus Befangenheit resultierende, durch Illoyalität gegenüber den Prinzipalen geprägte Verhaltensweise in diesem Kontext kommt einer Koalitionsbildung mit dem Vorstand gleich.

Kritiker der gegenwärtigen Zusammensetzungspraxis hegen ferner auch Bedenken im Hinblick auf die quantitative Präsenz von Bankenvertretern in deutschen Aufsichtsratsgremien. Empirische Untersuchungen zeigen, dass diese durch Kumulation von Vollmachtsstimmrecht und Beteiligungsbesitz in der überwiegenden Mehrzahl deutscher Räte einen erheblichen Sitzanteil und damit einhergehend ein überragendes unternehmenspolitisches Einflusspotenzial wahren.[408] I.d.R. bestehen gleichzeitig geschäftspolitische Verflechtungen in Form von Kreditbeziehungen zwischen der entsendenden Bank und dem beaufsichtigten Unternehmen. Es erwächst die Gefahr von Machtmißbrauch dergestalt, dass die Bankenvertreter ihre Kontrolltätigkeit mehr im eigenen Interesse als Fremdkapitalgläubiger denn im Interesse der Ak-

---

[405] De lege lata ist der Aufsichtsrat gegenüber der Hauptversammlung zum Vorschlag eines Prüfungsunternehmens berechtigt und erteilt gemäß § 111 Abs. 2, S. 3 dem Abschlussprüfer den Prüfungsauftrag. Im Rahmen seines Vorschlagsrechts folgt er dabei häufig einer Empfehlung des Vorstands. Vgl. Stegemeyer (2001): S. 124f., Theisen (1995a): S. 193, Emmerich (1977): S. 227, Reichelt (1998): S. 214f.

[406] Vgl. hierzu kritisch auch Reichelt (1998): S. 193f., Clemm (1996): S. 272.

[407] Ebenso Hofmann (1990): S. 2337. Vgl. hierzu auch Dörner/ Oser (1995): S. 1087.

[408] Einen empirischen Beleg für die Bankenmacht in deutschen Aufsichtsräten liefert Hansen (1994). Vgl. kritisch zu diesem Phänomen u.a. Martens (2000): S. 10, Reichelt (1998): S. 233ff.

tionäre ausüben. D.h. es steht zu befürchten, dass Vorstandsentscheidungen durch den Aufsichtsrat-Agenten nicht im Hinblick auf die langfristige Prosperität respektive die Existenzsicherung der Unternehmung i.S.d. § 91 Abs. 2 AktG beurteilt werden, sondern dass die kurz- bis mittelfristige Rückführung der zur Disposition gestellten finanziellen Mittel der Banken im Vordergrund der Überwachung der Bankenvertreter steht.[409] Aus agency-theoretischer Sicht ist die Evidenz der von den Kritikern dargebrachten Problematik zu unterstreichen. Es erwächst aus Sicht der Anteilseiger-Prinzipale die Gefahr eines *hold up* infolge von *hidden intentions*, wenn die Bankenvertreter aufgrund der Interessen ihrer Arbeitgeber ex-ante eine Kontrolltätigkeit wider ihrer originären Überwachungsverantwortung nach §§ 111 Abs. 1, 91 Abs. 2 AktG intendieren.

4. Spezifikation und Analyse potenzieller Maßnahmen zur Ordnungsmäßigkeitssicherung der Vorstandsüberwachung nach §§ 111 Abs. 1, 91 Abs. 2 AktG

Im Vorkapitel wurden mögliche Gefahrenquellen für eine angemessene risikoorientierte Corporate Governance aus theoretischer Sicht systematisiert. Im folgenden werden verschiedene Reformvorschläge dargelegt und auf ihr Anreizsteuerungspotenzial hin untersucht, die sich unter dem Eindruck von Versäumnissen aktienrechtlicher Aufsichtsräte in der gesellschaftsrechtlichen Diskussion herausgebildet haben. Diese Vorschläge zielen auf eine Effizienzverbesserung der Aufsichtsratskontrolle nach § 111 Abs. 1 AktG im allgemeinen. Sie stellen damit gleichzeitig auch potenzielle Maßnahmen zur Ordnungsmäßigkeitssicherung der Vorstandsüberwachung nach §§ 111 Abs. 1, 91 Abs. 2 AktG als lex specialis der zentralen Überwachungsnorm dar.

a) Adaption der korporationsrechtlichen Lösung angelsächsischer Prägung

Die rechtliche Ausgestaltung der Führungsorganisation der Aktiengesellschaft als Prototyp der Großunternehmung manifestiert sich im internationalen Vergleich in zwei Grundmodellen: dem einstufigen Vereinigungsmodell („one-tier-Modell") und dem hierzulande vorgeschriebenen zweistufigen Trennungsmodell („two-tier-Modell").

---

[409] Vgl. ähnlich Berrar (2001): S. 233, Böhmer (1999): S. 15. Zur Problematik der Entsendung von Bankenvertretern in deutsche Aufsichtsräte vgl. auch ausführlich Kallfass (1996): S. 170f., Wenger/ Kaserer (1998): S. 499ff. sowie den Beitrag Wenger (1990).

Während im deutschen dualistischen System Geschäftsführung und Kontrolle institutionell getrennt erfolgen,[410] werden im Vereinigungsmodell diese Aufgaben auf ein einziges Gremium, im angelsächsischen Bereich dem „board of directors", übertragen.[411] Bemerkenswert an der korporationsrechtlichen Lösung angelsächsischer Prägung ist, dass dort im rechtlichen Rahmen eine weitestgehend außerhalb externer Kontrollmöglichkeiten stehende Machtomnipotenz einzelner Manager im „board" zugelassen wird. Im äußersten Fall kann eine Verschmelzung der Kontroll- und Exekutivebene erfolgen.[412]

Die Adaption des Vereinigungsmodells in Deutschland wird regelmäßig als gesellschaftsrechtlicher Reformvorschlag diskutiert.[413] Als Vorteil der „board-Verfassung" wird u.a. die verbesserte Möglichkeit zu schnellen unternehmenspolitischen Entscheidungen und der Wegfall eines „disparaten Informationsniveaus zwischen den Spitzenorganen"[414] angeführt.[415] Auch für die risikoorientierte Corporate Governance im Sinne der Überwachungsnorm aus §§ 111 Abs. 1, 91 Abs. 2 AktG könnte die Adaption des „one-tier-Modells" Effizienzgewinne versprechen. Vor dem Hintergrund unseres gewählten Modellrahmens wird eine nähere Betrachtung allerdings aus zwei Gründen obsolet:

1) Die Delegation der Überwachungsaufgabe seitens der Eigner an einen Aufsichtsrat erfolgt aus agency-theoretischer Perspektive zum Zweck der Disziplinierung eines eigennutzorientierten Managements. Im hier gewählten Modellrahmen soll primär das mögliche Fehlverhalten der Kontrolleure problematisiert werden. Die Einführung des Vereinigungsmodells würde von der gewählten Problemstellung wegführen, da das Kontrollgremium wegfiele.

2) Die in Deutschland gesetzlich verankerte Mitbestimmung ist mit einem monistischen Systemrahmen nicht ohne weiteres kompatibel. Aufgrund bestehender soziokultureller Struktu-

---

[410] Abgesehen von Deutschland findet man das dualistische Modell auch in Österreich, in Holland in der großen Aktiengesellschaft sowie in Frankreich, wo es auf freiwilliger Basis eingeführt werden kann.

[411] Die klassischen Nationen, in denen die Verwaltung durch einen „board" erfolgt, sind Großbritannien und die USA. Ferner findet sich ein monistisches System der Unternehmensüberwachung u.a. in Frankreich, Spanien, Italien, Kanada, Japan und Hongkong.

[412] Vgl. u.a. Berrar (2001): S. 37 sowie Reichelt (1998): S. 170f.

[413] Vgl. bspw. Witt (2000): S. 159ff., Reichelt (1998): S. 164ff., Bernhardt (1997): S. 804, Potthoff (1996): S. 253ff., Nirk (1996): S. 395 sowie die Beiträge Bleicher/ Leberl/ Paul (1989), Bleicher/ Paul (1986).

[414] Reichelt (1998): S. 165.

[415] Vgl. zu den (vermeintlichen) Vor- und Nachteilen auch Potthoff (1996): S. 253ff. sowie Berrar (2001): S. 37ff.

ren, der Historie und der geltenden Gesetzeslage kann der gegenwärtige „dualistische Status Quo" somit wohl als irreversibel gewertet werden.[416]

Im folgenden werden daher Vorschläge zur Verbesserung der Aufsichtsratsarbeit im Rahmen der bestehenden dualistischen Struktur fokussiert.

b) Innerorganisatorische und motivationsorientierte Ansätze zur Überwachungsintensivierung

(1) Sitzungshäufigkeit, Gremiengröße und Mandatsbeschränkung

Der aktienrechtliche Aufsichtsrat besteht aus mindestens drei Mitgliedern, wobei die Satzung eine höhere Zahl festsetzen kann. Allerdings existieren gesetzliche Vorgaben zur maximalen Größe des Aufsichtsratsgremiums, die sich am Grundkapital der Gesellschaft orientieren (§ 95 Abs. 1 AktG). Nach § 100 Abs. 2 AktG kann ein Aufsichtsratsmitglied höchstens zehn Mandate in Gesellschaften wahrnehmen, die gesetzlich zur Bildung eines Aufsichtsrats verpflichtet sind. Auf diese Höchstgrenze werden bis zu fünf Konzernsitze angerechnet (§ 100 Abs. 2, S. 2 AktG).[417] Ferner wird gesetzlich bestimmt, dass der Aufsichtsrat mindestens zweimal im Jahr, bei börsennotierten Gesellschaften mindestens viermal im Jahr zusammentreten muß (§ 110 Abs. 3 AktG).

In der öffentlichen Reformdiskussion wird regelmäßig eine striktere Mandatsbeschränkung, eine höhere obligatorische Sitzungshäufigkeit sowie eine verringerte Gremiengröße als nach geltender Gesetzeslage gefordert.[418] Die Befürworter dieser Reformvorschläge verweisen auf die oftmals festzustellende zeitliche Überforderung der Gremienmitglieder und versprechen sich durch eine Umsetzung insbesondere eine stärkere Identifikation mit der beaufsichtigten Gesellschaft und eine höhere Effektivität des Überwachungsorgans.

---

[416] Vgl. zu einer diesbezüglichen Einschätzung u.a. auch Reichelt (1998): S. 176, Theisen (1999a): S. 203ff. sowie die positive Wertung des zweistufigen Modells in der Gesamtsicht durch die *Regierungskommission Corporate Governance*. Vgl. hierzu Regierungskommission (2001): D 2.27.

[417] Vor Einführung des KonTraG im Jahre 1998 galten diesbezüglich noch andere Vorschriften zur Maximalzahl. Vgl. überblickhaft zu den Neuregelungen durch das KonTraG die Beiträge Böcking/ Orth (1998) sowie Lingemann/ Wasmann (1998). Mit Einführung des KonTraG wurde hierbei nicht nur die Höchstzahl möglicher Mandate herabgesetzt, es wurde ferner auch erstmals bestimmt, dass der Vorsitz in einem Aufsichtsrat doppelt auf die entsprechende kumulierte Mandatszahl anzurechnen ist (§ 100 Abs. 2, Nr. 3 AktG).

[418] Vgl. bspw. in der Konsequenz ihrer Ausführungen zur Notwendigkeit einer Professionalisierung der Aufsichtsratsarbeit Mattheus (1999): S. 712ff., Berrar (2001): S. 208ff., überblickhaft zu den diesbezüglichen Reformvorschlägen vor Umsetzung des KonTraG Reichelt (1998): S. 178ff.

Aus agency-theoretischer Sicht ist eine solche schärfere Regulierung nicht zur nachhaltigen Verbesserung der Corporate Governance geeignet. Unter den gesetzten Verhaltensannahmen ist sowohl eine Veränderung der vorgeschriebenen Sitzungshäufigkeit als auch der Gremiengröße und der Anzahl der Mandate weitestgehend unerheblich für die Qualität der Überwachungstätigkeit, da es keine dieser vorgeschlagenen Maßnahmen vermag, die opportunistischen Neigungen des Aufsichtsrats-Agenten präventiv zu unterbinden. Der Agent wird bspw. bei erhöhter Sitzungsfrequenz keinerlei qualitative Mehrarbeit leisten, sondern die zusätzlichen Treffen regelrecht „absitzen". Auch den mit einer Einschränkung der insgesamt übernommenen Mandate einhergehenden zusätzlichen zeitlichen Freiraum wird er kaum für eine qualitative Verbesserung seiner verbleibenden Mandatschaften nutzen, sofern ihm im Hinblick auf seine laxe Verhaltensweise keine Sanktionen drohen. Die angeregten regulierenden Gesetzesbestimmungen sind in diesem Sinn nicht anreizkompatibel.

(2) Vergütung der Aufsichtsratsarbeit

Die Vergütung der Aufsichtsratsarbeit wird in § 113 AktG behandelt.[419] Hiernach obliegt es der Hauptversammlung, ein Entgelt (jenseits etwaiger Auslagenerstattungen) für die Überwachungstätigkeit per Satzung oder Beschluß festzulegen. Grundsätzlich besteht demnach de lege lata kein zwingender Anspruch auf Vergütung. In der Regel wird dem Gremium eine Gesamtvergütung zugesprochen, die sich neben einem festen Grundsalär aus verschiedenen Komponenten zusammensetzen kann.[420]

Nach einer empirischen Studie für das Geschäftsjahr 1999 betragen die durchschnittlichen Bezüge deutscher Aufsichtsratsmitglieder DM 23.600 im Jahr.[421] Die Zahlungssummen variieren dabei in Abhängigkeit von der jeweiligen Unternehmung zwischen weniger als 10.000 DM p.a. und mehreren hunderttausend DM p.a.[422] In vielen Fällen besteht demnach eine auffällige Diskrepanz zwischen der immensen Verantwortung der Gremienmitglieder einerseits und ihrem als bescheiden zu qualifizierenden Entgelt.[423]

---

[419] Gemäß § 114 AktG können neben der grundsätzlichen Vergütung der Aufsichtsratsarbeit auch Sonderverträge mit einzelnen Gremiumsmitgliedern ausgehandelt werden, die eine zusätzliche Vergütung für Arbeiten regeln, die sich inhaltlich deutlich von der eigentlichen Aufsichtsratstätigkeit unterscheiden.

[420] In Betracht kommen zusätzlich zum Grundsalär etwa Gewinnbeteiligungen, Versicherungsentgelte, Provisionen etc. Nach oben hin wird die Vergütung begrenzt durch § 113 Abs. 1, S. 3 AktG, der ein angemessenes Verhältnis der Bezüge zur Aufgabe und zur Lage der Gesellschaft fordert.

[421] Vgl. Evers (2001). Einen Überblick über ältere Studien zur Vergütung deutscher Räte liefert Berrar (2001): S. 161.

[422] Den Hauptbestandteil der Vergütung bildet dabei das fixe Grundsalär.

[423] Als Gründe für diesen Tatbestand können u.a. angeführt werden: 1. Die gefürchtete Mißstimmung in der Hauptversammlung hinsichtlich zu hoch anmutender Zahlungen, gerade in Zeiten, in denen Aufsichtsräte starker öffentlicher Kritik ausgesetzt sind. 2. Die Kapitalseite besitzt kein Interesse daran, über die Aufsichtsrats-

Von Reformern wird regelmäßig eine deutliche Anhebung der Bezüge gefordert.[424] Von einer entsprechend höheren Entlohnung verspricht man sich u.a eine höhere Motivation bei der Überwachungstätigkeit sowie eine steigende materielle Unabhängigkeit von etwaigen anderen Mandaten, die, so die Vorstellung, in eine Professionalisierung des Aufsichtsratsamts münden könnte.

Gemäß den gesetzten Modellannahmen sind für den Agenten Einkommensaspekte u.a. handlungsleitend. Allerdings erweist sich aus theoretischer Sicht eine Anhebung der Vergütung in Form eines erhöhten Fixums alleine nicht als fruchtbares Reformmittel. Auch im Falle einer gestiegenen Grundvergütung wirkt ein höherer Arbeitseinsatz weiterhin nutzenmindernd. Der Agent erfährt hierdurch keinen zusätzlichen Anreiz für eine seriöse Überwachungsdurchführung, solange er die Vergütung ohne Mehreinsatz erhält. Auch wird der Aufsichtsrat-Agent bei höherem Salär weiterhin andere Aufsichtsratsmandate annehmen, um sein Einkommen zu maximieren, selbst wenn die zusätzliche Mandatsübernahme materiell gesehen für ihn nicht zwingend ist. Eine Professionalisierung in der skizzierten Form erscheint unter diesem Gesichtspunkt demnach wenig aussichtsreich.

In jüngerer Zeit wird regelmäßig auch eine modifizierte Vergütungsstruktur für Aufsichtsratsmitglieder in Form einer kennzahlengekoppelten Entlohnung gefordert.[425] Als mögliche Kennzahlen werden Bilanzgewinn, Dividende oder Jahresüberschuß angeführt. Aus theoretischer Sicht sind jedoch diese Kennzahlen aufgrund der gesellschaftsrechtlich bestehenden Möglichkeiten zur Manipulation durch das Aufsichtsorgan als Steuerungsinstrumente abzulehnen. Infolge der Verpflichtung des Aufsichtsrats nach § 171 Abs. 1, S. 1 AktG zur Prüfung des Jahresabschlusses und des Gewinnverwendungsvorschlags wären Interessenkonflikte vorgezeichnet. Der Aufsichtsrat-Agent würde unter den gesetzten Annahmen im Rahmen seiner Entscheidungsbefugnisse zu einer ausufernden, sachlich nicht gerechtfertigten Bemessungspolitik der Größen tendieren, an die seine nutzenstiftende Entlohnung gekoppelt wäre.[426]

---

vergütung eine Umwegfinanzierung der Gewerkschaften zu bewerkstelligen, da die Arbeitnehmervertreter einen Teil ihrer Vergütung an die gewerkschaftsnahe *Hans-Böckler-Stiftung* abführen müssen. Vgl. Potthoff/ Trescher (1994): S. 51, Oltmanns (2002): S. 303f. Ferner erfuhr die Aufsichtsratsvergütung bis zur Umsetzung des TransPuG eine steuerliche Benachteiligung, da sie nur zur Hälfte als Betriebsausgabe abzugsfähig war. Im Rahmen dieses Artikelgesetzes wurde die volle Abzugsfähigkeit der Vergütungen i.S.d. § 113 AktG durch Aufhebung des § 10 Nr. 4 i.V.m. § 34 Abs. 8 KStG-RefE durchgesetzt. Vgl. hierzu auch Pfitzer/ Oser/ Orth (2002): S. 158.

[424] Für eine Anhebung plädieren u.a. Lutter (1995a): S. 309, Götz (1995). S. 351, Baums (1996): S. 172 sowie Evers (2001): S. 19.

[425] Vgl. Reichelt (1999): S. 198 sowie den Beitrag Oltmanns (2002).

[426] Vgl. ähnlich Lutter (1995a): S. 304, Theisen (1993b): S. 66, Reichelt (1998): S. 198f.

Gleichsam ist aber der Vorschlag einer leistungsorientierten Entlohnung aus agency-theoretischer Sicht grundsätzlich zu befürworten, falls es gelingt, Kennzahlengrößen heranzuziehen, die einerseits nicht durch den Aufsichtsrat ex-post manipuliert werden können und andererseits im Hinblick auf die Überwachungsleistung anreizsteuernd wirken. Eine Möglichkeit in diesem Bereich wäre die Einführung von Aktienoptionsprogrammen für Ratsmitglieder. Hiermit würden prospektive Elemente in die Vergütungsstruktur integriert. Diesbezügliche Entlohnungsmodelle für Vorstandsmitglieder werden in der wirtschaftswissenschaftlichen Literatur bereits seit geraumer Zeit kontrovers diskutiert.[427] Eine analoge Anwendung im Bereich der Aufsichsratsvergütung wurde in der gesellschaftsrechtlichen Diskussion bislang nur rudimentär aufgegriffen.[428] Die Gründe hierfür dürften vor allem in Bedenken hinsichtlich der Vereinbarkeit mit § 113 Abs. 1, S. 2 AktG liegen, der ein angemessenes Verhältnis der Aufsichtsratsbezüge zu den Aufgaben und der Gesellschaftslage fordert. De lege lata ist die Einbeziehung von Aufsichtsräten in „Stock-Option-Pläne“ lediglich über die Ausgabe von Wandelschuldverschreibungen zulässig. Die Ausgabe sogenanter „nackter Optionen" ist nicht erlaubt.[429] U.U. könnte die Problematik eines *moral hazard* und *hold up* aber vermindert werden, falls entsprechende Modelle auch für diesen Bereich organschaftlichen Handelns entwickelt werden könnten, die sowohl unter Anreizgesichtspunkten als auch im Hinblick auf das bestehende Gesellschaftsrecht vertretbar wären. Diesbezüglich ist weiterer Forschungsbedarf zu konstatieren.

(3) Arbeitsbedingungen und Informationsversorgung

Zur angemessenen Durchführung seiner Überwachungsverantwortung benötigt der Aufsichtsrat ein bestimmtes Maß an sachlichen und personellen Hilfsmitteln sowie die rechtzeitige Verfügbarkeit adäquater Informationen. In diesem Kontext werden regelmäßig die institutionellen Voraussetzungen zur Sicherstellung geeigneter Arbeitsbedingungen und Informationsübermittlungen angezweifelt. Obwohl dem Aufsichtsrat de lege lata bspw. das Recht zusteht, die Einrichtung eines eigenen Büros für einzelne Gremiumsmitglieder zu verlangen, stehen in den meisten Gesellschaften keine festen Einzelbüros für die Überwachungsträger zur Verfügung.[430] Die Aufsichtsräte arbeiten in der Mehrzahl der Fälle quasi als Gast des Vorstands, so wird von Kritikern eingeräumt. Ferner wird immer wieder bemängelt, dass der Aufsichtsrat

---

[427] Vgl. hierzu bspw. die Beiträge Achleitner/ Wichels (2002), Weber, (2002), Wenger/ Knoll (1999), Wenger (1997) sowie Becker (1990).

[428] Vgl. zu diesem Vorschlag u.a. Achleitner/ Wichels (2002): S. 16, Oltmanns (2002): S. 301ff., Reichelt (1999): S. 199f., Wiese (2000): S. 1901.

[429] Vgl. § 192, Abs. 2 Nr. 3 AktG sowie Oltmanns (2002): S. 318f.

[430] Vgl. Lutter (1995a): S. 296, Reichelt (1999): S. 200f.

seitens des Vorstands nicht in adäquater Manier mit Informationen versorgt wird.[431] Die Berichterstattung des Vorstands hat sich an den Vorgaben des § 90 AktG zu orientieren. Allerdings enthält dieser Gesetzesabschnitt keine abschließende Aufzählung der Berichtsgegenstände und die verankerten Regelungen sind wenig konkret. So wird z.T. eine gesetzliche Grundregelung im Sinne einer verpflichtenden Informationsordnung für den Vorstand gefordert, die seitens des Aufsichtsrats erlassen werden soll.[432]

Im Kern zielt die Kritik an den Arbeitsbedingungen und der Informationsversorgung darauf ab, eine verbesserte institutionelle Basis zur Erleichterung respektive zur professionelleren Handhabung der Überwachungstätigkeit zu generieren. Ohne Zweifel steigt mit professionellen Rahmenbedingungen die Wahrscheinlichkeit, dass ein Aufsichtsrat seine Überwachung wirkungsvoll durchführt. Allerdings obliegt dem Aufsichtsrat gemäß seiner gesetzlich zugewiesenen Verantwortung bereits de lege lata die Pflicht, die Grundlagen dafür zu schaffen, dass seine Überwachungstätigkeit effektiv verläuft. Insofern werden bereits heute verantwortungsbewusst agierende Aufsichtsräte diesbezüglich in Eigeninitiative und auch in Ermangelung konkreter gesetzlicher Vorgaben entsprechende Rahmenbedingungen schaffen. Die Problematik liegt aus der gewählten theoretischen Perspektive aber in den potenziell opportunistischen Verhaltenseigenschaften der Überwachungsakteure. Illoyal agierende Aufsichtsrat-Agenten werden auch unter verbesserten institutionellen Rahmenbedingungen einen vermehrten Arbeitseinsatz und damit eine seriöse Überwachungstätigkeit scheuen. Unter den gesetzten Verhaltensannahmen verspricht dieser Reformansatz demnach keine grundlegende Verbesserung der Situation.

c) Ansätze im Bereich der individuellen Qualifikation und Zusammensetzung der Aufsichtsratsmitglieder sowie der Bestellungspraxis

Zur Vermeidung einer *adverse selection* im Zuge der Berufung von Ratsmitgliedern werden in der Diskussion zwei auf den ersten Blick aussichtsreiche Lösungsvorschläge neben einer intensiven Qualifikationsprüfung anhand von Zeugnissen, Urkunden, Qualitätssiegeln etc. („signaling") unterbreitet: Zum einen wird vorgeschlagen ein Testverfahren durchzuführen („screening") und zum anderen wird propagiert, die Anforderungen gesetzlich festzuschreiben.[433] Ein Testverfahren wird dann zu einer wahrheitsgemäßen Offenbarung des Agenten

---

431 Vgl. Lukarsch (1998): S. 55, Feddersen (2000): S. 388, Langner (1973): S. 77f.

432 Vgl. zu diesem Vorschlag Lutter (1995a): S. 308 zu dem Konzept einer allgemein verbindlich standardisierten Mindestberichterstattung auch Becker (1993): S. 40ff., Theisen (1999c): S. 75ff.

433 Vgl. überblickhaft Reichelt (1998): S. 184ff. Zu den Lösungsstrategien des „signaling" und „screening" vgl. bspw. Meinhövel (1999): S. 15.

respektive zur Vermeidung von Bewerbungen ungeeigneter Personen führen, wenn es hinreichenden Validitätskriterien genügt und dies den potenziellen Aufsichtsratsmitgliedern bekannt ist. Aufgrund der hohen, für den Einzelfall schwer operationalisierbaren Anforderungen an das Mandat, wird ein Testverfahren in diesem Sinn aber praktisch und auch aus der gewählten theoretischen Blickrichtung unmöglich sein, da die Prinzipale aufgrund des disparaten Informationsniveaus bzw. mangelnder Fachkompetenz annahmegemäß nicht in der Lage sind, die erforderlichen Voraussetzungen detailliert abzuprüfen. Auch die Forderung einer aktienrechtlichen Enumeration der Anforderungen verspricht keine Lösung der *adverse selection*-Problematik, da die entsprechenden Voraussetzungen aufgrund der differierenden unternehmenspezifischen Anforderungen nicht universal normiert festgeschrieben werden können. Bereits nach geltendem Recht besteht die Möglichkeit unter Rückgriff auf § 100 Abs. 4 AktG spezifische Voraussetzungen zur Mandatsübernahme per Satzung zu formulieren. In der gewählten Modellbetrachtung wird dies seitens der Anteilseignerschaft als Prinzipalpartei aufgrund der unterstellten beschränkten Rationalität aber nicht möglich sein.

Kritiker fordern ferner eine gesetzliche Neuregelung der Zusammensetzungsmöglichkeiten deutscher Aufsichtsratsgremien. Insbesondere die quantitative Präsenz von Bankenvertretern, ehemaligen Vorstandsmitgliedern sowie Mandatsträgern konkurrierender Unternehmen wird kritisiert.[434] Zwar wurde bspw. aufgrund der durch das KonTraG eingeführten Regelung des § 125 Abs. 1, S. 3 AktG Transparenz geschaffen, indem nunmehr bei börsennotierten Gesellschaften bei einem Vorschlag zur Wahl von Aufsichtsratsmitgliedern den Aktionären Angaben zu deren Mitgliedschaft in anderen gesetzlich zu bildenden Gremien beizufügen sind. Eine hierüber hinausgehende gesetzliche Regulierung wurde indes nicht geschaffen. Außerdem wird die weithin übliche Bestellungspraxis in den Gesellschaften bemängelt, nach der künftige Gremiumsmitglieder von dem Vorstand vorgeschlagen und dessen Empfehlungen in der Regel Folge geleistet werden.[435] Wie bereits erörtert, ist die aus agency-theoretischer Sicht hiermit einhergehende Problematik erheblich.[436] Eine weitere Modifikation der geltenden Gesetzeslage in Form einer Regulierung der Zusammensetzungsmöglichkeiten respektive der Bestellungspraxis verspricht daher, die beschriebene *hold up*-Gefahr für die Anteilseigner-Prinzipale zu vermindern.[437] Entsprechende Reformbestrebungen sind aus der theoretischen Sicht zu befürworten.

---

[434] Vgl. Hofmann (1990): S. 2337, Götz (1995): S. 346, Scheffler (1993): S. 72.
[435] Vgl. hierzu insbesondere Lutter (1995a): S. 301f., Reichelt (1998): S. 186.
[436] Vgl. hierzu die Ausführungen oben auf S. 112.
[437] Demgegenüber ablehnend äußert sich die *Regierungskommission Corporate Governance*. Vgl. Regierungskommission (2001): D 2.31.

d) Intensivierung des Unterstützungspotenzials durch den Abschlussprüfer

Die Überwachungsinstanzen Aufsichtsrat und Abschlussprüfer sehen sich dem Vorwurf einer mangelhaften Abstimmung ihrer Tätigkeit ausgesetzt.[438] Beiden Institutionen wird nahegelegt, eine Neuordnung respektive Intensivierung ihrer Zusammenarbeit anzustreben. Zwei zentrale Ansatzpunkte lauten:[439]

1) Gemeinsame Absprache und ggf. Festlegung einzelner Prüfungsschwerpunkte
2) Verstärkung der Kooperation durch institutionalisierte gremiale Zusammenarbeit

In der Modellbetrachtung versprechen die vorgetragenen Empfehlungen dann eine Verringerung bestehender Verhaltensunsicherheiten, wenn der Prüfer als externer Überwachungsträger im Zuge einer engeren Anbindung disziplinierend auf den Aufsichtsrat einwirken kann. Im Rahmen einer kontinuierlichen Zusammenarbeit beider Parteien könnte die Gefahr eines *moral hazard* aus *hidden action* und *hidden information* eingeschränkt werden, wenn der Prüfer fortwährend Kenntnisse über die konkreten Handlungen und Entscheidungssituationen der Aufsichtsratspartei hätte und den Ratsmitgliedern mit Aufdeckung von Fehlverhalten drohen könnte.

Den postulierten Einschränkungen der Gefahr eines *moral hazard* stände aber weiterhin die Möglichkeit einer Koalitionsbildung zwischen Aufsichtsrat und Prüfer und damit einhergehend die Gefahr eines *hold up* aus *hidden intentions* entgegen. Berücksichtigt man den Sachverhalt, dass der aktienrechtliche Prüfer durch den Aufsichtsrat bestellt wird und eine etwaige Mandatsverlängerung auch durch ihn erfolgt, so ist ein Abhängigkeitsverhältnis in der Tat wahrscheinlich, das der Aufsichtsrat opportunistisch auszunutzen versuchen wird. Eine stärkere Anbindung beider Überwachungsträger verspricht daher im Ergebnis keine Lösung aufgrund der weiterhin bestehenden *hidden intentions*- Problematik und stellt aus der gewählten Perspektive keine ausreichende Reformmaßnahme dar.

---

[438] Vgl. bspw. Strobel (2000): S. 559f., Feddersen (2000): S. 387f. sowie Tielmann (2001): S. 25ff. Durch das KonTraG wurden bereits einige von Reformern wiederholt dargebrachte Empfehlungen umgesetzt. So wurde die Beauftragungspraxis des Prüfers in § 111 Abs. 2 AktG n.F. geändert, die inhaltliche Gestaltung und Aushändigung der Prüfungsberichte wurde in § 321 HGB n.F. weitestgehender reguliert, und in § 171 Abs. 1, S. 2 AktG n.F wurde die zwingende Anwesenheitspflicht des Prüfers an Verhandlungen des Aufsichtsrats oder eines Ausschusses über den Jahresabschluss festgeschrieben. Vgl. hierzu auch die Ausführungen im weiteren auf S. 189.

[439] Vgl. zu diesen Vorschlägen u.a. Bernhardt (1997): S. 807, Reichelt (1998): S. 216ff., Kromschröder/ Lück (1998): S. 1576.

e) Modifikation tradierter Sanktionsstrukturen

(1) Verhaltenskodizes

In der jüngeren Vergangenheit haben sich verschiedene Kommissionen, zusammengesetzt aus Experten und Vertretern betroffener Wirtschaftskreise, um die Erarbeitung von Empfehlungen bemüht, was zum Standard guter Unternehmensleitung und –überwachung gehört. Es geht hiernach darum, „kategorische Imperative im Sinne von Handlungsanweisungen“[440] als Richtschnur zu etablieren. Anfang 2000 veröffentlichte die *Grundsatzkommission Corporate Governance* einen sogenannten „Code of Best Practice".[441] Die erste *Regierungskommission Corporate Governance* entwickelte anschließend darauf aufbauend Standards und Empfehlungen zur Weiterentwicklung des deutschen Unternehmensrechts. Der offizielle "Deutsche Corporate Governance-Kodex" wurde im Februar 2002 veröffentlicht.[442] Dabei handelt es sich um nichtstaatliches, selbst geschaffenes „Recht“ der Wirtschaft. Mit Hilfe dieser verankerten Kodizes sollen Maßstäbe zur Beurteilung etwaiger Pflichtverletzungen der Überwachungsträger bereitgestellt werden

Aus theoretischer Perspektive stellen Verhaltenskodizes isoliert gesehen keine durchschlagende Maßnahme zur Gewährleistung eines hinreichenden Überwachungsniveaus dar. Rational im Eigeninteresse agierende Ratsmitglieder werden diese Kodizes nur dann als Entscheidungsparameter berücksichtigen, wenn konkrete nutzentangierende Handlungsfolgen an deren Ignorierung anknüpfen. Entsprechende Handlungsfolgen könnten bspw. Reputationsverluste oder Haftungsaspekte sein.

(2) Haftungsregeln

Gemäß der allgemeinen Zuordnungs- und Anerkennungsfunktion des Rechts ist der zivilrechtlichen Haftung für Überwachungsträger eine ex-post ansetzende Schadensüberwälzungsfunktion zuzuweisen. Es gilt, die Schadensverteilung zwischen Verursachern und Opfern zu

---

[440] Theisen (1987): S. 240.
[441] Vgl. Grundsatzkommission Corporate Governance (2000), wertend die Beiträge Schneider/ Strenger (2000), Sünner (2000) sowie Claussen/ Bröcker (2000).
[442] Vgl. zum vollständigen Text o.V. (2002): S. 98ff., beschreibend den Beitrag Schiffer (2002) sowie die Arbeit der Regierungskommission in einer Gesamtsicht wertend Hopt (2002): S. 37ff. Vorstände und Aufsichtsräte deutscher börsennotierter Unternehmen werden nach dem im Zuge des TransPuG neu eingefügten § 161 AktG dazu verpflichtet, jährlich zu bestätigen, dass den Verhaltensregeln entsprochen wurde und wird oder welche Standards nicht angewendet werden. In der europäischen Kommission wird derzeit ebenfalls an einer Richtlinie zur Schaffung europaweit einheitlicher Verhaltensrichtlinien gearbeitet. Hierzu wurde eine spezielle Expertengruppe eingerichtet. Vgl. hierzu o.V. (2003).

klären.[443] Zusätzlich bieten Haftungsregeln über ihr Sanktionspotenzial auch eine ex-ante-Anreizwirkung für die betroffenen Akteure. Haftungsregeln sind demnach als ein Steuerungsinstrument des Verhaltens von Entscheidungsträgern im Unternehmensinteresse zu verstehen und von Relevanz für die Effizienz der Unternehmensüberwachung.[444] Eine *adverse selection* kann vermieden werden, wenn der Agent durch entsprechende Anreize dazu bewegt wird, seine Qualifikation bzw. allgemein seine Eigenschaften ex-ante vor Vertragsabschluss wahrheitsgemäß zu offenbaren. Eine Lösungsmöglichkeit besteht darin, dass durch den Prinzipal „Vertragsgestaltungen angeboten werden, die wegen ihrer spezifischen Risikoverteilung nur von fähigen [bzw. an einem effektiven Überwachungsniveau interessierten] Auftragnehmern angenommen werden (*self selection*).“[445] Die Festlegung von Haftungssanktionen gegenüber dem Aufsichtsrat-Agenten für den Fall einer nachweisbar unzureichenden Überwachungstätigkeit kann in diesem Zusammenhang zwar nicht als kontraktendogene Klausel verstanden werden, die eine entsprechende Risikozuweisung impliziert, sie erfüllt aber als institutionelle Rahmenbedingung die gleiche Aufgabe wie eine einzelfallbezogene Kontraktausgestaltung, d.h. auch sie kann eine *self selection* bewirken.[446] Das Risiko für den definitionsgemäß risikoaversen Aufsichtsrat spiegelt sich dann in der Gefahr wider, dass die Prinzipale eine gerichtliche Klage anstrengen könnten mit der ein Überprüfungsverfahren einhergeht.[447] Der handlungsleitende Erwartungswert potenziell zu leistender Haftungszahlungen wird dann durch folgende Determinanten bestimmt, wenn ein Ratsmitglied bereits ex-ante weiß, dass es ein ordnungsgemäßes Überwachungsniveau nicht realisieren kann bzw. wird:

1) Die Höhe der Haftungssumme
2) Die Wahrscheinlichkeit der Anstrengung einer gerichtlichen Klage
3) Die Aufdeckungswahrscheinlichkeit eines etwaigen Fehlverhaltens im Prozess unter der Voraussetzung, dass der Nachweis von Fahrlässigkeit bzw. Vorsatz gelingt.

In parametrisierter Form stellt sich die Entscheidungsregel des Agenten zur Übernahme eines Mandats hiernach in stark vereinfachter Gestalt wie folgt dar:[448]

---

[443] Vgl. Herrmann (1997): S. 58, Schäfer/ Ott (1995): S. 127ff.

[444] Vgl. Endres (1991): S. 5ff., Mertens (1996a): S. 160, Herrmann (1997): S. 58, Gawrisch (1999): S. 75ff.

[445] Elschen (1991b): S. 1005f. Der Agent offenbart sich hierbei insofern, als dass er durch Annahme bzw. Ablehnung des Vertrages Rückschlüsse auf seine Eigenschaften zulässt. Es handelt sich hierbei um eine Art „Selbstwahlschemata“. Vgl. Spremann (1990): S. 578 mit Verweis auf die Arbeit von Arrow (1986).

[446] Vgl. zur Anreizwirkung von Haftungsregeln als institutionelles Arrangement im ökonomischen Modell bspw. die Beiträge von Ko (1985) sowie Ewert (1999a).

[447] Hierbei muß allerdings unterstellt werden, dass damit Kosten für die Prinzipale verbunden sind, da sie ansonsten grundsätzlich ein solches Verfahren einleiten würden.

[448] Etwaige Reputationseffekte seien hier vernachlässigt. Eine detailliertere Modellbetrachtung von Haftungsregeln unter Einschluß von Reputationswirkungen findet im weiteren auf S. 140ff. statt.

$EW_{Haftung} = H*\pi*q > EW_{Mandat} \Rightarrow$ Mandatsablehnung

mit: π= Wahrscheinlichkeit der Klageerhebung > 0, q= Aufdeckungswahrscheinlichkeit von Verfehlungen unter der Voraussetzung der sicheren Inanspruchnahmemöglichkeit bei Aufdeckung > 0, H= Haftungssumme.

Ein potenzielles Ratsmitglied wird unter Zugrundelegung der vorstehenden Entscheidungsregel ein Mandat nur dann übernehmen, wenn der Erwartungswert persönlicher Haftungszahlungen ($EW_{Haftung}$) unterhalb seines in Geldeinheiten ausgedrückten Erwartungsnutzens aus der Mandatsübernahme (EW_{Mandat}) liegt.[449] Wird unter der Prämisse, dass eine ex-post-Aufdeckung eines unzureichenden Überwachungsniveaus zufällig erfolgt, vereinfachend davon ausgegangen, dass mit einer bestimmten Wahrscheinlichkeit (deutlich über Null) ein gerichtliches Überprüfungsverfahren eingeleitet wird und dass auch mit einer bestimmten Wahrscheinlichkeit (deutlich über Null) der Nachweis von Fahrlässigkeit bzw. Vorsatz in diesem Rahmen erbracht wird, so ist es letztlich nur noch eine Frage der Höhe der Haftungssumme, ob es zu einer *adverse selection* kommen kann.[450] Die dargelegten institutionellen Rahmenbedingungen zur Lösung der *hidden characteristics*-Problematik können ebenso als Lösungsmöglichkeit auf die beschriebenen Gefahren eines *moral hazard* bzw. *hold up* übertragen werden. Dies ist einleuchtend, wenn wie beschrieben davon ausgegangen wird, dass ein bewusstes Unterschreiten des Überwachungssniveaus stets mit einer bestimmten Wahrscheinlichkeit durch eine gerichtliche Überprüfung ex-post aufgedeckt wird und in diesem Fall der Aufsichtsrat auch tatsächlich mit einer bestimmten Wahrscheinlichkeit sanktioniert wird. Unter dieser Voraussetzung muß lediglich eine so hohe Haftungssumme festgelegt werden, dass der Erwartungswert der Nutzeneinbuße aus einer Haftungsinanspruchnahme im Falle einer unseriösen Aufsichtsratstätigkeit erheblich über dem erwarteten Nutzenzuwachs aus einer derart laxen Vorgehensweise liegt. Die Ratsmitglieder werden bei entsprechenden institutionellen Rahmenbedingungen nur in den seltensten Fällen den ihnen eingeräumten diskretionären Handlungsspielraum opportunistisch mißbrauchen.

---

[449] Bei dieser Entscheidungsregel muß vorausgesetzt werden, dass in dem Erwartungsnutzen der Manadatsübernahme keine Haftungsaspekte berücksichtigt werden. Als funktional abhängige Variablen zu seiner Bestimmung sind sämtliche Bestandteile seiner Vergütung anzusehen.

[450] Damit Haftungsregeln entsprechende Präventivwirkungen erzielen können, muß zunächst davon ausgegangen werden, dass Zweckrationalität als Verhaltenstatbestand vorliegt und entsprechende Vor- und Nachteile des Handelns perzipiert werden. Im gewählten theoretischen Bezugsrahmen gelten diese Voraussetzungen. Vgl. hierzu die Ausführungen oben auf S. 43f.

5. Zwischenergebnis: Haftungsregeln als geeignetes Disziplinierungsinstrument

Verschiedene Reformvorschläge sind aus theoretischer Sicht geeignet, die bestehende Agency-Problematik zumindest in Teilbereichen einzugrenzen. Haftungssanktionen erweisen sich in der Modellbetrachtung unter bestimmten „heroischen" Voraussetzungen als eine starke Maßnahme zur Sicherung einer ordnungsgemäßen Aufsichtsratsüberwachung. Im folgenden soll unter Loslösung von diesen Prämissen das Haftungsregime de lege lata auf sein tatsächliches Verhaltenssteuerungspotenzial hin analysiert werden.

B. Das System der Aufsichtsratshaftung für Fehlverhalten bei der Vorstandsüberwachung nach § 111 Abs. 1 AktG de lege lata

1. Überblick über die materiellen Haftungstatbestände

Grundsätzlich ist bei der Haftung des Aufsichtsrats zwischen einer Innen- und Außenhaftung zu unterscheiden. Die Innenhaftung beschreibt die Einstandspflicht der Ratsmitglieder dem Unternehmen gegenüber, bei dem sie „Aufsicht“ führen, während die Haftung gegenüber Dritten als Außenhaftung bezeichnet wird.[451] Die Haftungsvorschriften im Bereich der Außenhaftung haben nicht die Stellung des Ratsmitglieds zur Voraussetzung. Sie sind aber so gefasst, dass sie als Anspruchsgrundlage für eine Pflichtverletzung dienen können.

a) Innenhaftung

Im Fall der Innenhaftung ist zwischen der Haftung aus §§ 116, 93 Abs. 2 AktG, der Haftung aus positiver Forderungsverletzung und der Haftung aus § 117 AktG zu unterscheiden.

(1) Haftung aus §§ 116, 93 Abs. 2 AktG

Der unmittelbar mit der Organstellung des Aufsichtsrats verbundene Haftungstatbestand manifestiert sich in §§ 116, 93 Abs. 2 AktG. Danach haften die Mitglieder des Aufsichtsrats für alle durch schuldhafte Pflichtverletzungen begründeten Schäden. Als Anspruchsgrundlage dient § 116 AktG, der auf § 93 AktG verweist, in dem die Voraussetzungen der Haftungsinanspruchnahme festgeschrieben und eine Beweislastumkehr angeordnet werden.[452]

---

[451] Vgl. Thümmel (1997): S. 261, Thümmel (1998): S. 98ff., S. 137ff., Westphalen (2000): S. 138ff., Mutter (1994): S. 164ff., Reichert/ Weller (2002): S. 50.

[452] Die in § 93 Abs. 2, S. 2 AktG verankerte Beweislastumkehr führt dazu, dass die Gesellschaft lediglich ein schadensstiftendes Verhalten benennen muß, während sich die ggf. als Gesamtschuldner betroffenen Aufsichtsratsmitglieder vom Vorwurf der Pflichtwidrigkeit und des Verschuldens zu entlasten haben. Vgl. Thümmel (1999): S. 885.

(2) Haftung aus positiver Forderungsverletzung

Neben dem mit dem organschaftlichen Status korrespondierenden Haftungsanspruch aus §§ 116, 93 Abs. 2 AktG wird in der Rechtslehre auch ein Anspruch aus positiver Forderungsverletzung des Anstellungsvertrags diskutiert. Eine entsprechende Haftung kommt nur dann in Betracht, wenn ein Anstellungsvertrag mit dem Unternehmen vorliegt. Ob diese Voraussetzung gegeben ist, ist allerdings strittig. Der überwiegende Teil der Lehre vertritt die Auffassung, dass kein schuldrechtliches Anstellungsverhältnis neben der organschaftlichen Bestellung besteht und demnach auch keine Anspruchsgrundlage für eine Haftung aus positiver Forderungsverletzung existiert.[453]

(3) Haftung aus § 117 AktG

Der Haftungstatbestand des § 117 AktG ist den deliktischen Anspruchsgrundlagen zuzurechnen.[454] Nach § 117 Abs. 1 AktG kommt eine Inanspruchnahme auf Schadensersatz eines Mitgliedes des Aufsichtsrats dann in Betracht, wenn es seinen aus der organschaftlichen Stellung herrührenden Einfluss zu einer vorsätzlichen Schädigung der Gesellschaft mißbraucht.[455] Die Haftung nach § 117 Abs. 1 AktG tritt neben die aus §§ 116, 93 Abs. 2 AktG. Gleichzeitig kann vorsätzliches, schädliches Handeln auch einen Anspruch aus § 826 BGB wegen vorsätzlicher sittenwidriger Schädigung begründen. Eine Inanspruchnahme aus § 117 Abs. 2 AktG ist ferner möglich, wenn sich der Aufsichtsrat schädigenden Einflüssen Dritter gebeugt hat. Die Haftung fußt auf den gleichen Voraussetzungen wie die aus den §§ 116, 93 Abs. 2 AktG. Im Gegensatz zu § 117 Abs. 1 AktG wird hier jedoch kein Vorsatz verlangt, einfaches Verschulden genügt als Anspruchsvoraussetzung aus.[456]

b) Außenhaftung

(1) Haftung aus § 823 Abs. 1 BGB

Nach § 823 Abs. 1 BGB kann derjenige zum Schadensersatz herangezogen werden, der vorsätzlich oder fahrlässig ein dort genanntes Rechtsgut eines anderen widerrechtlich verletzt. Es werden hierdurch nur absolute Rechtgüter Dritter, nicht das Vermögen als Ganzes geschützt.

---

[453] Vgl. Hüffer (2002): Rz. 11 zu § 93 AktG, Mutter (1994): S. 165, Westphalen (2000): S. 138f., grundlegend Geßler et al. (1973): Rz. 54 zu § 101 AktG.

[454] Vgl. BGH (1992), Mutter (1994): S. 165, Westphalen (2000): S. 139.

[455] Bspw. kann ein Ratsmitglied diesbezüglich zur Haftung herangezogen werden, wenn es ein Vorstandsmitglied zu Handlungen veranlasst, die zum Zusammenbruch der Gesellschaft führen. Vgl. BGH (1985): S. 607.

[456] Vgl. Hüffer (2002): Rz. 10 zu § 117 AktG, Mertens (1996b): Rz. 25 zu § 117 AktG.

Eine Verantwortlichkeit kann sich bei Verletzung des Eigentums[457] oder eines sonstigen Rechts, wie etwa des Mitgliedschaftsrechts eines Aktionärs, das nach h.M. ein Rechtsgut in diesem Sinn darstellt, ergeben.[458]

(2) Haftung aus § 823 Abs. 2 BGB in Verbindung mit einem Schutzgesetz

Im Gegensatz zu § 823 Abs. 1 BGB schützt § 823 Abs. 2 BGB in Verbindung mit einem Schutzgesetz das Vermögen als Ganzes. Als haftungsbegründende Schutzgesetze kommen die Konkursantragspflicht gemäß § 92 Abs. 2 AktG und die Pflicht zum Abführen der Sozialversicherungsbeiträge nach § 266a StGB in Betracht.[459]

(3) Haftung aus § 826 HGB

Im Falle der vorsätzlichen sittenwidrigen Schädigung der Gesellschaft durch die Aufsichtsratsmitglieder tritt neben die Möglichkeit einer Haftungsinanspruchnahme aus § 117 Abs. 1 AktG auch eine solche aus dem allgemeinen Tatbestand des § 826 BGB heraus.[460]

c) Konzernrechtliche Tatbestände

Zusätzlich zu den allgemeinen aktienrechtlichen bzw. bürgerlich-rechtlichen Tatbeständen kommen im Falle einer konzernierten Gesellschaft noch die §§ 309, 310, 317, 318 AktG als Anspruchsgrundlage in Betracht, wonach für Verwaltungsmitglieder bei Mißachtung der aufgeführten konzernspezifischen Pflichten Haftungssanktionen drohen.[461] Allerdings besitzen diese Anspruchsgrundlagen gegenüber denjenigen aus § 93 Abs. 2 AktG weitestgehend lediglich wiederholenden Charakter.[462]

---

[457] *Mutter* führt anschaulich als vereinfachendes Beispiel den von einem Aufsichtsratsmitglied aus der Kantine gestohlenen Silberlöffel an. Vgl. Mutter (1994): S. 166f.

[458] Vgl. grundlegend BGH (1982a). In dieses Recht ist regelmäßig dann ein Eingriff anzunehmen, wenn satzungsmäßige Befugnisse von Aktionären keine Beachtung finden. Vgl. Thümmel (1998): S. 137f., Westphalen (2000): S. 140.

[459] Vgl. Gawrisch (1999): S. 67. Vereinzelt wird von rechtswissenschaftlicher Seite erwartet, dass die künftige Rechtsprechung die Regelung des § 91 Abs. 2 AktG als Schutzgesetz i.S.d. § 823 Abs. 2 BGB einstuft. Vgl. Freg (2000).

[460] Vgl. Hüffer (2002): Rz. 14 zu § 117 AktG, Westphalen (2000): S. 141, Thümmel (1998): S. 139.

[461] Zur diesbezüglichen Haftung des Aufsichtsrats vgl. insbesondere Emmerich/ Sonnenschein/ Habersack (2001): S. 372ff., Wellkamp (1993): S. 2155, S. 2158. Diese Ansprüche können auch von außenstehenden Aktionären und den Gläubigern der Gesellschaft geltend gemacht werden. Vgl. §§ 309 Abs. 4, 317 Abs. 4, 318 Abs. 4 AktG. Insofern wird diese Haftungsgrundlage hier weder unter die Innen- noch die Außenhaftung subsumiert.

[462] Vgl. Mutter (1994): S. 170, Emmerich/ Sonnenschein/ Habersack (2001): S. 373ff.

d) Bewertung und sachliche Eingrenzung der Tatbestände hinsichtlich des Untersuchungsgegenstandes

Die Innenhaftung nach §§ 116, 93 Abs. 2 AktG als Einstandspflicht des einzelnen Aufsichtsratsmitglieds für Schäden, die es dem eigenen Unternehmen zugefügt hat, macht den Kernbereich der Aufsichtsratshaftung aus.[463] Nach h.M. beinhaltet sie insbesondere aufgrund der in § 93 Abs. 2, S. 2 AktG verankerten Beweislastumkehr das insgesamt höchste Sanktionspotenzial aller möglichen Anspruchsgrundlagen gegenüber dem aktienrechtlichen Aufsichtsrat.[464]

Die außerkorporationsrechtlichen Haftungsnormen der §§ 823, 826 HGB sowie die korporationsrechtliche Sondernorm des § 117 AktG können für den Fortgang der Betrachtung hingegen in den Hintergrund treten. So erfordern die Tatbestände der §§ 826 BGB und 117 AktG vorsätzliches pflichtwidriges (Fehl-)Verhalten, was aber im Zusammenhang mit der hier zu erörtenden Problematik der Erfassbarkeit von organschaftlichen Fehlentscheidungen nur in den seltensten Fällen nachweisbar sein dürfte bzw. die Beweisführung erweist sich gegenüber der Anspruchsgrundlage aus §§ 116, 93 Abs. 2 AktG. prinzipiell als weniger aussichtsreich. Die Möglichkeiten einer Inanspruchnahme der deliktischen Anspruchsgrundlagen aus § 823 BGB werden hier ebenfalls aus praktischen Überlegungen der Durchsetzbarkeit vernachlässigt. Dies lässt sich mit den ebenfalls hohen Anforderungen der verankerten Beweislastregelung begründen. Im Gegensatz zu den Bestimmungen der Beweisführung in § 93 Abs. 2, S. 2 AktG kommen dem Geschädigten keine Erleichterungen zugute. Insofern verspricht im Falle der Verletzung einer Überwachungspflicht durch den Aufsichtsrat ein auf die §§ 116, 93 Abs. 2 AktG gestützter Anspruch die weitestgehende Aussicht auf Erfolg. Ebenso ausgeklammert werden im folgenden die konzernrechtlichen Haftungstatbestände der §§ 309, 310, 317, 318 AktG einerseits wegen ihrem im Hinblick auf § 93 Abs. 2 AktG prinzipiell wiederholenden Charakter und andererseits, weil sie aus Aspekten des Konzernrechts heraus geschaffen wurden und demnach zur haftungsrechtlichen Beurteilung unternehmerischen (Fehl-)Verhaltens der Aufsichtsratspartei lediglich eine vernachlässigbare Randlage einnehmen.[465]

Im folgenden wird daher die Haftung aus §§ 116, 93 Abs. 2 AktG als wesentlicher Tatbestand fokussiert.

---

[463] Vgl. Lutter (1995a): S. 304ff., Thümmel (1999): S. 885, Theisen (1993a): S. 299ff., Westphalen (2000): S. 142, Trescher (1995): S. 661, Pahlke (2002): S. 1685.

[464] Vgl. Thümmel (1999): S. 885, Mutter (1994): S. 170, Lutter (1995): S. 305, Bernhardt (1997): S. 810, Hommelhoff/ Mattheus (1998): S. 258, zur Beweislastumkehr ausführlich bspw. Heermann (1998a): S. 765f.

[465] Vgl. ebenso argumentierend Mutter (1994): S. 170.

2. Die Innenhaftung aus §§ 116, 93 Abs. 2 AktG als wesentliche Anspruchsnorm für Fehlverhalten bei der Vorstandsüberwachung nach §§ 111 Abs. 1, 91 Abs. 2 AktG

a) Pflichtwidrigkeit und der Tatbestand einer anspruchsbegründenden Fehlentscheidung

Haftung aus § 93 Abs. 2 AktG ist reine Verschuldenshaftung. Der anspruchsbegründende Schuldvorwurf erfordert entweder vorsätzliches oder fahrlässiges Fehlverhalten.[466] Vorsatz impliziert eine wissentliche und willentliche Pflichtverletzung. In diesem Fall haften Aufsichtsratsmitglieder stets.[467] Vorsatz ist aber im Bereich von unternehmerischen Entscheidungen allgemein und im Bereich der Überwachungsausübung von Aufsichtsräten im besonderen nur in wenigen Ausnahmefällen tatsächlich nachweisbar. Aufgrunddessen konzentriert sich die Rechtslehre im Bereich der Aufsichtsratshaftung nach § 93 Abs. 2 AktG auf den Fahrlässigkeitsvorwurf, dessen Nachweis zur Haftungsinanspruchnahme ausreicht.

Für den zivilrechtlichen Fahrlässigkeitsbegriff ist nicht die persönliche Vorwerfbarkeit des Verhaltens, sondern die Verletzung eines objektivierten Verhaltens(mindest)maßstabs entscheidend.[468] Der Aufsichtsrat schuldet der Gesellschaft, bei der er Aufsicht führt, jedoch keinen in bestimmter Form gearteten Erfolg.[469] Es ist demzufolge nicht möglich, ein evtl. anspruchsbegründendes Ergebnis seiner Überwachungstätigkeit nach § 111 Abs. 1 AktG anhand mathematisch-objektivierbarer Leistungskriterien zu skalieren. § 116 AktG verweist für die Sorgfaltspflicht und Verantwortlichkeit der Aufsichtsratsmitglieder auf § 93 AktG. Durch § 93 Abs. 1, S. 1 AktG wird der in § 276 Abs. 1, S. 2 BGB formulierte Sorgfaltsmaßstab dahingehend konkretisiert, dass Fahrlässigkeit dann vorliegt, wenn nicht die Sorgfalt eines ordentlichen und gewissenhaften Aufsichtsratsmitglieds angewandt worden ist.[470] Hierbei handelt es sich um einen sehr generellen Haftungsmaßstab. Die Abgrenzung des sich aus vagen Generalklauseln ergebenden Pflichtenkreises gestaltet sich im Einzelfall schwierig.[471]

---

[466] Vgl. Ihlas (1997): S. 84f., Mutter (1994): S. 164, Westphalen (2000): S. 210, Pahlke (2002): S. 1687. „Fahrlässig handelt, wer die im Verkehr erforderliche Sorgfalt außer acht läßt“ (§ 276 Abs. 1, S. 2 BGB).
[467] Vgl. Mutter (1994): S. 282ff.
[468] Vgl. Schäfer/ Ott (1995): S. 127ff.
[469] Vgl. Theisen (1987): S. 238.
[470] Vgl. Hüffer (2002): Rz. 4 zu § 93 AktG, Westphalen (2000): S. 142ff., ferner auch Thümmel (1998): S. 103ff.
[471] Vgl. Thümmel (1997): S. 261f., Peltzer (1981): S. 349.

b) Modalitäten der Durchsetzung des Haftungsanspruchs

(1) Durchsetzungszuständigkeit und Beweislast

Bei Vermutung anspruchsbegründenden Fehlverhaltens im Innenverhältnis obliegt es der betroffenen Gesellschaft zu beweisen, dass die organschaftlichen Dispositionen respektive Unterlassungen des Aufsichtsrats ursächlich für das Auftreten eines Schadens waren (Beweislast hinsichtlich Kausalität und Schaden).[472] Im Zuge seiner allumfassenden Vertretung der Gesellschaft abgeleitet aus der allgemeinen Regelungsbefugnis der §§ 77, 78 AktG, besitzt der Vorstand die ordentliche Kompetenz für die Geltendmachung dieser Haftungsansprüche. Neben dem Vorstand kann auch die Hauptversammlung auf eine Anspruchsdurchsetzung hinwirken. Hierzu ist eine einfache Stimmenmehrheit ausreichend. Ferner kann auch eine Minderheit eine Klageerhebung verlangen, die mindestens 10 % des Grundkapitals bildet (§ 147 Abs. 1 AktG). Durch die Hauptversammlung bzw. im Zuge eines Minderheitenverlangens können seitens des Gerichts besondere Vertreter zur Anspruchsdurchsetzung bestimmt werden (§ 147 Abs. 2, S. 1 bzw. § 147 Abs. 2, S. 2 AktG).

Ein eigenständiges Aktionärsklagerecht vergleichbar der US-amerikanischen Ausprägung existiert in Deutschland nicht.[473] Im KontraG führt der Gesetzgeber durch § 147 Abs. 3 AktG lediglich eine gegenüber § 147 Abs. 1 AktG subsidiäre Klageerzwingungsmöglichkeit ein. Hiernach hat das Gericht auf Antrag von Aktionären, deren Anteile zusammen den zwanzigsten Teil des Grundkapitals oder den anteiligen Betrag von 500.000,- Euro erreichen, besondere Vertreter zu bestellen, wenn Tatsachen vorliegen, die den dringenden Verdacht rechtfertigen, dass der Gesellschaft durch Unredlichkeiten oder grobe Verletzungen des Gesetzes oder der Satzung Schaden zugefügt wurde.[474]

Im konkreten Streitfall trifft den Aufsichtsrat eine Exkulpationspflicht im Zuge einer Beweislastumkehr. Gemäß der aktienrechtlichen Beweislastregelung aus §§ 116, 93 Abs. 2 AktG muß jedes Ratsmitglied nachweisen, dass es in persona die vom Gesetz geforderte Sorgfalt erbracht hat. Bei nachweisbarer Pflichtverletzung haften die Aufsichtsratsmitglieder

[472] Vgl. Hüffer (2002): Rz. 16 zu § 93 AktG, Theisen (1993a): S. 300, Westphalen (2000): S. 213ff., Heermann (1998a): S. 765, Thümmel (1998): S. 85f., Gehrlein (1997): S. 1905.

[473] Vgl. zur Organhaftung im US-amerikanischen Recht bspw. Coffee (1996).

[474] Die *Regierungskommission Corporate Governance* schlägt diesbezüglich vor, die Quoren im Vergleich zum geltenden Recht auf 1% des Grundkapitals abzusenken. Statt des absoluten Betrages von 500.000,- Euro soll ein Börsen- oder Marktwert von 100.000,- Euro ausreichen. Vgl. Müller (2001): S. 133, Reichert/ Weller (2002): S. 51.

zunächst gesamtschuldnerisch nach § 93 Abs. 2 AktG i.V.m. § 421 BGB bis zum Einzelbeweis des Gegenteils.[475]

(2) Prozess- und Kostenrisiko

Nach § 147 Abs. 4 AktG ist eine Hauptversammlungsminderheit zur Erstattung der Gerichtskosten gegenüber der Gesellschaft verpflichtet, falls sie ein Klagebegehren initiiert und ganz oder teilweise prozessual unterliegt. Die Kostenerstattung wird auf den durch die Klage erlangten übersteigenden Betrag begrenzt (§ 147 Abs. 4, S. 1 AktG).

c) Haftungsbeschränkungen

Der Aufsichtsrat kann im Innenverhältnis für Maßnahmen bzw. Unterlassungen nicht haftbar gemacht werden, sofern seine Handlungsdispositionen auf gesetzmäßigem Hauptversammlungsbeschluß beruhen. Eine Einschränkung oder gar der Auschluß der Aufsichtsratshaftung per Satzung oder Vertrag ist ausgeschlossen.[476] Gegen das Risiko einer persönlichen Inanspruchnahme haben Aufsichtsratsmitglieder aber die Möglichkeit, eine Haftpflicht- oder Rechtsschutzversicherung abzuschließen. Im Falle der Rechtsschutzversicherung werden dem Aufsichtsratsmitglied die Kosten der Abwehr von Ansprüchen ersetzt. Es handelt sich demnach lediglich um einen „passiven" Rechtsschutz.[477] Außerdem besteht in deutschen Aktiengesellschaften die Möglichkeit, eine sogenannte „Directors and Officers Liability-Insurance" (D&O-Versicherung) für Vorstände und Aufsichtsräte abzuschließen.[478] Diese übernimmt i.d.R. neben den vorgerichtlichen und gerichtlichen Streitkosten auch evtl. entstehende Schadensersatzleistungen der Versicherungsnehmer. Umstritten ist die Zulässigkeit des Abschlusses einer D&O-Versicherung für Rechtstreitigkeiten im Innenverhältnis.[479]

---

[475] Vgl. Westphalen (2000): S. 218, Theisen (1996a): S. 56. Auch in dem Fall, dass per Geschäftsordnung oder Beschluss Aufgaben im Rat verteilt wurden, erfolgt die Haftung zunächst gesamtschuldnerisch. Vgl. ebenda.

[476] Die Haftung des Aufsichtsrats nach den §§ 116, 93 AktG beruht auf der Organstellung und ist nichtvertraglicher Natur. Diese Haftungsklausel ist insofern zwingende Norm.

[477] Vgl. Ihlas (1997): S. 49. Eventuell entstehende Vermögensschäden werden hierdurch nicht abgegolten.

[478] Vgl. ausführlich zu diesem Versicherungstyp Westphalen (2000): S. 224ff.

[479] Vgl. ebenda: S. 232ff.

3. Kritische Würdigung des Haftungsregimes de lege lata aus agency-theoretischer Sicht

a) Agency-Probleme infolge von Haftungsbeschränkungen

Aus theoretischem Blickwinkel ist die Möglichkeit zum Abschluss von D&O Versicherungen unter Anreizgesichtspunkten problematisch, insbesondere wenn der Kontrakt, wie in der deutschen Praxis weithin üblich, keinen Selbstbehalt der Organmitglieder vorsieht.[480] Durch die Aussicht auf die Versicherungsleistung werden drohende Haftungssanktionen im Kalkül kompensiert. Illoyal agierende Aufsichtsratsmitglieder werden begünstigt, da sie trotz laxer Überwachungsausübung keine Haftung fürchten müssen. Die Präventivfunktion der Haftung wird partiell unterlaufen.

Der *Regierungskommission Corporate Governance* ist insofern aus dem gewählten theoretischen Blickwinkel zu folgen, wenn sie empfiehlt, dass im Rahmen des Abschlusses einer D&O–Versicherung die verhaltenssteuernde Funktion der Haftung durch die Wahl eines ausreichenden Selbstbehalts der Organmitglieder zu gewährleisten sei.[481]

b) Verhaltensunsicherheiten als Resultat der Durchsetzungsmodalitäten

Bei Innenhaftungsansprüchen innerhalb komplexer Organisationen fällt es dem jeweiligen Organisationsrecht anheim, mithilfe organschaftlicher Kompetenzzuordnungen die wirksame Durchsetzung der Ansprüche durchzusetzen.[482] Die aktienrechtlich verankerte ordentliche Zuständigkeit des Vorstands zur Geltendmachung von Ansprüchen gegenüber dem Aufsichtsrat ist aus theoretischer Sicht äußerst problematisch. Zum einen kann es, wie oben beschrieben, zu einer Koalitionsbildung zwischen den Überwachungsträgern kommen.[483] Aufgrund des dann vorherrschenden gegenseitigen Abhängigkeitsverhältnisses ist es äußerst zweifelhaft, ob der Vorstand tatsächlich eine durch Sorgfaltspflichtverletzungen ausgelöste unsachgemäße Überwachungspolitik des Aufsichtsrats aufdecken und gerichtlich geltend machen wird.[484] Die Gefahr kollegialer Verschonung (*hold up*) ist evident. Zum anderen gilt es zu

---

[480] Vgl. Regierungskommission (2001): D.2.49 sowie Fleischer (2001b): S. 139, Ruffner (2000b): S. 283.

[481] Vgl. Regierungskommission (2001): D.2.48. Diese Empfehlung wurde auch in den Deutschen Corporate Governance-Kodex aufgenommen. Vgl. hierzu Werder v. (2002): S. 808.

[482] Im Gegensatz dazu obliegt es innerhalb zweiseitiger Rechtsverhältnisse grundsätzlich dem jeweils Geschädigten, den Anspruch gegenüber dem Schädiger geltend zu machen.

[483] Vgl. hierzu die Ausführungen oben auf S. 111f.

[484] Vgl. ebenso Reichert/ Weller (2002): S. 50, Theisen (1993a): S. 300, Götz (1997): S. 221. Bezüglich dieses Gefahrenpotenzials relativierend argumentiert Mutter (1994): S. 309. Er verweist auf den Tatbestand, dass der Vorstand im Falle einer fahrlässigen Pflichtverletzung seinerseits oftmals durch eine abgeschlossene D&O-Police abgesichert ist. Verzichtet er jedoch unter diesen Umständen auf die Geltendmachung von Ansprüchen

bedenken, dass er im Fall einer Klageerhebung u.U. eigene Verfehlungen aufdecken würde. Unterstellt man auch dem Vorstand rationales Eigeninteresse, so wird er bereits aufgrund dieser Interessenkollision eine Klageerhebung unterlassen.[485]

Die Optionen der Klageerzwingung durch Hauptversammlungsbeschluß bzw. die subsidiären Klageerzwingungsmöglichkeiten durch Aktionärsminderheiten tragen aus der theoretischen Perspektive ebenfalls kaum anreizsteuerndes Sanktionspotenzial.[486] Ursache hierfür ist die annahmegemäß vorherrschende Informationsasymmetrie, aufgrund derer die Aktionäre nicht die Arbeit des Rats beurteilen und somit auch kein anspruchsbegründendes Fehlverhalten vermuten können. Lediglich der Vorstand als Agent der Aktionäre kann die Überwachungsqualität der Aufsichtsratspartei einschätzen. Insofern ist seine Klageerzwingungszuständigkeit in diesem Bereich zunächst aus theoretischem Blickwinkel konsequent, bei näherer Betrachtung unter Berücksichtigung der skizzierten *hidden intentions*-Problematik und der damit einhergehenden wahrscheinlichen Koalitionsbildung zwischen den Überwachungsträgern aber zurecht als aktienrechtliche Fehlkonstruktion zu bezeichnen.[487] Die gesetzlichen Modalitäten der Haftungsdurchsetzung erweisen sich aus theoretischer Perspektive als unbefriedigend.

c) Verhaltensfehlsteuerungen aufgrund eingeschränkter justiziabler Kontrollmöglichkeiten

Wie dargelegt, lässt sich das Aufgabenspektrum nach § 111 Abs. 1 AktG in eine ex-ante- und eine ex-post-Kontrolle der Vorstandsgeschäftsführung aufspalten. In beiden Kontrollbereichen existiert kein geschlossenes Anforderungsprofil zur Beurteilung von Ratsentscheidungen, da der Verhaltensmaßstab für eine ordnungsgemäße Amtsführung bislang weder in der rechts- noch in der wirtschaftswissenschaftlichen Literatur hinlänglich konkretisiert werden konnte.[488] Die einschlägige Rechtsprechung lässt erst in Konturen Umrisse einer Funktionsbe-

gegenüber dem Aufsichtsrat, so entspricht dies dem Tatbestand einer vorsätzlichen Pflichtverletzung. Vorsätzliche Pflichtverletzungen sind allerdings nicht durch die Versicherung gedeckt, so dass er erst durch Unterlassen einer Anspruchserhebung gegenüber dem Rat in die Gefahr einer persönlichen Inanspruchnahme geraten würde. Hierdurch, so *Mutter*, würde die beschriebene Gefahr einer Unterlassung von Ersatzansprüchen gegenüber dem Aufsichtsrat gemildert. Der Argumentation *Mutters* ist aber entgegenzuhalten, dass ein entsprechender Nachweis von Vorsatz gegenüber dem Vorstand in der beschriebenen Fallkonstruktion nahezu unmöglich sein wird. Die Argumentationslinie kann daher unter Anreizgesichtspunkten nicht überzeugen.

[485] Peltzer (1981): S. 348 spricht in diesem Zusammenhang von einer „Bisssperre". Vgl. hierzu auch Hüffer (2002): Rz. 1 zu § 147 AktG sowie Kindler/ Pahlke (2001): S. 88.

[486] Das in § 147 AktG verankerte Minderheitenrecht zur Klageerhebung wird ohnehin als zu hohe Ausübungshürde kritisiert und diesbezüglich auf weiteren gesetzgeberischen Reformbedarf verwiesen. Vgl. ebenso Reichert/ Weller (2002): S. 50, Götz (1997): S. 221.

[487] Im Ergebnis ähnlich auch Theisen (1993a): S. 300, Trescher (1995): S. 661, Gawrisch (1999): S. 68f. sowie Lutter (1995b): S. 1133f.

[488] Vgl. Theisen (1995b): S. 202, Thümmel (1997): S. 261f., Gernoth (2001): S. 308. Vgl. zu dem Anliegen einer Spezifizierung des Ermessensspielraums für Aufsichtsratsentscheidungen die Arbeiten Mutter (1994), Ga-

schreibung der Überwachungsaufgaben erkennen.[489] Zukunftsbezug sowie situative Komplexität gestalten insbesondere im Bereich der ex-ante-Überwachung die zeitpunktbezogene Feststellung der Ordnungsmäßigkeit des Entscheidungsverhaltens schwierig. Der gerichtliche Nachweis haftungsbegründenden Fehlverhaltens fällt schwer.[490] Aus der gewählten theoretischen Perspektive führt die eingeschränkte bzw. mit Schwierigkeiten behaftete justiziable Überprüfbarkeit dazu, dass die Aufsichtsrat-Agentur dazu verleitet wird, den ihr eingeräumten diskretionären Überwachungsspielraum opportunistisch zu missbrauchen. Aus ihrem Blickwinkel eröffnet sich ein nahezu „sanktionsfreies Spielfeld", insbesondere im Bereich der zukunftsorientierten Vorstandsüberwachung. Die Haftung verliert ihre diziplinierende, präventive Wirkung.[491] Voraussetzung einer Effektivierung des geltenden Haftungsregimes ist daher, dass anreizwirksame Überwachungsmaßstäbe generiert werden, mit deren Hilfe Fehlverhalten der Aufsichtsratspartei im Rahmen einer gerichtlichen Kontrolle operationalisiert werden kann. Insbesondere für die Vorstandsüberwachung nach §§ 111 Abs. 1, 91 Abs. 2 AktG gilt es, justiziable Überwachungskriterien zu generieren.[492] Die „Kontrolle der Kontrolleure", so steht zu erhoffen, könnte bei der Überwachung dieses systemgebundenen Maßnahmenbereichs gegenüber vielen sonstigen Überwachungsentscheidungen, die aufgrund situativer Komplexität und Einzelfallgebundenheit ex-post meist kaum justiziabel greifbar sind, objektivierter erfolgen. In der Konsequenz könnte seitens der Prinzipale Fehlverhalten und damit die Aussicht auf einen gerichtlichen Erfolg eindeutiger abgeschätzt werden. Die Folge wäre, dass in begründeten Fällen verstärkt Klage eroben würde, was eine Effektivierung des Haftungsregimes implizieren würde.

---

wrisch (1999), Hoerdemann (1999) sowie ferner auch Westphalen (2000). Vgl. auch den Beitrag Werder v./ Feld (1996) zu der parallelen Problematik bei der Spezifizierung der „duty of care" im US-amerikanischen Managerhaftungsrecht.

[489] Vgl. ausführlich zu richtungsweisenden Rechtsurteilen für den Bereich der Vorstandsüberwachung gemäß § 111 Abs. 1 AktG die Ausführungen im weiteren auf S. 171ff.

[490] Ähnlich Theisen (1993a): S. 297, Mertens (1996a): S. 155f., Nehring (2001): S. 133ff., Fleischer (2001b): S. 136f., in der Konsequenz der dargebrachten Ausführungen auch Hoerdemann (1999): S. 191ff., Thümmel (1999): S. 885f., Thümmel (1997): S. 261. Auch die in § 93 Abs. 2 AktG festgeschriebene Beweislastumkehr ändert an diesem Sachverhalt nichts, da der Aufsichtsrat in einem evtl. stattfindenden Gerichtsverfahren bei plausibler Begründung seiner Dispositionen aufgrund dieser Nachweisproblematik kaum die Offenlegung einer laxen Überwachungspraxis und damit eine Inanspruchnahme fürchten muß. Ferner muß es der Klägerseite wie beschrieben zunächst gelingen, eine adäquate Kausalität eines entstandenen Schadens mit dem positiven Tun oder Unterlassen des Aufsichtsrats herzustellen, was regelmäßig ebenso schwer fallen dürfte. Vgl. Hüffer (2002): Rz. 16 zu § 93 AktG sowie ausführlich zu dieser Problematik im Bereich der Überwachungsverantwortung aus §§ 111 Abs. 1, 91 Abs. 2 AktG auch die Ausführungen im weiteren auf S. 174ff.

[491] Diesen Sachverhalt auf den Punkt bringt der dem Bankier *Abs* zugeschriebene vielzitierte Ausspruch: „Einen Aufsichtsrat haften zu lassen, ist schwieriger, als eine Sau am eingeseiften Schwanz festzuhalten." Vgl. hierzu auch Mertens (1996a): S. 157ff. sowie Adams (1997): S. 25, die das deutsche Haftungssystem für Organträger als "juristischen Papiertiger" charakterisieren.

[492] Wie dargelegt, konnte bislang noch kein klarer Rahmen seitens Gesetzgebung, Wissenschaft oder Praxis abgeleitet werden, außerhalb dessen unternehmerische Entscheidungen bei der Umsetzung der Maßnahmen nach § 91 Abs. 2 AltG als nicht ordnungsgemäß klassifiziert werden können. Vgl. hierzu Lingemann/ Wasmann (1998): S. 859 sowie die Ausführungen oben auf S. 51ff., S. 108f.

d) Fazit: Zu den Möglichkeiten und Grenzen rechtspolitischer Schlussfolgerungen aus der gewählten theoretischen Perspektive

Die aktienrechtliche Haftungsnorm aus §§ 116, 93 Abs. 2 AktG wird nach h.M. als prinzipiell angemessen streng, ihre Durchsetzung, insbesondere ihre Klärung im Prozess hingegen als problematisch erachtet.[493] Das tatsächliche Haftungsrisiko deutscher Aufsichtsräte ist de facto äußerst gering, soweit dies anhand bislang erfolgter rechtskräftiger Entscheidungen beurteilt werden kann.[494] Haftungsklagen finden realiter nur in Extremfällen statt, z.B. wenn es zu einem Eigentümerwechsel respektive einer Umbesetzung der Organe kommt, oder infolge einer spektakulären Schieflage bzw. eines Insolvenztatbestands massiver öffentlicher Druck eine Verfolgung der Verantwortlichen unausweichbar macht.[495] Dieser empirisch festzustellende Sachverhalt untermauert die aus dem theoretischen Blickwinkel deduzierte negative Einschätzung der verhaltenssteuernden Wirkung des gegenwärtigen Haftungssystems.

Eine radikale Verschärfung des Haftungsregimes unter dem Eindruck der theoretischen Erkenntnisse wird allerdings nicht die offengelegten Anreizdefizite beheben und zu einer nachhaltigen Verbesserung der aktienrechtliche Corporate Governance führen können. Es bestünde im Fall einer drastischen Vereinfachung des Durchgriffs bzw. einer Ausweitung der Haftungsgrenzen die Gefahr, dass sich keine geeigneten Personen mehr in Anbetracht des Haftungsrisikos bereit fänden, ein Mandat zu übernehmen oder dass amtierende Mandatsträger Absicherungsstrategien entwickeln könnten, die ihrem Überwachungsauftrag im Unternehmensinteresse entgegenstünden.[496] Die gewählte theoretische Perspektive kann mithin nur dazu dienen, auf Grundlage der gewählten Verhaltensannahmen die haftungsrechtliche Anreizproblematik im Bereich der institutionalisierten Unternehmenskontrolle aufzudecken und Transparenz zu erzeugen. Auf dieser Basis lassen sich zwar im ökonomischen Modell Lö-

---

[493] Vgl. hierzu etwa Lutter (1995a): S. 305, Mertens (1996a): S. 455ff., Salzberger (2000): S. 764, Trescher (1995): S. 661, Regierungskommission (2001): D.2.42-D2.50 sowie den Beitrag Hoerdemann (1997).

[494] Vgl. zu identischen Einschätzungen etwa Theisen (1993a): S. 310, Lutter (1995a): S. 304f., Gawrisch (1999): S. 69f., S. 80, Thümmel (1999): S. 888, Auge-Dickhut (1999): S. 36, Adams (1994): S. 155. Bei den länger zurückliegenden Ereignissen um die „Neue Heimat" und „co-op", den auf deutschem Rechtsgebiet wohl eklatantesten Fällen offensichtlichen Fehlverhaltens von Überwachungsträgern, blieben haftungsrechtliche Konsequenzen der verantwortlichen Organe ebenso aus wie bei den Skandalen „Metallgesellschaft", „KHD", „Holzmann" sowie der „Bankgesellschaft Berlin". Im Bereich großer Schieflagen wurde lediglich im Fall „ARAG/ Garmenbeck", „Balsam" und „Ass" eine Haftungsinanspruchnahme gegenüber dem Aufsichtsrat durchgesetzt. In erster Instanz wurde bspw. für die *Balsam-AG* eine Schadensersatzzahlung von 5 Mio DM, für die *Ass-AG* eine Zahlung von 9 Mio DM durch die in Anspruch genommenen Aufsichtsratsmitglieder durchgesetzt. Vgl. Kindler/ Pahlke (2001): S. 89 sowie die Quellen Rittner (1995), LG Bielefeld (2000), LG Stuttgart (1999). Weitere obergerichtliche Entscheidungen zur Inanspruchnahme des Aufsichtsrats, die Fälle „Herstatt" und „Schaffgotsch" liegen bereits länger zurück. Vgl. hierzu BGH (1996), BGH (1980) sowie Ulmer (1980): S. 1603.

[495] Vgl. Mertens (1996a): S. 158, Gawrisch (1999): S. 69f., Lutter (1995a): S. 304f.

[496] So auch Poseck (1997): S. 17.

sungsansätze formulieren, unmittelbare rechtspolitische Konsequenzen können aber nicht abgeleitet werden. Hierzu ist eine differenzierendere Sichtweise notwendig, bei der die ökonomische Argumentationslinie nur ergänzend Hilfestellung leisten kann.

Als Zwischenfazit der vorgetragenen Analyse ist festzuhalten, dass auch ein vereinfachtes Aktionärsklagerecht nicht die bestehende Anreizproblematik für den Aufsichtsrat lösen wird. Als neuralgischer Punkt des Haftungssystems erweist sich neben der Klagedurchsetzung die Problematik der Zuweisung bzw. Abgrenzung von Ermessensspielräumen bei der Vorstandsüberwachung nach § 111 Abs. 1 AktG.[497] Insofern besteht dringender wissenschaftlicher Handlungsbedarf im Bereich der Forschung nach eindeutigen, objektivierbaren Maßstäben zur Beurteilung der Ordnungsmäßigkeit organschaftlicher Überwachungsdispositionen des Aufsichtsrats.[498] Im Zeichen dieses Anspruchs bewegt sich die in Kapitel IV stattfindende Analyse zu den Sorgfaltspflichten des Rats im Kontext seiner wertorientierten Überwachungsfunktion gemäß §§ 111 Abs. 1, 91 Abs. 2 AktG.[499]

C. Risikofrüherkennungssysteme, Managerkontrolle und „Kontrolle der Kontrolleure" – gesellschaftsrechtliche Sorgfaltspflicht und unternehmerisches Ermessen aus der Perspektive einer ökonomischen Rechtstheorie

I. Der Verhaltensstandard des § 91 Abs. 2 AktG im Lichte begrenzter Rationalität - Zur ökonomischen Bedeutung von Sorgfalts- und Treuepflichten in Publikumsaktiengesellschaften

Die ökonomische Analyse des Rechts befasst sich u.a. mit der Effizienz von präzisen und unpräzisen Verhaltensnormen.[500] Erstere sind Regeln mit festen, klar definierten Grenzen, die rechtmäßiges (sachgerechtes) von unrechtmäßigem (unsachgemäßem) Verhalten exakt trennen. Im Gegensatz dazu sind unpräzise Normen sowohl für die Adressaten als auch für die

[497] Anders hierzu etwa Gawrisch (1999): S. 80f., der die Anspruchsdurchsetzung als den primären Problemkreis des gegenwärtigen Haftungssystems identifiziert. Letztlich dürfte allerdings hinsichtlich der Einschätzung der Ermessensproblematik als einem neuralgischen Punkt des Haftungsregimes Einigkeit herrschen, da auch eine effektive Klagedurchsetzung nur dann Präventivwirkung erzeugen kann, wenn Fehlverhalten infolge effektiver Ermessenskontrolle sanktioniert werden kann.

[498] Ebenso Theisen (1987): S. 212, Theisen (1993a): S. 297, Mertens (1996a): S. 156, Götz (1997): S. 222, Nirk (1996): S. 393 sowie in der Konsequenz ihrer Ausführungen Gernoth (2001): S. 308, Gollnick (1997): S. 217, Hoerdemann (1997): S. 48.

[499] Vgl. hierzu die Ausführungen im weiteren auf S. 151ff.

[500] Vgl. ausführlich hierzu bspw. das Standardwerk Posner (1998) sowie Beiträge von Rechtswissenschaftlern der „critical legal studies (CLS)" wie Kennedy (1976) oder Kelman (1987).

Richter, die ggf. entscheiden müssen, ob das Verhalten der Adressaten noch regelkonform war, auslegungsbedürftig.[501]

Die Gesetzesnorm des § 91 Abs. 2 AktG wird durch den Gesetzgeber offen formuliert. Sie konstituiert für Vorstand und Aufsichtsrat einen offenen Verhaltensstandard mit geringem Bestimmtheitsgrad. Der aktienrechtliche Gesellschaftsvertrag enthält eine Vielzahl von vergleichsweise allgemein gehaltenen Leistungsstandards bzw. Handlungsmaximen. Es ist seitens der Akteure nicht möglich, einen Gesellschaftsvertrag im Sinne eines vollständigen Vertrags zu generieren. Kontrakttheoretisch läßt sich die Situation im Aktienrecht bzw. in Gesellschaftsverträgen als offen ausgestaltete Form relationaler Verträge charakterisieren.[502] Die Prinzipal-Aktionäre als Träger residualer Risiken delegieren an Management und Aufsichtsrat (Agenten) spezifische Entscheidungskompetenzen. Ein diskretionärer Handlungsspielraum kennzeichnet die Auftragsbeziehung, in der die unternehmerischen Entscheidungsträger sowohl in Handlungsfreiheit und Selbstverantwortung als auch unter Beachtung des Oberpostulats generalklauselartig formulierter Treue- und Sorgfaltspflichten agieren sollen.[503] Die Delegation breit angelegter Entscheidungsbefugnisse ist aufgrund der unterstellten Verhaltensannahmen im Prinzipal-Agent-Verhältnis ökonomisch sinnvoll. Die Eingrenzung des diskretionären Handlungsspielraums der mit der Geschäftsführung und deren Überwachung betrauten Entscheidungsträger ist kontraproduktiv, wenn spezifische Wissens- respektive Fähigkeitsvorsprünge nicht optimal genutzt werden können.[504]

Das Klagesystem des aktienrechtlichen Organhaftungsregimes basiert auf der Institution der Sorgfalts- und Treuepflicht. Als Gegengewicht zu zwangsläufig enstehenden Informationsungleichgewichten in der Agency-Beziehung wird es den Prinzipalen durch die Setzung von unbestimmten Rechtsnormen ermöglicht, wichtige organschaftliche Entscheidungen einer nachträglichen richterlichen Kontrolle auf materielle Angemessenheit zu unterwerfen.[505] Für die Gerichtsbarkeit ergibt sich damit eine wichtige rechtsetzende Funktion, die der Gesetzge-

---

[501] Vgl. Ulen (1999): S. 347.

[502] Vgl. übertragbar auf das deutsche Aktienrecht Ruffner (2000a): S. 200f., Ruffner (2000b): S. 211.

[503] Vgl. Fleischer (2001a): S. 7f. Die Treuepflicht ist dabei i.e.L. auf die Verhinderung der Aneignung fremder Vermögenswerte, die Sorgfaltspflicht auf die Unterbindung unsachgerechter Geschäftsführung respektive Unternehmensüberwachung ausgerichtet. Vgl. Ruffner (2000b): S. 215. Aus ökonomischem Blickwinkel sind es hohe Transaktionskosten sowie die beschränkte Rationalität der Entscheidungsträger in einer komplexen Umwelt einhergehend mit der Unvorhersehbarkeit künftiger Risiken, die in dem relationalen Vertragsgebilde die Institution der Sorgfalts- und Treuepflichten entstehen lassen. Vgl. Kornhauser (1989): S. 1454, Ruffner (2000b): S. 212. Posner (1998): S. 590f. weist unpräzisen Verhaltensregeln niedrige erstmalige Spezifikations- und tendenziell hohe Durchsetzungs- und Einhaltungskosten zu, während seinen Ausführungen nach präzise Regeln die Beweisprobleme und damit einhergehend die Kosten der Rechtsprechung reduzieren.

[504] Vgl. hierzu auch Elschen (1991b): S. 1004 sowie die Ausführungen zu den theoretischen Grundlagen der Prinzipal-Agent-Theorie oben auf S. 30f.

ber aufgrund der beschriebenen Ambivalenz der zu regelnden Transaktionen nicht wahrnehmen kann. Der § 91 Abs. 2 AktG als Ausprägung der Institution der Sorgfaltspflicht ist hierbei als Teilelement eines „governance-mechanism"[506] im relationalen Vertragsverhältnis zu werten. Dieser unpräzisen Rechtsnorm kommt die haftungsrechtliche Funktion einer auslegungsfähigen Grundlage zur Bewältigung möglicher Agenturprobleme zu, die sich bei Vertragsabschluss nicht ex-ante durch spezifische Vertragsklauseln lösen lassen.[507] Es handelt sich hierbei, im Gegensatz etwa zu der Stimmrechtskontrolle, um einen ex-post einsetzenden Schutzmechanismus gegenüber kontraktendogenen Verhaltensunsicherheiten. Im Unterschied zum Stimmrecht, das auf eine direkte Kontrolle gesellschaftlicher Vorgänge abzielt, entfalten die auf der Sorgfaltspflicht basierenden Haftungssysteme (eine hinreichende Zahl von gerichtlichen Überprüfungen vorausgesetzt) sowohl eine ex-ante-Präventivwirkung als auch eine ex-post-Ausgleichsfunktion zur Lösung der Agency-Problematik.[508] Von der Institution der Sorgfaltspflicht können allerdings auch dysfunktionale Anreizeffekte ausgehen. So steht im Bereich der Risikokontrollpflicht nach § 91 Abs. 2 AktG respektive der diesbezüglichen Überwachungsverantwortung nach §§ 111 Abs. 1, 91, Abs. 2 AktG zu befürchten, dass eine sich im Zuge unsachgemäßer richterlicher Entscheidungen herausbildende überzogene Sorgfaltspflicht die unternehmerischen Entscheidungsträger zu einer Risikohandhabung verleitet, die nicht im Interesse der Aktionärs-Prinzipale liegt.[509] So führt die Gesetzesregelung zu unerwünschten Ergebnissen, wenn die Unternehmensleitung respektive der Aufsichtsrat aufgrund der Furcht, auf der Basis des § 91 Abs. 2 AktG könnte es in Zukunft zu einer materiellen Verschärfung der Organhaftung kommen, aussichtsreiche Geschäfte aufgrund des ihnen oft naturgemäß immanenten hohen Risikogehalts generell nicht mehr eingeht bzw. zulässt.[510] Für die Aktionärsschaft wäre ein entsprechendes „Mehr" an Vorsicht kontraproduktiv, da sich Risiken i.d.R. einfacher und kostengünstiger auf der Ebene der Eigenkapitalgeber als auf der Ebene der einzelnen Unternehmung diversifizieren lassen.[511] Aus ökonomischer Perspektive

---

[505] Vgl. Ruffner (2000b): S. 211f., S. 225f.

[506] ebenda: S. 323.

[507] Vgl. Easterbrook/ Fischel (1991): S. 90f., Posner (1998): S. 125, Fleischer (2001a): S. 8.

[508] Vgl. Easterbrook/ Fischel (1991): S. 92, Coffee (1996): S. 202f., Ulen (1999): S. 348.

[509] Vgl. zu einer solchen Befürchtung auch Drygala/ Drygala (2000): S. 302, Seibert (2000): S. 431.

[510] Eine solche Verhaltensweise widerspräche auch massiv dem originären Gesetzeszweck des § 91 Abs. 2 AktG. Gemäß der vorgetragenen Rechtsauslegung geht es nicht darum, risikobehaftete Investitionen per se auszuschließen, sondern nur darum sicherzustellen, dass potenziell bestandsgefährdende Entwicklungen frühzeitig erkannt werden. Vgl. hierzu die Ausführungen oben auf S. 53ff. sowie insbesondere auch die Regierungsbegründung BMJ (1997). In einem marktwirtschaftlichen Kontext wäre es in Anbetracht des Oberpostulats unternehmerischer Handlungsfreiheit und Eigenverantwortung nicht denkbar, wenn risikobehaftete Geschäfte durch Verhaltensregeln ausgeschlossen würden, mithin nur noch „mündelsicher" investiert werden dürfte, ohne Sanktionen befürchten zu müssen. Vgl. Seibert (2000): S. 437, Hüffer (2002): Rz. 4ff. zu § 91 AktG.

[511] Vgl. hierzu und zu möglichen Ausnahmen Brealey/ Myers (2003): S. 169ff. sowie ferner auch Eisenberg (1993): S. 445.

sollte daher im Falle einer Publikumsgesellschaft, die von einer professionell agierenden, ausreichend diversifizierten Aktionärsschaft getragen wird, bei der Konzeptionalisierung einer unternehmensindividuellen Risikostrategie darauf geachtet werden, dass tendenziell Investitionen mit einem hohen totalen Risiko und einem kleinen nichtdiversifizierbaren (systematischen) Risiko gegenüber solchen mit einem niedrigen totalen Risiko und einem mittleren bis hohen nichtdiversifizierbaren Risiko begünstigt werden.

Die Überlegungen zeigen, dass die Gesetzesneuregelung, der das Ziel einer Effektivierung der aktienrechtlichen Corporate Governance in Form einer Unterbindung unternehmensschädlicher Entscheidungen zugrundeliegt, zu neuen anderweitigen Verhaltensfehlsteuerungen der Organträger führen kann. Der dem Klagesystem zugrundeliegende Sorgfaltsmaßstab muß demgemäß unter dem theoretischen Konstrukt einer breit diversifizierten Prinzipal-Aktionärsschaft darauf ausgerichtet sein, die verantwortlichen Organträger auf die Berücksichtigung des Verhältnisses von systematischen und unsystematischen Risiken zu verpflichten. Eine einseitige Ausrichtung am Gesamtrisiko müßte in der Konsequenz ggf. als haftungsbegründender Tatbestand instrumentalisiert werden.[512] Inwiefern allerdings diese Perspektive der modernen Finanzmarkttheorie tatsächlich in realiter stattfindenden Haftungsprozessen unter Berücksichtigung gesellschaftsrechtlicher Normen und des Gesetzeszwecks des § 91 Abs. 2 AktG herangezogen werden kann, bedarf im folgenden einer vertieften Analyse.[513]

Die Problematik des Organhaftungsrechts wird in Wissenschaft und Politik intensiv diskutiert. In der juristischen Auseinandersetzung steht meist der Aspekt eines „gerechten Schadensausgleichs" im Vordergrund, während die ökonomische Betrachtung zuvörderst auf die Präventivwirkung von Haftungsregeln abzielt.[514] Die Problemstellung, inwiefern es unter Präventionsgesichtspunkten erforderlich ist, die offen formulierte risikoorientierte Überwachungspflicht aus § 91 Abs. 2 AktG und damit einhergehend die Überwachungsverantwortung aus §§ 111 Abs. 1, 91 Abs. 2 AktG weitergehend zu präzisieren, bspw. in Form von einheitlichen „Grundsätzen ordnungsgemäßer Risikoüberwachung" (GoRÜ) oder ähnlichem, stellt dabei

---

512 Anders gelagert wäre die Situation im Falle einer Familiengesellschaft mit einem kleinen Aktionärskreis, wenn dieser den Großteil seines Vermögens ausschließlich in der Gesellschaft gebunden und damit nur beschränkte Möglichkeiten einer ausreichenden persönlichen Diversifikation hätte.

513 Vgl. hierzu die Ausführungen im weiteren auf S. 209ff.

514 Vgl. Endres (1991): S. 3ff., Herrmann (1997): S. 58. Als zentrales Erkenntnisinteresse der allgemeinen Ökonomie des Rechts gilt diesbezüglich die Ermittlung eines haftungsrechtlich zu fordernden Sorgfaltsniveaus, das dadurch gekennzeichnet ist, dass die (positive) Differenz zwischen dem Wert der schadenssenkenden Wirkungen der Tätigkeit und den bei der Realisierung der Sorgfaltsaktivität entstehenden Kosten maximiert wird. Vgl. Rubinfield (1987): S. 377.

eine „Gretchenfrage“ der ökonomischen Analyse dieser Rechtspflicht und damit korrespondierender Haftungsregeln dar, der im nächsten Abschnitt nachgegangen wird.

2. *Verschuldenshaftung und Ermessen im Bereich des § 91 Abs. 2 AktG - eine modellhafte Analyse zum Präzisierungsbedarf von „Grundsätzen ordnungsgemäßer Risikoüberwachung (GoRÜ)“*

a) Erkenntnisanspruch

Eine theoretische Richtung der Prüfungslehre befasst sich mit der Funktionsweise und Effizienz von Haftungssystemen für Wirtschaftsprüfer.[515] Zentrales Erkenntnisziel ist die Eruierung von Bedingungen zur Gewährleistung der Vertrauenswürdigkeit rational im Eigeninteresse agierender Prüfer. Mithilfe mikroökonomisch fundierter Erklärungsmodelle werden qualitative Wirkungsweisen, Resultate und Problemkreise institutioneller Arrangements aus dem individuell optimalen Verhalten und den sich daraus ergebenden Interaktionen rational handelnder Individuen abgeleitet.[516] Die Analyse von Bedingungen zur Sicherung einer loyalen Überwachungsausübung durch den Aufsichtsrat ist dem Erkenntnisanspruch dieses Zweigs der ökonomischen Prüfungsforschung affin. Auch der Rat läßt sich analog zum Prüfermodell als Agent in ein ökonomisches Szenario integrieren, um Wirkungsweise und institutionelle Rahmenbedingungen von Haftungsregeln qualitativ untersuchen zu können.

Ein Ansatz dieser neoklassisch ausgerichteten Forschungsrichtung zur Prüferhaftung, der im wesentlichen auf Arbeiten von *Ewert* und *Ko* beruht, beschäftigt sich mit der Frage, ob „Grundsätze ordnungsgemäßer Abschlussprüfung“ (GoA) zur bestmöglichen Erfüllung ihrer normativen Funktion möglichst präzise ausgestaltet sein sollten.[517] Zentrale Analyseparameter bilden sogenannte „strategische Interdependenzen“ der Handlungen der beteiligten Akteure. Es handelt sich dabei um die wechselseitige Abhängigkeit zwischen der optimalen Politik des Prüfers und dem optimalen Klageverhalten der Adressaten der Prüfung. Die Herangehensweise verspricht auch für die Analyse des Aufsichtsratshaftungsregimes Erkenntnispotenzial. Übertragen auf diesen Anwendungsfall geht es in der Konsequenz darum, inwiefern es aus einem haftungsökonomischen Blickwinkel erforderlich ist, im Bereich der risikoorientierten

---

[515] Zu einem Überblick vgl. etwa Ewert (1988): S. 28ff.

[516] Vgl. ebenda: S. 1.

[517] Vgl. hierzu die Beiträge Ewert (1999a), Ewert (1999b), Ko (1985), beschreibend auch Husemann (1992): S. 96ff., Ewert (1990): S. 165ff.

Kontrollpflicht des Aufsichtsrats gemäß §§ 111 Abs. 1, 91 Abs. 2 AktG sogenannte „Grundsätze ordnungsgemäßer Risikoüberwachung (GoRÜ)" allgemein verbindlich zu präzisieren.[518]

Im folgenden wird das prüfungstheoretische Haftungsmodell auf den hier fokussierten Untersuchungsgegenstand angewendet. Ziel der vorzutragenden stark vereinfachten Modellbetrachtung ist es, in abstrakter Weise die ökonomische Bedeutung der Gerichtsbarkeit in einem auf Sorgfaltspflichten basierenden Haftungssystem herauszustellen. Das Modellgerüst sowie die Ergebnisse werden intuitiv verbal nachgezeichnet. Der diesbezügliche formalanalytische Lösungsweg verläuft weitestgehend analog zu dem der prüfungstheoretischen Haftungsmodelle. Seine Darstellung verspricht im Untersuchungskontext keinen zusätzlichen Erkenntnisgewinn. Für die formale Ableitung der im folgenden skizzierten Resultate sei daher auf den Ansatz zur Prüferhaftung von *Ewert* verwiesen, der sich nur rudimentär von dem im folgenden aufgespannten Modellrahmen unterscheidet.[519]

b) Aufspannung des Modellrahmens

Ausgangspunkt ist das im Vorkapitel dargestellte System der Verschuldenshaftung nach §§ 116, 93 Abs. 2 AktG. Dem Aufsichtsrat obliegt die Aufgabe, Fehler des Vorstands bei der Umsetzung der Maßnahmen nach § 91 Abs. 2 AktG aufzudecken und dafür Sorge zu tragen, dass diese behoben werden. Entsprechende Managementfehler seien mit einer Wahrscheinlichkeit von z ($0<z\leq 1$) vorhanden. Im Rahmen seines diskretionären Handlungsspielraums ergreift der Aufsichtsrat-Agent nun bestimmte Überwachungsmaßnahmen zur Aufdeckung eventueller Fehler. Annahmegemäß steige die Aufdeckungswahrscheinlichkeit proportional mit seinem Anstrengungsniveau. Die Aufdeckungswahrscheinlichkeit kann demnach auch direkt als Überwachungsniveau interpretiert werden. Im folgenden sei dieses mit a tituliert ($0\leq a\leq 1$). Unter der Voraussetzung, dass tatsächlich Managementfehler vorliegen, entspricht die Wahrscheinlichkeit, dass diese fälschlicherweise nicht durch den Rat aufgedeckt werden, demnach $1-a$.

Wie erläutert wurde, obliegt die Initiativverantwortung zur Durchsetzung eines gerichtlichen Kontrollverfahrens für Ratsentscheidungen im Innenverhältnis grundsätzlich der betroffenen

---

518 Inwiefern eine höchstmögliche Präzisierung entsprechender allgemeingültiger Standards unter tatsächlichen Gegebenheiten überhaupt möglich ist, sei hier abstrahierend vernachlässigt.

519 Vgl. Ewert (1999a). Die entsprechenden Modifikationen des hier zugrundeliegenden Modellgerüsts für den Bereich der Aufsichtsratshaftung gegenüber den prüfungstheoretischen Basisansätzen werden im folgenden einzeln dargelegt.

Gesellschaft und damit der ordentlichen Kompetenz des Vorstands nach §§ 77, 78 AktG.[520] Aus agency-theoretischem Blickwinkel wurde diese Regelung zur Anspruchsdurchsetzung als aktienrechtliche Fehlkonstruktion gewertet. Aufgrunddessen wird im folgenden „heroisch" davon ausgegangen, dass sich unter bestimmten, noch zu präzisierenden Bedingungen stets eine Minderheit der Aktionärsschaft, die den erforderlichen Bruchteil von 10% des Grundkapitals bildet (§ 147 Abs. 1 AktG), darauf verständigen kann, eine gerichtliche Klage einzureichen. Die realiter gegebene Problematik der Klagedurchsetzung wird durch diese Annahme weitgehend entschärft. Weiterhin wird unterstellt, dass die zu treffenden Maßnahmen nach § 91 Abs. 2 AktG nicht oder nicht angemessen durch den Vorstand umgesetzt werden und der Aufsichtsrat keinerlei Einwände demgegenüber vorbringt. Mit einer bestimmten Wahrscheinlichkeit b wird nun der Aktionärsschaft der Tatbestand von Mängeln in den Dispositionen nach § 91 Abs. 2 AktG bekannt und eine haftungsbegründende Pflichtverletzung des Aufsichtsrats vermutet.[521] Die Aktionärsschaft respektive eine erforderliche Minderheit muß nun im Rahmen einer individuellen Klagepolitik über die Einleitung einer Klage entscheiden. Entscheidungskriterium ist ausschließlich die finanzielle Vorteilhaftigkeit.[522] Bei der Entscheidung muß berücksichtigt werden, dass das Gericht bei seiner ex-post-Kontrolle der Aufsichtsratsarbeit keine perfekte Überwachung der Managementdispositionen als Maßstab voraussetzt. Eine Haftungsverpflichtung wird typischerweise für ein System der Verschuldenshaftung nur dann ausgelöst, wenn der Rat nachweislich ein bestimmtes Niveau (dieses Überwachungssniveau sei institutionell festgesetzt und entspricht den „GoRÜ") unterschritten hat.[523] Der Tatbestand von nicht beanstandeten Managementfehlern wird demgemäß nicht zwangsläufig Haftungsfolgen für den Rat auslösen. Eine Klage birgt somit immer ein bestimmtes Risiko für die Prinzipale, weil das Gericht evtl. auch bei Vorliegen des Tatbestands fehlerhafter Dispositionen des Managements zu der Entscheidung kommen kann, dass dem Auf-

---

[520] Vgl. hierzu die Ausführungen oben auf S. 130.

[521] Einerseits könnte davon ausgegangen werden, dass zufällige Kontrollsignale bspw. in Form von Insiderverlautbarungen für die Mängelaufdeckung verantwortlich sind. Aber bspw. ebenso können plötzlich auftretende Krisen oder gar die Insolvenz entsprechende Mängel anzeigen. Auch *Ko* geht davon aus, dass eine ex-post-Fehleraufdeckung aus verschiedenen Anlässen herrühren kann: „Such a discovery occurs for various reasons. The same auditor, or more likely, a different auditor may discover a material error in the (previous) audited statements while doing regular audits in later periods. Other **ad hoc** occasions, such as bankruptcy or tax irregularity, accompanied by a thorough investigation of the firm's financial records may result in such a discovery. These events are assumed to occur randomly", Ko (1985): S. 20, (Hervorhebung im Original). Die Möglichkeit einer Klageerhebung gegenüber dem Vorstand wird hier ausgeklammert.

[522] Etwaige Gesichtspunkte wie die Schädigung der Reputation des Unternehmens durch eingeleitete Organhaftungsklagen bleiben hier außer Acht.

[523] Ähnlich im prüfungstheoretischen Kontext auch Ko (1985): S. 19: „The auditor's legal liability will be defined in the following way: when the audited financial statements (audited reports) are found to deviate materially from generally accepted accounting principles (GAAP), the auditor, where due skill and care are not exercised, is liable for the owner's loss due to the material misstatement."

sichtsrat kein anspruchsbegründendes Verschulden zukommt.[524] Es gilt für die Kläger, zwischen den für sie enstehenden Kosten im Falle einer gerichtlichen Niederlage (die Kosten des Gerichtsprozesses seien im folgenden mit K bezeichnet) und dem durch Haftungszahlungen H an die Gesellschaft generierten Vorteil abzuwägen. Die aus dem Abwägungsprozess resultierende Klagepolitik wird mit der Klagewahrscheinlichkeit π ($0 \leq \pi \leq 1$) ausgedrückt.[525] An dieser Stelle wird die Problematik einer modellhaften Analyse von Haftungsregeln im Innenverhältnis deutlich. Die im Bereich der Prüfungstheorie analysierten Haftungsmodelle sind durchgängig Dritthaftungssysteme. Es ist dort nicht schwierig, die im Erfolgsfall einer gerichtlichen Klage ausgelösten finanziellen Vorteile für die Kläger abzubilden, denn diese entsprechen den direkten Schadensersatzzahlungen.[526] Anders gelagert ist der Fall einer Innenhaftung. Hier werden keine direkten Vermögenstransfers ausgelöst. Schadensersatz wird nicht unmittelbar an die Klägerschaft, sondern an die betroffene Gesellschaft geleistet. Die Erfassung des finanziellen Vorteils für die Kläger ist damit im Modell schwierig und erfordert weitere Annahmen. Hier sei (stark vereinfachend) davon ausgegangen, dass die an die Gesellschaft ggf. zu leistenden Haftungszahlungen indirekt über spätere Dividendenzahlungen an die Aktionäre zurückfließen. Jede Haftungsinanspruchnahme generiert demzufolge auch hier einen finanziellen Vorteil für die Kläger, auch wenn keine direkten Zahlungen an sie ausgelöst werden. Dieser Vorteil entspricht hier (annahmegemäß) genau den ausgelösten Haftungszahlungen.[527] Es wird weiterhin vereinfachend davon ausgegangen, dass keine Absicherung der Organmitglieder in Form einer D&O-Versicherung erfolgt.

c) Diskussion der Wirkungsverläufe

In den prüfungstheoretischen Haftungsmodellen werden die Anreizwirkungen zweier institutioneller Arrangements untersucht, die sich in der Präzision der gesetzten Vorgaben für die Prüfungstätigkeit unterscheiden. Einerseits wird davon ausgegangen, dass einheitliche Standards in Form von präzisen „Grundsätzen ordnungsgemäßer Abschlussprüfung" (GoA) exi-

[524] Im eingeleiteten Prozess muß das Gericht zunächst das tatsächlich geleistete Überwachungsniveau einschätzen. Hieran anknüpfend erfolgt ein Vergleich mit den GoRÜ, d.h. das Gericht muß ein bestimmtes Soll-Objekt als Maßstab heranziehen. Nur bei Verletzung der GoRÜ treten Haftungsfolgen ein. Vereinfachend sei hier davon ausgegangen, dass die Beweisaufnahme und damit die korrekte Ermittlung des geleisteten Überwachungsniveaus stets glückt. Anders Ewert (1999a): S. 97, der zusätzlich eine bestimmte Wahrscheinlichkeit parametrisiert, mit der die Beweisaufnahme im Gericht nicht erfolgreich verläuft.

[525] Eine Klage wird nur dann eingeleitet, wenn dem Markt bestimmte Unregelmäßigkeiten mit der oben eingeführten Wahrscheinlichkeit b bekannt werden. Die Klagewahrscheinlichkeit wird dann maßgeblich durch die Einschätzung der Prinzipale bestimmt, inwiefern trotz Unregelmäßigkeiten eine ordnungsgemäße Überwachung stattgefunden haben kann.

[526] Vgl. für den prüfungstheoretischen Kontext Ewert (1999a): S. 186ff. Die dort direkt durch den Prüfer zu leistenden Schadensersatzleistungen werden durch das Symbol D („Damage Payments") gekennzeichnet.

stieren. Diese Standards sind annahmegemäß so eindeutig, dass dem Prüfer im Rahmen einer richterlichen ex-post-Kontrolle des Prüfungsverhaltens keinerlei Ermessensspielräume zugebilligt werden.[528] Im zweiten Fall werden vage GoA unterstellt, die einen gewissen Auslegungsspielraum implizieren. Selbst im Fall einer geglückten Beweisaufnahme von Prüfungsfehlern ist es in einem ex-post eingleiteten Gerichtsverfahren zweifelhaft, ob das Gericht Verschulden bejaht, da nunmehr der zu leistende Soll-Ist-Verleich eine Interpretation des geleisteten Prüfungsniveaus im Hinblick auf die Anforderungen aus dem vagen Verhaltensregelwerk darstellt.[529] Im folgenden sollen die Szenarien der Prüfungsliteratur auf das hier entwikkelte Haftungsmodell übertragen werden.

(1) Szenario 1: Ein System präziser Verhaltensstandards zur Überwachung der Vorstandsmaßnahmen nach § 91 Abs. 2 AktG

Im folgenden wird (hypothetisch) davon ausgegangen, dass sich durch Gesetzgebung, Kommissionsarbeit, Schrifttum, Rechtsprechung etc. zweifelsfreie Vorgaben für die Überwachung des Maßnahmenbereichs nach § 91 Abs. 2 AktG herausbilden lassen, die keinerlei Ermessensspielräume zulassen. Diese präzisen Verhaltensstandards seien im folgenden „Grundsätze ordnungsgemäßer Risikoüberwachung“ (GoRÜ) genannt. Jedes Gericht wird unter der gesetzten Prämisse einer erfolgreichen Beweisaufnahme in Form der korrekten Ermittlung des tatsächlich geleisteten Überwachungsniveaus zu dem gleichen Ergebnis kommen. Eine Interpretation des Niveaus als mit den GoRÜ in Einklang stehend bzw. nicht erübrigt sich. Im Szenario werden diese GoRÜ als institutionell gesetztes Überwachungsniveau in Form einer Mindestwahrscheinlichkeit $a_l < 1$ zur Aufdeckung von Managementfehlern abgebildet. Liegt das tatsächlich geleistete Überwachungsniveau a unterhalb a_l, so wird das Gericht stets von anspruchsbegründendendem Fehlverhalten ausgehen.

Die Politik des rational im Eigeninteresse operierenden Rats wird annahmegemäß durch individuelles Nutzenkalkül determiniert. Im prüfungstheoretischen Haftungsmodell wird von einer konstanten Prüfungsgebühr und direkten Prüfungskosten ausgegangen.[530] Der Prüfer bestimmt seine Prüfungspolitik als Ausfluß einer Kostenminimierungsstrategie. Im hier fokussierten Anwendungsfall tritt an die Stelle der Prüfungsgebühr eine fixe Entlohnung des Rats, an die Stelle der direkten Prüfungskosten das in Opportunitätskosten (OK) übersetzte Ar-

[527] Die zeitliche Divergenz zwischen Haftungszahlung und späterer Dividendenausschüttung bleibt ebenfalls vereinfachend unberücksichtigt.
[528] Vgl. Ewert (1999b): S. 98.
[529] Vgl. Ewert (1999a): S. 193, Ewert (1999b): S. 101.
[530] Vgl. Ko (1985): S. 31, Ewert (1999b): S. 98.

beitsleid des Rats, welches annahmegemäß proportional zur Überwachungsintensität anwächst. Der Verlauf der (variablen) Opportunitätskosten wird somit durch die Überwachungsintensität a determiniert, wobei folgende Voraussetzungen gelten:

$OK(a=0)=0$, $OK(a=1)=+\infty$, $OK'(a>0)>0$, $\lim_{a\to 0}OK'=0$, $\lim_{a\to 1}OK'=+\infty$, $OK''>0$.

Analog zum Prüfermodell erwächst für den Rat neben den direkten Überwachungskosten OK eine zweite Kostenkomponente: die potenziellen Haftungszahlungen. Die Haftungskomponente setzt sich aus der mit obigen Wahrscheinlichkeitsmaßen gewichteten Summe aus hypothetischen Haftungszahlungen H, den Gerichtskosten G sowie den Kosten aus negativen Reputationseffekten R resultierend aus einer Haftungsinanspruchnahme zusammen.[531] In der Addition ergeben beide Kostenkomponenten die (Gesamt-)Überwachungskosten (ÜK), die für den Fall der Einhaltung der GoRÜ und für den Fall deren Unterschreitung abgewogen werden müssen. Auch der Rat trifft seine Entscheidungen zum Überwachungsniveau als Kostenminimierer. In parametrisierter Form stellt sich das Optimierungskalkül folgendermaßen dar:

$ÜK \Rightarrow Min.$, wobei

$$ÜK\ (a< a_l) = OK(a) + z * (1-a) * b * \pi * (H+G+R), \quad (1)$$

$$ÜK\ (a\geq a_l) = OK(a) \quad (2)$$

(mit: b= Wahrscheinlichkeit des Signals von Mängeln in den Managementdispositionen, π= Klagewahrscheinlichkeit der Prinzipale, a= Überwachungsniveau, z= Wahrscheinlichkeit von Managementfehlern.)

Der Rat wird in der Konsequenz der Annahmen niemals oberhalb von a_l seine Tätigkeit ausüben. Die Verhaltensweise der Aufsichtsratsagentur kann durch die Prinzipale nur durch die Klagewahrscheinlichkeit π beeinflusst werden. Bei der Suche nach einer Gleichgewichtslösung ist die sequentielle Struktur des Modells zu beachten. Zunächst entscheidet der Rat über das Überwachungsniveau a, später erfolgt seitens der Anteilseignerschaft die Entscheidung, ob eine Klage erhoben wird oder nicht. Es läßt sich im Modell zeigen, dass, in spieltheoretischer Terminologie ausgedrückt, kein *Nash-Gleichgewicht* in dem Sinn entstehen kann, dass beide Parteien ihre Entscheidungen (zum einen die Festlegung des Überwachungsniveaus, zum anderen die Spezifizierung der Klagepolitik) so treffen, dass die Entscheidung der einen

---

531 Auch *Ewert* erfasst negative Reputationseffekten als Kostenkomponente. Vgl. Ewert (1999a): S. 186.

Partei die optimale Antwort auf die Entscheidung der anderen Partei ist.[532] Das sequentielle Gleichgewicht ist vielmehr dadurch gekennzeichnet, dass es mit einer bestimmten Wahrscheinlichkeit zur Verletzung der GoRÜ kommt und die Prinzipale nur mit einer bestimmten Wahrscheinlichkeit klagen. Sowohl Rat als auch Klägerschaft wählen „gemischte Strategien". Hieraus folgt, dass eine Verschuldenshaftung mit präzisen Verhaltensstandards niemals perfekt in dem Sinne wirken kann, dass die grundsätzliche Sanktionsdrohung zur sicheren Einhaltung der GoRÜ motiviert. Das Ergebnis liegt in dem Tatbestand „strategischer Interdependenzen" zwischen der optimalen Überwachungspolitik und der optimalen Klagepolitik begründet: Würde der Rat stets die GoRÜ einhalten, so würden die Prinzipale immer (selbst bei unbeanstandeten Managementfehlern) ihre Klage verlieren. Die Folge wäre eine Klagewahrscheinlichkeit von 0. Unter dieser Voraussetzung wiederum würde der rational agierende Aufsichtsrat seinerseits nicht mehr bereit sein, die GoRÜ einzuhalten, da die Haftungskomponente in seinem Kalkül faktisch entfallen würde. Bei Wiederholung ergibt sich demzufolge wiederum eine Klagewahrscheinlichkeit $\pi > 0$ und damit einhergehend wieder eine andere Überwachungspolitik. Bei sequentieller Wiederholung wird im Gleichgewicht folglich immer eine gewisse Anzahl nicht ordnungsgemäßer Überwachungsfälle existieren. Ein Verschuldenshaftungssystem mit präzisen Verhaltensstandards führt daher im Ergebnis nur zu durchschnittlicher Überwachungsqualität.[533]

(2) Szenario 2: Ein System vager GoRÜ

Im Unterschied zum vorherigen Szenario wird nun (realitätsgerechter) davon ausgegangen, dass sich GoRÜ lediglich in Form vager Verhaltensstandards, also in einer nur durch Umrisse konfigurierten Form der allgemeinen Sorgfaltspflicht spezifizieren lassen. Im Gegensatz zum Fall präziser GoRÜ ist es in einem ex-post eingeleiteten gerichtlichen Kontrollverfahren nunmehr für die Agentur unabhängig von dem tatsächlich geleisteten Überwachungsniveau nicht mehr eindeutig ex-ante abschätzbar, ob eine Haftungsanspruch bejaht wird. Dieser Tatbestand liegt darin begründet, dass dem Gericht jetzt ein Interpretationsspielraum in der Frage zukommt, ob ein in der Beweisaufnahme ermitteltes Überwachungsniveau mit den GoRÜ im Einklang steht oder nicht. In der parametrisierten Modellbetrachtung wird dies durch die Ein-

[532] Vgl. hierzu ausführlich Ewert (1999a): S. 184ff., Ewert (1999b): S. 99, Ko (1985): S. 34. „Eine Strategiekombination ist dann ein **Nash-Gleichgewicht**, wenn die Gleichgewichtsstrategie jedes Spielers seinen erwarteten Nutzen maximiert, vorausgesetzt dass alle anderen Spieler ihre *Gleichgewichtsstrategie* spielen.", Holler/ Illing (2000): S. 10. (Hervorhebung im Original). Ausgehend von diesem Gleichgewichtszustand ergibt sich für keinen Akteur ein Anreiz, von seiner Strategie abzugehen, da sich diese aus seiner Sicht als optimal darstellt, gegeben die optimalen Strategien aller anderen Mitspieler. Es liegt eine Situation wechselseitig bester Antworten vor. Vgl. hierzu aufführlich ebenda S. 56ff.

[533] Vgl. Ko (1985): S. 34, Ewert (1999b): S. 99f.

beziehung einer Interpretationsfunktion γ des Gerichts berücksichtigt.[534] Die Überwachungskosten im Fall vager GoRÜ konstituieren sich danach folgendermaßen:

$$ÜK(a) = OK(a) + z*(1-a)*b*\pi*\gamma(a) *(H+G+R) \qquad (3)$$

Die Interpretationsfunktion $\gamma(a)$ drückt die Wahrscheinlichkeit aus, dass das Gericht das geleistete Überwachungsniveau als nicht ordnungsgemäß einstuft. Sie ist dabei durch folgende Eigenschaften gekennzeichnet:[535]

$$\gamma(0)=1,\ \gamma(1)=0,\ \gamma(a_1)\geq\gamma(a_2) \text{ für } a_1\leq a_2$$

Im Regelfall dürfte der Wert der Interpretationsfunktion unter 1 liegen.[536] Vergleicht man die Kostenfunktion (3) mit der Funktion (1) so wird deutlich, dass bei gleichem Niveau a das absolute Gewicht der Haftungskomponente und damit die Gesamtüberwachungskosten ÜK bei (3) niedriger als bei (1) ausfallen. Die Frage ist nun, ob sich damit einhergehend im Falle vager GoRÜ eine Gleichgewichtslösung ergibt, bei der auch die durchschnittliche Überwachungsintensität niedriger als bei präzisen GoRÜ ist.

Unter den gesetzten Annahmen ergibt sich auf formalanalytischem Lösungsweg, dass das Gleichgewicht bei vagen GoRÜ dadurch gekennzeichnet ist, dass der Rat ein bestimmtes aus seiner Sicht optimales Überwachungsniveau als „reine Strategie" wählt.[537] Vage GoRÜ führen demzufolge im Gleichgewicht zu präzisen Überwachungspolitiken. Die Prinzipale klagen hingegen analog zu Szenario 1 nur mit einer bestimmten Wahrscheinlichkeit, d.h. sie wählen auch hier eine „gemischte Strategie".[538] Als (überraschendes) Resulat ergibt sich weiterhin, dass die optimale Überwachungsintensität aus Sicht des Rats im Falle präziser GoRÜ nicht zwangsläufig höher als bei vagen Verhaltensstandards ist. Dies ist auf den ersten Blick kontraintuitiv, da vordergründig anzunehmen gewesen wäre, dass die perzipierte eindeutige Nachprüfbarkeit der geleisteten Überwachungsqualität in einem gerichtlichen Prozess bei präzisen Standards die höchstmögliche normative Wirkung erzielen würde. Wie sich jedoch herausstellt, kann je nach Verlauf der gerichtlichen Interpretationsfunktion die durchschnittliche Überwachungsintensität im Gleichgewicht bei Unterstellung vager Verhaltenstandards

534 Vgl. Ewert (1999b): S. 101.
535 Vgl. Ewert (1999a): S. 193.
536 Vgl. hierzu auch die Abbildung sowie die Ausführungen auf S. 126.
537 Die Ursache hierfür liegt darin begründet, dass an Stelle des Rats das mit der Klage befasste Gericht randomisiert, indem es im Einzelfall ein bestimmtes Überwachungsniveau als hinreichend oder nicht hinreichend im Rahmen der vagen GoRÜ beurteilt. Vgl. Maltry (1999): S. 107.
538 Vgl. Ewert (1999a): S. 193ff., ferner auch Maltry (1999): S. 107.

derjenigen im Fall präziser GoRÜ überlegen sein. Ein Haftungssystem basierend auf vollkommen präzisen GoRÜ ist danach unter den gesetzten Voraussetzungen u.U. demjenigen mit vagen Sorgfaltsstandards unterlegen. Im Modell erweist sich diesbezüglich die Interpretationsfigur $\gamma(a)$ als ausschlaggebender Parameter für die Vorteilhaftigkeit des einen oder des anderen Systems unter Effizienz- respektive Anreizgesichtspunkten. Der konkreten Umsetzung der Interpretationsfunktion als originär rechtswissenschaftlichen Problemstellung kommt damit eine unmittelbare ökonomische Bedeutung zu. *Ewert* zeigt in seinen Modellansätzen, dass eine stückweise lineare Funktion mit folgenden Eigenschaften einen geeigneten Funktionstyp darstellt, bei dessen Unterstellung ein System vager Standards überlegen ist:[539]

Abbildung: Gerichtliche Interpretationsfigur im Fall vager Verhaltensstandards

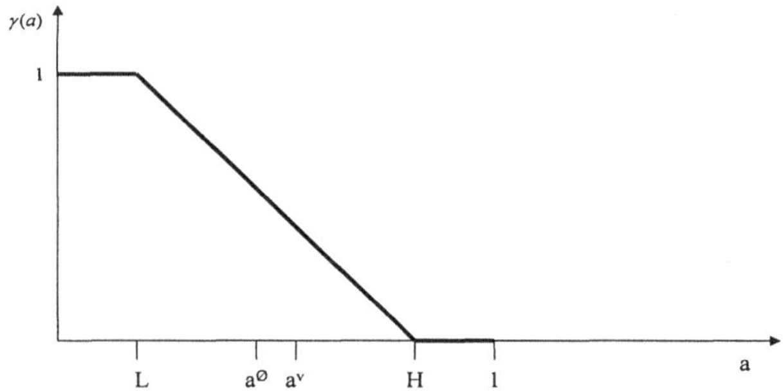

$a^{\varnothing}$: Durchschnittliches Prüfungsniveau bei präzisen Standards

a^{v} : Prüfungsniveau im System vager Standards

Ein Überwachungsniveau unterhalb von L wird immer als nicht ordnungsgemäß eingeschätzt und damit eine Haftungsverpflichtung ausgelöst. Wird demgegenüber ein Niveau oberhalb von H geleistet, kann die Aufsichtsrat-Agentur sicher sein, dass das Gericht niemals einen Haftungsanspruch bejahen wird. Unsicherheiten ergeben sich lediglich im Intervallbereich

[539] Vgl. Ewert (1999a): S. 199, Ewert (1999b): S. 104. Der diesbezügliche Beweis, dass eine stückweise lineare Funktion in der oben beschriebenen Form dazu führt, dass das realisierte Überwachungsniveau im Falle vager Standards mindestens so hoch ist wie das durchschnittliche Niveau im Fall präziser Standards erfolgt bei Ewert (1999a): S. 201ff.

zwischen L und H. Die Wahrscheinlichkeit mit der ein bestimmtes Überwachungsniveau als anspruchsbegründend eingestuft wird, nimmt in diesem Bereich mit steigender Überwachungsintensität linear ab. Das jeweils realisierte Überwachungsniveau des Rats, so das Ergebnis auf formalanalytischem Lösungsweg, wird nun stets innnerhalb dieses Intervallbereichs liegen.[540] Für die jeweilige Höhe sind die Parameter L und H, die durch das Gericht gesetzt werden, ausschlaggebend.

d) Ergebnis: Die Interpretationsfigur des Gerichts als zentrale ökonomische Einflussgröße

Als wesentliches Modellergebnis läßt sich analog zu den prüfungstheoretischen Ansätzen festhalten, dass eine maximale Präzision von Überwachungsstandards in einem System der Verschuldenshaftung aus ökonomischer Sicht nicht zwingend anzustreben ist. Das deklarierte Ziel, eine höchstmögliche normative Präventivwirkung von Haftungsregeln zu generieren, kann auch über ein System vager Verhaltensnormen erreicht werden. Aus spieltheoretischem Blickwinkel erlangen dann Ermessens- bzw. Auslegungsspielräume der Richter eine wichtige Bedeutung unter Effizienzgesichtspunkten. Zu jedem Gleichgewicht eines Haftungssystems, welches auf präzisen Verhaltensstandards fußt, gibt es eine Interpretationsfunktion $\gamma(a)$ für ein System vager GoRÜ, so dass einerseits die Klagepolitik der Anlegerschaft in beiden Systemen gleich ist und andererseits die Überwachungsqualität bei vagen GoRÜ größer als die durchschnittliche Überwachungsqualität für präzise GoRÜ ist.[541]

Die Resultate der Modellbetrachtung sind allerdings zu relativieren. Zunächst würde die im Modell vorgenommene (hypothetische) Vorgabe von sehr präzisen, eindeutig überprüfbaren Überwachungsstandards aus agency-theoretischem Blickwinkel den ökonomischen Sinn der Entscheidungsdelegation partiell konterkarieren. Gerade die Einräumung eines weiten Handlungsspielraums, innerhalb dessen haftungsbegründendes Fehlverhalten nur in einem Teilbereich stattfinden kann, stellt die theoretische Begründung dar, warum überhaupt delegiert wird.[542] Abgesehen davon ist es auch technisch kaum möglich, dass der Gesetzgeber eine risikoorientierte Kontrollpflicht anders als durch § 91 Abs. 2 AktG in seiner jetzigen Form durch präzise Überwachungsregeln, die Verbindlichkeitscharakter für jeden Einzelfall tragen, kodifiziert. Bei der Risikoüberwachung in einer großen Publikumsgesellschaft kann von einer großen Transaktionsspezifität der zu treffenden Dispositionen ausgegangen werden. Damit

---

[540] Vgl. Ewert (1999a): S. 198ff., Ewert (1999b): S. 103.
[541] Vgl. analog für den Bereich von „Grundsätzen ordnungsgemäßer Abschlussprüfung" Ewert (1999b): S. 103.
[542] Vgl. Elschen (1991b): S. 1004, Fleischer (2001a): S. 8, Posner (1998): S. 126.

würde das Unterfangen einer präzisen, allgemein verbindlichen Sorgfaltspflicht in diesem Bereich bereits in der Ambivalenz der zu regelnden Transaktionen scheitern.

Nichtsdestotrotz sind an dieser Stelle die Modellresultate im Hinblick auf das zwangsweise unpräzise Verhaltensregelwerk i.S.d. § 91 Abs. 2 AktG bzw. hinsichtlich des unbestimmten Pflichtenstandards aus §§ 111 Abs. 1, 91 Abs. 2 AktG insofern interessant, als dass gezeigt wird, unter welchen Prämissen ein auf einem vagen Sorgfaltsmaßstab fußendes Verschuldenshaftungsregime höchtmögliche Effizienz respektive Anreizwirkung erzielt: Die zentrale Voraussetzung hierfür bildet die angemessene Konfiguration einer Interpretationsfunktion durch das mit einer Klage der Anlegerschaft befasste Gericht. Mit der Modellbetrachtung wird damit implizit gezeigt, dass es unter ökonomischen Anreizgesichtspunkten nicht optimal sein muß, im Maßnahmenbereich des § 91 Abs. 2 AktG betriebswirtschaftliche Überwachungskriterien in Form präziser GoRÜ zu generieren. Vielmehr gilt es, die originär rechtswissenschaftliche Problemstellung der richterlichen Kontrolle von Aufsichtsratsdispositionen in Form einer interdisziplinären Zusammenarbeit in die betriebswirtschaftliche Diskussion um eine angemessene Corporate Governance zu integrieren. Die konkrete Umsetzung der im Modell nur sehr stilisiert skizzierten richterlichen Kontrollfunktion wird damit auch für den Ökonomen zum bevorzugten Erkenntnisobjekt, da ihr Verlauf für die ökonomische Effizienz eines Verschuldenshaftungssystems eine herausragende Bedeutung besitzt.[543] Im folgenden wird sich in der Konsequenz dieser Problemstellung dem richterlichen Kontrollpotenzial für Aufsichtsratsentscheidungen im Überwachungsbereich der Maßnahmen nach § 91 Abs. 2 AktG näher gewidmet.

---

[543] Eine Charakterisierung der Ausgestaltung von Sorgfaltspflichten im beschriebenen Zusammenhang als ökonomische Optimierungsaufgabe erfolgt bspw. auch bei Cooter/ Freedman (1991): S. 1065: „To justify the special rules of fiduciary services must be more than offset by the gain to principles from the decrease in wrongdoing by fiduciaries."

IV. Die Überwachung wertorientierter Risikofrüherkennung durch den Aufsichtsrat – Eingrenzung der haftungsrechtlichen Sorgfaltspflichten und Spezifizierung des richterlichen Kontrollpotenzials

A. Die Überwachung einer Wertanalyse gemäß §§ 111 Abs. 1, 91 Abs. 2 AktG als haftungsrechtliche Anspruchsgrundlage

1. Tatbestand und Umfang der Sorgfaltspflicht

a) Gesellschaftsrechtliche Verankerung

Damit eine Überwachungsverpflichtung der Wertanalyse nach §§ 111 Abs. 1, 91 Abs. 2 AktG für den Aufsichtsrat entsteht und diese in Form einer Anspruchsgrundlage haftungsrechtliche Bedeutung erlangt, muß die skizzierte Früherkennungsmaßnahme in Form einer bindenden Organverpflichtung für den Vorstand in den rechtlich-institutionellen Rahmen aufgenommen werden. Hierfür sind im wesentlichen zwei Konstellationen denkbar:

a) Der Vorstand beschließt das Konzept der Wertanalyse offiziell als Früherkennungsmaßnahme bzw. Systemmodul i.S.d. § 91 Abs. 2 AktG. Der Aufsichtsrat trägt diesen Beschluss mit.[544] Der Aktionärsschaft wird diese dauerhaft angelegte Vorstandsdisposition bekannt gegeben, bspw. mittels des Vorstands- bzw. Aufsichtsratsberichts auf der Hauptversammlung.[545]

---

[544] Geht man davon aus, dass sich der Vorstand öffentlich, bspw. über den Bericht in der Hauptversammlung oder ein „Corporate Governance-Statement", dazu verpflichtet, die Gesellschaft nach den Prinzipien eines „Value Based Management" zu führen, so könnte bereits hieraus die implizite Verpflichtung abgeleitet werden, das Konzept der Wertanalyse auch als Früherkennungsintrument in der hier skizzierten Form zu nutzen. Vgl. zur Empirie des „Konzepts einer wertorientierten Unternehmensführung" in deutschen Publikumsaktiengesellschaften die Studie von PriceWaterhouseCoopers (2003) sowie Pabst (2000): S. 268, Weber (2000): S. 278ff., Kagermann (2000): S. 409, Arbeitskreis "Finanzierung" der Schmalenbach-Gesellschaft/ Deutsche Gesellschaft für Betriebswirtschaft e.V. (1996): S. 543ff., Gründl/ Schmeiser (2001): S. 797ff. Vgl. zum Rechnungslegungsinstrument des „Corporate Governance-Statements" Maul/ Lanfermann/ Eggenhofer (2003): S. 1289ff.

[545] Eine Dokumentationspflicht der im einzelnen getroffenen Maßnahmen nach § 91 Abs. 2 AktG respektive der damit korrespondierenden Überwachungstätigkeit ist für Vorstand und Aufsichtsrat gesetzlich nicht explizit festgeschrieben worden. Für den Vorstand ergibt sich ein diesbezüglicher Zwang allerdings bereits als Reflex der Prüfungspflicht nach § 317 Abs. 4 AktG, da eine Prüfung ohne aussagefähige Unterlagen nicht möglich ist. Vgl. BMJ (1997): S. 37, Gernoth (2001): S. 302, Dörner/ Doleczik (2000): S. 205, Kindler/ Pahlke (2001): S. 82. Indirekt hierzu verpflichtet wird auch der Aufsichtsrat durch § 171 Abs. 2 AktG i.V.m. § 289 Abs. 1 HGB, wonach ihm die Verantwortung zugewiesen wird, der Hauptversammlung zum einen über das Ergebnis seiner Prüfung der Rechnungslegung zu berichten respektive zu dem Ergebnis der Prüfung des Jahresabschlusses durch den Abschlussprüfer Stellung zu nehmen. Zum anderen muß er auch mitteilen, in welcher Art und in welchem Umfang er die Geschäftsführung der Gesellschaft während des Geschäftsjahres geprüft hat. Auch die Implikationen des § 91 Abs. 2 AktG für die Offenlegung der getroffenen Maßnahmen im Rahmen der externen Rechnungslegung bzw. der Regelberichterstattung seitens der Gesellschaft sind bislang nicht abschließend geklärt. Vgl. hierzu Kindler/ Pahlke (2001): S. 74, Pahlke (2002): S. 1683ff., Hommelhoff/ Mattheus (2000b): S. 17f., Gernoth (2001): S. 301ff., Dobler (2001): S. 2086f., S. 2090. Vgl. zur etwaigen Dokumentationspflicht

b) Die Institutionalisierung einer Wertanalyse als Teilelement des Früherkennungssystems wird im Rahmen einer Geschäftsordnung für den Vorstand oder in der Satzung festgeschrieben.[546] Hierdurch wird er auch ohne eigenen Beschluss auf die Implementierung dieses Systemmoduls verpflichtet.

In beiden Szenarien entsteht für die Aktionärs-Prinzipalschaft ein Anspruch auf die ordnungsgemäße Durchführung einer wertorientierten Risikofrüherkennung durch den Vorstand und die Überwachung diesbezüglicher Dispositionen durch den Aufsichtsrat im Sinne einer noch näher zu operationalisierenden Sorgfaltspflicht. Dabei ist es haftungsrechtlich unerheblich, welches der beiden Fallkonstrukte realiter vorliegt. Voraussetzung einer möglichen Anspruchsbegründung ist lediglich, dass das beschriebene Managementkonzept als Ansatz zur Risikofrüherkennung nach § 91 Abs. 2 AktG rechtlich institutionell verankert wird.[547] Dieser Tatbestand wird bei der sich nun anschließenden Analyse als Voraussetzung unterstellt.

b) Rechtsauffassung der Überwachungsreichweite

(1) Der Aufsichtsrat als risikoorientierter Überwachungsträger der strategischen Unternehmensplanung - Implikationen der Neuregelung des § 91 Abs. 2 AktG für die Ausübung zukunftsorientierter Vorstandskontrolle

Nach der Grundkonzeption des Aktienrechts sowie nach gefestigter Rechtsprechung hat der Aufsichtsrat die Unternehmensführung auch zukunftsorientiert mitgestaltend zu überwachen.[548] In der Praxis steht allerdings zumeist nur die Kontrolle vergangenheitsbezogener Ergebnisse im Mittelpunkt der Überwachungstätigkeit. Empirische Untersuchungen fördern immer wieder Indizien zutage, dass sich ein Großteil aktienrechtlicher Aufsichtsräte nicht intensiv mit der Unternehmensplanung auseinandersetzt.[549] Das für den Unternehmenserfolg

---

einzelner Früherkennungsmaßnahmen nach § 91 Abs. 2 AktG im Rahmen des jährlichen Aufsichtsratsberichtes an die Hauptversammlung Schichold (2001): S. 422.

[546] Vgl. hierzu Claussen/ Korth (2001): S. 333ff., Scheffler (1995): S. 656f., zur haftungsrechtlichen Bedeutung der Vorstandsgeschäftsordnung auch Mutter (1994): S. 153, zum Regelungsgegenstand der Geschäftsordnung allgemein Hofmann-Becking (1998): S. 499ff. sowie Hüffer (2002): Rz. 19ff. zu § 77 AktG.

[547] Ferner könnte auch die Annahme getroffen werden, dass sich im Zuge künftiger Rechtsprechung insofern eine partielle Konkretisierung des Pflichtenstandards aus § 91 Abs. 2 AktG ergibt, als dass die Notwendigkeit der Institutionalisierung einer Wertanalyse in diesem Kontext zumindest für große Publikumsgesellschaften bestätigt wird. In diesem hypothetischen Fall entstünde ebenfalls eine bindende Organverpflichtung von haftungsrechtlicher Relevanz. Dieses „Konstrukt" tritt neben die beiden oben skizzierten Szenarien einer rechtlich-institutionellen innerorganisatorischen Verankerung.

[548] Vgl. Claussen (1984): S. 20, Dreher (1994): S. 618, Rössler (2001): S. 442ff., Theisen (1995b): S. 199 sowie die Ausführungen unten auf S. 107.

[549] Vgl. hierzu bspw. jüngst die Ergebnisse der Studien von *Deloitte Consulting* aus dem Jahr 2002 sowie von *Arthur Andersen* aus dem Jahr 2001. Vgl. o.V. (2002a) sowie o.V. (2001). Vgl. hierzu auch Theisen/ Salzberger (1997): S. 108ff. sowie die Untersuchungen Steinmann/ Gerum (1980), Gerum (1991) sowie weiter zu-

wichtigste potenzielle Bezugsobjekt einer in die Zukunft gerichteten Überwachung bildet jedoch unstreitig die strategische Planung der Unternehmensführung. Strategische Investitionsentscheide stellen die zentralen unternehmerischen Dispositionen dar. Sie bestimmen die Effizienz der internen Kapitalallokation und damit die Zukunft einer Unternehmung.[550] Weder von betriebswirtschaftlicher noch von rechtswissenschaftlicher Seite wird mittlerweile die prinzipielle Notwendigkeit einer Kontrolle der strategischen Unternehmensplanung durch den Aufsichtsrat angezweifelt.[551] Allerdings existiert im Schrifttum weiterhin ein intensiv geführter rechtspolitischer Streit hinsichtlich der dem Aufsichtsrat gebotenen respektive erlaubten Intensität einer stategischen Überwachung.[552] Die hauptsächliche Gefahr einer zu weitreichenden Überwachungstätigkeit des Aufsichtsrats wird darin gesehen, dass die vom Gesetzgeber mittels des „two-tier-models" intendierte Gewaltenteilung in der Aktiengesellschaft konterkariert wird, indem der Aufsichtsrat über seine mitgestaltende ex-ante-Kontrolle in diesem Bereich indirekt an der Unternehmensleitung partizipiert.[553]

Die Gesetzesneuerung des § 91 Abs. 2 AktG erlangt in diesem Zusammenhang richtungsweisende Bedeutung. Um strategische Risiken als maßgebliche Bezugsobjekte des einzurichtenden Früherkennungssystems rechtzeitig erfassen zu können, bedarf es sowohl gerichteter als auch ungerichteter strategischer Kontrollmaßnahmen.[554] Strategische Risikofrüherkennung erfordert nach diesem Verständnis ein prozessuales Vorgehen, das parallel zu dem für die grundlegenden unternehmerischen Entscheidungen wesentlichen strategischen Planungsprozess verläuft. Sie geht hiernach eindeutig über eine reine Ergebniskontrolle hinaus. Vielmehr müssen wesentliche Früherkennungsschritte ex-ante und als begleitende Maßnahmen zu der unternehmerischen Entscheidungsfindung konzeptionalisiert werden.[555]

---

rückliegend Langner (1973). Neben der Tatsache, dass in der rechtswissenschaftlichen Literatur der Zweckmäßigkeit der Unternehmensplanung bislang nur eine untergeordnete Rolle zugewiesen wurde, kann als weitere Ursache für dieses defizitäre Überwachungsverhalten eine mangelhafte Informationsbasis vermutet werden. Vgl. Lukarsch (1997): S. 53ff. Die im AktG benannten Informationsinstrumente des Aufsichtsrats basieren hauptsächlich auf dem betrieblichen Rechnungswesen (vgl. §§ 90 Abs. 1 Nr. 2-4, 170f. AktG). Die zu einer präventiven ex-ante-Kontrolle erforderlichen Informationen erhält der Aufsichtsrat nicht, sofern er nicht zusätzliche Informationen anfordert. Vgl. zu Indizien einer bislang qualitativ minderwertigen Informationsversorgung des Aufsichtsrats die Studien von Gerum (1991), Steinmann/ Gerum (1980), Kirsch/ Scholl/ Paul (1984) sowie überblickhaft auch Lukarsch (1997): S. 53ff. Inwiefern die Neuregelungen des TransPuG in diesem Bereich zu Verbesserungen führen können, wird im folgenden noch näher analysiert. Vgl. hierzu die Ausführungen im weiteren auf S. 155f.

[550] Vgl. Ruffner (2000b): S. 217, Lukarsch (1997): S. 25.

[551] Vgl. u.a. Gollnick (1997): S. 137, Steinmann/ Gerum (1980): S. 1f., Theisen (1987): S. 310, Bleicher/ Leberl/ Paul (1989): S. 40.

[552] Vgl. hierzu überblickhaft Reichelt (1998): S. 208, Berrar (2001): S. 162ff., Osterloh (1986): S. 338f., ferner auch Sihler (2001): S. 12ff.

[553] Vgl. Lukarsch (1997): S. 43.

[554] Vgl. ebenso Schäfer (2001): S. 177ff., Hahn/ Krystek (2000): S. 83ff., Zündorf/ Burger (2000): S. 736ff.

[555] Vgl. zu einem ähnlichen Verständnis bspw. Hahn (1997a): S. 851ff., Horovitz (1979): S. 6, Krystek/ Müller-Stewens (1990): S. 341.

Mit den beschriebenen Anforderungen einhergehend ergibt sich die Notwendigkeit, auch die Aufsichtsratskontrolle so auszugestalten, dass die Sachgerechtigkeit der strategischen Früherkennungsmaßnahmen nach § 91 Abs. 2 AktG beurteilt und ihre Sicherung durch ein evtl. aktives Eingreifen des Aufsichtsrats gewährleistet wird. Mit der Gesetzesneuregelung des § 91 Abs. 2 AktG wird damit implizit der von Kritikern postulierte Wandelbedarf im Bereich der Ausübung zukunftsorientierter Vorstandskontrolle aufgegriffen.[556] Die Gesetzgebung führt zu einer Präzisierung der prospektiven Kontrollpflicht des Aufsichtsrats. Unbeschadet der erforderlichen traditionellen Ergebniskontrolle kommt dem Aufsichtsrat im Rahmen der Überwachung der Vorstandsmaßnahmen nach § 91 Abs. 2 AktG, insbesondere im Bereich der Überwachung einer Wertanalyse im oben skizzierten Sinn, zwangsläufig die Aufgabe zu, den strategischen Planungsprozess der Geschäftsführung in Form einer „permanenten Kontrolle" zu durchdringen.[557] In der Konsequenz der Anforderungen an eine systemgebundene Risikofrüherkennung führt dies zu einer Verlagerung der traditionellen feedback-Ausrichtung hin zu einer stärkeren feed-forward-Orientierung in Form eines aktiven planungsbegleitenden Überwachungsverständnisses. Mit dem § 91 Abs. 2 AktG ergibt sich in der Konsequenz ein weiterer gesetzlicher Anknüpfungspunkt der Befürworter der Ausgestaltung der Aufsichtsratsüberwachung als intensive strategische Kontrolle.[558] Nach diesem Rollenverständnis ergibt sich für den Aufsichtsrat hier zusätzlich zu der Verpflichtung, die Konfiguration der installierten Wertanalyse auf ihre prinzipielle Angemessenheit für Früherkennungszwecke zu überprüfen, auch die Maßgabe zu einer materiellen Überwachung der Analysedurchführung, d.h. die begleitende Kontrolle der eigentlichen Risikofrüherkennung über dieses Instrument.[559] Die Kontrolltätigkeit erlangt damit ggf. den Charakter einer Führungsfunktion. Der

---

[556] Vgl. hierzu Mattheus (1999): S. 691f., Bea/ Scheurer (1994): S. 2145ff., Reichelt (1998): S. 208f., Lukarsch (1997): S. 53ff., Bleicher/ Paul (1986): S. 285, Bleicher/ Leberl/ Paul (1989): S. 40, Becker (1993): S. 31, Berrar (2001): S. 163.

[557] Vgl. zu dieser Forderung bereits auf Grundlage der Überwachungspflicht nach §§ 111 Abs. 1, 76 AktG Bleicher/ Leberl/ Paul (1989): S. 40, Bea/ Scheurer (1994): S. 2150f., Becker (1993): S. 176ff., Lukarsch (1998): S. 34f. Entsprechend diesem Rollenverständnis übt der Aufsichtsrat eine Form strategischer Kontrolle nach systemtheoretischem Verständnis aus. Nach dieser Sichtweise werden die strategische Planung und die strategische Kontrolle als kontinuierliche, gleichlaufende Prozesse definiert. Vgl. zu diesem Konzept grundlegend die Beiträge Schreyögg/ Steinmann (1985), Steinmann/ Schreyögg (1986) sowie die Ausführungen im weiteren auf S. 200ff.

[558] Vgl. hierzu bspw. Thümmel (1998): S. 100, Schäfer (2001): S. 220ff., Schichold (2001): S. 406, Bleicher/ Paul (1986): S. 285.

[559] Vgl. das hier vorgetragene Rollenverständnis für die Überwachung der Maßnahmen nach § 91 Abs. 2 AktG in der Konsequenz ihrer Ausführungen befürwortend Salzberger (2000): S. 762f., Pahlke (2002): S. 1684, Berrar (2001): S. 162f., Preußner/ Zimmermann (2002): S. 661, Hachmeister (2002): S. 493, Scheffler (2000): S. 842, Rössler (2001): S. 439ff., Thümmel (1999): S. 886, Thümmel (1998): S. 100ff., Bea/ Scheurer (1994): S. 2145ff., Theisen (2003a): S. 1427 sowie Lukarsch (1998): S. 178ff. Im Gegensatz zu dem hier postulierten „weiten Rollenverständnis" des Aufsichtsrats als begleitender Überwacher der Früherkennungsdispositionen wird im Schrifttum teilweise auch eine „enge Gegenauffassung" vertreten. Vgl. Hommelhoff/ Mattheus (1998): S. 251f., Feddersen (2000): S. 388. Danach kann sich die Überwachungstätigkeit hinsichtlich der Maßnahmen aus § 91 Abs. 2 AktG nur darauf erstrecken, ob der Vorstand in systematischer Weise Kontroll-

Aufsichtsrat wird aktiv in die unternehmerische Risikoüberwachung eingebunden. Inwiefern der Rat diesem Anspruch unter Berücksichtigung des ihm gesellschaftsrechtlich zustehenden Überwachungsinstrumentariums gerecht werden kann, gilt es im folgenden zu analysieren.

Für dieses hier postulierte „weite Rollenverständnis" des Aufsichtsrats bei seiner zu bewerkstelligenden Vorstandsüberwachung nach §§ 111 Abs. 1, 91 Abs. 2 AktG spricht zum einen der gesetzgeberische Hintergrund des KontraG als Bezugsrahmen der Gesetzesneuerung, der eine Effektivierung der Aufsichtsratsarbeit durch eine stärkere Einbindung in die strategische Planung und damit eine Intensivierung der prospektiven Überwachungsausübung intendiert.[560] Ferner wird die hier vorgetragene Argumentationslinie auch durch die jüngere Gesetzgebung sowie durch aktuelle Reformbestrebungen gestützt.

(2) Fundierung des postulierten Rollenverständnisses vor dem gesetzgeberischen Hintergrund der gegenwärtigen Reformbestrebungen im Aktienrecht

Einer der Regelungsschwerpunkte des Transparenz- und Publizitätsgesetzes (TransPuG) aus dem Jahr 2002 ist die Informationsversorgung und Wirkungsweise des Aufsichtsrats. Wie sich aus den einzelnen beschlossenen Neuregelungen sowie der Gesetzesbegründung ableiten läßt, war die Effektivierung der Aufsichtsarbeit im Sinne einer stärker strategisch ausgerichteten Kontrolle im Unternehmensbereich eines der Hauptanliegen des Gesetzgebers bei der Umsetzung des Maßnahmenpakets.[561] Hierfür lassen sich folgende Anhaltspunkte anführen:

1. In § 90 Abs. 1, S. 1 AktG wird festgeschrieben, dass der Vorstand dem Aufsichtsrat die Abweichung von veröffentlichten bzw. berichteten Planzahlen zu begründen hat („Follow up-Berichterstattung"). Dies beinhaltet die Verpflichtung zu einer Planabweichungsanalyse. Dem Aufsichtsrat soll hierdurch eine verbesserte Möglichkeit zur Überwachung der Unternehmensplanung eröffnet werden.

---

mechanismen installiert, die prinzipiell dazu geeignet sind, relevante Risikopositionen aufzudecken. Hiernach erstreckt sich die Überwachungspflicht des Aufsichtsrats nicht auf die materielle Angemessenheit einzelner Früherkennungsschritte bzw. die ordnungsgemäße Nutzung der durch den Vorstand eingerichteten Systemmodule. Geht man jedoch demgegenüber treffender davon aus, dass die Risikofrüherkennung nach § 91 Abs. 2 AktG als originäre unternehmerische Führungsaufgabe in Form eines „lex specialis" gegenüber § 76 AktG zu klassifizieren ist, so unterliegt diese nach h.M. einer laufenden Überwachungspflicht nach materiellen Gesichtspunkten durch den Aufsichtsrat. Vgl. Semler (1996): S. 65, Hüffer (2002): Rz. 1 zu § 91 AktG. Bei einer entsprechenden Interpretation der Maßnahmen nach § 91 Abs. 2 AktG dürfte demzufolge die skizzierte „enge Rechtsauffassung" nur schwer zu halten sein. Klarheit für diesen Anwendungsbereich wird aber erst geschaffen, wenn sich eine gefestigte Rechtsprechung herausbildet.

[560] Vgl. BMJ (1997): S. 25, S. 37, Mattheus (1999): S. 684ff., Lutter/ Krieger (2002): S. 18, S. 20.

[561] Vgl. hierzu auch Pfitzer/ Oser/ Orth (2002): S. 158ff. sowie Reichert/ Weller (2002): S. 49ff.

2. In § 111 Abs. 4, S. 2 AktG wird die Verpflichtung für den Rat aufgenommen, in der Satzung oder durch Beschluß des Gesamtorgans einen Katalog zustimmungspflichtiger Geschäfte festzulegen. Nach alter Gesetzeslage war dies als „Kann-Vorschrift" kodifiziert. Nach Ansicht des Gesetzgebers sind in diesen Katalog insbesondere solche Entscheidungen bzw. Maßnahmen aufzunehmen, welche die Ertragsaussichten oder die Risikosituation der Gesellschaft grundlegend verändern.[562] Hiermit wird gleichsam eine stärkere Einbindung des Aufsichtsrats in Planungsentscheidungen intendiert.

In den Überwachungsbereich des Aufsichtsrats fällt auch die „Ad-hoc-Berichterstattungspraxis" der Gesellschaft.[563] Mit Umsetzung des 4. Finanzmarktförderungsgesetzes wurden, wie oben beschrieben, die Haftungsfolgen für Pflichtverletzungen in diesem Bereich für die emittierende Gesellschaft verschärft.[564] Die aktienrechtlichen Organträger werden hierdurch für die antizipierende Beobachtung sämtlicher den Börsenkurs beeinflussenden Faktoren sensibilisiert.[565] Zu den potenziell kursrelevanten Tatsachen zählen unstreitig Sachverhalte, die die Änderung der Erfolgsaussichten geplanter Aktivitäten sowie wesentliche Parameter der künftigen Unternehmensplanung betreffen.[566] Implizit wird mit der Setzung verstärkter sanktionaler Anreize für eine sachgerechte „Ad-hoc-Berichterstattung" auch die Verantwortung des Rats für eine präventive, risikoorientierte Überwachung der strategischen Unternehmensplanung durch den Gesetzgeber hervorgehoben.

Ebenso führt der „Deutsche Corporate Governance-Kodex“ zu einer Konkretisierung der durch das KonTraG hervorgehobenen Risikokontrollpflicht für die aktienrechtlichen Organträger.[567] So empfiehlt der Kodex in Ziffer 5.3.2, dass der Aufsichtsrat einen speziellen Prüfungsausschuss einrichten soll, der sich insbesondere mit Fragen der Risikofrüherkennung zu befassen habe.[568] Weiterhin wird in Ziffer 3.2 betont, dass Vorstand und Aufsichtsrat gemeinsam die strategische Ausrichtung des Unternehmensgeschehens festlegen und auch in regelmäßigen Abständen den Stand der Strategieumsetzung diskutieren sollen. In Ziffer 3.4 wird ferner explizit festgelegt, dass der Aufsichtsrat seitens des Vorstands zeitnah über alle rele-

---

[562] Vgl. BMJ (2002).

[563] Der Kontrollumfang des Aufsichtsrats in diesem Überwachungsfeld ist bislang weder im Schrifttum noch in der Rechtsprechung hinreichend spezifiziert worden. Vgl. zu dem Tatbestand einer mangelhaften Operationalisierung der mit § 15 WpHG korrespondierenden Verhaltenspflichten bspw. Krause (2002): S. 803. Vgl. zu dem einzufordernden Pflichtenspektrum des Rates im Kontext der Überwachung einer Wertanalyse nach §§ 111 Abs. 1, 91 Abs. 2 AktG die Ausführungen im weiteren auf S. 218ff.

[564] Vgl. hierzu die Ausführungen oben auf S. 104.

[565] Vgl. Krause (2002): S. 841, Spindler (2002): S. 1579f.

[566] Vgl. Röder (2002): Sp. 36.

[567] Vgl. zur gesetzlichen Vorgeschichte des Kodex die Ausführungen oben auf S. 122.

[568] Vgl. überblickhaft zu den einzelnen Kodizes Werder v. (2002): S. 801ff., o.V. (2002): S. 98ff.

vanten Fragen der Planung und des Risikomanagements unterrichtet werden muß. In der inhaltlichen Konsequenz können die Bestrebungen der Regierungskommission als Maßgabe zu einer weiteren Intensivierung der Aufsichtsratskontrolle im Bereich der strategischen Unternehmensplanung gewertet werden.[569]

In der Gesamtbetrachtung wird im Zuge der skizzierten gesetzgeberischen Reformansätze im Aktienrecht das Überwachungsgebot der strategischen Unternehmensplanung durch den Aufsichtsrat in Form einer intensiv auszurichtenden risikoorientierten Kontrolle hervorgehoben. Hierdurch wird dem Rat implizit eine ständige, aktiv-begleitende Überwachung der Vorstandsdispositionen nach § 91 Abs. 2 AktG auferlegt, sofern diese die Unternehmensplanung betreffen.[570] In der Konsequenz der materiell-inhaltlichen Ausrichtung der gesetzgeberischen Reformbestrebungen im Bereich der Ratsarbeit ist das vorgetragene weite Rechtsverständnis der Überwachungsreichweite aus §§ 111 Abs. 1, 91, Abs. 2 AktG zwingend geboten.

2. *Strukturierung des Ablaufs und des gesellschaftsrechtlich zur Disposition gestellten Instrumentariums der Überwachung*

Das dem Aufsichtsrat im Rahmen seiner Überwachungsverantwortung nach § 111 Abs. 1 AktG gesellschaftrechtlich zur Disposition gestellte Überwachungsinstrumentrarium unterscheidet sich in der Anwendung hinsichtlich der Beteiligung des Rats am unternehmerischen Führungsprozess. Im Kontext der Überwachung der Vorstandsmaßnahmen nach § 91 Abs. 2 AktG besteht, wie beschrieben, Klärungsbedarf in Form höchstrichterlicher Rechtsprechung und wissenschaftlicher Analyse dahingehend, in welcher Weise sich das zum Einsatz gelangende Instrumentarium konstituieren kann bzw. muß.[571] Der diesbezügliche Bedarf ergibt sich insbesondere vor dem Hintergrund der den Bereich der Informations- respektive Überwachungsbefugnisse betreffenden jüngeren Rechtsprechung sowie jüngst erfolgter Gesetzesnovellierungen.[572] Die Beantwortung dieser offenen Rechtsfrage besitzt eine gesellschaftsrechtlich hohe Relevanz, da die jeweilige Akzentuierung der Ausübung der Überwachungsbefugnisse im Maßnahmenbereich des § 91 Abs. 2 AktG die unternehmenspolitische Reichweite und Qualität der Geschäftsführungskontrolle nach § 111 Abs. 1 AktG in ihrer Gesamtheit

[569] Die Tendenz zu einer verpflichtenden Professionalisierung in diesem Feld ergibt sich auch unmißverständlich aus dem jüngst auf europäischer Ebene vorgestellten Aktionsplan der EU-Kommission für den Bereich der Corporate Governance. Vgl. hierzu o.V. (2003).
[570] Ebenso Preußner/ Zimmermann (2002): S. 661, Seibert (2002a): S. 419.
[571] Vgl. Kindler/ Pahlke (2001): S. 61ff., Schichold (2001): S. 399ff. sowie die Ausführungen oben auf S. 108f.
[572] Vgl. hierzu die Beiträge von Salzberger (2000), Gernoth (2001) sowie Pahlke (2002). Vgl. zu dem diesbezüglichen „Trend einer gesetzgeberischen Dauerreform" Sieg (2002): S. 1759.

prägt.[573] Die Überwachung der Geschäftsführung ist ein fortgesetztes, ineinander übergreifendes Verfahrenskonglomerat.[574] Jede Phaseneinteilung führt zwangsweise zu willkürlichen Ausschnitten aus verschiedenen, sich überlagernden Handlungsabläufen. Um die Grenzen der haftungsrechtlichen Sorgfaltspflicht des Rats für den skizzierten Überwachungsbereich im weiteren Verlauf der Untersuchung abgrenzen zu können, ist es daher notwendig, den Überwachungsvorgang in seinen Strukturelementen zu erfassen und das korrespondierende Spektrum der gesellschaftsrechtlichen Überwachungsmittel darzustellen. Folgt man einer Klassifikation in Anlehnung an die Arbeitschritte, so ergibt sich eine Aufteilung in Tatsachenfeststellung, Urteilsbildung, Stellungsnahme und Einwirkung.[575]

a) Tatsachenfeststellung

Die Quellen für die Generierung einer hinreichenden Informationsbasis zur Aufgabenausübung lassen sich in drei Sparten aufteilen:[576]

1. Die durch den Vorstand laufend bereitgestellten Informationen
2. Die zusätzlich angeforderten bzw. selbständig erarbeiteten Informationen
3. Informationen durch den Abschlussprüfer.

Die Überwachung der Geschäftsführung wird im wesentlichen auf der Grundlage von Informationen ausgeübt, die der Vorstand im Rahmen seiner laufenden Berichterstattung bereitstellt.[577] Der Aufsichtsrat ist verpflichtet, die Angemessenheit der Berichterstattung hinsichtlich Inhalt, Umfang und Aktualität zu prüfen und ggf. zusätzliche Informationen anzufordern.[578] Um eine effiziente Überwachung zu ermöglichen, muß sich der Umfang der Berichterstattung seitens des Vorstands auf die grundsätzlichen und für die Unternehmensentwicklung maßgeblichen Maßnahmen der Geschäftsführung konzentrieren.[579] Die für die Darstellung der Erfolgs- und Risikosituation kritischen Informationsparameter unterliegen in Abhängigkeit von Branche und Unternehmensspezifika unterschiedlichen Anforderungen.[580] Die

[573] Vgl. in der Konsequenz der Ausführungen ähnlich Rössler (2001): S. 439f., Salzberger (2000): S. 760ff., Kindler/ Pahlke (2001): S. 60f.
[574] Vgl. Lukarsch (1998): S. 25ff., Mutter (1994): S. 37ff., Semler (1996): S. 59ff.
[575] Die Strukturierung des Überwachungsablaufs orientiert sich hier an der Verfahrensbeschreibung in der Arbeit zur Überwachungsfunktion des Aufsichtsrats von *Semler*. Vgl. hierzu Semler (1996): S. 80ff.
[576] Vgl. Lutter/ Krieger (2002): S. 77ff., Semler (1996): S. 80ff., Theisen (1996a): S. 85ff.
[577] Vgl. Hüffer (2002): Rz. 3f. zu § 111 AktG, Lutter/ Krieger (2002): S. 78ff., Lukarsch (1998): S. 37ff.
[578] Vgl. Semler (1996): S. 80ff., Theisen (1996a): S. 1ff., Becker (1993): S. 4.
[579] Vgl. Rössler (2001): S. 437ff., Scheffler (1995b): S. 656ff., Lutter (1991): S. 252ff., Peltzer (1981): S. 349f.
[580] Es ist bspw. offenkundig, dass sich die Anforderungen an die risikoorientierte Berichterstattung in einem Unternehmen der Konsumgüterindustrie von denen an die Berichterstattung in einem Finanzunternehmen unterscheiden.

umfangreichsten Informationsrechte erschließen sich dem Aufsichtsrat mit § 90 Abs. 1 AktG, wonach der Vorstand über bestimmte dort festgeschriebene Themenbereiche in verschiedenen Zeitabständen berichten muß.[581] § 170 AktG gewährt dem Aufsichtsrat ferner ein unabdingbares Recht auf Kenntnisnahme der Informationsinstrumente Jahresabschluss und Lagebericht. Diese betreffen zwar die externe Rechnungslegung, können aber indirekt ebenfalls als regelmäßiges Berichterstattungsmedium des Vorstands gegenüber dem Aufsichtsrat interpretiert werden.[582] Zur Gewährleistung einer für seine Aufgabenerfüllung hinreichenden Informationsbasis obliegen dem Aufsichtsrat ferner auch verschiedene Initiativrechte neben der Möglichkeit einer intensiven Ausübung seines Fragerechts.[583] Zu nennen ist in diesem Zusammenhang zunächst das in § 90 Abs. 3 AktG kodifizierte Recht auf Erlangung spezieller Anforderungsberichte. Über dieses Medium kann das Aufsichtsorgan detaillierte Informationen hinsichtlich der Entwicklung einzelner Geschäfte anfordern.[584] Desweiteren gewährt § 111 Abs. 2 AktG dem Rat ein umfassendes Recht auf eigenständige Generierung von Informationen, soweit dies der Wahrnehmung seiner Überwachungspflicht dient.[585] Insbesondere dieser Gesetzesabschnitt bringt zum Ausdruck, dass der Aufsichtsrat nicht ausschließlich auf die Informationsbereitstellung seitens des Vorstands angewiesen ist, sondern dass er auch befugt und ggf. verpflichtet ist, selbständig weiterführende Prüfungen vorzunehmen bzw. durch Sachverständige durchführen zu lassen.[586] Außerdem besitzt der Rat nach § 77 Abs. 2 AktG das Recht, eine Informationsordnung in Form einer Geschäftsordnung zu erlassen.[587] Diese kann Regeln über die Zusammenarbeit von Vorstand und Aufsichtsrat beeinhalten. Ferner kann hierüber der Umfang und die Präzision der im einzelnen zu leistenden Vorstandsberichterstattung konkretisiert werden.

---

[581] Hierbei handelt es sich um folgende bereits oben auf S. 107 erwähnte Berichterstattungsinstrumente: 1. Den Jahresbericht nach § 90 Abs. 1, S. 1, Nr. 1 AktG. Hierin soll über die beabsichtigte Geschäftspolitik und andere grundsätzliche Fragen der künftigen Geschäftsführung berichtet werden. 2. Bericht über die Rentabilität der Gesellschaft gemäß § 90 Abs. 1, S. 1, Nr. 2 AktG. Dieses Papier ist in der Sitzung des Rats, in der über den Jahresabschluss verhandelt wird, vorzulegen (§ 90 Abs. 2, Nr. 2 AktG). 3. Quartalsbericht gemäß § 90 Abs. 1, S. 1, Nr. 3 AktG. Er enthält Informationen über den Gang der Geschäfte, insbesondere den Umsatz und die Lage der Gesellschaft. Durch die gemäß § 90 Abs. 2, Nr. 3 AktG höchstens vierteljährlichen Berichtsintervalle soll gewährleistet werden, dass der Rat stets über die Entwicklung und die augenblickliche Situation informiert ist. 4. Sonderberichte gemäß § 90 Abs. 1, S. 1, Nr. 4 AktG. Hierin hat der Vorstand ggf. über Geschäfte zu berichten, die für die Rentabilität oder Liquidität der Gesellschaft von besonderer Bedeutung sein können.

[582] Vgl. Hüffer (2002): Rz. 1ff. zu § 170 AktG, Lutter/ Krieger (2002): S. 190.

[583] Vgl. Gernoth (2001): S. 306, Peltzer (1981): S. 350f., Lukarsch (1998): S. 46ff.

[584] Vgl. Hüffer (2002): Rz. 11f. zu § 90 AktG.

[585] Vgl. Semler (1996): S. 95f., Gernoth (2001): S. 306. Die in § 111 Abs. 2 AktG enthaltene Aufzählung ist vor diesem Hintergrund lediglich als exemplarisch zu werten. Vgl. Hüffer (2003): Rz. 11 zu § 111 AktG.

[586] Dritte dürfen aber nur für besondere Aufgaben zur Begutachtung herangezogen werden (§ 111 Abs. 2, S. 2 AktG). Vgl. zur Verdeutlichung der Grenzen einer erlaubten Beratung zugunsten des Aufsichtsrats durch Außenstehende auch Reichelt (1998): S. 129f.

[587] Vgl. ausführlich zu Inhalt und Aufgabe der Vorstandsgeschäftsordnung Mutter (1994): S. 65ff., Lukarsch (1998): S. 40, Reichelt (1998): S. 118f., Hofmann-Becking (1998): S. 499ff.

Die dritte Sparte der Informationsbereitstellung bilden die Berichte des Abschlussprüfers. Neben dem Bestätigungsvermerk nach § 322 HGB kommt hierbei insbesondere dem Prüfungsbericht nach § 321 HGB Bedeutung für die Unterstützung des Aufsichtsrats zu. Letzterer ist für Überwachungszwecke besonders relevant, da der Prüfer hierin auch eine Stellungnahme zur Lage des Unternehmens, zur Risikosituation sowie zum Ergebnis der Systemprüfung nach § 317 Abs. 4 HGB abzugeben hat.[588] Eine weitere potenzielle Informationsquelle bildet der sogenannte „Management-Letter" des Prüfers.[589] Hierin werden funktionsgemäß innerbetriebliche Schwachstellen gegenüber dem Vorstand angesprochen, die im Rahmen der Abschlussprüfung aufgefallen sind, denen aber für die Beurteilung der Ordnungsmäßigkeit der Rechnungslegung keine materielle Bedeutung beigemessen wird.[590] Dieses primär an den Vorstand gerichtete Informationsmedium ist auch dem Rat für Überwachungszwecke zur Verfügung zu stellen.[591]

b) Urteilsbildung

Auf der Grundlage der zur Verfügung gestellten bzw. erarbeiteten Informationsbasis muß in einem zweiten Verfahrensschritt eine Beurteilung der Tatsachen erfolgen. Der Bewertung sind bestimmte Beurteilungsmaßstäbe zugrunde zu legen:

(1) Das Unternehmensinteresse als allgemeiner Beurteilungsmaßstab

Bei der Ausübung ihrer Überwachungstätigkeit sind die aktienrechtlichen Organträger nach h.M. dem sogenannten Unternehmensinteresse verpflichtet.[592] Hierbei handelt es sich um einen unbestimmten Rechtsbegriff, dem unterschiedliche Bedeutungsinhalte zugeschrieben werden.[593] Anerkannt ist weitestgehend, dass das Unternehmensinteresse situationsbedingt und seine Ermittlung eine originäre Aufgabe von Vorstand und Aufsichtsrat ist. Es überwiegt die Auffassung, dass das Unternehmensinteresse aus einer sorgfältigen Abwägung zwischen den Einzelinteressen der Parteien abzuleiten ist, die das Unternehmen bilden.[594] Je nach Auslegung werden in der gesellschaftsrechtlichen Debatte neben den Shareholder-Interessen die

---

[588] Vgl. zu dem Aussagewert dieses Berichts für die Überwachungstätigkeit des Rats Rössler (2001): S. 447ff. sowie detailliert die Ausführungen im folgenden auf S. 189ff.

[589] Vgl. Forster (1998): S. 41, S. 52, Hommelhoff (1998b): S. 2625, S. 2629f., Schmidt (1996): S. 52f.

[590] Vgl. Gernoth (2001): S. 307.

[591] Die durch das KonTraG neu eingeführten Bestimmungen des § 321 Abs. 5, S. 2 HGB sowie des § 170 Abs. 3, S. 2 AktG verpflichten den Abschlussprüfer dazu, grundsätzlich alle erarbeiteten Berichte auch dem Aufsichtsrat zugänglich zu machen.

[592] Vgl. hierzu u.a. Portisch (1997): S. 120ff., Roth (2001): S. 88, Gawrisch (1999): S. 186, Gollnick (1997): S. 92ff., Semler (1996): S. 106ff., Westphalen (2000): S. 156ff.

[593] Vgl. die in der Literatur erfolgte facettenreiche Diskussion zur Begriffsauslegung detailliert aufgreifend Gawrisch (1999): S. 186ff.

Positionen sämtlicher Stakeholder mit unterschiedlicher Gewichtung zur Interessenkonstituierung in Betracht gezogen.[595] Der methodische Abgleich in Form einer „Resultante“ der unterschiedlichen Interessenpositionen erfolgt dementsprechend heterogen. Gemeinsam ist den meisten Stimmen in der Literatur lediglich, dass als bedeutendstes Einzelelement des Unternehmensinteresses die Existenz- bzw. Bestandssicherung des Unternehmens anzusehen ist.[596]

Aufgrund der Uneinheitlichkeit in der Auslegung sowie der inhaltlichen Weite des Begriffes des Unternehmensinteresses bedarf es für die haftungsrechtliche Analyse ergänzender Maßstäbe, die als Verhaltensrichtlinien herangezogen werden können. Das Unternehmensinteresse an sich kann nur als generalklauselartige Ausrichtungsmaxime für die Beurteilung unternehmerischen Verhaltens herangezogen werden.[597]

(2) Konkrete Beurteilungsmaßstäbe

Seitens der Rechtslehre sind verschiedene Kriterien entwickelt worden, die sich als allgemeine Referenzmaßstäbe sachgerechter Überwachungstätigkeit etabliert und zur Beurteilung potenzieller Fahrlässigkeit herangezogen werden können. Die Überwachungsaufgabe bezieht sich hiernach auf die Kriterien der Rechtmäßigkeit, Ordnungsmäßigkeit, Wirtschaftlichkeit und Zweckmäßigkeit unternehmerischer Entscheidungen des Managements.[598]

Gemäß dem Kriterium der Rechtmäßigkeit ist Grundvoraussetzung für eine korrekte Unternehmensleitung, dass deren Entscheidungen unter Einhaltung der durch das AktG und die Satzung konstituierten Aktienverfassung erfolgen. Dem Aufsichtsrat obliegt dahingehend die Kontrolle der Legalität der Vorstandstätigkeit, wobei er darüber hinaus auch weitere an die

---

594 Vgl. Westphalen (2000): S. 157, Poseck (1997): S. 33ff., Semler (1996): S. 104ff.

595 Vgl. Roth (2001): S. 25f., Gawrisch (1999): S. 195f. Die konsequente Ausrichtung am Konzept der Wertanalyse, d.h eine Orientierung am SV, kann dabei unter bestimmten Bedingungen zu einer Unternehmenspolitik sowohl im Interesse der Anteilseigner als auch der Stakeholder führen, sodass dann von einer strukturellen Disparität bei der Interessenkonstituierung dieser beiden Gruppen abgesehen werden kann. Vgl. hierzu die Ausführungen vorne auf S. 60ff.

596 Vgl. bspw. Scheffler (1995b): S. 651, S. 659, Westphalen (2000): S. 157, Gawrisch (1999): S. 194, Roth (2001): S. 28. Vgl. zur Operationalisierung des Begriffs der Bestandssicherung auch die Ausführungen oben auf S. 50. Die Ausrichtung auf diese Verhaltensmaxime impliziert die Erzielung angemessener Gewinne, die eine möglichst reale Kapitalerhaltung, die Abdeckung von Risiken sowie eine hinreichende Kapitalverzinsung gewährleisten.

597 Ebenso bspw. Gawrisch (1999): S. 200ff., Westphalen (2000): S. 157, Gollnick (1997): S. 92f., Portisch (1997): S. 123ff.

598 Vgl. BGH (1991), Biener (1977): S. 489, S. 491, Mertens (1996): Rz. 11 zu § 111 AktG, Hüffer (2002): Rz. 6 zu § 111 AktG, Poseck (1997): S. 29ff., Scheffler (1995b): S. 658f., Portisch (1997): S. 121f., Gollnick (1997): S. 94ff., Kindler/ Pahlke (2001): S. 76.

Gesellschaft als Wirtschaftsunternehmen und ihre Amtsträger gerichtete Rechtsnormen einbeziehen muß.[599]

Der zweite Prüfungsmaßstab betrifft die Ordnungsmäßigkeit der Geschäftsleitung. Ordnungsmäßigkeit meint hier eine angemessene Unternehmensorganisation als Geschäftsleitungsaufgabe in Anbetracht der Größe, Struktur und Eigenheit der Gesellschaft unter Beachtung betriebswirtschaftlicher Erkenntnisse und Erfahrungen.[600] Bedeutsame Überwachungsparameter sind hierbei insbesondere die zukünftige Unternehmensplanung und die Gewährleistung hinreichender Informationsbasen durch den Vorstand.

Gemäß dem Kriterium der Wirtschaftlichkeit soll die Unternehmensführung eine angemessene Sicherung der Finanzierung, der Ertragskraft und der Marktstellung des Unternehmens gewährleisten.[601] Diese elementare Voraussetzung unternehmerischer Betätigung ist ebenfalls Aufgabe der Aufsichtsratsüberwachung.

Der Grundsatz der Zweckmäßigkeit letztlich ist gewissermaßen als Oberpostulat zu verstehen, der eine rationale Verhaltensweise der Entscheidungsträger fordert und bereits in den oben aufgeführten Verhaltensmaßstäben respektive Überwachungskategorien enthalten ist.[602] Dies zeigt, dass eine strikte inhaltliche Trennung der Kategorien nicht möglich ist.[603]

Weiterhin ist nach h.M. bei Überwachungsentscheidungen an die Lage der Gesellschaft anzuknüpfen. In angespannten Unternehmensituationen bedarf es demnach einer besonders intensiven Aufsichtsratskontrolle.[604] Damit ist allerdings nicht gemeint, dass bei normalem Gang der Dinge keine eingehende Aufsichtstätigkeit stattzufinden hätte.[605]

---

[599] Hierbei handelt es sich bspw. um Vorschriften des Wettbewerbsrechts, des Wirtschaftsstrafrechts oder des Steuerrechts. Allerdings ist es in der Literatur strittig, in welchem Umfang diesbezüglich eine Legalitätskontrolle stattfinden muß. Eine allumfassende Kontrollaufgabe des Aufsichtsrats wird in diesem Zusammenhang meist verneint und die tatsächliche Kontrollpflicht in Abhängigkeit von der Relevanz des Verstoßes für das Unternehmen gesetzt. Vgl. Poseck (1997): S. 30 und die dort angegebene Literatur.

[600] Vgl. Hüffer (2002): Rz. 6 zu § 111 AktG, Scheffler (1995b): S. 659.

[601] Vgl. Semler (1996): S. 110f., Pahlke (2002): S. 1685.

[602] Vgl. Gawrisch (1999): S. 226, Scheffler (1995b): S. 659, Pahlke (2002): S. 1685, Portisch (1997): S. 122.

[603] Vgl. u.a. Steinbeck (1992): S. 90f. Aus diesem Grund verwundert es auch nicht, dass die Anerkennung der verschiedenen Sachbereiche in der Literatur z.T. umstritten ist. Allerdings handelt es sich hierbei weniger um einen inhaltlichen Disput als um eine Diskussion um Sachbegriffe. Vgl. Poseck (1997): S. 31.

[604] Vgl. Mertens (1996): Rz. 11ff. zu § 111 AktG, Hüffer (2002): Rz. 7 zu § 111 AktG, Semler (1983): S. 141ff., Kindler/ Pahlke (2001): S. 76.

[605] Vgl. ebenda sowie Gawrisch (1999): S. 227, Westphalen (2000): S. 163f.

Wie sich zeigt, kann anhand der beschriebenen Sorgfaltsmaßstäbe ein grobes Aufgabenraster skizziert werden. Eine zweifelsfreie Operationalisierbarkeit von Verfehlungen bei der Aufgabenausübung bedarf jedoch im Einzelfall differenzierterer Kriterien.[606]

c) Stellungnahme

Der Aufsichtsrat ist nicht wie etwa die Hauptversammlung lediglich Adressat der internen Berichterstattung mit gewissen Frage- und Einwirkungsrechten, sondern er ist als Aufsichtsorgan zur gemeinschaftlichen Verwaltung der Gesellschaft zusammen mit dem Vorstand verpflichtet. Dies impliziert eine rechtliche Verpflichtung zur differenzierten Meinungsäußerung.[607] Diese Verpflichtung gilt unabhängig davon, ob der relevante Überwachungsgegenstand einen abgeschlossenen Vorgang, einen laufenden Prozess oder ein geplantes Vorhaben darstellt.[608] Die Stellungnahme läuft entweder auf eine (weitgehende) Zustimmung oder auf eine Einwirkung gegenüber der Geschäftsführung hinaus. Der Vorstand ist an eine bloße Meinungsäußerung des Aufsichtsrats nicht gebunden. Er muß sie aber in seine Planungen miteinbeziehen.[609]

d) Einwirkung

Die Überwachungsaufgabe nach § 111 Abs. 1 AktG erschöpft sich nicht im Prüfen der Vorstandsgeschäftsführung. Der Aufsichtsrat ist vielmehr dazu verpflichtet, auf den Vorstand einzuwirken, wenn hierdurch Fehlentwicklungen des Unternehmens insgesamt oder einzelne gravierende Fehlentscheidungen vermieden werden können.[610] Für die Einwirkung stehen dem Aufsichtsrat unterschiedliche Instrumente zur Verfügung:[611]

Das schwächste Einwirkungsmittel konstituiert sich in Hinweisen gegenüber dem Vorstand, wenn die Überlegungen zu einem von dessen Meinung abweichenden Ergebnis führen. Hierdurch wird die Geschäftsleitung zu einem Überdenken bei noch laufenden bzw. geplanten Dispositionen gezwungen.

---

[606] Vgl. Portisch (1997): S. 122.

[607] Vgl. Lutter/ Krieger (2002): S. 40, Semler (1996): S. 147, in bezug auf die Überwachung der Vorstandsmaßnahmen zur Risikofrüherkennung auch Schichold (2001): S. 419.

[608] Vgl. Semler (1996): S. 147. Eine Pflicht zur differenzierten Stellungnahme ergibt sich insbesondere bei einem Überwachungsgegenstand, der mit der strategischen Planung eng verzahnt ist. Vgl. Kropff (1998): S. 615. Dieser Tatbestand trifft auf die Früherkennungsmaßnahmen nach § 91 Abs. 2 AktG zu. Vgl. hierzu insbesondere die Ausführungen oben auf S. 56ff.

[609] Vgl. Lutter/ Krieger (2002): S. 40.

[610] Vgl. Semler (1996): S. 117, Lutter (1991): S. 251, Kindler/ Pahlke (2001): S. 79.

[611] Vgl. für einen Überblick auch Reichelt (1998): S. 115ff., Lukarsch (1998): S. 41ff., Westphalen (2000): S. 177ff.

Der Gesetzgeber sieht, wie bereits oben ansatzweise erwähnt, in § 111 Abs. 4 AktG die Verpflichtung vor, dass der Aufsichtsrat bestimmte Geschäfte des Vorstands von seiner Mitbestimmung abhängig machen soll.[612] Hierdurch ergibt sich eine Mitwirkungsbefugnis in zweifacher Form:[613] Einerseits bei der Festlegung der zustimmungspflichtigen Geschäfte und andererseits bei der konkreten Haltung im Einzelfall gegenüber den unter Zustimmungsvorbehalt gesetzten Geschäften. Die optionale Festlegung von Zustimmungsvorbehalten stellt einen Eingriff in die Geschäftsführungsautonomie des Vorstands dar und überantwortet dem Aufsichtsrat eine gesteigerte Überwachungskompetenz.[614]

Weitere Einwirkungsmöglichkeiten werden dem Rat durch seine Kompetenzen bei der Zusammensetzung des Vorstands eröffnet:[615] Er kann Vorstandsmitglieder bestellen oder abberufen (§ 84 Abs. 1, Abs. 3 AktG), einen Vorsitzenden des Vorstands ernennen oder eine solche Ernennung widerrufen (§ 84 Abs. 2, Abs. 3 AktG), er kann im Rahmen der Satzung Geschäftsführungs- und Vertretungsbefugnisse regeln (§ 77 Abs. 1, § 78 Abs. 3 AktG) und durch sein Geschäftsordnungsrecht (§ 77 Abs. 2 AktG) auch das innere Zusammenwirken und die Berichterstattung des Vorstandsgremiums aktiv gestalten.

Eine Mitwirkung ergibt sich ferner auch durch die Beteiligung an der Rechnungslegung auf Grundlage von §§ 170, 171 und 172 AktG.[616] Dem Aufsichtsrat obliegen in diesem Kontext die Prüfung und Feststellung des Jahresabschlusses, des Lageberichtes sowie eines Abhängigkeitsberichtes.[617]

Eine weitere Einwirkungsoption, die aber in der Praxis faktisch kaum relevant ist, manifestiert sich in der Einschaltung der Hauptversammlung durch den Rat.[618] Im Fall von nicht beizulegenden Meinungsverschiedenheiten mit dem Vorstand kann er diese nach dem Gesetz der Hauptversammlung unterbreiten und so eine Lösung herbeiführen. Dies kann einerseits im Rahmen des gewöhnlichen Aufsichtsratsberichts nach § 171 Abs. 2 AktG erfolgen oder auch

612 Vgl. Hüffer (2002): Rz. 16ff. zu § 111 AktG, Bosse (2002): S. 1594, Pfitzer/ Oser/ Orth (2002): S. 162 sowie die Ausführungen oben auf S. 156.

613 Vgl. Lukarsch (1998): S. 41.

614 Vgl. Reichelt (1998): S. 133ff. sowie Rössler (2001): S. 443.

615 Vgl. hierzu Hüffer (2002): Rz. 3ff. zu § 84 AktG, Rz. 9ff. zu § 77 AktG, Rz. 14 zu § 78 AktG, auch Mutter (1994): S. 154ff., Gawrisch (1999): S. 11ff.

616 Vgl. Lutter/ Krieger (2002): S. 189ff., Mutter (1994): S. 146ff.

617 Vgl. hierzu Hüffer (2002): Rz. 2ff. zu § 171 AktG. Die Feststellung kann nur über eine Zustimmung von seiten des Aufsichtsrats erfolgen. Dem Rat steht die Möglichkeit offen, nachträglich Korrekturen zu veranlassen, bspw. im Bereich der Verwendung des Bilanzgewinns.

618 Vgl. hierzu auch die Ausführungen bei Hoerdemann (1997): S. 48, die eine stärkere Einbeziehung der Hauptversammlung in wesentliche Gesellschaftsangelegenheiten fordert.

andererseits durch die Einberufung einer besonderen Hauptversammlung gemäß § 111 Abs. 3 AktG.[619]

3. Haftungsrechtliche Problemfelder und potenzielle Interessenkonflikte

a) Wertorientierte Risikofrüherkennung und interessenpluralistische Zusammensetzung des Aufsichtsratsgremiums

Wie beschrieben konstituiert sich das Aufsichtsratsgremium in Form von Aktionärs- und Arbeitnehmervertretern mit partiell gegenläufigen Interessen. Hieraus resultieren für das Aufgabenfeld einer risikoorientierten Unternehmensüberwachung u.U. Interessenkollisionen, die einer möglichst effektiven Corporate Governance abträglich sind.

Konfliktpotenzial liegt besonders darin begründet, dass das „Beteiligungsportfolio" der Arbeitnehmer an der Unternehmung hauptsächlich aus ihrem Humankapital besteht.[620] Im Gegensatz zu den Aktionären, denen die Möglichkeit zur Diversifikation ihrer Unternehmensanteile auf dem Beteiligungsmarkt offensteht, sind sie mit ihrem Humankapital eng an das Unternehmen gebunden und besitzen nicht in gleichem Maß die Option auf eine Risikodiversifikation im Hinblick auf ihre Einkommensverhältnisse.[621] Deshalb steht zu befürchten, dass die Agenten der Arbeitnehmerschaft im mitbestimmten Rat Risikopositionen nicht sachgemäß i.S.d. § 91 Abs. 2 AktG einschätzen werden, wenn hiermit u.U. die Gefahr eines Arbeitsplatzabbaus einhergeht. Deuten bspw. Ergebnisse der Wertanalyse auf ungünstige Entwicklungen und damit korrespondierend auf das ökonomische Gebot von Rationalisierungsinvestitionen in bestimmten Unternehmenssegmenten hin, so könnten die Arbeitnehmervertreter im Rat dazu tendieren, diese Gefahrenmomente ob der drohenden personalpolitischen bzw. technologischen Anpassungsmaßnahmen tendenziell zu vernachlässigen.[622] Es enstünde an dieser Stelle ein massiver Zielkonflikt zwischen den Interessen der Anteilseigner und denen der Arbeitnehmer vor dem Hintergrund des Shareholder Value-Kalküls.[623] Klärungsbedarf ergibt sich für diesen Fall in der Frage, inwieweit das Interesse der Arbeitnehmer auf Arbeitsplatzsicherheit für ihre Interessenvertreter im Rat bei ihrer risikorientierten Überwachungsaufgabe Berücksichtigung finden kann und ob im Einzelfall ein Konflikt zwischen diesem Interesse und dem Unternehmensinteresse besteht. Für den Aufsichtsrat in seiner Ge-

---

[619] Vgl. hierzu auch Hüffer (2002): Rz. 13ff. zu § 111 AktG.
[620] Vgl. Lukarsch (1998): S. 82.
[621] Vgl. Ballwieser/ Schmidt (1981): S. 669f.
[622] Vgl. ähnlich Werder v. (1998): S. 75, Steinmann/ Klaus (1987): S. 34
[623] Vgl. Werder v. (1997): S. 12.

samtheit entsteht diesbezüglich die Pflicht zur Konkretisierung und Artikulierung des Gesellschaftsinteresses für das Anwendungsfeld der Risikoüberwachung bereits vor Aufnahme seiner Tätigkeit.[624] Abgeleitet aus dem Normzweck der Gesetzesvorschrift des § 91 Abs. 2 AktG i.V.m. dem Kontrollzweck aus § 111 Abs. 1 AktG muß der Existenzsicherung des Unternehmens absolute Priorität eingeräumt werden.[625] Das bedeutet, dass auch die Arbeitnehmervertreter im Rat auf eine sachgerechte, gesamtheitliche Risikoexposition im Zuge einer wertorientierten Risikofrüherkennung hinwirken und diese als Entscheidungsgrundlage heranziehen müssen, auch wenn diese u.U. personalpolitische Maßnahmen und damit Nachteile für Teile der Belegschaft induziert.[626]

b) Strategisch motivierte Haftungsklagen

Räumt das Gesetz Aktionären Klagerechte ein, so entsteht die Gefahr, dass sie diese strategisch einsetzen, um private Vorteile zu erzielen. In der Literatur wird diese Gefahrenquelle unter dem Begriff der sogenannten „Hold-Out-Problematik" behandelt.[627] Hiermit assoziiert man den aufgrund der konkreten Sachlage ungerechtfertigten Versuch einzelner Aktionäre, sich über Organklagen gegen eine wirtschaftlich vernünftige Geschäftspolitik zu stellen, um bspw. Vorteile in Form von Zahlungen im Zuge von Vergleichsabreden zu erlangen.[628] Die Gefahr einer Schädigung des Unternehmens durch solche „selbsternannte Funktionäre der Rechtsordnung" ist evident, wenn man davon ausgeht, dass das Eigeninteresse von Teilen der Prinzipal-Aktionärsschaft dem Unternehmensinteresse entgegenstehen kann. Ein Schaden der Gesellschaft ensteht dabei u.a. durch die negativen Publizitätswirkungen einer justiziablen Auseinandersetzung sowie durch die Bindung umfassender personeller Ressourcen für den Prozess.[629] Einschränkend ist in diesem Kontext jedoch anzumerken, dass in der Praxis oftmals eine noch weitaus größere Gefahrenquelle für die Prosperität der Gesellschaft durch das Verhalten einzelner Großaktionäre entsteht, die aus persönlichen Gründen über ihr Machtpotential auf eine für die Unternehmung nachteilige Geschäftspolitik hinwirken und hierüber die Stellung von „Kapitalvernichtern" einnehmen.[630]

---

[624] Vgl. Strobel (2001): S. 536.

[625] In der inhaltlichen Konsequenz der Ausführungen ebenso Pahlke (2002): S. 1681, Scheffler (1995b): S. 651, S. 659, Westphalen (2000): S. 157, Gawrisch (1999): S. 194, Roth (2001): S. 28. Vgl. zur Auslegung des Begriffs der Bestands- respektive Existenzsicherung die Abgrenzung oben in FN 113.

[626] Dieses Gebot ist dabei ohnehin kongruent mit den Interessen der Gesamtbelegschaft, wenn bspw. durch Personalabbau die Existenz gesichert und damit zum Erhalt der übrigen Arbeitsplätze beigetragen wird.

[627] Vgl. Ruffner (2000b): S. 235ff.

[628] Vgl. Hoffmann-Becking (2001): S. 122, Kallmeyer (1997): S. 108, Marsch-Barner (2001): S. 130f.

[629] Vgl. Mertens (1996a): S. 159, Hoffmann-Becking (2001): S. 122.

[630] Vgl. zu möglichen Gefahrenquellen für diesen Bereich bspw. die Ausführungen oben auf S. 112f. zum Verhalten von Bankenvertretern in deutschen Aufsichtsräten, die oftmals die Rückführung des durch die entsenden-

Die Durchführung und Überwachung einer Wertanalyse als potenzielle Anspruchsgrundlage im beschriebenen Kontext fördert insbesondere die oben beschriebene Gefahr ungerechtfertigter „Popularklagen“. Es steht zu befürchten, dass jede wesentliche Börsenkursminderung als vermeintliches Indiz einer nachteiligen Entwicklung i.S.d. § 91 Abs. 2 AktG für eine Klageerhebung gegen die Gesellschaftsorgane seitens „räuberischer Aktionäre" instrumentalisiert werden könnte, obwohl diese Wertentwicklung realiter nicht kausal auf unternehmerisches Fehlverhalten zurückzuführen ist. Im Raum stünde dann der Vorwurf einer unsachgemäß durchgeführten wertorientierten Risikofrüherkennung mit der Konsequenz, diese nachteilige Entwicklung, abgebildet im rückläufigen Börsenwert, nicht frühzeitig erkannt und abgewendet zu haben. Der Ausgestaltung von anreizkompatiblen Haftungsregeln kommt die Unterbindung solcher strategisch motivierter Klagepolitiken wider des Gesellschaftsinteresses zu.

Im folgenden werden im Hinblick auf die skizzierte Anspruchsgrundlage aus §§ 111 Abs. 1, 91 Abs. 2 AktG die justiziablen Möglichkeiten einer haftungsrechtlichen Kontrolle der organschaftlichen Dispositionen des Aufsichtsrats im Überwachungsbereich einer wertorientierten Risikofrüherkennung spezifiziert und darauf aufbauend ein Exkulpationsmodell für den Entlastungsbeweis nach §§ 116, 93 Abs. 2 AktG entwickelt.

B. Gegenstand und Szenario der gerichtlichen Kontrolle

I. Haftungsrechtliche Ausgangssituation und gesellschaftsrechtliches Spannungspotenzial

Das deutsche Corporate Governance-System befindet sich seit Anfang der 90er Jahre in einem anhaltenden Reformprozess von gesetzgeberischer Seite.[631] Den von der *Regierungskommission Corporate Governance* im Juli 2001 abgegebenen Abschlussbericht hat das Bundeskabinett in Gänze gebilligt. Die Umsetzung der Berichtsempfehlungen erfolgte bislang in zwei Schritten:

1. Durch die Entwicklung eines Corporate Governance-Kodex und
2. Durch die Verabschiedung des Transparenz- und Publizitätsgesetzes (TransPuG).

---

den Bankinstituts bereitgestellten Kapitals höher gewichten als die langfristige Prosperität der zu beaufsichtigenden Gesellschaft. Vgl. kritisch zum Verhalten von Großaktionären respektive deren Vertreter in deutschen Aufsichtsratsgremien bspw. die Beiträge Wenger (1990) sowie Wenger/ Kaserer (1998).

[631] *Seibert* spricht diesbezüglich von einer „Aktienrechtsreform in Permanenz“. Seibert (2002): S. 417.

Die zweite Umsetzungsstufe ist für die gegenwärtige Legislaturperiode geplant. Einer der Schwerpunkte sollen Modifikationen des Haftungsrechts für Vorstände und Aufsichtsräte sein.[632] Hierbei sind einerseits Änderungen in der Anspruchsdurchsetzung nach § 147 AktG vorgesehen und zum anderen ist eine weitere Konkretisierung des Haftungsmaßstabs aus § 93 Abs. 2 AktG beabsichtigt.[633] Der gesetzgeberische Reformwille im Bereich der zivilrechtlichen Haftung für Organträger gründet dabei z.T. auf einer von großen Teilen der politischen Öffentlichkeit vorgetragenen Forderung nach einer Intensivierung der richterlichen Kontrolle unternehmerischer Dispositionen in großen Aktiengesellschaften.[634] Zu beachten ist hierbei allerdings, dass eine derartige justiziable Überprüfung stets eine komplexe und wertende retrospektive Abwägung einer Vielzahl von tatsächlichen Gegebenheiten zum Entscheidungszeitpunkt unter Einbeziehung wirtschaftlicher und rechtlicher Parameter erfordert.[635] Die Richter bewegen sich zwangsläufig in einem Spannungsfeld zwischen dem Anspruch auf Wahrung unternehmerischer Freiheit und Selbstverantwortung auf der einen Seite und der Maßgabe nach Setzung strenger Sorgfaltsmaßstäbe respektive der Bewerkstelligung eines gerechten Schadensausgleiches auf der anderen Seite. Die Gefahr eines zu weitreichenden und für die Zukunft dysfunktional richtungsweisenden Eingriffes in die Willensbildungsautonomie von Gesellschaften ist evident.[636] Die zentrale Voraussetzung für eine funktionsadäquate justiziable Beurteilung des Verhaltens der Überwachungsträger ist somit die Generierung handhabbarer Überwachungsmaßstäbe, die einen Ausgleich des oben beschriebenen „Trade-offs" ermöglichen.[637] Hierzu sind die durch die Gesetzgebung nur formal abgegrenzten Kompetenzen des Rats bei der Unternehmensüberwachung, die notwendigen Mindestinformationen für eine effektive Kontrolle sowie die erforderlichen arbeitsteiligen Prozesse mit dem Wirtschaftsprüfer und den internen Revisionsinstanzen abzugrenzen und zu beschreiben. Konkrete Maßstäbe für eine Inanspruchnahme aufgrund von Sorgfaltspflichtverletzungen sind in der Literatur bislang nicht konsensfähig erarbeitet worden. Auch der Rechtsprechung ist es

---

[632] Vgl. Baums (2002): S. 25, Reichert/ Weller (2002): S. 50ff., Nehring (2001): S. 133ff., Schwark (2002): S. 98ff.

[633] Letzteres Vorhaben wird im folgenden bei der Ableitung eines Sorgfaltsmaßstabs für die Anspruchsnorm aus §§ 111 Abs. 1, 91 Abs. 2 AktG zu berücksichtigen sein. Vgl. hierzu die Ausführungen im weiteren auf S. 180ff.

[634] Die perzipierte Möglichkeit einer haftungsrechtlichen Inanspruchnahme, so die bereits aus agencytheoretischem Blickwinkel vorgetragene Argumentationslinie, soll das unternehmerische Handeln der Überwachungsorgane auf eine rationale Chancen-Risiko-Abwägung im Unternehmensinteresse hin steuern. Über die Sanktionssignale eines verbesserten Haftungsregimes soll mithin eine Effektivierung der Corporate Governance in Form einer präventiven Unterbindung gravierender unternehmerische Fehlleistungen erzielt werden. Vgl. hierzu die Ausführungen oben auf S. 122ff.

[635] Vgl. Nirk (1996): S. 403 sowie Fleischer (2001a): S. 24.

[636] Es wäre kontraproduktiv, wenn im Zuge des Versuchs, die Anreizwirkung des Haftungsregimes de lege lata zu verbessern, unternehmerische Kreativität und Flexibilität durch eine „richterliche Zwangsbewirtschaftung" tendenziell unterdrückt würde. Ebenso Hoerdemann (1997): S. 46.

in diesem Bereich in eigener Anstrengung nicht gelungen, ein geschlossenes Anforderungsprofil zu entwickeln.[638]

Die Analyse der Modalitäten für die Überwachung einer wertorientierten Risikofrüherkennung gemäß §§ 111 Abs. 1, 91 Abs. 2 AktG und darauf aufbauend die Suche nach anreizkompatiblen Mindeststandards bewegt sich damit zwangsläufig in einer „haftungsrechtlichen Grauzone".[639] Bei dem Versuch einer tatbestandlichen Feinzeichnung des dem Rat zuzubilligenden Handlungsrahmens kommt der Ökonomie gegenüber der Jurisprudenz eine Bringschuld zu.[640] Im Zuge einer interdisziplinären Arbeitsteilung obliegt es ihren Fachdisziplinen, die jeweiligen Methoden der Wertermittlung mit ihren immanenten Annahmen, Vorzügen sowie Nachteilen offenzulegen. In der Sache geht es dabei darum zu eruieren, anhand welcher Maßstäbe ein Richter im Einzelfall feststellen kann, ob die innerhalb des betroffenen Verkehrskreises erforderliche Sorgfalt beachtet worden ist.[641] Im Zeichen dieses Anspruchs bewegt sich die nun anschließende Analyse potenzieller Sorgfaltsstandards für diesen speziellen Bereich der Vorstandskontrolle. Hierüber können u.U. auch Ansatzpunkte für eine praktikablere Haftungsregelung im Gesamtbereich einer auf dem Shareholder Value Gedanken basierenden Unternehmenführung und –überwachung generiert werden. Ein solches verbessertes Haftungsregime wird seit geraumer Zeit vehement von rechtspolitischer Seite gefordert.[642]

2. *Unternehmerisches Ermessen und Haftung*

a) Rechtsfigur und Funktion des unternehmerischen Ermessens

Die Aktiengesellschaft kann kraft Gesetz nur durch ihre Organe handeln. Demzufolge determiniert der den Organen zugebilligte Handlungsrahmen die durch die Gesellschaft wahrnehmbaren Aktivitäten. Die eigene Verantwortung des Vorstands bei der Führung der Geschäfte nach § 76 Abs. 1 AktG stellt sich hinsichtlich seiner Pflichten in der Terminologie allgemeiner Regelungstechnik als Ermessen dar.[643] Dieses ist bei einer erwerbswirtschaftli-

---

[637] Vgl. hierzu auch Theisen (1993a): S. 297, Horn (1997): S. 1133ff., Götz (1997): S. 219ff.

[638] Vgl. Mutter (1994): S. 202, Gernoth (2001): S. 308, Nirk (1996): S. 393, Heermann (1998a): S. 762ff.

[639] Solange sich keine stetige Klagepraxis und damit einhergehend eine gefestigte Rechtsprechung in diesem Bereich der Aufsichtsratsüberwachung herausgebildet hat, ist die gesellschaftsrechtliche Relevanz der Untersuchungsergebnisse damit zwangsläufig vage. Die im folgenden vorgetragene Analyse verläuft unter der Annahme, dass die Gerichtsbarkeit die Wertanalyse in der skizzierten Form als adäquate Maßnahme i.S.d. § 91 Abs. 2 AktG akzeptiert.

[640] Vgl. Fleischer (2001a): S. 26ff.

[641] Vgl. zu dieser Formulierung einer Bringschuld der Betriebswirtschaftslehre für die richterliche Überprüfung der Maßnahmen nach § 91 Abs. 2 AktG in ihrer Gesamtheit Kindler/ Pahlke (2001): S. 72.

[642] Vgl. Hoffmann-Becking (2001): S. 121ff., Götz (1997): S. 222, Theisen (1993a): S. 296f.

[643] Vgl. Semler (1996): S. 46ff., Roth (2001): S. 9.

chen Betätigung der Gesellschaft ein unternehmerisches.[644] Unternehmerisches Ermessen beschreibt die Schnittstelle von Leitungsbefugnis und Sorgfaltspflicht und umfasst im Einzelfall neben dem „Ob“ auch die Art des Tätigwerdens sowie Verfahren und Inhalt der Vorstandsentscheidung.[645] Dieser Rechtsbegriff wird mangels ausdrücklicher gesetzlicher Regelung in Literatur und Rechtsprechung uneinheitlich verwendet.[646] Er beschreibt allgemein gesprochen einen Handlungsfreiraum, innerhalb dessen Grenzen eine getroffene Entscheidung keinen Pflichtenverstoß darstellt und demzufolge keine Haftungsinanspruchnahme auslösen kann. Dispositionen im Rahmen des unternehmerischen Ermessens sind stets gesellschaftsrechtlich zulässig.[647] Die Rechtsfigur unternehmerischen Ermessens erfüllt vornehmlich den Zweck, zwangsläufig risikobehaftete Leitungsentscheidungen gegenüber Haftungsklagen abzusichern und damit die aus dem Gesellschaftsinteresse abgeleitete unternehmerische Initiative nicht durch unüberschaubare Haftungsrisiken zu behindern.[648] Anders als der Begriff der Leitung in § 76 Abs. 1 AktG bringt der Begriff des unternehmerischen Ermessens neben dem Bestehen eines Handlungsfreiraums der Unternehmensleitung auch die Begrenzung dieses Freiraums zum Ausdruck.

Die Zubilligung unternehmerischer Ermessensspielräume gegenüber dem Vorstand bei seiner Aufgabenausübung ist aufgrund der praktischen Einsicht, dass ohne einen weiten Handlungsspielraum eine unternehmerische Tätigkeit nicht denkbar ist, seit jeher anerkannt. Zur Übertragbarkeit des Tatbestands eines Ermessensspielraums auf das Aufgabenfeld des Aufsichtsrats konnte in der Literatur lange Zeit kein Konsens erzielt werden.[649] Erst im Zuge der jüngeren Rechtsprechung zeichnen sich Konturen dahingehend ab, inwiefern dem Aufsichtsrat bei seiner Geschäftsführungsüberwachung nach § 111 Abs. 1 AktG i.V.m. § 76 AktG eine unternehmerische Prägung zuzuweisen und damit korrespondierend auch ein autonomer Gestaltungsspielraum bei seiner Aufgabenausübung zuzugestehen ist.

---

[644] Vgl. Dreher (1997): S. 1074, Pahlke (2002): S. 1686.
[645] Vgl. Horn (1997): S. 1133, Roth (2001): S. 9.
[646] Vgl. bspw. Gawrisch (1999): S. 126ff., Hoerdemann (1999): S. 7ff. Bei dem Begriff des „Ermessens" handelt es sich um den klassischen Fall eines unbestimmten Rechtsbegriffs mit einem äußerst kleinen Kernbereich und einem großen und diffusen Begriffshof. Er ist einer allgemeinverbindlichen Definition nicht zugänglich und bedarf einer wertenden Ausfüllung durch Auslegung und Analogie im konkreten Anwendungsfall. Vgl. Hoerdemann (1999): S. 8, Engisch (1997): S. 138.
[647] Vgl. Roth (2001): S. 9.
[648] Vgl. Kindler (1998): S. 103.
[649] Vgl. Nirk (1996): S. 396, Dreher (1994): S. 618ff., Kindler (1998): S. 109ff.

b) Der Tatbestand von Ermessensspielräumen des Aufsichtsrats bei der Überwachung der Geschäftsführung – zu den richtungsweisenden Implikationen der ARAG/ Garmenbeck-Rechtsprechung

Das „ARAG/ Garmenbeck-Urteil" aus dem Jahr 1991 und die damit einhergehenden nachinstanzlichen Verfahren führten erstmalig zu einer ansatzweisen Konkretisierung der generellen Überwachungspflichten des Aufsichtsrats.[650] Nach der zeitlichen Orientierung des Überwachungsgegenstands wurde die repressive, nachträgliche (ex-post-), und die präventive, in die Zukunft gerichtete (ex-ante-) Überwachung der Vorstandsgeschäftsführung erstmalig höchstrichterlich präzise unterschieden.[651] Nach den Ausführungen des Gerichts nimmt der Aufsichtsrat immer dann Anteil an der unternehmerischen Tätigkeit des Vorstands, wenn er diese im Sinne einer präventiven Kontrolle mitgestaltet.[652] In diesem Fall übt er die ex-ante-Kontrolle der Geschäftsführung aus. Wesentliches Unterscheidungskriterium zu der rückschauenden ex-post-Überwachung ist der Tatbestand, dass eine Einwirkung zu einem Zeitpunkt erfolgt, in dem die zu kontrollierende Maßnahme noch nicht abgeschlossen ist.[653] Im Rahmen seiner retrospektiv gerichteten ex-post-Überwachung, so die Rechtsprechung, kommt dem Rat kein justiziabler Ermessensfreiraum zu. D.h. im Fall eines Haftungsprozesses obliegen seine Überwachungsentscheidungen in diesem Bereich einer vollen materiellen Kontrolle. Dem Aufsichtsrat wird demgegenüber im Kontext seiner ex-ante-Überwachungspflichten, denen wie beschrieben eine unternehmerische Prägung zuzubilligen ist, in bestimmten Gren-

---

[650] Vgl. zu einer Diskussion der Urteile u.a. die Beiträge Lutter/ Kremer (1992), Boujong (1995), Dreher (1994), Dreher (1997), Kindler (1998), Jäger (1997), Jaeger/ Troelitzsch (1995), sowie Nirk (1996).

[651] Vgl. BGH (1997) sowie grundlegend BGH (1991). Vgl. zu dieser Differenzierung darüberhinaus auch Hüffer (2002): Rz. 4 zu § 111 AktG, Theisen (1995b): S. 199, Salzberger (2000): S. 765, Thümmel (1997): S. 262, Gawrisch (1999): S. 228, Hofmann/ Hofmann (1998): S. 104, Malik (1997): S. 155f., Bea/ Scheurer (1994): S. 2145, S. 2151f., Jud (1996): S. 24ff., Bleicher/ Paul (1986): S. 285, Berrar (2001): S. 162f. In der Literatur wird teilweise auch eine noch weitergehendere Differenzierung vorgetragen. Vgl. hierzu etwa Henze (2000): S. 214, der zusätzlich noch den Bereich einer unterstützenden Überwachung einführt. Im folgenden wird in Anlehnung an die höchstrichterliche Entscheidungspraxis lediglich die ex-ante- von der ex-post-Kontrolle unterschieden.

[652] Vgl. Kindler (1998): S. 108ff., Gawrisch (1999): S. 228. *Mutter* definiert diesbezüglich die unternehmerische Entscheidung des Aufsichtsrats: „Eine unternehmerische Entscheidung ist .. jede bewusste Auswahl einer unternehmerischen Handlungsmöglichkeit von besonderer wirtschaftlicher Tragweite aus mehreren Handlungsalternativen, wobei die erforderliche wirtschaftliche Bedeutung dann anzunehmen ist, wenn die so getroffene Entscheidung entweder nach ihrem Umfang oder Risiko von hoher Bedeutung für die Vermögens- oder Ertragslage des Unternehmens ist, oder aufgrund ihrer andauernden Gestaltungswirkung das Unternehmen oder einen Teil desselben so prägt, dass durch diese Ausrichtung die künftige Entwicklung des Unternehmens in seiner Gesamtheit vorgezeichnet wird.", Mutter (1994): S. 23.

[653] Vgl. hierzu u.a. Semler (1996): S. 141ff., Salzberger (2000): S. 765. Der BGH nennt beispielhaft hierfür die Bestellung und Abberufung von Vorstandsmitgliedern sowie Entscheidungen über Zustimmungsvorbehalte nach § 111 Abs. 4, S. 4 AktG. Vgl. BGH (1997). Die ex-post-Kontrolle bezieht sich demgegenüber auf die Kontrolle der vom Vorstand bereits entfalteten Tätigkeit. In diesen Bereich fällt nach h.M. bspw. die Prüfung der Rechnungslegung, die in § 111 Abs. 2 AktG aufgeführten Prüfungsmaßnahmen sowie (z.T.) die Durchsetzung von Schadensersatzansprüchen gegenüber Vorstandsmitgliedern. Vgl. Kindler (1998): S. 108, Strobel (2001): S. 553, Sieg (2002): S. 1758, Hüffer (2002): Rz. 3 zu § 171 AktG.

zen ein Gestaltungsspielraum eingeräumt, der sich einer richterlichen Kontrolle entzieht.[654] Die Rechtsprechung in diesem Fall gilt nach h.M. als „Meilenstein im Recht der Haftung von Organmitgliedern“[655]. Sie bildet ein „Dogma“ des Rechts der Entscheidungsfindung im Aufsichtsrat.[656] Der Tatbestand eines autonomen unternehmerischen Handlungsspielraums des Rats in bestimmten Aufgabengebieten wurde erstmalig durch die höchste richterliche Instanz bestätigt.

Die gesellschaftsrechtliche Zubilligung sanktionsfreier Entscheidungsspielräume ist unter Beachtung ökonomischer Effizienzgesichtspunkte sinnvoll und in die gewählte theoretische Argumentationslinie überführbar. Die Rechtsfigur des unternehmerischen Ermessens legt den Gerichten eine gewisse Zurückhaltung auf, Entscheide der Organträger ex-post einer materiellen Inhaltskontrolle zu unterziehen. In der Sprache der Kontrakttheoretiker bildet die Zubilligung eines diskretionären Handlungsspielraums, der sich einer inhaltlichen Kontrolle entzieht, eine Barriere, Haftungsregeln zur Durchsetzung vertraglicher Ansprüche zu benutzen.[657] Da unternehmerische Entscheidungen i.d.R. mit Risiken verbunden und unter Zeitdruck und Unsicherheit gefällt werden, ist eine entsprechende Zurückhaltung schon deshalb erforderlich, um eine Entscheidungsfindung der Agenten im Unternehmensinteresse zu gewährleisten. Würde die annahmegemäß risikoaverse Aufsichtsrats-Agentur stets zu befürchten haben, für Entscheidungen, die sich im nachhinein als fehlerhaft erweisen, haftbar gemacht zu werden, so würde sich deren Verhalten bei der Geschäftsführungsüberwachung in eine Richtung bewegen, die mit negativen allokativen Effekten für die Prinzipalschaft verbunden wäre. Es stünde, wie bereits oben ansatzweise beschrieben, zu befürchten, dass risikobehaftete Geschäfte per se ausgeschlossen würden.[658] Dies widerspräche aber einer der originären Funktionen der Aktiengesellschaft als Gesellschaftsform zur Bereitstellung von „venture-capital“ und dem Interesse der Aktionärsschaft auf eine angemessene Kapitalverzinsung.[659]

Die Abgrenzung zwischen der ex-ante- und der ex-post-Kontrolle bereitet in der praktischen Anwendung erhebliche Schwierigkeiten. Eine eindeutige Trennung ist nicht immer zweifelsfrei möglich.[660] Den Überwachungsbereich der Vorstandsmaßnahmen nach § 91 Abs. 2 AktG

---

[654] Vgl. BGH (1991), BGH (1997), Lutter/ Kremer (1992): S. 88f., Thümmel (1997): S. 262, Salzberger (2000): S. 765, Götz (1997b): S. 3278, Hüffer (2002): Rz. 13a zu § 93 AktG mit weiteren Nachweisen.

[655] Sieg (2002): S. 1760. Die besondere Bedeutung des Rechtsprozesses ebenso hervorhebend bspw. Nirk (1996): S. 398ff., Hoerdemann (1997): S. 45ff., Kindler (1998): S. 102ff., Reichert/ Weller (2002): S. 50.

[656] Vgl. Dreher (1997): S. 1074, Theisen (2003b): S. 453

[657] Vgl. Easterbrook/ Fischel (1991): S. 94, Ruffner (2000b): S. 229f.

[658] Vgl. hierzu die Ausführungen oben auf S. 138.

[659] Vgl. Roth (2001): S. 21f.

[660] Vgl. Gawrisch (1999): S. 228f., Salzberger (2000): S. 765, Dreher (1997): S. 1075.

ordnet *Rössler* bspw. pauschal der ex-post-Kontrolle zu.[661] Ebenso verfährt *Schäfer*, wenn er unterstellt, dass sich der Aufsichtsrat im Bereich rückschauender Kontrolle abgeschlossener Vorstandsentscheidungen befindet, wenn er die Ordnungsmäßigkeit der Maßnahmen nach § 91 Abs. 2 AktG kontrolliert.[662] Diese Betrachtungsweise ist aber zu undifferenziert und daher zurückzuweisen, denn sie verkennt, dass die fokussierte Überwachungsausrichtung durch beide zeitliche Orientierungen geprägt sein kann. Die Dispositionen zur Risikofrüherkennung nach § 91 Abs. 2 AktG sind vielmehr als permanenter Prozess aufzufassen und können nicht als zeitlich-punktuell fixierter Überwachungsgegenstand im Sinne einer erstellten Bilanz betrachtet werden.[663]

Der Rechtsprechung sind bislang keine Hinweise zur Verortung der Überwachung in diesem Gebiet zu entnehmen. Auch in der einschlägigen rechts- und wirtschaftswissenschaftlichen Literatur ist lediglich ansatzweise der Versuch einer entprechenden Differenzierung unternommen worden.[664] Ein geschlossenes Unterscheidungskonzept konnte bislang nicht entwikkelt werden. Eine der unter Anreizgesichtspunkten maßgeblichen haftungsrechtlichen „Gretchenfragen" für eine gerichtliche Überprüfung der Aufsichtsratsüberwachung gemäß §§ 111 Abs. 1, 91 Abs. 2 AktG richtet sich demnach auf die Differenzierung nach der zeitlichen Orientierung bzw. unternehmerischen Prägung der Überwachungstätigkeit.

3. *Voraussetzungen und Gegenstand einer Exkulpationsverantwortung*

a) Darlegung eines Schadens

Eine Anspruchsbegründung aus §§ 116, 93 Abs. 2 AktG kann nur erfolgen, wenn der Gesellschaft ein Schaden enstanden ist.[665] Strittig für Teile von möglichen Haftungsansprüchen ist, was unter Schaden zu verstehen ist. Der diesbezügliche Meinungsstreit manifestiert sich in

[661] Vgl. Rössler (2001): S. 439.
[662] Vgl. Schäfer (2001): S. 232.
[663] Ebenso Lachnit/ Müller (2001) S. 369, Emmerich (1999): S. 1079, IDW (1999): S. 659f., Vgl. hierzu auch die Ausführungen oben zu den prozessualen Gestaltungsparametern des einzurichtenden Früherkennungssystems auf S. 63ff.
[664] *Salzberger* unterteilt bspw. den Ablauf des Überwachungsverfahrens in die vier Schritte: 1) Bestimmung und 2) Beschaffung der notwendigen Informationen, 3) deren Beratung im Aufsichtsrat und 4) Reaktion auf Vorschläge des Vorstands. Er vermutet darauf aufbauend, dass die ersten drei Schritte in den Bereich der ex-post-Kontrolle und der letzte Schritt in den ex-ante-Kontrollbereich einzuordnen sind, führt dies aber nicht weiter aus. Vgl. Salzberger (2000): S. 761, S. 765. Lediglich exemplarisch zeigt er verschiedene Möglichkeiten von Fehlverhalten in diesem Kontext auf. Ebenso differenzieren *Kindler* und *Pahlke* die Ausgestaltung der Überwachungspflicht im Maßnahmenbereich des § 91 Abs. 2 AktG nach ihrer zeitlichen Ausrichtung in eine präventive und eine nachträgliche Kontrolltätigkeit und messen dieser Unterscheidung Bedeutung für die haftungsrechtliche Betrachtung bei. Vgl. Kindler/ Pahlke (2001): S. 83ff. sowie Pahlke (2002): S. 1686. Vgl. zum Versuch einer Verortung ferner auch die oben als zu undifferenziert gewerteten Ausführungen bei Rössler (2001): S. 439 sowie Schäfer (2001): S. 232.

der Frage, ob als Schaden i.S.d. §§ 116, 93 Abs. 2, S. 1 AktG jede Vermögensminderung anzusehen ist,[666] oder nur eine solche, die dem Unternehmensinteresse widerspricht.[667] Für potenzielle Schäden durch die Verletzung von Überwachungspflichten ist der letztgenannte eingeengte Schadensbegriff nach h.M. abzulehnen, da der Terminus des Unternehmensinteresses zu unscharf ist, um für die Operationalisierung einer möglichen Schädigung Hilfestellung leisten zu können.[668] Demzufolge ist der Rechtsmeinung zu folgen, nach der sich ein Schaden aufgrund einer Pflichtverletzung durch jede Vermögensminderung bei Vergleich der aktuellen Vermögenslage der Gesellschaft mit der hypothetischen Lage bei Eliminierung des schädigenden Ereignisses konstituiert.[669] Als schädigendes Ereignis im Kontext des hier zu analysierenden Haftungsszenarios ist abstrakt formuliert der Tatbestand einer nachteiligen Entwicklung des Unternehmens i.S.d. § 91 Abs. 2 AktG anzusehen, die zu einer massiven Vermögensminderung geführt hat und die durch eine ordnungsgemäße wertorientierte Risikofrüherkennung hätte abgewendet werden können.

b) Spezifizierung von Beweislast und gegebener Kausalität - zur Vermutung einer „de facto-Exkulpationspflicht" als haftungsrechtliche Konsequenz aus der Gesetzesneuerung des § 91 Abs. 2 AktG

Bislang eröffnet die rechtliche und betriebswirtschaftliche Kontroverse um die sachgerechte Umsetzung der Maßnahmen nach § 91 Abs. 2 AktG in Ermangelung einer herrschenden Meinung sowie einer gefestigten höchstrichterlichen Rechtsprechungspraxis ein haftungsrechtliches „Normvakuum" für das Aufsichtsratshandeln und begründet die Notwendigkeit eines interdisziplinär ausgerichteten Forschungsbedarfs zur Ableitung sachgerechter Sorgfaltsmaßstäbe. In einem Großteil des rechts- und wirtschaftswissenschaftlichen Schrifttums wird die Auffassung vertreten, die Gesetzesvorschrift des § 91 Abs. 2 AktG führe zu keiner materiellen Verschärfung der geltenden Haftungsregeln für Aufsichtsräte.[670] Dieser Auffassung wird hier

---

[665] Vgl. Thümmel/ Sparberg (1995): S. 1014f.

[666] So etwa Hüffer (2002): Rz. 15 zu § 93 AktG, Heermann (1998a): S. 761ff.

[667] So Mertens (1996b): Rz. 23 zu § 93 AktG, grundlegend auch Geßler et al. (1973): Rz. 10 zu § 93 AktG. Aus einer streng ökonomischen Perspektive wäre darüberhinaus auch eine erweiterte Schadensauffassung denkbar, die auch den Tatbestand einer nur unzureichenden Vermögensmehrung infolge fahrlässiger Nichtbeachtung positiver strategischer Alternativen als Schaden miteinschließt. Dieses weite Verständnis würde aber in in einem konkreten gerichtlichen Haftungsszenario aufgrund der realiter gegebenen Nachweisproblematik eines derart entstandenen Schadens ein nur geringes Anwendungspotenzial eröffnen. Im folgenden wird daher der im weiteren skizzierten juristischen Lehrmeinung für diesen Bereich gefolgt.

[668] Vgl. Hüffer (2002): Rz. 15 zu § 93 AktG, Westphalen (2000): S. 212, Pahlke (2002): S. 1687, Gawrisch (1999): S. 273; Edenfeld/ Neufang (1999): S. 49ff., Großmann (1980): S. 187f.

[669] Ebenso Westphalen (2000): S. 213, Hüffer (2002): Rz. 15 zu § 93 AktG, Goette (1995): S. 648ff.

[670] So bspw. Thümmel (1997): S. 262, Wiese (2000): S. 1901, Sieg (2002): S. 1759, Lingemann/ Wasmann (1998): S. 859, anders Gernoth (2001): S. 309 und in der Konsequenz ihrer Ausführungen wohl auch Pahlke (2002): S. 1685ff. Es gilt dabei zu beachten, dass selbst eine herrschende rechtswissenschaftliche Meinung im

entgegengetreten und eine partiell gegenläufige Argumentationslinie vorgetragen: Nach § 93 Abs. 2, S. 2 AktG obliegt dem Unternehmen wie oben dargelegt die Darlegungs- und Beweislast für den eingetretenen Schaden sowie für den Kausalzusammenhang mit dem Leitungshandeln des Vorstands bzw. Aufsichtsrats.[671] Auf Basis der alten Gesetzeslage vor Einfügung des § 91 Abs. 2 AktG wäre im Streitfall von der Klägerseite zu beweisen gewesen, dass die nicht erfolgte Installation eines angemessenen Risikofrüherkennungssystems als unterlassene Vorstandsmaßnahme i.S.d. § 76 Abs. 1 AktG ursächlich für mangelhafte Überwachungsmodalitäten und den daraus entstandenen Schaden war.[672] Aufgrund der expliziten Gesetzesformulierung dürfte sich de lege lata die diesbezügliche Beweislast einer adäquaten Kausalität zwischen Handlung als demjenigen positiven Tun oder Unterlassen als mögliche Pflichtwidrigkeit und einem eingetretenen Schaden, die regelmäßig eine große Hürde darstellt, erübrigen. Die fehlende bzw. offensichtlich unzureichend funktionsfähige Umsetzung der Organisationspflicht aus § 91 Abs. 2 AktG legt damit sowohl Vorstand als auch Aufsichtsrat eine nur schwer widerlegbare Vermutung kausaler Pflichtverletzung bei Nachweis eines eingetretenen Schadens auf.[673] Über die sich aus der Neuregelung ergebende Präzisierung der allgemeinen Überwachungspflicht aus §§ 111 Abs. 1, 76 Abs. 1 AktG wird der Aufsichtsrat bei vermuteter Pflichtverletzung und nachgewiesenem Schaden damit de facto stets gezwungen, sich über die Sicherstellung angemessener Kontrollmaßnahmen i.S.d. § 91 Abs. 2 AktG von seinen Pflichten im Bereich der risikoorientierten Unternehmensüberwachung zu exkulpieren.[674] Sowohl das betriebswirtschaftliche als auch das rechtswissenschaftliche Schrifttum hat verwundernswerterweise diese mögliche juristische Implikation der Gesetzesneuregelung nur ansatzweise aufgegriffen.[675] Aus haftungsrechtlicher Sicht konnte daher noch

---

parlamentarischen Rechtsstaat keine eigenständige Rechtsquelle darstellt. Vgl. Hoerdemann (1999): S. 119. Die konkreten Implikationen einer Gesetzesneuerung werden immer erst vor Ort im Einzelfall durch den zuständigen Richter entschieden werden können.

[671] Vgl. zu der Beweislastregelung die Ausführungen oben auf S. 130f.

[672] Vgl. Hommelhoff/ Mattheus (2000a): S. 13f.

[673] Vgl. Salzberger (2000): S. 759, Hommelhoff/ Mattheus (2000a): S. 13f., Hommelhoff/ Mattheus (1998): S. 251.

[674] Ebenso Vogler/ Gundert (1998): S. 2378, Pritzer (1999): S. 150.

[675] Vgl. zu dieser möglichen Implikation des § 91 Abs. 2 AktG im Hinblick auf die Organhaftung Salzberger (2000): S. 759, übertragbar auf den Pflichtenkreis aus §§ 111 Abs. 1, 91 Abs. 2 AktG auch Hüffer (2002): Rz. 16 zu § 93 AktG, sowie in der Konsequenz ihrer Ausführungen wohl auch Gernoth (2001): S. 309, Hommelhoff/ Mattheus (2000a): S. 13f. sowie Pahlke (2002): S. 1687. Anders die Sichtweise von Thümmel (1997): S. 262ff., der feststellt, dass die Gesetzesneuerungen im Zuge des KonTraG im Hinblick auf die persönliche Haftung von Managern und Aufsichtsräten wenig Neues bringen. Vgl. zu diesem Bereich auch Westphalen (2000): S. 290ff., die sich hinsichtlich der Beweislastregelung auf das finanzwirtschaftliche Risikomanagement konzentriert und diesbezüglich die Rechtsauffassung vertritt, dass der Umfang der Beweisführungslast davon abhängt, wer als Anspruchssteller auftritt. *Westphalen* argumentiert diesbezüglich, dass bei Ansprüchen, die durch außenstehende Aktionäre respektive Vertreter geltend gemacht werden, der Aufsichtsrat auch den Nachweis fehlender Kausalität führen muß. Ihn trifft in diesem Fall also die hier postulierte „de facto- Exkulpationspflicht“ im Bereich der Überwachung der Vorstandsmaßnahmen nach § 91 Abs. 2 AktG. Demgegenüber, so *Westphalen*, verbleibt die Verpflichtung zum Nachweis einer adäquaten Kausalität weiterhin auf der

keine detaillierte Basis der „de facto-Exkulpationspflicht“ des Aufsichtsrats aus § 91 Abs. 2 AktG eruiert werden.

Sollte diese „de facto-Exkulpationspflicht“ des Aufsichtsrats im Überwachungsbereich der Maßnahmen nach § 91 Abs. 2 AktG tatsächlich in Form höchstrichterlicher Rechtsprechung bestätigt werden, so würde eine erhebliche Hürde der Klagedurchsetzung wegfallen. Aus dem Blickwinkel der annahmegemäß arbeitsscheuen und risikoaversen Aufsichtsrat-Agentur käme dies einer Verschärfung der Sanktionsbedrohung gegenüber dem „haftungsrechtlichen Status Quo“ vor Einführung des § 91 Abs. 2 AktG gleich. Nach alter Gesetzeslage hatte die Agentur kaum zu befürchten, belangt zu werden, falls keine risikoorientierte Unternehmensüberwachung i.S.d. § 91 Abs. 2 AktG abgeleitet aus den allgemeinen Leitungspflichten des § 76 Abs. 1 AktG unterhalten wurde. Dieser Tatbestand lag in der beschriebenen Darlegungslast der Kausalität begründet.

Die Verteilung der Beweislast kann einen großen Einfluss auf die Fehlerquote des Gerichts haben. Liegt die Beweislast bei den Klägern, steigt tendenziell die Wahrscheinlichkeit falscher negativer Entscheide. D.h. es erfolgt keine Sanktion, obgleich eine anspruchsbegründende Pflichtverletzung vorliegt. Bei einer umgekehrten Verschiebung der Beweislast auf die Organmitglieder steigt demgegenüber die Wahrscheinlichkeit falsch positiver Entscheide, d.h. es wird sanktioniert, obwohl ein Sorgfaltspflichtverstoß realiter nicht gegeben ist.[676] Im Umfeld hochkomplexer Geschäftsführungsvorgänge sind die Informationsasymmetrien zwischen Aktionären und den Aufsichtsorganen sehr groß. Der Aufsichtsrat als Agent ist aufgrund seines Informations- und Kenntnisvorsprunges viel besser in der Lage, die materielle Ordnungsmäßigkeit seines Handelns nachzuweisen als umgekehrt die Prinzipal-Aktionärsschaft, den Gegenbeweis zu führen. Aus agenturtheoretischer Sichtweise ist die für den skizzierten Überwachungsbereich unterstellte „de facto-Exkulpationspflicht“ des Rats unter den beschriebenen Voraussetzungen daher konsequent und sinnvoll.

Klägerseite, wenn die Ansprüche gegenüber dem Aufsichtsrat durch den Vorstand geltend gemacht werden. *Westphalen* begründet dies damit, dass der Vorstand gegenüber Außenstehenden im Hinblick auf die getroffenen Maßnahmen nach § 91 Abs. 2 AktG über ein hohes Detailwissen verfügt. Dieser Rechtsauffassung ist prinzipiell zu folgen. Im folgenden wird wie beschrieben davon ausgegangen, dass eine Anspruchsstellung durch Außenstehende erfolgt, da aus dem agency-theoretischen Blickwinkel eine Klageerhebung seitens des Vorstands gegenüber dem Aufsichtsrat unwahrscheinlich ist. Die tatsächliche juristische Tragweite der konstatierten Vereinfachung der Beweislast und der damit einhergehenden „de facto-Exkulpationspflicht“ des Aufsichtsrats wird sich aber erst im Zuge konkreter höchstrichterlicher Rechtsprechung bzw. einer sich in Zukunft herausbildenden herrschenden juristischen Lehrmeinung erweisen.

[676] Vgl. für den Bereich der US-amerikanischen „fiduciary duties“ ausführlich Cooter/ Freedman (1991): S. 1070.

c) Widerlegung der Vermutung des Tatbestands von Pflichtverletzung und Verschulden

Die Umkehr der Beweislast aus der Haftungsnorm der §§ 116, 93 Abs. 2 AktG ist eindeutig: Das betroffene Aufsichtsratsmitglied muß dartun und beweisen, dass sein Verhalten nicht pflichtwidrig bzw. nicht schuldhaft war.[677] Als anspruchsbegründende Pflichtverletzung kommen vor allem eine unzulängliche Ermittlung der Tatsachen- und Informationsbasis, das Einstellen unsachgerechter Entscheidungsdeterminanten sowie eine fehlerhafte, zu einem unvertretbaren Entscheidungsergebnis führende Abwägung in Betracht.[678] Über den Tatbestand der Pflichtverletzung hinaus erfordert die Erfüllung eines durchsetzungsfähigen Haftungsanspruchs ein Verschulden des jeweiligen Aufsichtsratsmitglieds. Eine schuldhafte Pflichtverletzung ergibt sich bereits bei einfacher Fahrlässigkeit.[679] Bei der Typisierung des Verschuldensmaßstabs liegt im Schrifttum kein Konsens vor.[680] Anerkannt ist weitestgehend, dass das Schuldmaß zum einen von der Organisation der Arbeit des Gesamtorgans und zum anderen von der Erkenntnisfähigkeit des einzelnen Aufsichtsratsmitglieds beeinflusst wird. Hinsichtlich letzterem ist insbesondere die Ausgestaltung des Aufsichtsratsmandats als Nebentätigkeit zu berücksichtigen.[681] Nach h.M. liegt ein schuldhaftes Verhalten zumindest dann vor, wenn die Pflichtverletzung bei einer für die Aufsichtsratstätigkeit erforderlichen Mindestqualifikation hätte vermieden werden können.[682] Die Aufsichtsratsmitglieder müssen nach diesem Verständnis zwar nicht die Professionalität des Managements erreichen; sie müssen als Kontrolleure aber bspw. ex-ante die Reichweite der strategischen Optionen und das mit dem strategischen Kurs korrespondierende Risikopotenzial abschätzen und ex-post die eingetretenen Wirkungen hinreichend sicher beurteilen können.[683]

---

677 Vgl. Lutter (1995a): S. 305

678 Vgl. Gawrisch (1999): S. 269.

679 Gehaftet wird nach § 93 AktG für omnis culpa. Vgl. Horn (1997): S. 1132 mit weiteren Nachweisen sowie Reichert/ Weller (2002): S. 51.

680 Vgl. Westphalen (2000): S. 211, Gawrisch (1999): S. 269ff.

681 Vgl. Gawrisch (1999): S. 269.

682 Vgl. Dreher (1996b): S. 71ff., Hommelhoff (1979): S. 288ff., Gawrisch (1999): S. 270. In diesem Kontext wird ein bestimmter abstrakt definierter Mindeststandard gefordert. D.h. jedes Aufsichtsratsmitglied muß sich die für seine Überwachungstätigkeit erforderlichen Kenntnisse ggf. aneignen, unabhängig davon ob es sich um einen Vertreter der Anteilseigner oder Arbeitnehmer handelt. Prinzipiell liegt demnach im Gegensatz zu Vorstandsmitgliedern kein genereller objektiv-typisierter Verschuldensmaßstab vor. Der Grund dafür, dass bei der Vorstandshaftung Pflichtverletzung und Verschulden weitestgehend parallel verlaufen liegt dabei darin, dass § 93 Abs. 1, S. 1 AktG mit der Figur des „ordentlichen und gewissenhaften Geschäftsleiters" einen normativen Verschuldensmaßstab zugrundelegt. Mangelnde Kenntnisse und Fähigkeiten entlasten den Unternehmensleiter hiernach nicht.

683 Vgl. Steinmann/ Klaus (1987): S. 34, Edenfeld/ Neufang (1999): S. 50, Semler (1995): S. 38. Vgl. für einen objektivierten Haftungsmaßstab unabhängig von der individuellen Qualifikation plädierend Schwark (1984): S. 851ff.

4. Festlegung der gerichtlichen Kontrolldichte - Konzeptionalisierung eines abgestuften Sorgfaltsmaßstabs

a) Materielle versus prozedurale Verhaltensstandards - zum Paradigma einer auf die Kontrolle des Entscheidungsverfahrens angelegten Ermessenskontrollkonzeption

Bei einem richterlichen Prozess wird immer dort, wo den betroffenen Entscheidungsträgern kontrollfreie Entscheidungsfreiräume gegenüber der überprüfenden Instanz zugebilligt werden, also dort, wo einer vollumfänglichen materiellen Kontrolle rechtliche oder tatsächliche Gründe entgegenstehen, eine Verfahrenskontrolle des Entscheidungsverhaltens etabliert.[684] Eine gerichtliche Kontrolle von unternehmerischen Entscheidungen des Rats kann sich dann nur auf die Vertretbarkeit der Ermessensausübung und des Beurteilungsergebnisses sowie darauf beschränken, ob das Ermessen auch tatsächlich ausgeübt wurde.[685] Zentrales Element von verfahrensbezogenen Kontrollstrukturen ist die Überprüfung einer zutreffenden Tatsachenermittlung und der Einhaltung eines fehlerfreien Abwägungsvorgangs.[686] Eine unternehmerisch geprägte Aufsichtsratsentscheidung bewegt sich danach innerhalb zuzuweisender Ermessengrenzen, wenn sich die Ratsmitglieder einen ausreichenden Überblick über die Sachlage (ausreichende Informationsgenerierung) verschafft haben und wenn sie unter sachgerechter Interessenabwägung im Lichte der Zwecke der Ermächtigung ein Urteil über die Vereinbarkeit der Vorstandsdispositionen mit der für diese gebotenen Sorgfaltspflicht gebildet haben.[687]

Zur Abgrenzung eines unternehmerischen Gestaltungsfreiraums, innerhalb dessen unternehmerische Entscheidungsträger keine Gefahr einer Inanspruchnahme fürchten müssen, ist in der US-amerikanischen Rechtslehre die Figur der *business judgement rule* entwickelt worden.[688] Diese setzt dem Rechtssprechungssystem (negative) Voraussetzungen in Form allge-

---

[684] Vgl. Gawrisch (1999): S. 165f. So auch im bereits erwähnten Fall ARAG/ Garmenbeck, in dem das Gericht eine Verfahrenskontrolle öffentlich-rechtlicher Prägung für die ex-post-Beurteilung autonomer unternehmerischer Entscheidungen erstmals in der deutschen Rechtsprechungsgeschichte heranzog. Vgl. hinsichtlich dieser Vorgehensweise zustimmend u.a. Rittner (1995): S. 629f., Nirk (1996): S. 393ff., Hoerdemann (1997): S. 44f., Hoerdemann (1999): S. 1ff.

[685] Vgl. Nirk (1996): S. 403.

[686] Vgl. Gawrisch (1999): S. 166f.

[687] Vgl. Hoerdemann (1999): S. 100f.

[688] Vgl. zur *business judgement rule* ausführlich bspw. Gawrisch (1999): S. 127ff. Hierbei handelt es sich allerdings um keine Regelung, die gesellschaftsrechtlich eindeutig formuliert ist. In keinem Recht der einzelnen Bundesstaaten der USA findet sich eine Legaldefinition dieser Rechtsfigur. Sie wird demzufolge als richterrechtliche Regelung in den einzelnen Staaten in Nuancen unterschiedlich gehandhabt. Vgl. Mutter (1994): S. 209. Allerdings wurden die Grundsätze der *business judgement rule* u.a. durch das *American Law Institute (ALI)* übernommen und präziser ausformuliert. Vgl. American Law Institute (1994): § 4.01.

meiner Mindestbedingungen für eine inhaltliche ex-post-Überprüfung unternehmerischer Entscheidungen. Ihrem Ursprung nach ist sie eine Beweislastregelung, wonach bei Einhaltung der formulierten Voraussetzungen von einer ordnungsgemäßen unternehmerischen Entscheidung ausgegangen wird und sich die Gerichtsbarkeit einer materiellen Überprüfung enthält, auch im Falle offensichtlicher wirtschaftlicher Fehlschläge. Andernfalls wird eine Prüfungspflicht ausgelöst, wobei die Exkulpationsverantwortung in diesem Fall den Mitgliedern des „boards" zufällt. Im Ergebnis schafft die *business judgement rule* einen quasi materiellrechtlich sanktionsfreien Ermessensspielraum unternehmerischer Entscheidungen.

In Anlehnung an das *American Law Institute* (ALI) ergeben sich drei Tatbestandsvoraussetzungen für die richterliche Pflicht zur Enthaltung einer materiellen Überprüfung:[689]

1) Der jeweilige Entscheidungsträger muß seine unternehmerischen Dispositionen (*business decisions*) unbefangen treffen (*disinterest judgement*). Unbefangenheit wird vermutet, wenn keine persönlichen Interessenverstrickungen bspw. in Form persönlicher Beteiligungen an dem jeweiligen Geschäft vorliegen.

2) Der Entscheidungsträger besitzt zum Zeitpunkt der Entscheidung einen in Anbetracht der Komplexität und Bedeutung des jeweiligen Geschäfts ausreichenden Informationsstand. Erreichbare und potenziell entscheidungsrelevante Informationen werden bei der Entscheidung berücksichtigt.

3) Die unternehmerische Entscheidung wird nach nachvollziehbarer Überzeugung im besten Unternehmensinteresse (*rational belief*) getroffen.

Im Fall der Vermutung von anspruchsbegründendem Fehlverhalten der Entscheidungsträger trägt die Beweislast zur Klageerhebung zunächst der Kläger, indem er nachweisen muß, dass die formulierten Voraussetzungen nicht erfüllt werden.[690]

Obwohl die US-amerikanische Unternehmensverfassung die organschaftliche Figur Aufsichtsrat nicht kennt, bietet die *business judgement rule* auch im Bereich von Aufsichtsratsentscheidungen Ansatzpunkte für die richterliche ex-post-Beurteilung unternehmerischen

[689] Vgl. zum folgenden American Law Institute (1994): § 4.0.

[690] Im Regelfall handelt es sich bei den Klägern um Aktionäre, die bei nachvollziehbarer Infragestellung des Vorliegens der Tatbestandsmerkmale der *business judgement rule* den Vermutungstatbestand einer Sorgfaltspflichtverletzung und damit eine Beweislastumkehr auslösen. Vgl. Becker (1997): S. 268ff.

Verhaltens.[691] Der BGH mit seiner neueren Judikatur im Fall ARAG/ Garmenbeck, wonach er Vorstand und Aufsichtsrat in bestimmten Grenzen einen weiten Handlungsspielraum zubilligt, greift erstmals implizit die Tatbestandsmerkmale der *business judgement rule* aus dem US-amerikanischen Aktienrecht auf.[692] Auch die *Regierungskommission Corporate Governance* empfiehlt in ihrem Abschlussbericht, die *business judgement rule* ansatzweise in das deutsche Aktienrecht durch eine entsprechende Ergänzung des § 93 Abs. 2 AktG zu übernehmen.[693] Die vorbehaltslose Übernahme dieser Rechtsfigur trifft aber auf Bedenken, sofern sie nicht weiter ausdifferenziert wird.[694] Insbesondere ihre Anwendbarkeit im Bereich von Dispositionen des Aufsichtsrats ist beschränkt, da dieser nur auf einem begrenzten Sektor unternehmerische Entscheidungen wahrnimmt, denen ein Ermessensspielraum zuzugestehen ist.[695] Bei der Ableitung eines Sorgfaltsmaßstabs für den oben typisierten speziellen Bereich der Vorstandsüberwachung gilt es demnach einerseits die offenkundigen Konvergenzbestrebungen für die Verfahrensregelungen im deutschen Recht als auch das damit einhergehende Problempotenzial zu berücksichtigen. In Anlehnung an die richtungsweisende Rechtprechung im Fall ARAG/ Garmenbeck sowie die hieraus abgeleitete gefestigte Lehrmeinung ist im Ergebnis eine sachliche Verschränkung prozeduraler und materieller Verhaltensstandards anzustreben.[696]

b) Differenzierung der Exkulpationsreichweite nach Maßgabe der Beteiligung am unternehmerischen Führungsprozess

Ausgehend von dem oben beschriebenen Szenario einer Exkulpationsverantwortung für die Überwachung einer wertorientierten Risikofrüherkennung gemäß §§ 111 Abs. 1, 91 Abs. 2 AktG ist die Reichweite des zu führenden Entlastungsbeweises zu spezifizieren. Der hier entwickelte Modellvorschlag orientiert sich an der höchstrichterlichen Entscheidungspraxis im Fall ARAG/ Garmenbeck: Es werden differenzierte Exkulpationsreichweiten nach Maßgabe

---

[691] Einer Übertragbarkeit weitestgehend zugänglich Abeltshauser (1998): S. 173, Henze (1998): S. 3309, S. 3311 sowie Ulmer (1999): S. 290, S. 298f., ablehnend Mutter (1994): S. 217ff., Heermann (1998b): S. 201, S. 206 sowie Edenfeld/ Neufang (1999): S. 49ff.

[692] Vgl. Gawrisch (1999): S. 127, auch Fleischer (2001b): S. 138.

[693] Vgl. Regierungskommission (2001) sowie erläuternd Baums (2001): S. 6ff. Eine solche Empfehlung wurde auch mit dem Beschluß III 1. des 63. *Deutschen Juristentages* abgegeben. Vgl. DJT (2000).

[694] Vgl. Schwark (2002): S. 99, Mutter (1994): S. 217ff. Zu berücksichtigen ist ferner auch, dass der nach deutschem Aktienrecht zu führende Entlastungsbeweis weiter ist als der nach US-amerikanischem Recht auf der Grundlage der *business judgement rule*. Vgl. Semler (1996): S. 51f.

[695] Vgl. hierzu auch Reichert/ Weller (2002): S. 50f., Schwark (2002): S. 99, Nehring (2001): S. 133f., Gawrisch (1999): S. 130.

[696] Vgl. hierzu auch Ruffner (2000b): S. 240ff.

der unternehmerischen Prägung des Überwachungsverhaltens festgelegt.[697] Damit wird der h.M. einer abgestuften Überwachungspflicht des Aufsichtsrats gefolgt.[698] Nach den Ausführungen des BGH im Fall ARAG/ Garmenbeck nimmt das Handeln des Aufsichtsrats immer dann eine unternehmerische Prägung an, wenn dieses die Vorstandsgeschäftsführung in Gestalt einer präventiven Kontrolle begleitet. Übertragen auf den Anwendungsfall hier sind dies solche Dispositionen des Aufsichtsrats, bei denen er in Form einer qualitativen Mitgestaltung aktiv Einfluss auf den Risikofrüherkennungsprozess nimmt. Neben diesen juristischen Implikationen werden bei der analytischen Abwägung der Überwachungsverantwortung in den einzelnen Exkulpationsbereichen auch die Erkenntnisse verschiedener ökonomischer Ansätze zur Bewertung von Erfolgspotenzialen unter Risikogesichtspunkten berücksichtigt. Damit ergibt sich eine auf interdiziplinärem Wege abgeleitete idealtypische Überwachungskonzeption im Sinne eines haftungsrechtlichen Sorgfaltsstandards. Das Entlastungsmodell gliedert sich in vier Exkulpationsfelder:

Das erste Feld konstituiert sich aus den Maßnahmen zur institutionellen Fundierung der Aufsichtsratskontrolle. Hierbei handelt es sich um Gestaltungsparameter einer Organisationspflicht zur Gewährleistung hinreichender Voraussetzungen zur Durchführung einer angemessenen Überwachung. Diese Dispositionen sind dem eigentlichen materiellen Überwachungsverfahren (im Sinne von Verhaltenspflichten) zeitlich vorgelagert. Der Rat nimmt keine unternehmerische Betätigung im skizzierten Sinn war. Die gerichtliche Kontrolldichte ist hoch einzuschätzen. Dem Aufsichtsrat obliegt in diesem Bereich eine weitgehende Exkulpationspflicht.

Das zweite Exkulpationsfeld betrifft retrospektiv gerichtete Verhaltenspflichten bei der Überwachung der Risikofrüherkennung. Die Überwachungsschritte weisen keine bzw. nur in einem geringen Grad eine unternehmerische Prägung auf. Nach dieser Abgrenzung zielen die Überwachungshandlungen lediglich darauf ab, ob die angewandte Wertanalyse ihrem Wesen nach so konzipiert ist, dass hierüber tatsächlich eine Früherkennung der für die jeweilige Unternehmung relevanten Risiken erfolgen kann.[699] Auch für den Fall, dass der Aufsichtsrat Be-

[697] Zu berücksichtigen ist hierbei allerdings, dass die im Fall ARAG/ Garmenbeck vorgenommenen Unterscheidungsmuster nur eingeschränkt übernommen werden können, da es sich im dortigen Streitfall um einen andersartigen Überwachungsgegenstand handelte.

[698] Vgl. Dreher (1997): S. 1074ff., Deckert (1997): S. 111, Theisen (1995b): S. 199, Salzberger (2000): S. 765, Malik (1997): S. 155f., Jud (1996): S. 24ff., Berrar (2001): S. 162f. sowie den Beitrag Semler (1984).

[699] Der Fokus richtet sich demgemäß bspw. darauf, ob die Planungsprämissen auf der Basis eines fundierten, allgemein anerkannten Vorgehens abgeleitet wurden, ob eine Gliederung in Geschäftseinheiten nach nachvollziehbaren Prinzipien erfolgt ist und ob ein konsistentes „Value-Treiber-System“ installiert wurde. Vgl. hierzu ausführlich die Analyse im weiteren auf S. 198ff.

anstandungen vornimmt, liegt nach dem hier vorgetragenen Verständnis keine unternehmerische Betätigung vor.[700] In diesem Bereich unterliegen die Aufsichtsratshandlungen ebenfalls einer umfänglichen gerichtlichen Nachprüfung. Autonome Handlungsspielräume nach Maßgabe etwa der *business judgement rule* entstehen nicht. Hierbei ist jedoch zu beachten, dass sich juristische Anspruchsprüfungen nicht mit der Stringenz mathematischer Problemlösungen vollziehen lassen. Das bedeutet, dass dem Rat auch im Rahmen seiner retrospektiv ausgerichteten Kontrolle gewisse Beurteilungsssspielräume eingeräumt werden müssen, die aber geringer ausfallen als bei den Überwachungsschritten, denen eine unternehmerische Prägung zuzubilligen ist.[701]

Das dritte Exkulpationsfeld betrifft Überwachungsschritte, die eine unternehmerische Prägung aufweisen. Hierbei handelt es sich um die materiell-inhaltliche Überwachung der Durchführung der Wertanalyse. Der Aufsichtsrat wird in seiner Funktion als begleitender Überwachungsträger aktiv in den Früherkennungsprozess miteinbezogen. Demzufolge ist in diesem Bereich die Exkulpationspflicht reduziert. In bestimmten Grenzen sind dem Rat autonome Handlungsspielräume zuzugestehen.

Der vierte Bereich betrifft schließlich die Überwachung der aus den Erkenntnissen der durchgeführten Risikofrüherkennung abgeleiteten Risikoberichterstattung. Die hierunter fallenden Überwachungsschritte sind ihrem Wesen nach z.T. den Exkulpationsfeldern zwei oder drei zuzuordnen. Die Überwachung der Risikoberichterstattung nimmt aber wegen der kapitalmarktrechtlichen Neuregelungen im Zuge der jüngeren Gesetzgebung eine haftungsrechtliche Sonderstellung bei den Aufsichtsratspflichten nach §§ 111 Abs. 1, 91 Abs. 2 AktG ein und wird deshalb hier als separater Exkulpationsbereich herausgestellt.

Die Unterteilung in verschiedene Exkulpationssektoren nach Maßgabe des Grads einer unternehmerischen Prägung der jeweils wahrgenommenen Überwachungshandlungen dient dazu, die Grenzen eines haftungsrechtlichen Sorgfaltsstandards differenziert analysieren zu können. Allerdings ist zu berücksichtigen, dass der Überwachungsprozess Verhaltenstatbestände umschließt, die nicht immer eindeutig den einzelnen Sektoren zuordnenbar sind. Insbesondere die Grenzen zwischen dem zweiten und dritten Exkulpationsfeld sind, wie sich zeigen wird,

[700] Eine unternehmerische Prägung ergibt sich erst dann, wenn der Rat bspw. in der Folge seiner Beanstandung Vorschläge zu Neugestaltungen unterbreitet und so in aktiver Form den Früherkennungsprozess qualitativ beeinflusst.

[701] Vgl. Götz (1997b): S. 3276.

z.T. fließend.[702] Überschneidungen zwischen den verschiedenen Exkulpationsbereichen sind daher unausweichlich.

5. Zwischenergebnis:

Mit dem skizzierten Modellvorschlag steht ein handhabbares Analyseraster zur Verfügung, mit dessen Hilfe die Möglichkeiten und Grenzen einer ex-post einsetzenden gerichtlichen Nachprüfung von Ratsentscheidungen zu analysieren sind. Das agency-theoretische Konstrukt des diskretionären Handlungsspielraums und der hier modellierte abgestufte Sorgfaltsmaßstab, der dem Aufsichtsrat in bestimmten Bereichen einen autonomen Handlungsspielraum in Anbetracht des notwendigen Zugeständnisses unternehmerischer Eigenverantwortung zubilligt, sind ineinander überführbar. Die juristische Beschreibung ist damit unmittelbar in die theoretische Argumentationslinie integrierbar. Im anschließenden Kapitel sollen nun in Anlehnung an diesen Modellvorschlag die wesentlichen inhaltlichen Parameter und damit implizit die materielle Reichweite eines ggf. zu führenden Entlastungsbeweises spezifiziert werden.

C. Idealtypisches Überwachungskonzept wertorientierter Risikofrüherkennung für den Entlastungsbeweis nach §§ 116, 93 Abs. 2 AktG - Konstitutive Gestaltungsparameter und haftungsrechtliche Ermessensspielräume

1. Exkulpation durch Maßnahmen zur institutionellen Fundierung der Überwachung

a) Binnenorganisation der Überwachungsausübung

Der Aufsichtsrat ist dazu verpflichtet, sich und seine Tätigkeit so zu organisieren, dass er seine Überwachungsfunktion sachgerecht und effizient erfüllen kann.[703] Die organisatorische Umsetzung der Überwachung im Maßnahmenbereich des § 91 Abs. 2 AktG in Form personeller Zuordnung von Ratsmitgliedern ist gesetzlich unbestimmt. Folgende Modelle sind prinzipiell denkbar:[704]

---

[702] Vgl. allgemein zu der mangelnden Trennschärfe zwischen der ex-post- und der ex-ante-Überwachung auch Dreher (1997): S. 1074f., Gawrisch (1999): S. 228f.

[703] Vgl. Scheffler (2000): S. 845, Hommelhoff (1995): S. 3, Semler (1995): S. 39, Gawrisch (1999): S. 81ff.

[704] Vgl. hierzu Claussen/ Korth (2001): S. 332. Zusätzlich zu diesen Optionen kommt noch die Hinzuziehung unternehmensinterner Auskunftspersonen und externer Sachverständiger in Frage, die in die jeweilige Überwachungsform integriert werden. Vgl. § 109 Abs. 1, S. 2 und § 111 Abs. 2, S. 2 AktG sowie Schichold (2001): S. 412ff. Vgl. hierzu auch ferner die Ausführungen im weiteren auf S. 197.

1) Der Gesamtaufsichtsrat befasst sich mit der Überwachung.
2) Es werden Ausschüsse gebildet, wobei entweder einem Ausschuss die gesamte Überwachung der Vorstandsmaßnahmen nach § 91 Abs. 2 AktG übertragen wird oder aber einzelnen Ausschüssen unterschiedliche Überwachungsbereiche dieser Maßnahmen zugeordnet werden.
3) Der Aufsichtsratsvorsitzende übernimmt alleine die Überwachungsaufgabe.

Bei einer großen Publikumsgesellschaft wird die Einrichtung von Ausschüssen zur Wahrnehmung spezieller Überwachungsaufgaben nach § 111 Abs. 1 AktG im allgemeinen befürwortet.[705] Gegenwärtig werden neben dem Vermittlungsauschuss nach §§ 27, 31 Abs. 3 MitbestG oftmals ein Prüfungsausschuss, ein Finanz- und Investitionsausschuss, ein technisch-wissenschaftlicher Ausschuss und gelegentlich auch ein Strategieausschuss eingerichtet.[706] Das „Ob" und „Wie" einer Ausschussbildung bleibt jedoch mangels einer gesetzgeberischen Richtlinie grundsätzlich unbestimmt (§ 107 Abs. 3 AktG).[707] Der *Deutsche Corporate Governance-Kodex* empfiehlt in Ziffer 5.3.2 wie erwähnt, dass der Aufsichtsrat einen Prüfungsausschuss einzurichten hat, der sich insbesondere mit Fragen der Risikofrüherkennung zu befassen habe. Hierbei handelt es sich nicht um eine zwingende Rechtsnorm. Trotzdem ist im Fall einer ex-post-Aufdeckung des Tatbestands einer Nichtbeanstandung von Vorstandsverfehlungen bei der Maßnahmengestaltung und –durchführung nach § 91 Abs. 2 AktG davon auszugehen, dass dem Aufsichtsrat ein massives Haftungsrisiko anheimfällt, falls er von einer speziell auf seine risikoorientierte Überwachungsverantwortung zugeschnittenen Ausschussanordnung abgesehen hat.[708] Insbesondere die in § 171 Abs. 2 AktG durch das KonTraG erweiterte Berichtspflicht gegenüber der Hauptversammlung hinsichtlich der gebildeten Ausschüsse und ihrer Sitzungen legt dem Aufsichtsrat indirekt eine gesteigerte Rechtfertigungslast auf, falls er keine bzw. in unzureichendem Maß Ausschüsse installiert.[709] Angesichts der Komplexität und Tragweite der Maßnahmen nach § 91 Abs. 2 AktG im Anwendungsfall einer großen Publikumsgesellschaft dürfte eine Exkulpation im Kontext einer entsprechend unzu-

---

[705] Vgl. für Viele Baums (1995) S. 18, Grundsatzkommission Corporate Governance (2000): S. 3, Schichold (2001): S. 411, Lutter (1995a): S. 298 sowie Rössler (2001): S. 452f. Im Vergleich zur Plenararbeit ist die in Aufsichtsratsausschüssen meist zeitnäher, effizienter und diskreter und erlaubt eine sachgerechtere Hinzuziehung externen Sachverstands. Vgl. zu den Vorteilen der Ausschussarbeit allgemein Schreib (1996): S. 287, Claussen (1996): S. 486, Coenenberg/ Reinhart/ Schmitz (1997): S. 992, Lutter (1995a): S. 298 sowie Deckert (1996): S. 987.

[706] Vgl. Feddersen (2000): S. 394, Wiese (2000): S. 1904. Die Einrichtung eines speziellen Strategieausschusses entspricht auch einer Empfehlung der *Grundsatzkommission Corporate Governance*. Vgl. Grundsatzkommission Corporate Governance (2001): Abschn. III. 3.

[707] Vgl. Hommelhoff/ Mattheus (1998): S. 255. Für die gesetzlich zwingende Einrichtung von Ausschüssen Lutter (1995b): S. 1133f., in der Konsequenz auch Möllers (1995): S. 1725.

[708] Ähnlich Preußner/ Zimmermann (2002): S. 661, Kindler/ Pahlke (2001): S. 85.

reichend konfigurierten Binnenorganisation sehr schwer fallen. Die prinzipielle Einrichtung eines zumindest zuarbeitenden Spezialgremiums für den Bereich der Risikofrüherkennung ist daher als haftungsrechtliche Mindestanforderung anzusehen. Das Selbstorganisationsrecht des Rats verdichtet sich in diesem Feld zu einer Selbstorganisationspflicht.[710] Zu beachten ist hierbei allerdings, dass ein entsprechender Ausschuss dem Gesamtplenum bei Erledigung seiner Überwachungsaufgabe lediglich vorarbeitet. Die Verantwortung eines jeden Aufsichtsratsmitglieds für die Gewährleistung einer sachgerechten Risikofrüherkennung bleibt unberührt, auch wenn es nicht diesem Spezialausschuss angehört.[711] In der Frage des „Ob" der Ausgestaltung der Binnenorganisation kommt dem Rat demzufolge kein Ermessensspielraum zu; er ist dazu verpflichtet, die ihm anheim fallenden Gestaltungsmöglichkeiten so zu nutzen, dass er die ihm vom Gesetz zugeteilte Überwachungsverantwortung nach §§ 111 Abs. 1, 91 Abs. 2 AktG optimal erfüllen kann.[712] Die Basis einer entsprechenden Arbeitsorganisation kann nur eine Geschäftsordnung des Aufsichtsrats sein. Mithilfe dieses institutionalisierten Reglements, in dem die konkreten Regelungen zur Binnenstruktur und Arbeitsorganisation sowie auch die persönlichen Anforderungen an die einzelnen Ratsmitglieder aufzunehmen sind, werden die Grundlagen für einen konsistenten Exkulpationsnachweis gelegt.[713]

Fragwürdig ist allerdings, ob die Überwachung der Früherkennungsmaßnahmen des Vorstands wie vielerorts empfohlen ausschließlich dem Jahresabschlussausschuss übertragen werden sollte.[714] Im skizzierten Anwendungsbereich dürfte diese organisatorische Verankerung zumindest dann verfehlt sein, wenn parallel solche Ausschüsse existieren, die sich vornehmlich mit Fragen der Strategieumsetzung befassen und demzufolge qua originärer Verantwortungszuweisung primäres Bezugsfeld einer wertorientierten Risikoüberwachung sein sollten. Die Implikationen der Risikoüberwachung für die externe Berichterstattung wären dann in Form nachgelagerter Überwachungschritte gemeinsam mit dem Jahresabschlussaus-

---

[709] Vgl. Hommelhoff/ Mattheus (1998): S. 255.

[710] So in der Konsequenz der Ausführungen auch Rössler (2001): S. 456, Preußner/ Zimmermann (2002): S. 661, Kindler/ Pahlke (2001): S. 85.

[711] Vgl. Hommelhoff (1995): S. 5, Hüffer (2002): Rz. 9 zu § 116 AktG. Nichtsdestotrotz ist es anerkannt, dass sich bei einer entsprechenden Arbeitsteilung im Plenum eine gesteigerte Verantwortlichkeit für die Mitglieder ergibt, die vorrangig mit der Überwachungsaufgabe vertraut werden. Vgl. Pahlke (2002): S. 1686, Salzberger (2000): S. 765f. Je nach Ausschusszugehörigkeit kann sich in diesem Zusammenhang bspw. ein Übernahmeverschulden ergeben, wenn das betreffende Mitglied nicht das hinreichende Maß an fachlicher Professionalität für die spezifische Überwachungsaufgabe besitzt. Vgl. Feddersen (2000): S. 389. Durch dieses gesteigerte Haftungsrisiko wird die geschilderte *hidden characteristics*-Problematik im Bereich der fachlichen Voraussetzungen abgemildert.

[712] So in der Konsequenz der Ausführungen auch Hommelhoff/ Mattheus (1998): S. 254, Theisen (1996b): S. 313, Rössler (2001): S. 456.

[713] Vgl. Hommelhoff/ Mattheus (1998): S. 254, Claussen /Korth (2001): S. 333f., Pahlke (2002): S. 1685.

[714] Vgl. zu dieser Empfehlung u.a. Claussen/ Korth (2001): S. 333, Scheffler (1995a): S. 210, Schichold (2001): S. 412, Feddersen (2000): S. 391.

schuss abzustimmen. Denkbar wäre auch, die Überwachung der Maßnahmen nach § 91 Abs. 2 AktG auf mehrere Ausschüsse zu „splitten". So könnte etwa die Überwachung finanzwirtschaftlicher Früherkennungsmaßnahmen dem Jahresabschlussausschuss übertragen werden, während die Überwachung einer Wertanalyse in der skizzierten Form einem speziellen Strategieausschuss zugeordnet wird.[715] Die jeweilige Akzentuierung der Ausschusszuordnung bleibt letztlich dem Ermessen des Rats überlassen, solange er nachweisen kann, dass im jeweiligen Ausschuss spezielle Überwachungsmaßnahmen ergriffen wurden, die ihrer Eigenart nach dazu geeignet sind, eine hinreichende Früherkennung zu gewährleisten.[716]

b) Festlegung von Zustimmungsvorbehalten

Gemäß § 111 Abs. 4, S. 2 AktG haben die Satzung oder der Aufsichtsrat zu bestimmen, dass bestimmte Arten von Geschäften nur mit der Zustimmung des Aufsichtsratsgremiums vorgenommen werden dürfen.[717] Die vormalig bestehende optionale Regelung, die den Organträgern ein weites Ermessen bei der Festlegung zustimmungspflichtiger Geschäfte einräumte, wurde, wie oben beschrieben, mit dem TransPuG durch eine Festlegungspflicht abgelöst.[718] Gemäß den Gesetzgebungsmaterialien sollen Entscheidungen oder Maßnahmen Gegenstand eines Zustimmungsvorbehalts sein, welche die Ertragsaussichten oder die Risikoexposition der Gesellschaft grundlegend verändern.[719] Diese Zustimmungsvorbehaltspflicht begründet ebenfalls Rechtsfolgen mit Haftungswirkung für den Aufsichtsrat. Im Wege der Haftungsnorm aus §§ 116, 93 Abs. 2 AktG i.V.m. § 111 Abs. 4, S. 2 AktG n.F. haften Aufsichtsratsmitglieder für Schäden, die auf pflichtwidrige Nichtanordnung eines Zustimmungsvorbehalts

---

[715] Vgl. zur Institutionalisierung eines sogenannten „Strategie-Wert-Ausschusses" Lukarsch (1998): S. 227ff.

[716] Die Übertragung der Überwachungsaufgabe auf einen Ausschuss eröffnet allerdings neuartige rechtspraktische Fragen, wie etwa die nach dem hinreichenden respektive notwendigen Informationsfluss zwischen dem Ausschuss und dem Gesamtplenum sowie die nach den Einflussmöglichkeiten des Plenums auf die Arbeit in dem Ausschuss. Vgl. Hommelhoff/ Mattheus (1998): S. 255, Möllers (1995): S. 1730f. Nach Änderung des § 107 Abs. 3 AktG durch das TransPuG ist nunmehr explizit festgeschrieben, dass dem Gesamtorgan regelmäßig über die Arbeit der Ausschüsse zu berichten ist. Auch Ziffer 5.3.1 des Corporate Governance-Kodex sieht eine regelmäßige Berichtspflicht des jeweiligen Ausschussvorsitzenden an das Gesamtplenum vor.

[717] Faktisch impliziert ein Zustimmungsvorbehalt einen inhaltlichen Eingriff in die Geschäftsführung des Vorstands dergestalt, dass der Rat letztlich diese an sich zieht. Vgl. Nirk (1996): S. 401.

[718] Vgl. hierzu die Ausführungen oben auf S. 156. In Reformdebatten wird mitunter auch eine gesetzliche Normierung zustimmungspflichtiger Geschäfte in Form eines Mindestkatalogs gefordert. Für eine Ausweitung sprechen sich u.a. Kropff (1994): S. 20, Lutter (1995a): S. 300 sowie Gerum/ Steinmann/ Fees (1988): S. 156ff. aus. Hiervon verspricht man sich im Hinblick auf die Qualität der Aufsichtsratsarbeit eine Intensivierung der Beschäftigung mit wichtigen unternehmerischen Fragestellungen sowie eine erhöhte Motivation infolge der ausgeweiteten Kompetenzbefugnisse. Gegner dieses Vorschlags führen hingegen an, dass es keine universalen Kriterien für alle Unternehmen gibt, wonach solche Geschäfte einheitlich festgelegt werden könnten. Ein gesetzlich verordneter Zustimmungskatalog führe daher lediglich zu einer vermeintlichen Kontrolleffizienz. Vgl. zu dieser Argumentationslinie Schwark (2002): S. 92f., Reichelt (1998): S. 205.

[719] Vgl. BMJ (2002): S. 213, S. 222, Seibert (2002b): S. 608, S. 610, Lange (2003): S. 376.

zurückzuführen sind.[720] Umgekehrt impliziert die Anordnung eines Zustimmungsvorbehalts eine Sensibilisierung der Verantwortung im Bereich der zustimmungsbedürftigen Entscheidung und damit ein erhöhtes Haftungsrisiko.[721] Auch im Hinblick auf die Überwachung der Maßnahmen aus § 91 Abs. 2 AktG ergeben sich aus § 111 Abs. 4 AktG haftungsrechtliche Implikationen. Ein haftungsrechtlicher Anknüpfungspunkt eröffnet sich zum einen dadurch, dass die im Zuge der Risikofrüherkennung generierten Ergebnisse für den Rat mitunter die Verpflichtung induzieren, dieses Überwachungsmittels verstärkt heranzuziehen.[722] Der Rat trägt in diesem Zusammenhang die Verantwortung dafür, die in besonderem Maße risikobehafteten Entscheidungsfelder, die als solche im Rahmen des Früherkennungsprozesses identifiziert wurden, über einen Zustimmungsvorbehalt einer gesteigerten Kontrolle zu unterwerfen.[723] Unter Haftungsgesichtspunkten erwächst die Notwendigkeit einer „gesellschaftsrechtlichen Verzahnung" der Risikofrüherkennung nach § 91 Abs. 2 AktG einschließlich der hierauf fußenden Risikoberichterstattung mit der Festlegung der Überwachungsmittel nach § 111 Abs. 4 AktG.[724]

Prinzipiell ist ein Zustimmungsvorbehalt nach § 111 Abs. 4 AktG nicht nur für Rechtsgeschäfte mit Außenwirkung, sondern auch für interne Maßnahmen der Geschäftsführung möglich.[725] Auch für den Bereich der Vorstandsüberwachung im Bezugsfeld des § 91 Abs. 2 AktG ist der Zustimmungsvorbehalt als Überwachungsmittel daher gesellschaftsrechtlich relevant.[726] Denkbar wäre etwa, das gesamte Früherkennungssystem, einzelne Früherkennungsmaßnahmen in bestimmten Risikokategorien oder etwa den Vorgang verfahrenstechnischer Systemneuerungen unter einen Zustimmungsvorbehalt zu stellen. Für die Überwachung einer wertorientierten Risikofrüherkennung könnte etwa festgelegt werden, dass die Einführung neuer „Value Driver-Modelle" oder die der Bewertung zugrundeliegende Aufteilung des Geschäftsportfolios in einzelne strategische Segmente einem Zustimmungsvorbehalt unterlie-

---

[720] Vgl. Lange (2003): S. 380 sowie in der inhaltlichen Konsequenz auch LG Bielefeld (2000): S. 25, Boujong (1995): S. 207.

[721] Vgl. Peltzer (1981): S. 351f., ferner auch Gawrisch (1999): S. 233ff.

[722] Der Aufsichtsrat darf allerdings nicht aufgrund der perzipierten Haftungsbedrohung dazu neigen, den Zustimmungskatalog zu überdehnen, indem er rein vorsorglich Vorbehalte auch für Entscheidungen festlegt, die nicht ein Risiko i.S.d. Gesetzgebers beinhalten. Dies würde einen rechtswidrigen Eingriff in die autonome Geschäftsführungskompetenz des Vorstands darstellen, dem gemäß § 76 AktG das Recht zusteht, die Gesellschaft unter eigener Verantwortung zu leiten. Vgl. Boujong (1995): S. 203ff., Schwark (2002): S. 76. Allerdings sind die Rechtsfolgen einer Verletzung dieser Pflicht zur Anordnung von Zustimmungsvorbehalten drastischer als die einer Verletzung der Zurückhaltungspflicht. Ein unzulässiger Eingriff in die Geschäftsführungsautonomie des Vorstands kann höchstens eine Anrufung der Hauptversammlung gemäß § 111 Abs. 4 S. 3 zur Folge haben. Vgl. Lange (2003): S. 378.

[723] Vgl. Lange (2003): S. 378.

[724] Die Verhaltenspflichten im Bereich der Überwachung der Risikoberichterstattung werden im folgenden noch näher analysiert. Vgl. hierzu die Ausführungen im weiteren auf S. 218ff.

[725] Vgl. Kropff (1998): S. 616, Lange (2003): S. 376f.

gen.[727] In diesem Überwachungsfeld kann von einem Handlungsermessen des Aufsichtsrats ausgegangen werden.[728] Es besteht keinerlei Verpflichtung, die Maßnahmen nach § 91 Abs. 2 AktG per se einem Zustimmungsvorbehalt zu unterwerfen. Allerdings kann sich dieses Ermessen zu einer Pflicht verdichten, den Vorbehalt zu einer frühzeitigen Abklärung weiterführender Früherkennungschritte zu instrumentalisieren, wenn dies die Lage des Unternehmens oder das absehbare unwirtschaftliche Entscheidungsverhalten des Vorstands erforderlich macht.[729]

Falls eine bestimmte in der Zukunft anstehende Investitionsentscheidung die Ertragsaussichten der Gesellschaft grundlegend tangiert bzw. einen massiven Risikogehalt impliziert, so ist sie, wie oben beschrieben, verpflichtend unter einen Zustimmungsvorbehalt zu stellen.[730] In einem Haftungsprozeß, in dem dem Rat ein Unterlassungsvorwurf entgegengebracht wird, weil er dieses Überwachungsmittel bei einzelnen Entscheiden nicht eingesetzt hat, kann er ggf. die Legitimität seines Handelns über die Ergebnisse der institutionalisierten Wertanalyse ex-post belegen, sofern diese nachweislich ordnungsgemäß durchgeführt wurde.[731] Umgekehrt setzt er sich einem verstärkten Haftungsrisiko aus, wenn sich nachträglich herausstellt, dass die Tragweite einer wesentlichen, unter Zustimmungsvorbehalt stehenden Investitionsentscheidung in der Wertanalyse nur unzureichend Berücksichtigung gefunden hat, wenn also diesbezüglich keine hinreichende Risikoexposition erfolgt ist. Dieser Tatbestand würde dem Rat eine weitergehende Exkulpationsverantwortung überantworten.[732]

---

[726] Vgl. Westphalen (2000): S. 294.

[727] Weiterhin könnte erwogen werden, die gesamte der Wertanalyse vorgelagerte strategische Planung unter einen Zustimmungsvorbehalt zu stellen. Inwiefern die Unternehmensplanung als ein „Geschäft" i.S.d. § 111 Abs. 4 AktG interpretierbar und als solches zustimmungspflichtig gestellt werden kann, ist in der Literatur allerdings strittig. Für die Möglichkeit einer Unterstellung der Unternehmensplanung unter einen Zustimmungsvorbehalt plädieren u.a. Semler (1983a): S. 20ff., Steinmann/ Klaus (1987): S. 33 sowie tendenziell auch Mertens (1980): S. 67ff. Eine gegenläufige Auffassung vertreten hingegen Bleicher/ Paul (1986): S. 285.

[728] Vgl. zur grundsätzlichen Ermessensfreiheit des Aufsichtsrats bei der Auswahl seiner Überwachungsmittel Gawrisch (1999): S. 231, Kropff (1998): S. 618, BGH (1991) sowie Nirk (1996): S. 400f.

[729] In diesen Fällen dürfte es geboten sein, dass der Rat einen sogenannten „ad hoc-Zustimmungsvorbehalt" beschließt. Vgl. zu diesem Begriff BGH (1991), Theisen (1987): S. 352. Vgl. zur Verdichtung des Handlungsermessens hierbei auch Boujong (1995): S. 206, Nirk (1996): S. 400f. sowie Reichelt (1998): S. 135.

[730] Vgl. hierzu die Ausführungen oben auf S. 156 sowie BMJ (2002).

[731] Vgl. zu den methodischen Mindestanforderungen an die Wertanalyse und den damit korrespondierenden Überwachungspflichten des Aufsichtsrats die Ausführungen im weiteren auf S. 203ff.

[732] In einem solchen Fall müßte der Rat dann plausibel nachweisen können, warum keine ausreichende wertmäßige Abbildung unter Risikogesichtspunkten stattgefunden hat. Dieses Szenario wird im Rahmen der Ausführungen zu der durch den Rat durchzuführenden „wertorientierten Prämissen- und Durchführungskontrolle" auf S. 190ff. näher beleuchtet.

c) Errichtung einer dualen Überwachungsstruktur mit dem Abschlussprüfer

(1) Rollenverhältnis und organisatorische Aspekte der Zusammenarbeit

Aufsichtsrat und Abschlussprüfer sind aus gesellschaftsrechtlicher Perspektive Kontrollorgane der Aktiengesellschaft, deren Rechte und Pflichten im Hinblick auf die risikoorientierte Corporate Governance intensitätsmäßig abgestuft sind. Mit dem KonTraG erfolgte eine Neuakzentuierung der Funktion des Prüfers im System der aktienrechtlichen Unternehmensüberwachung. Wurde ihm lange Zeit primär die Rolle eines autonomen Funktionsträgers im Sinne eines „Publizitätsgaranten" zugeschrieben, ist durch die Gesetzesreformen der jüngeren Vergangenheit seine Unterstützungsfunktion gegenüber dem Aufsichtsrat in den Vordergrund gerückt worden.[733] Dem Prüfer wird diesbezüglich verstärkt die Stellung eines Hilfsorgans zugewiesen.[734] Im Zuge eines faktischen Wandelprozesses der traditionellen Abschlussprüfung wird insbesondere durch die explizite Kodifizierung des Risikofrüherkennungssystems als Prüfungsgegenstand gemäß 317 Abs. 4 HGB ihr gesetzlicher Umfang um Aspekte einer zukunfts-, risiko- und problemorientierten Überwachung erweitert.[735] Bei der Kontrolle der Maßnahmen zur Risikofrüherkennung nach § 91 Abs. 2 AktG bilden Aufsichtsrat und Prüfer i.S.d. Gesetzgebers ein duales Überwachungssystem.[736] Die organisatorische Einbindung des Prüfers respektive die Verwendung von dessen Prüfungsleistungen in diesem Feld werden zur haftungsrechtlich bedeutsamen „Holschuld" des Aufsichtsrats. Für eine Exkulpation des Aufsichtsrats über die Bildung einer effizienten Überwachungsgemeinschaft mit dem Prüfer sind auch die institutionellen Modalitäten der Beratung von Bedeutung. So wird davon ausgegangen, dass für den Aufsichtsrat ein Haftungsrisiko entsteht, wenn er nicht dafür sorgt, dass der Prüfer bei Bilanzsitzungen des Plenums bzw. von Ausschüssen zugegen ist.[737] Diese Implikation aus der Neufassung des § 171 Abs. 1, S. 2 AktG (im Zuge des KonTraG) dürfte sich

---

[733] Vgl. Hommelhoff/ Mattheus (1998): S. 251f., Feddersen (2000): S. 387, Mattheus (1999): S. 684, Westphalen (2000): S. 172ff. Neben dem KonTraG haben wie erwähnt auch die Regelungen des TransPuG zu dieser Neuakzentuierung beigetragen. Vgl. hierzu die Ausführungen oben auf S. 155f. Auch der *Deutsche Corporate Governance-Kodex* betont die Bedeutung des Prüfers für die Arbeit des Aufsichtsrats, indem der Rat aufgefordert wird, mit dem Prüfer zu vereinbaren, dass sämtliche Erkenntnisse unverzüglich darzulegen sind, die sich im Rahmen der Prüfungstätigkeit ergeben und von Belang für die risikoorientierte Corporate Governance sein können. Vgl. Tz. 7.2.3 des *Deutschen Corporate Governance-Kodex* sowie Müller (2002): S. 1303.

[734] Vgl. Forster (1999): S. 194, Hommelhoff/ Mattheus (1998): S. 251f. Der Prüfer wird als unabhängiger Sachverständiger im Interesse des Aufsichtsrats tätig. Er besitzt allerdings kein gleichwertiges gesellschaftsrechtliches Sanktionspotenzial gegenüber dem Vorstand. Der Aufsichtsrat bildet mit seinen Rechten gegenüber Vorstand und Prüfer und seinen Pflichten gegenüber der Hauptversammlung den Mittelpunkt der aktienrechtlichen Corporate Governance. Vgl. Hachmeister (1999): S. 1454.

[735] Vgl. Mattheus (1999): S. 690f., Meyding/ Mörsdorf (1999): S. 10, Brebeck/ Förschle (1999): S. 184.

[736] Vgl. Hachmeister (1999): S. 1458, Seibert (2002a): S. 419.

[737] Vgl. Neuling (2003): S. 169f. Darüberhinaus empfiehlt es sich, auch Auskunftspersonen des Unternehmens von Hierarchieebenen unterhalb des Vorstands, wie etwa den Leiter des (Risiko-)Controllings, des Rech-

analog für Aufsichtsratsberatungen ergeben, die eine wertorientierte Früherkennung nach § 91 Abs. 2 AktG betreffen. Der Rat hat darauf hinzuwirken, dass der Prüfer als Hilfsorgan zielgerecht eingesetzt wird.[738] In Anbetracht des Fachwissens und der im folgenden zu skizzierenden faktischen Verpflichtung des Prüfers zu einer wertorientierten Beurteilung der Geschäftsführung, könnte eine unterbliebene persönliche Einbeziehung seinerseits im Rahmen der betreffenden Plenums- bzw. Ausschusssitzungen als haftungsbegründende Pflichtverletzung des Rats ausgelegt werden. Zum Zweck einer möglichst weitreichenden Exkulpation sollte daher darauf hingewirkt werden, dass der Prüfer stets körperlich an solchen Sitzungen teilnimmt, die sich mit der Überwachung einer wertorientierten Risikofrüherkennung befassen. Im folgenden ist die Exkulpationsreichweite des Zusammenwirkens der beiden Überwachungsorgane für den Entlastungsbeweis des Aufsichtsrats zu spezifizieren.

(2) Materieller Gehalt der Prüfungsergebnisse im Maßnahmenbereich des § 91 Abs. 2 AktG für die Arbeit des Aufsichtsrats

Der Gesetzgeber verpflichtet den Prüfer durch § 317 Abs. 4 HGB bei der Prüfung einer Aktiengesellschaft, die Aktien mit amtlicher Notierung ausgegeben hat, zu einem Urteil darüber zu gelangen, ob der Vorstand die Maßnahmen nach § 91 Abs. 2 AktG getroffen hat, ob diese zweckadäquat ausgestaltet sind und ob diese während des gesamten zu prüfenden Zeitraums eingehalten wurden.[739] Mit Blick auf die gesetzlichen Mindestanforderungen sind hierbei lediglich die risikoorientierten Früherkennungsmaßnahmen und die diesbezüglichen Überwachungsdispositionen zu fokussieren. Etwaige Maßnahmen der Risikobewältigung, deren Notwendigkeit ggf. aufgrund der Indikation bestandsgefährdender Entwicklungen abgeleitet wird, sind nicht unmittelbarer Prüfungsgegenstand nach § 317 Abs. 4 HGB.[740]

Die Prüfung ist nach dem richtungsweisenden Prüfungsstandard 340 des IDW als eine Systemprüfung auszugestalten.[741] Systemprüfungen zielen auf eine zweckentsprechende Konzeption und Funktionsfähigkeit ab.[742] Die Prüfungsplanung erfordert zunächst eine Auseinandersetzung mit der gewählten Risikostrategie der Unternehmensführung sowie der unterneh-

---

nungswesens oder der Internen Revision, begleitend zu ausgewählten Aufsichtsratssitzungen hinzuzuziehen. Vgl. Rössler (2001): S. 441.

[738] Vgl. Hommelhoff (1995): S. 17.

[739] Vgl. IDW (1999): S. 660, Dobler (2001): S. 2089ff., Böcking/ Orth (2000): S. 249ff.

[740] Vgl. IDW (1999): S. 658, Dobler (2001): S. 2088, Salzberger (2000): S. 762.

[741] Vgl. zur folgenden Darstellung des Prüfungsablaufs nach Maßgabe des Berufsstandes ausführlich den Beitrag IDW (1999). Vgl. hierzu auch die Ausführungen bei Lachnit/ Müller (2001): S. 383ff.

[742] Vgl. grundlegend Leffson (1988): S. 226ff. Besonderheiten einer Systemprüfung in dem skizzierten Anwendungsbereich ergeben sich insbesondere aus dem prospektiven Charakter von Teilbereichen der zu leistenden Risikoeinschätzung.

mensspezifischen Risikosituation. Anhand einer Systemdokumentation hat der Prüfer die unternehmens- bzw. konzernweite Existenz des nach § 91 Abs. 2 AktG geforderten Maßnahmenpakets zu überprüfen. Sofern eine aussagefähige Dokumentation nicht vorliegt, ist von Seiten des Prüfers eine eigenständige Bestandsaufnahme durchzuführen.[743] In einem weiteren Schritt ist eine materielle Beurteilung der Eignung der getroffenen Dispositionen im Bereich der Früherkennung vorzunehmen. Es ist zu überprüfen, ob das errichtete Früherkennungssystem seiner Eigenart nach so gestaltet ist, dass alle wesentlichen Risiken frühzeitig identifiziert, analysiert und bewertet sowie rechtzeitig im Instanzenweg kommuniziert werden.[744] Im Bereich der Risikoidentifikation ist darauf zu achten, dass eine vollständige Erfassung der relevanten Risikobereiche erfolgt und eine ständige Aktualisierung der einzubeziehenden Positionen unter Berücksichtigung der Unternehmensspezifika und des Wettbewerbsumfelds sichergestellt wird.[745] Die von der Unternehmensleitung verwendeten Verfahren im Bereich der Risikobewertung sind auf Plausibilität und Widerspruchsfreiheit zu prüfen.[746] Ferner ist festzustellen, ob geeignete Schwellenwerte festgelegt wurden, anhand derer systemgebunden die Notwendigkeit weiterführender Früherkennungsschritte indiziert wird. Schließlich sind die systemgebundenen Maßnahmen auch daraufhin zu beurteilen, ob alle maßgeblichen Entscheidungsträger in den Kommunikationsfluß eingebunden sind und ob alle wesentlichen Risikoinformationen zeitnah weitergeleitet werden, so dass ggf. noch wirksame Bewältigungsmaßnahmen eingeleitet werden können.[747] Darüber hinaus ist der Prüfer dazu angehalten, auch die Angemessenheit der Überwachung der Früherkennungsmaßnahmen durch die Interne Revision zu beurteilen. Diese Instanz wird somit auch zum Prüfungsgegenstand.[748] Die gesetzliche Berichterstattung über die Prüfungsergebnisse erfolgt einerseits schriftlich im Rahmen des Prüfungsberichtes gemäß § 321 HGB.[749] In diesem an den Aufsichtsrat gerichteten Informationsmedium ist in einem gesonderten Abschnitt auf die Ergebnisse der Systemprüfung einzugehen. Ggf. sind auch Verbesserungsvorschläge darzulegen. Es ist hervorzuheben, dass Maßnahmen der Risikobewältigung, obwohl nicht Prüfungsgegenstand nach § 317 Abs. 4 HGB,

---

[743] Vgl. IDW (1999): S. 660. Mängel im Bereich der Dokumentation lassen bereits Vermutungen hinsichtlich möglicher Sorgfaltspflichtverletzungen des Vorstands zu.

[744] Vgl. Baumbach/ Hopt (2000): Rz. 10 zu § 317 HGB, Schichold (2001): S. 410, Lehner (1999): S. 28.

[745] Bspw. ist zu überprüfen, ob im Betrachtungszeitraum wesentliche Änderungen der strategischen Ausrichtung stattgefunden haben und diese angemessen im System berücksichtigt werden. So kann es bspw. im Fall der Erschließung eines neuen Auslandsmarktes als erforderlich erachtet werden, zusätzliche ländergebundene Risikopositionen wie etwa Währungsrisiken oder politische Gefahrenmomente in der Systemkonzeption zu berücksichtigen.

[746] Vgl. Hachmeister (1999): S. 1457 sowie Wolz (2001): S. 794.

[747] Vgl. Baumbach/ Hopt (2000): Rz. 10 zu § 317 HGB.

[748] Vgl. ebenda. Hierbei gilt es insbesondere zu überprüfen, ob die personelle und qualitative Ausstattung hinreichend ist und die Mitarbeiter von der zu kontrollierenden Tätigkeit unabhängig sind. Vgl. Eggemann/ Konradt (2000): S. 508.

[749] Vgl. hierzu Baetge/ Linßen (1999): S. 371ff., Lingemann/ Wasmann (1998): S. 858.

im Prüfungsbericht gewürdigt werden können.[750] Denn neben der Prüfung der Fortbestandsprognose (§ 321 Abs. 1, S. 3 HGB) wirken sich die ggf. ergriffenen Maßnahmen der Risikobewältigung auf die Darstellungsanforderungen der Risiken der künftigen Entwicklung im Lagebericht aus (§§ 289 Abs. 1, 317 Abs. 2, S. 2 HGB i.V.m. § 321 Abs. 2, S. 1 AktG) und sind insofern u.U. auch prüfungsrelevant. Desweiteren wird auch indirekt über den Bestätigungsvermerk nach § 322 HGB Bericht über die Maßnahmen nach § 91 Abs. 2 AktG erstattet. Festgestellte Mängel bei der Umsetzung der risikoorientierten Vorstandsdispositionen, die zu Unregelmäßigkeiten oder Verstößen in der Rechnungslegung geführt haben, insbesondere in der Risikoberichterstattung im Rahmen des Lageberichts, führen zu einer Einschränkung oder Versagung des Bestätigungsvermerks. Zusätzlich kann in Form des oben beschriebenen „Management-Letters" auf die Prüfungsergebnisse eingegangen werden.[751]

Die mit Umsetzung des KontraG entstandene Verpflichtung zur Beurteilung der Zweckmäßigkeit der vom Vorstand ergriffenen Früherkennungsmaßnahmen impliziert eine faktische Erweiterung der Verantwortlichkeit des Abschlussprüfers als Teilglied der Corporate Governance.[752] Der Prüfungsverantwortung in diesem Bereich ist aber eine fundamentale Problematik immanent, da sich auch nach nun mehr als fünf Jahren seit der aktienrechtlichen Kodifizierung der Organisationspflicht noch keine einheitlichen Umsetzungsstandards herausgebildet haben, die zur Ableitung eines normierten „Soll-Risikofrüherkennungssystems" verwendet werden können.[753] Ein prüfungstechnisch leicht zu bewerkstelligender Soll-Ist-Vergleich ist insofern nicht möglich. Der Prüfer ist dazu gezwungen, sich unter Rückgriff auf sein Erfahrungswissen und seine betriebswirtschaftlichen Kenntnisse sowie unter Beachtung der unternehmensindividuellen Besonderheiten ein eigenständiges Bild der Risikosituation des Unternehmens zu verschaffen. D.h. der Prüfer wird indirekt dazu verpflichtet, die strategischen Dispositionen der Geschäftsführung auf ihr Risikoausmaß zu untersuchen und in einem weiteren Schritt die Berücksichtigung der Risikoparameter im Risikokontrollsystem einzuschätzen.[754] Insofern ist die Verlautbarung des IDW zur Prüfung nach § 317 Abs. 4 HGB,

---

[750] Vgl. Brebeck/ Förschle (1999): S. 184.

[751] Vgl. hierzu die Ausführungen oben auf S. 160 sowie Gernoth (2001): S. 307. Hierin können funktionsgemäß innerbetriebliche Schwachstellen gegenüber dem Vorstand angesprochen werden, die im Rahmen der Prüfungsdurchführung aufgefallen sind, denen aber für die Beurteilung der Ordnungsmäßigkeit der Rechnungslegung keine materielle Bedeutung beigemessen wird. Dieses primär an den Vorstand gerichtete Informationsinstrument ist auch dem Aufsichtsrat für Überwachungszwecke zur Verfügung zu stellen.

[752] Vgl. Brebeck/ Förschle (1999): S. 184, Mattheus (1999): S. 690f.

[753] Vgl. Pahlke (2002): S. 1680, Wolz (2001): S. 794. Vgl. zu dieser Problematik ausführlich auch den Beitrag Pollanz (1999b).

[754] Vgl. Lachnit/ Müller (2001): S. 383ff., Brebeck/ Förschle (1999): S. 184f. Eine intensive Auseinandersetzung mit den strategischen Dispositionen der Unternehmensleitung einhergehend mit einer Abschätzung der spezifischen Risikosituation entspricht bereits dem klassischen „risikoorientierten Prüfungsansatz", der in der Prü-

wonach dieser ausschließlich der Charakter einer reinen Systemprüfung zugewiesen wird, in dieser Form zumindest fragwürdig, da sie aufgrund der angeführten Aspekte auch in gewissem Maße zwangsläufig Züge einer Geschäftsführungsprüfung trägt.[755]

Die Prüfungsergebnisse zu den Früherkennungsmaßnahmen nach § 91 Abs. 2 AktG haben für den Aufsichtsrat die Funktion einer zusätzlichen Information, einer Bestätigung sowie ggf. einer Anregung. Sie können nicht seine risikoorientierte Überwachungspflicht in diesem Bereich abgelten. Eine prinzipielle haftungsrechtliche Entlastung durch das Prüferurteil findet nicht statt, weil die Überwachungsaufgaben beider Institutionen zu unterschiedlich sind.[756] Während der Prüfer lediglich die Funktionsfähigkeit des Risikofrüherkennungssystems zu überprüfen hat, muß der Aufsichtsrat daneben auch die Wirtschaftlichkeit und Zweckmäßigkeit der ergriffenen Maßnahmen sowohl mit Bezug auf die abgelaufene Periode als auch im Rahmen seiner laufenden Kontrollfunktion überwachen.[757] Die Rolle des Aufsichtsrats als „Herr der Geschäftsführungsüberwachung" bleibt erhalten. Die erweiterte Prüfungspflicht dient jedoch einer Intensivierung der aktienrechtlichen Unternehmenskontrolle. In der Gesamtsicht forciert das KonTraG über den Pflichtenstandard des § 317 Abs. 4 HGB somit die Kooperation zwischen den beiden Überwachungsinstanzen, indem über den traditionellen Bereich der Rechnungslegung hinaus eine sachgerechte zukunfts- und risikoorientierte Beurteilung der Leitungsmaßnahmen des Vorstands durch den Prüfer eingefordert wird.[758]

Bei einer entsprechenden Auffassung der Prüfung nach § 317 Abs. 4 HGB als Funktionsfähigkeitsprüfung, die sich im wesentlichen auf eine Einschätzung der Plausibilität der verwendeten Verfahren beschränkt, ist die materiell-gesetzliche Reichweite, mit der der Prüfer eine Wertanalyse als mögliche Einzelmaßnahme zur Früherkennung nach § 91 Abs. 2 AktG unter-

---

fungspraxis im Anwendungsfeld großer Gesellschaften den „State of the Art" bildet. Vgl. ausführlich zum risikoorientierten Prüfungsansatz bspw. den Beitrag Dörner (2002). Hiernach hat sich der Prüfer mit der Geschäftstätigkeit und dem wirtschaftlichen Umfeld des Unternehmens sowie den hiermit korrespondierenden Risiken der künftigen Entwicklung auseinanderzusetzen, um sein sogenanntes „Audit Risk" zu minimieren.

[755] Vgl. Hachmeister (1999): S. 1458. In diesem Zusammenhang wird nicht ohne Grund Unbehagen dahingehend geäußert, dass eine „Mega-Erwartungslücke" die Folge der erhöhten Verantwortungszuweisung an den Prüfer sein könnte. Vgl. Pollanz (1999b).

[756] Vgl. Salzberger (2000): S. 762f., Westphalen (2000): S. 174, Lehner (1999): S. 28, ferner auch Theisen (1996a): S. 125ff., Hachmeister (1999): S. 1458. Das *LG Berlin* hat jüngst im Prozess um die *Berliner Bank* festgestellt, dass das Prüferurteil zu bestehenden Risikofrüherkennungsmaßnahmen für eine Exkulpation des Vorstands nicht ausreicht. Vgl. Preußner/ Zimmermann (2002): S. 661. Dieser Tatbestand dürfte analog auf die Überwachungspflicht des Aufsichtsrats übertragbar sein. Eine Entlastung hierüber ist jedoch für die Überwachung der Rechtmäßigkeit der Abschlussunterlagen anzunehmen, die auch dem Aufsichtsrat obliegt. In diesem Bereich dürfte er sich in einem gerichtlichen Prozess weitestgehend auf die Berichte des Prüfers berufen können. Vgl. Rössler (2001): S. 447.

[757] Vgl. Salzberger (2000): S. 762, Theisen (1999b): S. 55, Hachmeister (1999): S. 1458, Wolz (2001): S. 794.

suchen muß, begrenzt. Es ergeben sich allerdings eine Reihe von Besonderheiten im Hinblick auf die haftungsrechtlichen Anforderungen an die Zusammenarbeit von Prüfer und Rat bei diesem speziellen Prüfungs- bzw. Überwachungsgegenstand. In diesem Kontext sind nicht nur die unmittelbaren Ergebnisse der Systemprüfung nach § 317 Abs. 4 HGB von Bedeutung, sondern sämtliche Prüfungshandlungen im Rahmen einer turnusmäßigen Abschlussprüfung, die mittelbar auf eine wertorientierte Auseinandersetzung mit der Unternehmensstrategie zielen. Für eine abschließende Beurteilung der haftungsrechtlichen Exkulpationsreichweite der Zusammenarbeit der beiden Überwachungsträger sind daher auch weitere Anknüpfungspunkte mit Rechtsnormcharakter, insbesondere solche aus dem Bereich internationaler Rechnungslegungsvorschriften, aufzunehmen, die eine „de facto-Verpflichtung" des Prüfers zu einer wertmäßigen Beurteilung respektive Durchdringung der strategischen Dispositionen der Unternehmensleitung beinhalten. Als möglicher Pflichtenstandard in diesem Sinn kommt insbesondere die Regelung zur Prüfung des neuerdings erforderlichen „Impairment-Tests" im Bereich der Konzernrechnungslegung nach US-GAAP in Betracht: Am 29.06.2001 hat das US-amerikanische Financial Accounting Standards Board (FASB) mit der Verabschiedung von SFAS 141 und 142 die „Goodwill-Abschreibung" neu geregelt.[759] Hiernach ist ein bestehender Goodwill, der sich infolge eines Unternehmenserwerbs im Konsilidierungskreis eines Konzerns ergibt, jährlich auf der Ebene sogenannter „Reporting Units" einem Werthaltigkeitstest zu unterziehen.[760] Der hierfür eigens konzipierte „Impairment-Test" impliziert die faktische Verpflichtung zur Durchführung einer ganzheitlichen Bewertung dieser Segmente anhand geeigneter Verfahren wie DCF, EVA oder CFROI.[761] Der Prüfer ist zu einer materiellen Kontrolle dieser Bilanzierungspraxis verpflichtet, d.h. er hat sich mit der im einzelnen erfolgten prospektiven Bewertung der einzelnen „Reporting Units" intensiv auseinanderzusetzen. Dieser Prüfungsbereich beinhaltet demgemäß ein großes Synergiepotenzial für die Einschätzung der Funktionsfähigkeit einer institutionalisierten Wertanalyse als Früherkennungsinstrument. Für die Risikoüberwachung in Gesellschaften, die nach US-GAAP bilanzieren

[758] Vgl. Müller (2002): S. 1302. Faktisch kann jedoch auch die Testierung der nach § 91 Abs. 2 AktG eingeleiteten Maßnahmen als ordnungsgemäß keine Garantie für die nachhaltige Bestandssicherung des geprüften Unternehmens sein.

[759] Vgl. hierzu ausführlich bspw. Hommel (2001): S. 1943ff., Alvarez/ Biberacher (2002): S. 346ff., Lüdenbach/ Frowein (2003): S. 217ff., Küting/ Weber/ Wirth (2001): S. 185ff., Pellens/ Sellhorn (2001): S. 713ff., Hitz/ Kuhner (2002): S. 273ff.

[760] Vgl. SFAS 142.18 i.V.m. SFAS 142.26ff. Die „Reporting Units" stellen ihrerseits betriebliche Teileinheiten dar, auf die das erworbene Unternehmen im erwerbenden Konzern separiert wird. Ihre Aufteilung entspricht idealtypisch einer Segmentierung in abgrenzbare, eigenständig operierende Geschäftsfelder nach strategischen Gesichtspunkten. Vgl. SFAS 131.10 sowie Pellens/ Sellhorn (2001): S. 715, Küting/ Weber/ Wirth (2001): S. 186ff. U.U. kann das erworbene Unternehmen auch ganz oder in Teilen eine neue „Reporting Unit" begründen. Konzeptionell wird unterstellt, die einzelnen „Reporting Units" seien einzeln erworben worden. Vgl. Pellens/ Sellhorn (2001): S. 715.

[761] Vgl. Alvarez/ Biberacher (2002): S. 352, Hitz/ Kuhner (2002): S. 278, Küting/ Weber/ Wirth (2001): S. 189.

und im Kontext der Konzernrechnungslegung einen solchen Test durchführen müssen, können daher fundierte Prüfungsergebnisse im Sinne einer prospektiven Wertung der Unternehmensstrategie respektive der einzelnen Geschäftsfeldstrategien erwartet werden.[762] Der Aufsichtsrat erhält somit über diese neue internationale Rechnungslegungsvorschrift zusätzliches Unterstützungspotenzial für die Überwachung einer ggf. erfolgenden wertorientierten Risikofrüherkennung nach Maßgabe der §§ 111 Abs.1, 91 Abs. 2 AktG. Die Prüfungsergebnisse kann er in einen ggf. zu führenden Entlastungsbeweis einbinden.

Mögliche Implikationen für die Exkulpationsreichweite der Verwendung von Ergebnissen der Pflichtprüfung ergeben sich auch durch die jüngere Gesetzgebung im US-amerikanischen Kapitalmarktrecht. Am 30.07.2002 ist das Gesetz „Sarbanes-Oxley Act of 2002" (SOA) in den USA in Kraft getreten.[763] Ziel dieser neuen Vorschriften ist es vornehmlich, die Rechnungslegung zu verbessern, indem der Pflichtenrahmen der unternehmerischen Organe und des Abschlussprüfer verschärft wird.[764] U.a. wird durch Sec. 404 des SOA festgelegt, dass der Prüfer indirekt eine materielle Beurteilung des internen Kontrollsystems zu leisten hat.[765] Die Einrichtung dieses Systems wird in Sec. 302 des SOA geregelt. Das Kontrollsystem soll u.a. dazu dienen, dass den Mitgliedern des „boards" wesentliche Informationen zur wirtschaftlichen Lage frühzeitig zur Verfügung gestellt werden.[766] Hieraus kann gefolgert werden, dass dieses Kontrollsystem auch ein Risikofrüherkennungssystem umschließen sollte.[767] Der Anwendungsbereich dieses Früherkennungssystems ist bislang unklar. Seine Reichweite wird allerdings weiter als nach § 91 Abs. 2 AktG interpretiert, sodass dem Prüfer hiernach eine gegenüber deutschem Recht gesteigerte Verantwortung im Bereich der Risikoüberwachung zuzuweisen sein dürfte.[768] Vom Gesetz betroffen sind sämtliche bei der Securities and Exchange Commission (SEC) registrierten Unternehmen, sodass auch deutsche Gesellschaften unter das neue Gesetz fallen, die den US-amerikanischen Kapitalmarkt in Anspruch neh-

---

[762] Allerdings eröffnen sich in diesem Bereich zwangsläufig erhebliche Ermessensspielräume bei der Bemessung des „Goodwills" respektive der Bewertung der einzelnen „Reporting Units". Vgl. Pellens/ Sellhorn (2001): S. 718f., Hommel (2001): S. 1945 ff. In Teilen der Literatur wird die erhöhte Verantwortungszuweisung an den Prüfer durchaus kritisch gesehen. So warnt bspw. *Ruhnke* vor einer generellen Überforderung des Abschlussprüfers bei der Prüfung des im Rahmen des „Impairment-only-Ansatzes" durchzuführenden prospektiven Unternehmensbewertung und proklamiert, dass es in Zukunft zu vermehrten Testatseinschränkungen in diesem Zusammenhang kommen wird. Vgl. Ruhnke (2003).

[763] Vgl. zu den Neuregelungen dieses Gesetzes bspw. die Beiträge Salzberger (2003), Marten/ Köhler/ Meyer (2003), Dörner (2003) sowie Lanfermann/ Maul (2002).

[764] Vgl. Dörner (2003): S. 51. Das Gesetz sieht u.a. auch ein „Public Company Accounting Oversight Board" (PCAOB) als Berufsaufsichtsbehörde für Wirtschaftsprüfer vor.

[765] Vgl. Lanfermann/ Maul (2002): S. 1727, Salzberger (2003): S. 165.

[766] Vgl. Lanfermann/ Maul (2002): S. 1729, Salzberger (2003): S. 165.

[767] Ebenso Salzberger (2003): S. 165.

[768] Vgl. Lanfermann/ Maul (2002): S. 1727, S. 1729f., Gruson/ Kubicek (2003): S. 395ff.

men.[769] Werden die Anforderungen nicht erfüllt, sind u.U. zivilrechtliche Schadensersatzzahlungen nach US-amerikanischem Recht sowie strafrechtliche Konsequenzen die Folge.[770] Für den hier fokussierten Haftungstatbestand aus §§ 116, 93 Abs. 2 AktG sind die Regelungen des „Sarbanes-Oxley Acts“ nur indirekt von Bedeutung. Eine unmittelbare rechtliche Wirkung auf deutsche Haftungsgrundlagen ergibt sich nicht. Die US-amerikanische Gesetzesneuerung ist aber insofern für die deutsche Corporate Governance von Bedeutung, als dass der Aufsichtsrat infolge der restriktiveren Anforderungen an die Pflichtprüfung bei den hierdurch betroffenen Gesellschaften ein gesteigertes Unterstützungspotenzial durch den Prüfer erhält, da dieser durch die Sanktionsdrohungen weiter für die Risikosituation des Unternehmens sensibilisiert wird. Hierdurch wird somit abgeleitet aus US-amerikanischen Gesetzesanforderungen der Exkulpationsgehalt der skizzierten dualen Überwachungsstruktur für das deutsche Haftungsregime tangiert, wenn es zu einer materiell nachweisbaren Intensivierung der Abschlussprüfung im Bereich der Risikofrüherkennung über das nach deutschem Recht hinreichende Maß hinaus kommt.

d) Aufbau eines planbezogenen Informationssystems

Der Aufsichtsrat übt seine Überwachungspflicht wie oben beschrieben i.e.L. auf der Grundlage von Informationen aus, die der Vorstand bereitstellt.[771] Zur Ausübung seiner Rechte ist er jedoch keineswegs nur auf Informationen angewiesen, die dieser ihm ohne Aufforderung überlässt. Unbeschadet der Berichtspflicht des Vorstands besteht das Gebot, durch sachgemäße Anforderungen und Nachfragen darauf hinzuwirken, dass sämtliche relevanten Informationen ausreichend und rechtzeitig vorliegen.[772] Die Informationsversorgung ist als „Holschuld“ des Aufsichtsrats zu klassifizieren.[773] Das Aktienrecht sieht nicht explizit vor, dass der Vorstand dem Aufsichtsrat über seine in § 90 AktG festgeschriebene Informationserstattungsverantwortung hinaus im einzelnen Bericht über die Erfüllung seiner Pflicht zur Risikofrüherkennung und über die sich daraus ergebenden Erkenntnisse und Handlungskonsequenzen zu

---

[769] Vgl. Marten/ Köhler/ Meyer (2003): S. 14.
[770] Vgl. Lanfermann/ Maul (2002): S. 1730.
[771] Vgl. zu dem Spektrum der Informationsmöglichkeiten die Ausführungen oben auf S. 158ff.
[772] Vgl. Reichelt (1998): S. 125, Rössler (2001): S. 440. Abstrakt kann der Umfang der einzufordernden Informationen derart umschrieben werden, dass alle erforderlichen und mit zumutbarem Aufwand erhältlichen Entscheidungsunterlagen zu beschaffen sind. Konkret lässt sich dieser Umfang jedoch erst anhand des Zwecks der Entscheidung unter Zugrundelegung des zur Entscheidung anstehenden Gegenstandes ermitteln. Vgl. zur besonderen Bedeutung der Informationsversorgung im Hinblick auf die Erfüllung der Überwachungsverantwortung nach § 111 Abs. 1 AktG auch Schichold (2001): S. 402ff., Gernoth (2001): S. 301ff., Becker (1993): S. 37ff. sowie Gollnick (1997): S. 115ff.
[773] Vgl. Wiese (2000): S. 1904, Werder v. (2002): S. 805, Scheffler (2002): S. 1290.

erstatten hat.[774] Deshalb entsteht für den Aufsichtsrat eine faktische Verpflichtung, seinen diesbezüglichen Informationsbedarf im Rahmen einer Informationsordnung systematisch festzulegen.[775] Eine weitere haftungsrechtliche Mindestanforderung im Bereich der Setzung institutioneller Überwachungsvoraussetzungen ist daher der Aufbau eines planbezogenen Informationssystems über dieses gesellschaftsrechtliche Überwachungsinstrument. In der Frage der Notwendigkeit der Einrichtung eines entsprechend konsistenten Systems dürfte dem Aufsichtsrat kein Ermessensspielraum zukommen. Zur Exkulpation ist ein Existenznachweis zwingend zu erbringen. Die konkrete Ausgestaltung im Einzelfall unterliegt hingegen in bestimmten Grenzen seinem Ermessen, da die ergriffenen Früherkennungsmaßnahmen, der Unternehmensgegenstand, die Marktstellung sowie die strategische Ausrichtung je nach betroffener Gesellschaft variieren.[776] Für die Überwachung einer wertorientierten Risikofrüherkennung nach §§ 111 Abs. 1, 91 Abs. 2 AktG sollten durch den Aufsichtsrat neben dem eigentlichen Zahlenwerk der Wertanalyse auch gehaltvolle Aussagen zu folgenden Bereichen in der Informationsordnung zwingend eingefordert werden:[777]

- den strategischen Zielen und den ihnen zugrundeliegenden Prämissen[778]
- den Kriterien zur Aufspaltung in strategische Geschäftseinheiten

---

[774] Vgl. Schichold (2001): S. 405. Z.T. wird auch die Auffassung vertreten, dass infolge der Neuregelung des § 91 Abs. 2 AktG das in § 90 AktG vorgesehene Berichtsreglement um einen speziellen Risikoberichtsteil erweitert werden muß. Vgl. Strobel (2001): S. 558. Es existiert aber hierfür keine bindende gesetzliche Regelung.

[775] Vgl. Arbeitskreis „Externe und interne Überwachung der Unternehmung" der Schmalenbach-Gesellschaft/ Deutsche Gesellschaft für Betriebswirtschaft e.V. (1995): S. 2, Rössler (2001): S. 440, Gernoth (2001): S. 309, Mott (2001): S. 213. Wegen dem sich fortlaufend änderndem Informationsbedarf sollte eine Informationsordnung nicht in der Satzung, sondern in eine vom Aufsichtsrat nach § 77 Abs. 2 AktG für den Vorstand erlassene Geschäftsordnung aufgenommen werden. Vgl. Dreher (1996): S. 52ff., Schichold (2001): S. 404, Hommelhoff/ Mattheus (1998): S. 252f. Bei der Überwachung nach §§ 111 Abs. 1, 91 Abs. 2 AktG trägt der Rat über die Einforderung einer durch den Vorstand bereitzustellenden Informationsbasis auch eine Pflicht dahingehend, in Bedarfsfällen auch Vorgänge festzuhalten und zu beurteilen, über die vom Vorstand möglicherweise noch nicht oder ohne Nachbesserung unzureichend berichtet worden ist. Vgl. Semler (1996): S. 96, Schichold (2001): S. 414. Zu diesem Zweck kann er Sachverständige zur Beratung über einzelne Vorgänge hinzuziehen oder sie für bestimmte Prüfungen beauftragen.Vgl. § 109 Abs. 1 S. 1 AktG. Allerdings kann ihre Konsultation nicht bestehende Kenntnisdefizite der Ratsmitglieder kompensieren. Deren Hinzuziehung kann also ein mögliches Übernahmeverschulden nicht abgelten. Vgl. Westphalen (2000): S. 204.

[776] Vgl. Emmerich (1999): S. 1076ff., Pahlke (2002): S. 1683, Salzberger (2000): S. 757ff., Schichold (2001): S. 404, Böcking/ Orth (2000): S. 251, Wolz (2001): S. 791.

[777] Vgl. zum folgenden auch ferner Lukarsch (1998): S. 169ff., Gleißner/ Sautter (2001): S. 298, Becker (1993): S. 213ff. sowie den Beitrag Wolbert (2003), in dem ein durch die Prüfungsgesellschaft *PricewaterhouseCoopers* entwickeltes „Value-Reporting-Berichtsmodell" dargestellt wird. Die diesbezügliche Berichterstattung sollte dabei im zeitlichen Kontext der Regelberichterstattung nach § 90 AktG erfolgen.

[778] Nach der durch das TransPuG vorgenommenen Änderung von § 90 Abs. 1 Nr. 1 AktG hat der Vorstand dem Aufsichtsrat auch Neuerungen gegenüber früher formulierten Zielen zu berichten und diese zu begründen (sogenannte „Follow up-Berichterstattung"). Vgl. hierzu die Ausführungen oben auf S. 155. Insbesondere ist dabei auch auf die wertmäßige Abweichung von veröffentlichten bzw. berichteten Planzahlen einzugehen. Vgl. Bosse (2002): S. 1592, Pfitzer/ Oser/ Orth (2002): S. 158. Hiermit dürfte weitestgehend bereits über § 90 AktG eine hinreichende Informationsbasis zu den strategischen Planungsprämissen vorliegen.

- den Wesentlichkeitsgrenzen für Risiken, die potenziell den Bestand des Unternehmens gefährden können
- den im einzelnen verwendeten Bewertungsmethoden
- den verwendeten Kapitalkostenmodellen
- der Risikodeckung (Verhältnis des aggregierten Risikoumfangs zum Eigenkapital)
- den an die Ergebnisse der Wertanalyse ggf. anknüpfenden Detailanalysen zur weiterführenden Untersuchung des Tatbestands einer Bestandsgefährdung.

Weiterhin sind auch Informationen zu ggf. vorgesehenen Risikobewältigungsmaßnahmen als Konsequenz einer aufgedeckten nachteiligen Entwicklung i.S.d. § 91 Abs. 2 AktG einzufordern.[779]

2. Exkulpation im Bereich der „ex-post-Überwachung“

a) Überwachung der organisatorischen Umsetzung wertorientierter Risikofrüherkennung und der Einbindung der Internen Revision

Grundlegende Voraussetzung für eine haftungsrechtliche Exkulpation ist zunächst die Kontrolle der faktischen Einführung eines Risikofrüherkennungssystems sowie dessen organisatorischer Einbindung.[780] D.h. der Aufsichtsrat muß in einem ersten Überwachungsschritt zunächst den tatsächlichen Bestand des durch den Vorstand als Früherkennungssystem deklarierten Maßnahmenpakets sicherstellen.[781] Die Überprüfung der faktischen Institutionalisierung obliegt ebenfalls dem Abschlussprüfer. Neben der Festlegung relevanter Mindestberichterfordernisse in der Informationsordnung dürfte daher ein Verweis auf dessen Prüfungsergebnisse zur Exkulpation des Aufsichtsrats im Hinblick auf die Überwachung der originären, systemgebundenen Implementierung des Moduls einer Wertanalyse mit der beschriebenen Funktionszuweisung genügen.

Für die organisatorische Eingliederung der durchzuführenden Wertanalyse existieren verschiedene Umsetzungsoptionen, die in Abhängigkeit von der Zuordnung der gesamten Früherkennung nach § 91 Abs. 2 AktG zu den Stabs- oder Linienaufgaben variieren. Die diesbe-

---

[779] Vgl. Schichold (2001): S. 405, Mott (2001): S. 223.

[780] Vgl. Salzberger (2000): S. 759f., Pahlke (2002): S. 1680ff., Schäfer (2001): S. 220ff., Claussen/ Korth (2001): S. 330. Desweiteren muß seitens des Aufsichtsrats überwacht werden, dass die Interne Revision das in § 91 Abs. 2 AktG erwähnte Überwachungssystem ausfüllt. Die Unterlassung dieser Prüfung könnte ebenfalls als haftungsbegründende Pflichtverletzung ausgelegt werden. Vgl. Preußner/ Zimmermann (2002): S. 659.

[781] Diese Form der Überwachung ist dem Bereich der Rechtmäßigkeitskontrolle der Vorstandsmaßnahmen nach § 91 Abs. 2 AktG zuzuordnen. Vgl. Kindler/ Pahlke (2001): S. 76.

züglich denkbaren Organisationsmuster wurden in Kapitel 2 dargelegt.[782] Bei der klassischen Stabslösung werden sämtliche Schritte der Wertanalyse einer zentralen Abteilung überantwortet. Dies hat den Nachteil, dass das bei den dezentralen organisatorischen Einheiten bestehende Beobachtungspotenzial sowie die auf dieser Ebene existierenden Informationsvorsprünge unberücksichtigt bleiben.[783] Bei einer eher dezentralen organisatorischen Verankerung besteht andererseits die Gefahr, dass die den einzelnen Geschäftsbereichen überantwortete Eigenbewertung der strategischen Ausrichtung einen Mangel an Objektivität aufweist. Strategische Risiken, so steht aus agency-theoretischem Blickwinkel zu befürchten, werden je nach zugrundeliegender Anreizstruktur tendenziell unter- oder überbewertet.[784] Es ist schwierig, für die eine oder die andere organisatorische Lösung eine Wertung abzugeben. Bei der Problemstellung, welches der verschiedenen Konzepte zu bevorzugen und demzufolge der Aufsichtsrat auf eine entsprechende Umsetzung hinwirken sollte, muß berücksichtigt werden, dass keine eindeutigen theoretischen Aussagen zu der einzelfallbezogenen Zweckmäßigkeit existieren.[785] Sowohl dem Vorstand als auch dem Aufsichtsrat muß in der Frage der organisatorischen Zuordnung des Verantwortungsbereichs für die Durchführung einer Wertanalyse ein weiter Ermessensspielraum eingeräumt werden. Einschränkend kann jedoch konstatiert werden, dass in einem großen Unternehmen an der Konzernspitze aufgrund der Vielzahl der Gefährdungspotenziale, ihrer Unterschiedlichkeit und ihres dezentralen Auftretens keine risikoorientierte Bewertung sämtlicher geschäftsfeldspezifischer Dispositionen durch die oberste Geschäftsleitung oder eine zentrale „Risikostabsabteilung" adäquat wahrgenommen werden kann.[786] Die Durchführung der Wertanalyse i.S.d. § 91 Abs. 2 AktG muß aufgrund der Unbestimmtheit und Kontextgebundenheit strategischer Kontrollinformationen damit zwangsläufig partiell an nachgeordnete Hierarchieebenen delegiert werden, um frühzeitig Strategiebedrohungen aufdecken zu können.[787] Andererseits besteht bei einer zu stark dezentralen organisatorischen Eingliederung dieses Früherkennungsmoduls die Gefahr, dass der gesetzgeberische Anspruch einer Gesamtbewertung der Risikolage, d.h die Forderung nach einer Risikoaggregation, nur unzureichend befriedigt werden kann.[788] Es ist daher im Fall einer dezentralen Zuordnung bspw. in Form des Integrationskonzepts unabdingbar, dass eine zentrale Instanz

---

[782] Vgl. hierzu auch die Ausführungen in Kapitel 2 auf S. 66f.

[783] Vgl. hierzu ferner Hasselberg (1989): S. 113.

[784] Vgl. hierzu detailliert die Ausführungen oben auf S. 84f. sowie Day/ Fahey (1990): S. 159, Bischoff (1994): S. 134f. sowie Herter (1994): S. 80.

[785] Vgl. für die organisatorische Einbindung des Risikofrüherkennungssystems in seiner Gesamtheit Kindler/ Pahlke (2001): S. 82, Füser/ Gleißner/ Meier (1999): S. 757f., Mott (2001): S. 210f., Farny (1979): S. 33.

[786] Ebenso Füser/ Gleißner/ Meier (1999): S. 758. Vgl. hierzu ferner auch die Ausführungen bei Wittmann (2000): S. 797ff., Wittmann (1999): S. 130ff., Hasselberg (1989): S. 113ff.

[787] Vgl. zur Befürwortung einer dezentralen Organisation strategischer Kontrolle auch Steinmann/ Schreyögg (1986): S. 753f.

übergreifend zumindest eine Zusammenführung der auf Geschäftsbereichsebene erfolgten Strategiebewertungen und der damit einhergehenden Risikoeinschätzungen vornimmt. Hierbei sind Korrelationen und Synergien der einzelnen Bereichsplanungen zu berücksichtigen. Eine entsprechende Gesamtbewertung ist nach der Gesetzesbegründung des § 91 Abs. 2 AktG als haftungsrechtliche Mindestanforderung anzusehen, deren Umsetzung der Rat zu gewährleisten hat.[789] Sollte sich ex-post herausstellen, dass das kumulierte Gefährdungspotenzial geschäftsbereichsspezifischer Risiken mangels einer Gesamtbetrachtung unerkannt geblieben ist, so könnte der Rat für diese organisatorische Unterlassung ggf. haftungsrechtlich belangt werden.

b) Retrospektive Kontrolle der Planung

(1) Zur Strukturierung der Plankontrolle im Überwachungskontext wertorientierter Risikofrüherkennung – Ableitung eines Vier-Stufen-Modells für die haftungsrechtliche Analyse

Die strategische Planung bildet den Bezugsrahmen zur Prognose zukünftiger Erfolge. Das Pendant hierzu bildet die strategische Plankontrolle. Ihr wird die Aufgabe der Identifizierung unternehmens- oder umweltbezogener Entwicklungen, die eine Bedrohung für die in der Unternehmensstrategie verankerten grundlegenden unternehmerischen Entscheidungen darstellen können, zugeordnet.[790] Gemäß des oben vorgetragenen Rechtsverständnisses der Überwachungsreichweite i.S.d. § 111 Abs. 1 i.V.m. § 91 Abs. 2 AktG ist der Aufsichtsrat dazu verpflichtet, eine zukunftsorientierte materielle Plankontrolle im Rahmen seiner ex-ante-Überwachung der wertorientierten Risikofrüherkennung durchzuführen.[791] Eine Kontrollaktivität in diesem Sinne impliziert einen parallel zur Strategieformulierung und –implementation laufenden Informations- und Entscheidungsprozess, der die strategischen Pläne fortlaufend auf ihre weitere Tragfähigkeit (Validität) hin überprüft. Der Rat ersetzt hierdurch nicht die unternehmensintern durchzuführende, im unmittelbaren Verantwortungsbereich des Vor-

---

[788] Vgl. Mott (2001): S. 212, S. 215, Wittmann (2000): S. 813f., Pritzer (1999): S. 154f.

[789] Vgl. BMJ (1997): S. 36, ferner auch Baetge/ Richter (2001): S. 7. Es wird in der Gesetzesbegründung ausdrücklich auf sämtliche Entwicklungen abgehoben, die sich wesentlich auf die Vermögens-, Finanz- und Ertragslage auswirken können. Eine Entwicklung in diesem Sinn ergibt sich auch aus dem Zusammenwirken von Einzelrisiken. Vgl. zu der Mindestanforderung einer Risikoaggregation für Zwecke der Früherkennung i.S.d. § 91 Abs. 2 AktG auch die Ausführungen oben auf S. 50, S. 64. Eine Exkulpation in diesem Bereich kann ansatzweise erfolgen, indem der Aufsichtsrat überwacht, daß bspw. ein gesamtheitliches Bewertungskonzept wie etwa der „Value at Risk" in der oben skizzierten Anwendungsform ergänzend zu der Wertanalyse auf der Basis eines DCF zur Risikoabschätzung herangezogen wird. Vgl. hierzu die Ausführungen oben auf S. 97ff.

[790] Vgl. Hasselberg (1989): S. 55, Bea/ Scheurer (1994): S. 2150.

[791] Vgl. hierzu auch die Ausführungen oben auf S. 152ff.

stands stattfindende strategische Kontrolle.[792] Seine strategische Kontrolle übt er nach diesem postulierten Verständnis vielmehr in Ergänzung respektive ggf. auch in Gemeinschaft zu der unternehmensinternen Plankontrolle aus. Seine Überwachungsschritte zielen jedoch im Unterschied zu einer eher „engen Interpretation" der gesetzlichen Überwachungspflicht nach §§ 111 Abs. 1, 91 Abs. 2 AktG darauf ab, auch eigenständig bestandskritische Bedrohungen aufzudecken und demzufolge eine aktive Rolle bei der strategischen Risikofrüherkennung auszufüllen.[793] Für die Eruierung der haftungsrechtlichen Entlastungsanforderungen in diesem Bereich erweist sich der Konzeptvorschlag strategischer Kontrolle nach *Steinmann/ Schreyögg* als Analyseraster prädestiniert. Denn dieser aus systemtheoretischen Überlegungen abgeleitete Modellansatz entspricht zum einen in seiner Ausrichtung dem oben skizzierten Rechtsverständnis der Überwachungsreichweite. Ferner nimmt der Konzeptionalisierungsvorschlag eine gestufte Betrachtung der Kontrollpflichten in Abhängigkeit von dem Grad an Selektivität der strategischen Planungsschritte vor. Diese Sichtweise ermöglicht, wie zu zeigen ist, eine differenzierte Analyse der Exkulpationsverantwortung nach Maßgabe der Beteiligung am unternehmerischen Führungsprozess i.S.d. oben entwickelten Exkulpationsmodells. Strategische Plankontrolle gemäß den Verhaltensanforderungen aus §§ 111 Abs. 1, 91 Abs. 2 AktG konstituiert sich nach diesem Verständnis aus den folgenden Bausteinen:[794]

Strategische Prämissenkontrolle:

Bei der strategischen Planung müssen bestimmte Annahmen über die Zukunft gesetzt werden, um eine eindeutige Entscheidungssituation strukturieren zu können. Aufgrund der Unvorhersehbarkeit zukünftiger Ereignisse ergibt sich hierdurch ein erhebliches Risiko. An dieser Stelle knüpft die strategische Prämissenkontrolle an. Sie hat die Funktion, die im Rahmen des Planungsprozesses gesetzten Prämissen fortwährend, also planungsbegleitend, auf ihre weitere Gültigkeit hin zu überprüfen.[795] Zusätzlich obliegt ihr die Aufgabe, die bei der selektiven Prämissensetzung ausgeblendeten Bereiche zu beobachten und deren Störpotenzial für den eingeschlagenen strategischen Kurs im Auge zu behalten.[796]

---

[792] Vgl. Theisen (1996a): S. 104ff., Lukarsch (1998): S. 212.
[793] Vgl. hierzu auch Bea/ Scheurer (1994): S. 2151.
[794] Vgl. hierzu grundlegend Schreyögg/ Steinmann (1985), Schreyögg/ Steinmann (1987), Steinmann/ Schreyögg (1986) sowie Hasselberg (1989): S. 95ff. Diese Strukturierung hat sich in der betriebswirtschaftlichen Literatur unter dem Begriff des „Drei-Stufen-Modells strategischer Kontrolle" etabliert.
[795] Vgl. Hasselberg (1989): S. 95, Schäfer (2001): S. 187.
[796] Vgl. Steinmann/ Schreyögg (1986): S. 749, Hahn (1997): S. 854f.

Strategische Durchführungskontrolle

Die strategische Durchführungskontrolle begleitet den Prozess der Strategieumsetzung. Ihre originäre Aufgabe besteht darin, punktuell Zwischenziele als Sollmaßstäbe zu setzen und zu kontrollieren, inwiefern diese „Meilensteine" erfolgreich absolviert werden.[797] Hieran anknüpfend gilt es im einzelnen zu prüfen, inwieweit eine Notwendigkeit dafür besteht, den gesamten strategischen Kurs im Lichte eruierter Ergebnisabweichungen zu modifizieren.[798]

Strategische Überwachung

Die strategische Überwachung richtet sich nicht auf bestimmte Kontrollobjekte. Sie ist eine prinzipiell ungerichtete Kontrollaktivität. Ihre Funktion besteht darin, in Form einer globalen Sichtweise Störpotenziale und Gefahren zu identifizieren, die weder in der Prämissen- noch in der Durchführungskontrolle erkannt wurden.[799] Die strategische Überwachung besitzt damit eine Kompensationsfunktion einerseits gegenüber der strategischen Planung und andererseits gegenüber den anderen beiden Kontrolltypen. Das bedeutet, dass sie die sich zwangsläufig ergebenden Gefahren der Ausblendung von Umweltparametern im Zuge der Strategiewahl und -umsetzung ausmerzen, respektive zumindest das Risiko von Fehlentwicklungen auf ein akzeptables Maß reduzieren soll.

Im Lichte des entwickelten Exkulpationsansatzes sind diese Kontrollaktivitäten ex-ante in Form eines „feed-forward-Prozesses" zu verstehen. Der Aufsichtsrat nimmt Überwachungsschritte mit einer unternehmerischen Prägung im oben skizzierten Sinn vor.[800] In der inhaltlichen Konsequenz werden diese Kontrollschritte im folgenden bei der Analyse der Exkulpationsanforderungen im Bereich der „beratenden und gestaltenden Überwachung" aufgegriffen.[801] Das skizzierte „Drei-Stufen-Modell" ist vor dem Hintergrund der gewählten Systematik der Exkulpationsbereiche allerdings für die Analyse der haftungsrechtlichen Entlastungsanforderungen nicht ausreichend. Das Modell wird daher um den Baustein einer sogenannten

[797] Vgl. Schreyögg/ Steinmann (1985): S. 402f. Bspw. wird sich eine Unternehmung im Rahmen einer Strategie der Internationalisierung ihres Absatzmarkts stets bestimmten Störpotenzialen ausgesetzt sehen. So kann eine Gefahrenquelle bei entsprechenden Neuerschließungen im Zuge allseits beobachtbarer Globalisierungstendenzen der Märkte in den länderspezifischen Eigenheiten begründet sein, die u.U. einem Wandel unterliegen. Aufgabe der Durchführungskontrolle ist es in diesem Zusammenhang, Soll-Marken wie etwa einen Mindestumsatz oder einen bestimmten Marktanteil im Zeitablauf festzusetzen und zu kontrollieren, ob die gesetzten Vorgaben im jeweiligen Land erreicht werden. Bei Abweichungen müssen dann ggf. Änderungen der ursprünglich eruierten Länderspezifika wie etwa Unternehmensrecht, Wirtschaftspolitik oder Einwohnerpräferenzen als potenzielle Ursachen der Zielabweichung untersucht werden.
[798] Vgl. Hasselberg (1989): S. 163, Hahn (1997): S. 854f.
[799] Vgl. Schreyögg/ Steinmann (1985): S. 403ff., Lukarsch (1998): S. 210ff.
[800] Vgl. hierzu die Ausführungen oben auf S. 180ff.
[801] Vgl. hierzu die Ausführungen im weiteren auf S. 212ff.

„strategischen Konsistenzkontrolle“ erweitert.[802] Hiernach hat der Aufsichtsrat im Zuge seiner Überwachungsverantwortung aus §§ 111 Abs. 1, 91 Abs. 2 AktG die strategischen Pläne, die der Wertanalyse zugrundeliegen, zunächst einer Kontrolle auf ihre methodische Plausibilität und Tragfähigkeit zu unterziehen. Diese Kontrollfunktion fällt in den Bereich der ex-post-Verhaltenspflichten, da der Aufsichtsrat hierbei lediglich retrospektiv überwachend tätig wird.

(2) Wertorientierte strategische Konsistenzkontrolle der Planung

Die Konsistenzkontrolle bezieht sich primär auf die formale Dimension der Planung und beinhaltet definitionsgemäß zwei Bestandteile:[803] Bei der methodischen Konsistenzkontrolle werden die Informationsgrundlagen der Pläne auf ihre Vollständigkeit, die verwendeten Planungsmethoden auf ihre Eignung und die Planungsergebnisse auf ihre formal-logische Ableitung und ihren Aufbau hin überprüft. Im Rahmen der inhaltlichen Konsistenzkontrolle werden die strategischen Pläne darüberhinaus hinsichtlich ihrer Widerspruchsfreiheit untereinander (horizontal) und mit den übrigen Führungsaufgaben (vertikal) überprüft.

Die Anwendung dieser Kontrollaufgabe im Rahmen der wertorientierten Risikofrüherkennungsüberwachung im Sinne der Anforderungen aus §§ 111 Abs. 2, 91 Abs. 2 AktG dient dem Aufsichtsrat dazu sicherzustellen, dass die festgelegten strategischen Pläne als Bezugsrahmen der Cash-Flow-Prognose nicht als „nebulöses Konzept“, sondern auf Basis einer wissenschaftlich fundierten und praktisch nachvollziehbaren Vorgehensweise in die Wertanalyse einbezogen werden.[804] Der Aufgabenvollzug erfordert es, dass eine allgemein anwendbare Grundsystematik für die Erarbeitung strategischer Pläne vorliegt. Zunächst ist eine transparente Aufgliederung der strategischen Bezugsebene einzufordern. Für eine diversifizierte Struktur werden in der Strategieliteratur üblicherweise zwei Ebenen unterschieden:[805] Auf Gesamtunternehmensebene (corporate level) ist die „Corporate Strategy“ festzulegen. Diese zielt auf die effiziente Allokation der Ressourcen auf der Ebene des Gesamtkomplexes und der Selektion der Geschäftsfelder.[806] Demgegenüber bringen die auf Geschäftsfeldebene

---

[802] Vgl. zu dieser Kontrollform auch Langguth (1994): S. 156, Gälweiler (1981): S. 386ff., Lukarsch (1998): S. 213ff., Hahn (1997): S. 852.

[803] Vgl. zum folgenden Hahn (1997): S. 856, Gälweiler (1981): S. 386, Langguth (1994): S. 156f.

[804] Vgl. Lukarsch (1998): S. 215, Gälweiler (1981): S. 386.

[805] Vgl. zum folgenden Sjurts (2000): S. 40ff., Schönert (1997): S. 12ff., Hasselberg (1989): S. 213, Lukarsch (1998): S. 113ff., S. 146, Pape (1999): S. 210ff., Breid (1994): S. 186ff. Oftmals wird zusätzlich auch noch die Festlegung sogenannter Funktionalstrategien wie etwa einer Marketing-, einer Finanz- oder einer Personalstrategie beschrieben. Vgl. Staehle (1999): S. 653, Hasselberg (1989): S. 213.

[806] Vgl. Sjurts (2000): S. 40. Im Mittelpunkt steht die Fragestellung, in welchen Märkten und mit welchen Produkten das Unternehmen mit seinen strategischen Geschäftseinheiten tätig wird. Vgl. Lukarsch (1998): S. 113.

(business level) formulierten „business strategies" zum Ausdruck, welche Aktivitäten in einem spezifizierten Segment entfaltet werden sollen, um komparative Vorteile gegenüber der Konkurrenz erzielen zu können.[807]

Der Konsistenzkontrolle ist im skizzierten Bezugsfeld zunächst die Aufgabe zuzuordnen, ob eine sachgerechte Segmentierung in abgrenzbare Geschäftseinheiten vorgenommen wurde, die hinreichenden Kriterien genügt.[808] Im Bezugsfeld einer großen Publikumsgesellschaft mit einer diversifizierten Geschäftsstruktur ist eine transparente Aufgliederung in strategische Geschäftsfelder notwendige Voraussetzung für eine Wertanalyse zu Früherkennungszwecken i.S.d. § 91 Abs. 2 AktG.[809] Durch eine auf der Portfolio-Betrachtungsweise fußenden differenzierten Analyse der geschäftsbereichsspezifischen Risiken ist zu ermitteln, inwiefern Interdependenzen unter Risikogesichtspunkten zwischen den Segmenten bestehen, um hierauf aufbauend das unternehmerische Gesamtrisikopotenzial erfassen zu können.[810] Im Hinblick auf die gesetzlichen Anforderungen, die eine Risikoaggregation aus Gesamtunternehmenssicht fordern,[811] ist dies unabdingbar und die Gewährleistung dieses Vorgehens als haftungsrechtliche Mindestanforderung für den Überwachungsträger Aufsichtsrat zu werten.[812] Synergiepotenzial hierbei verspricht der Rückgriff auf die Erkenntnisse des Prüfers im Kontext der ggf. durchzuführenden Prüfung des „Impairment Tests".[813] Ein unter diese neue Rechnungslegungsvorschrift fallender Konzern ist wie beschrieben zur Bildung von sogenannten „Reporting Units" verpflichtet, um einen bestehenden Goodwill einem Werthaltigkeitstest zu un-

---

Hiermit korrespondierend gilt es auch einzuschätzen, ob das bestehende Portfolio verändert werden soll und ob zwischen den einzelnen Geschäftseinheiten Synergieeffekte erzielt werden können.

[807] Vgl. Schendel/ Hofer (1979): S. 13, Porter (1986): S. 405. Im wettbewerbsstrategischen Konzept von *Porter* lassen sich bspw. komparative Vorteile im wesentlichen auf zwei Arten erzielen: Zum einen durch die Strategie der Kostenführerschaft und zum anderen durch die der Differenzierung. Vgl. hierzu grundlegend die Beiträge Porter (1980), Porter (1986).

[808] Vgl. zu den im Idealfall erfüllten Kriterien bei der Segmentierung die Ausführungen oben auf S. 88f.

[809] Vgl. in der Konsequenz der Ausführungen auch auf den Gesetzeszweck des § 91 Abs. 2 AktG übertragbar Gälweiler (1981): S. 96, Höfner/ Pohl (1994): S. 64ff. Eine klare organisatorische Aufteilung in separate Geschäftseinheiten verstärkt zudem die Überwachungsmöglichkeiten des Aufsichtsrats und ist im Bezugsfeld börsennotierter Konzernunternehmen nach §§ 297 Abs. 1, 314 Abs. 2 HGB für Zwecke der Rechnungslegung obligatorisch. Vgl. hierzu auch Lukarsch (1998): S. 136.

[810] Vgl. Siegert (1995): S. 583.

[811] Im Prüfungsstandard 340 nimmt das IDW folgendermaßen Stellung zur Notwendigkeit einer Risikoaggregation im Hinblick auf § 91 Abs. 2 AktG: „Die Risikoanalyse beinhaltet eine Beurteilung der Tragweite der erkannten Risiken in bezug auf Eintrittswahrscheinlichkeit und quantitative Auswirkungen. Hierzu gehört auch die Einschätzung, ob Einzelrisiken, die isoliert betrachtet von nachrangiger Bedeutung sind, in ihrem Zusammenwirken oder durch Kumulation im Zeitablauf zu einem bestandsgefährdenden Risiko führen können.", IDW (1999): S. 659.

[812] Vgl. die zentrale Bedeutung einer Risikoaggregation für Zwecke der Früherkennung nach § 91 Abs. 2 AktG hervorhebend Pritzer (1999): S. 166, Wolbert (1999): S. 107, Baetge/ Richter (2001): S. 7 sowie Götze/ Mikus (2000): S. 108f.

[813] Vgl. zu dieser neueren Rechnungslegungsvorschrift nach US-GAAP die Ausführungen oben auf S. 194f.

terziehen.[814] Auf diese Prüfungsergebnisse, die implizit eine Beurteilung der Sachgerechtigkeit der erfolgten strategischen Segmentierung der Geschäftsfelder enthalten, kann der Aufsichtsrat zurückgreifen und sie in seinen Entlastungsbeweis einbinden.

Desweiteren kann für den Bereich der strategischen Konsistenzkontrolle eine Exkulpation bspw. dadurch erfolgen, dass der Aufsichtsrat dafür Gewähr trägt, dass unternehmensstrategische Basistheorien für die jeweilige Fundierung der Cash-Flow-Prognose auf Geschäftsbereichsebene herangezogen werden.[815] D.h. es ist seitens des Rats darauf zu achten, dass theoretisch fundierte und empirisch bewährte Konzepte der strategischen Planung zur Ableitung der freien Cash-Flows verwendet werden.[816] Als klassische theoretische Denkmuster in diesem Sinn haben sich einerseits die marktorientierte und andererseits die ressourcenorientierte Strategielehre herausgebildet.[817] Die marktorientierte Strategielehre („market based view of strategy") fokussiert eine strategische Ausrichtung des Unternehmens an den Branchencharakteristika. Als Prototyp gilt *Porters* Strategiekonzept.[818] Der langfristige Unternehmenserfolg wird hiernach aus der Struktur des Markts sowie dem strategischen Verhalten des Unternehmens erklärt. Anhand der Analyse von Kunden, Wettbewerbern und anderen Marktteilnehmern wird die relevante Marktstruktur beurteilt, um auf der Basis der gewonnenen Erkenntnisse strategische Entscheidungen zur Bestimmung der Wettbewerbsposition abzuleiten.[819] Als theoretisches Komplement zu den marktorientierten Denkmustern haben sich binnenorientierte Strategieansätze herausgebildet, die den wirtschaftlichen Erfolg auf einzigartige Ressourcen bzw. Kernkompetenzen des Unternehmens zurückführen.[820] Eine qualitativ unterschiedliche Ressourcenausstattung als Ergebnis der Unvollkommenheit und Unvollständigkeit

---

[814] Vgl. Alvarez/ Biberacher (2002): S. 352, Hitz/ Kuhner (2002): S. 278, Küting/ Weber/ Wirth (2001): S. 189.
[815] Vgl. hierzu Sjurts (2000): S. 40ff.
[816] Auch Brealey/ Myers (2003): S. 253ff., S. 286ff., Myers (1984): S. 130 und Day/ Fahey (1990): S. 160ff. betonen die Notwendigkeit zur Kontrolle der Plausibilität von Cash-Flow-Prognosen durch das Heranziehen von Konzepten der strategischen Planung. Vgl. zu einem Überblick klassischer Methoden der strategischen Planung bspw. Lukarsch (1998): S. 179ff., Steinmann/ Schreyögg (2000): S. 149ff., Herter (1994): S. 64ff. Einen guten Ansatz zur Exkulpation im Bereich einer so verstandenen Kontrolle der Konsistenz der entfalteten strategischen Planung verspricht ferner auch die Verwendung von in bestimmten Grenzen normierter Instrumente des „Performance Measurement" wie etwa der *Balanced-Scorecard*. Unter dem Begriff des „Performance Measurement" werden in der Literatur Konzepte subsumiert, die auf einer breiten Basis unterschiedliche Einflussgrößen des Unternehmenserfolgs in Kennzahlen operationalisieren und in einen Gesamtrahmen zu integrieren versuchen. Vgl. Schäfer (2001): S. 190, Gleich (1997): S. 116. Vgl. zur *Balanced Scorecard* grundlegend den Beitrag Kaplan/ Norton (1992), zu ihrer Eignung als Instrument für Zwecke der Unternehmensüberwachung bspw. die Beiträge Wefers (2000), Kemper/ Sachse (1999). Die Anwendung dieser Konzepte verspricht einen hohen Grad an intersubjektiver Nachprüfbarkeit der zielgerichteten strategischen Kontrollaktivitäten als Referenzobjekte und erscheint für einen gerichtlichen Entlastungsbeweis besonders geeignet. Es ist jedoch zu beachten, dass die Wahl der jeweiligen Instrumente juristisch nicht zu begründen ist.
[817] Vgl. hierzu überblickhaft Sjurts (2000): S. 42ff., Schäfer (2001): S. 188ff., Kasperzak (2003): S. 68.
[818] Vgl. grundlegend Porter (1980).
[819] Vgl. Rühli (1995): S. 92f., Simon (1988): S. 464ff., Pape (1999): S. 11.

der Faktormärkte erklärt hiernach das Entstehen von Wettbewerbsvorteilen. Nachhaltige komparative Vorteile entstehen nach dieser Sichtweise dann, wenn die Ressourcen für die Kunden Nutzen stiften, knapp sowie nicht imitierbar und nicht substituierbar sind.[821] In der Konsequenz muß das Primat der strategischen Ausrichtung in der Pflege respektive in dem Aufbau einer diesen Eigenschaften genügenden Ressourcenbasis liegen.[822] Neben diesen beiden unternehmensstrategischen Basistheorien haben sich in der Strategielehre auch kombinierte Sichtweisen, die markt- und ressourcenorientierte Denkmuster respektive diese klassischen Sichtweisen mit neueren theoretischen Varianten wie etwa kooperativen Strategieansätzen vereinen, herausgebildet.[823]

Im Rahmen der retrospektiv gerichteten Konsistenzkontrolle ist für den Aufsichtsrat keine Verpflichtung dahingehend anzunehmen, das verwendete strategietheoretische Paradigma auf seine etwaige methodische Überlegenheit hin zu kontrollieren.[824] Es sind lediglich bestimmte formale Mindestanforderungen an das planerische Vorgehen der Geschäftsführung sicherzustellen. Für eine Exkulpation ist es als ausreichend zu werten, wenn eine konkludente Setzung und Dokumentation nachvollziehbarer Planungsprämissen gewährleistet wird, auf deren Basis eine valide Schätzung der zukünftigen Cash-Flows erfolgen kann. Eine Anlehnung an basistheoretische Denkmuster respektive einer begründete Mischform der oben skizzierten theoretischen Grundvarianten verspricht für einen gerichtlichen Prozess im Bereich des zu führenden Entlastungsbeweises nach § 116, 93 Abs. 2 AktG eine große Tragweite, da diese wissenschaftlich fundiert und in der Strategielehre und Empirie anerkannt sind.[825]

c) Überwachung der konzeptionellen Vorgehensweise bei der Wertermittlung

Der Aufsichtsrat muß vor dem Hintergrund des gewählten Haftungsszenarios in diesem Exkulpationsfeld einen Kontrollnachweis dahingehend erbringen, ob die Vorgehensweise der Wertermittlung weithin anerkannten Maßstäben genügt und ob der gewählte Ansatz prinzipi-

---

[820] Vgl. grundlegend die Beiträge Penrose (1959), Wernerfelt (1984), Barney (1986). Vgl. zum Kernkompetenzenansatz etwa die Beiträge Hamel/ Prahalad (1989), Hamel (1994).

[821] Vgl. Barney (1991): S. 106ff., Grant (1991): S. 124. Das Kriterium der „Nicht-Imitierbarkeit" läßt sich mithilfe von Unterkriterien weiter konkretisieren. *Barney* nennt in diesem Zusammenhang die Kriterien „unique historical conditions", „causally ambiguous" und „social complexity". Vgl. Barney (1991): S. 107. Als typische Beispiele für Ressourcen, die komparative Vorteile generieren können, werden die Unternehmenskultur, ein bekannter Markenname, die Reputation der Gesellschaft oder die Kompetenz des Managements angeführt. Vgl. hierzu Barney (1986): S. 656ff., Hall (1993): S. 607ff., Castanias/ Helfat (1991): S. 155ff.

[822] Vgl. Sjurts (2000): S. 49.

[823] Vgl. ebenda: S. 51ff.

[824] Vgl. für den Bereich der unternehmensintern, im Verantwortungsfeld des Vorstands erfolgenden strategischen Konsistenzkontrolle Gälweiler (1981): S. 386ff. sowie Langguth (1994): S. 154.

[825] Vgl. Hinterhuber/ Friedrich (1997): S. 988ff., Sjurts (2000): S. 40ff., Hahn (1997b): S. 11ff., Geschka/ Hammer (1997): S. 464ff.

ell dazu geeignet ist, Risiken i.S.d. § 91 Abs. 2 AktG frühzeitig aufzudecken. Analog zu der Reichweite der Konsistenzkontrolle der strategischen Planung ist die Überwachungspflicht des Aufsichtsrats weitestgehend auf die Einhaltung methodischer Mindestanforderungen beschränkt.

Der erste Überwachungsschritt konstituiert sich in der Überprüfung der angewandten Bewertungstechnik. Wie beschrieben existieren eine Vielzahl von verschiedenen DCF-Methoden zur Bestimmung eines Gesamtwerts.[826] In der Bewertungsliteratur werden je nach Standpunkt einzelnen Konzepten spezifische Schwachpunkte zugeordnet und unterschiedliche Ansätze favorisiert.[827] Obwohl die verschiedenen, auf dem DCF-Kalkül aufbauenden Bewertungsmethoden unterschiedliche Vorgehensweisen bei der Wertermittlung aufweisen, führen sie bei konsistenter Handhabung unter bestimmten Voraussetzungen zu übereinstimmenden Ergebnissen.[828] In Anbetracht der Meinungsvielfalt auf theoretischer Ebene entsteht für den Aufsichtsrat daher bei der Überwachung der Auswahl der jeweils Anwendung findenden DCF-Methodik kaum ein Haftungsrisiko, sofern ein bestimmter Ansatz seiner Eigenart nach plausibel für Zwecke der Risikofrüherkennung begründet wird.[829] Die Rechtsprechung muß das diesbezügliche Meinungsspektrum und damit einhergehend den Tatbestand eines „Normvakuums" für die richterliche Kontrolle berücksichtigen.[830] Darüber hinaus kann eine wertori-

---

[826] Vgl. hierzu die Übersicht oben auf S. 79ff. sowie überblickhaft auch Hachmeister (1995): S. 106ff., Hachmeister (1996): S. 357ff., Bühner (1994): S. 35ff.

[827] Vgl. Herter (1994): S. 79. So räumt bspw. *Drukarczyk* zwar ein, dass die unterschiedlichen DCF-Ansätze bei konsistenter Anwendung zu identischen Ergebnissen führen, favorisiert in der Gesamtsicht aber die Anwendung des APV-Ansatzes aufgrund seines Spezifikums einer komponentenweisen Wertermittlung. Vgl. Drukarczyk (2003): S. 199, S. 209ff. Demgegenüber präferieren Vertreter der amerikanischen Bewertungsliteratur wie *Rappaport* oder *Copeland*, *Koller* und *Murrin* einen Entity-Ansatz zur Wertbestimmung. Vgl. hierzu die Beiträge Rappaport (1999), Copeland/ Koller/ Murrin (2002). Die Verwendung des WACC-Ansatzes befürwortet im deutschen Schrifttum ebenfalls bspw. Mengele (1999): S. 55. *Schmidbauer* hingegen ordnet den auf der Bruttomethodik basierenden Verfahren pauschal grundlegende methodische Schwächen zu und favorisiert die Anwendung einer Nettomethode. Vgl. Schmidbauer (1998): S. 120ff.

[828] Vgl. Hachmeister (1996): S. 362, Drukarczyk (2003): S. 199. Eine weitestgehende Übereinstimmung der Ergebnisse kann im sogenannten „Rentenmodell" erzielt werden. Im „Nicht-Rentenmodell" gestaltet sich eine Überführbarkeit hingegen schwieriger. Vgl. zu der rechnerischen Überführbarkeit der verschiedenen Verfahren bspw. Hachmeister (1995): S. 106ff.

[829] Zu dem hier verfolgten Bewertungszweck ist allerdings zuvörderst die Anwendung des APV-Ansatzes zu empfehlen. Mit Hilfe der APV-Methode wird der SV komponentenweise ermittelt, die Bewertung als Gesamtproblem wird mithin in kleinere „Pakete" zerlegt. Dies hat den Vorteil, dass sich der Bewertungsweg transparenter darstellt als bei den anderen DCF-Bewertungsmethoden. Vgl. Drukarczyk (2003): S. 214. Aufgrund der stückweisen Zusammenfügung des Gesamtwerts kann gegenüber den anderen Verfahren genauer nachvollzogen werden, welche Faktoren für eine u.U. auftretende Minderung des Werts im Zeitablauf verantwortlich sind. Zwar kann auch bei den anderen DCF-Ansätzen im nachhinein „herausgefiltert" werden, welche einzelnen Wertbeiträge bzw. deren Veränderung im Zeitablauf zu der Wertentwicklung geführt haben, die Ursachen werden jedoch in aller Regel auf der Basis der APV-Bewertungsmethodik schneller deutlich, da diese bereits eine Separierung der komplexen Wertermittlung impliziert. Hierdurch kann die Lokalisierung potenzieller „Gefahrenherde" mit einem geringeren Aufwand erfolgen und es wird schneller deutlich, in welchen Bereichen weiterführende Detailanalysen durchzuführen sind.

[830] Vgl. hierzu im Kontext einer grundsätzlichen Diskussion des normsetzenden Gehalts betriebswirtschaftlicher Erkenntnisse für die richterliche Rechtsprechung Brockhoff (1997): S. 2.

entierte Risikofrüherkennung, um den Ansprüchen aus § 91 Abs. 2 AktG zu genügen, wie beschrieben auch auf der Basis eines periodenbezogenen Bewertungsmaßstabs wie des EVA erfolgen.[831] Die Heranziehung dieser Kennzahl für den Bereich der Risikofrüherkennung liegt ebenso wie die Auswahl einer bestimmten DCF-Bewertungsmethode grundsätzlich im pflichtgemäßen Ermessen des Vorstands. Diesen Ermessensspielraum hat der Aufsichtsrat bei seiner Überwachung zu respektieren.

Für die Durchführung einer risikoorientierten Wertanalyse ist eine mehrjährige Formalzielplanung erforderlich.[832] Der Detaillierungsgrad der Planung zur Ableitung der Cash-Flows kann dabei variabel gestaltet sein. Zum einen können wenige Rahmendaten wie etwa die prognostizierte Umsatzentwickung oder die geplanten Neuinvestitionen für die Berechnung herangezogen werden. Andererseits werden in der Literatur auch wie in Kapitel 2 beschrieben umfangreiche, stark differenzierte „Value-Driver-Modelle" vorgeschlagen.[833] Auf eine transparente Ermittlung der freien Cash-Flows ist mit Blick auf den Bewertungszweck der Risikofrüherkennung besonderen Wert zu legen.[834] Die Wertanalyse soll nicht nur dazu dienen, Strategien zu bewerten, sondern es soll auch aufgezeigt werden, aus welchen Komponenten sich der Cash-Flow zusammensetzt bzw. welche kritischen Erfolgsfaktoren unter Unsicherheitserwägungen maßgebliche Gefahrenmomente darstellen.[835] Für eine tragfähige Exkulpation sollte daher seitens des Aufsichtsrats darauf geachtet werden, dass die Erfolgsprognose in einer intersubjektiv nachvollziehbaren Form dokumentiert wird. Er sollte den Nachweis erbringen können, dass eine in sich stringent durchgeführte kausale Verknüpfung der der Cash-Flow-Prognose zugrundegelegten Prämissen bzw. Einflussfaktoren mit den prognostizierten Werten besteht. Den Aufsichtsrat trifft gemäß der gesetzten Systematik des zu führenden Entlastungsbeweises in diesem Feld (noch) keine Exkulpationsverantwortung dahingehend, ob die erfolgte wertmäßige Prognose vor dem Hintergrund der gesetzten strategischen An-

---

[831] Vgl. zu der Eignung des EVA-Ansatzes im beschriebenen Anwendungsgebiet die Ausführungen oben auf S. 93ff.

[832] Vgl. Herter (1994): S. 61, Bischoff (1994): S. 112ff.

[833] Vgl. bspw. Rappaport (1999): S. 39ff., Copeland/ Koller/ Murrin (2002): S. 177ff., Stewart (1999): S. 118ff., S. 254ff., überblickhaft auch Hachmeister (1995): S. 75ff., Bühner (1994): S. 35ff.

[834] Bei einer zu starken Detaillierung in Form von bis auf unbedeutende Positionen differenzierten Planbilanzen ist zu befürchten, dass die Transparenz der Analyse insbesondere hinsichtlich der der Cash-Flow-Prognose zugrundeliegenden Prämissen verloren geht und lediglich eine Scheingenauigkeit vorgetäuscht wird. Vgl. Herter (1994): S. 61.

[835] Ist die Cash-Flow-Ableitung für einen Außenstehenden lediglich eine „black box", besteht die Gefahr, dass die Wertanalyse zu einer reinen Rechenübung degeneriert. Vgl. Herter (1994): S. 54. Insbesondere die sogenannten „Hockey-Schläger-Effekte" dürften hiernach kaum erklärbar sein, was einer sachgemäßen Risikoüberwachung abträglich wäre. Als „Hockey-Schläger" bezeichnet man „Pläne, die nach einer längeren Periode sinkender Leistungen mit Anfang des ersten prognostizierten Jahres einen plötzlichen Umsatz- und Rentabilitätsaufschwung versprechen." Hax/ Majluf (1988): S. 28.

nahmen plausibel ist.[836] Der ggf. im Zuge der Beweislastregelung aus §§ 116, 93 Abs. 2 AktG ex-post nicht zu bewerkstelligende Nachweis einer kausalen Verknüpfung bspw. über ein Value-Driver-Modell im Sinne eines allgemeinen Referenzansatzes suggeriert demgegenüber eine mangelhafte, nicht sachgemäße methodische Überwachung der Wertermittlung und impliziert ein Haftungsrisiko für den Rat.

Die Lebensdauer einer Strategie ist i.d.R. nur sehr ungenau abschätzbar. Ihr rechnerischer Wertbeitrag wird jedoch maßgeblich von dem Prognosehorizont beeinflusst.[837] Bei der Festlegung dieses zeitlichen Prognoserahmens ergibt sich für den Vorstand ein weiter diskretionärer Handlungsspielraum. Aus agency-theoretischem Blickwinkel steht zu befürchten, dass Vorstandsmitglieder den Prognosehorizont so weit in die Zukunft verschieben, dass zwischenzeitlich schlechte Ergebnisse mit dem Hinweis auf spätere Renditen gerechtfertigt werden.[838] Die gleiche Problematik ergibt sich für die Aufsichtsrats-Agenten als Überwachungsträger, wenn man davon ausgeht, dass die Ratsmitglieder ihre begrenzte Vertragslaufzeit in ihr Kalkül miteinbeziehen. Es erwächst für diese tendenziell ein Anreiz, einen zu langen Zeitrahmen für die jeweiligen Strategien zu billigen. Sollte die Strategie tatsächlich in ferner Zukunft fehlschlagen, so ist der Nachweis einer eventuellen Sorgfaltspflichtverletzung umso schwieriger, so u.U. die Taktik unter Berücksichtigung der Annahme rationalen Eigeninteresses der Ratsmitglieder. Dieser Problemkreis ist evident. Eine richterliche Überprüfung des festgelegten Prognosehorizontes ist sehr schwierig, da dessen Kalkulation als eine unternehmerische Grundlagenentscheidung klassifiziert werden muß, der ein weiter Ermessensspielraum zuzubilligen ist. Ein Haftungsrisiko ist nahezu ausgeschlossen.

Das methodische Vorgehen einer Risikofrüherkennung mittels risikoadjustierter Kapitalkostensätze erfolgt wie beschrieben über die Heranziehung kapitalmarkttheoretischer Modellvarianten wie das CAPM oder das APT.[839] Für die einzelnen Geschäftsfelder werden segmentspezifische Kapitalkosten ermittelt. Im Unterschied zur bereichsabhängigen Planung der freien Cash-Flows bereitet die Ableitung spezifischer Kapitalkosten größere Erhebungsprobleme, da bei fehlender Börsennotierung für die gebildeten strategischen Geschäftseinheiten kein kapitalmarktbezogener Beta-Faktor berechnet werden kann.[840] In solchen Fällen stehen aller-

[836] Zu den Anforderungen an die Aufsichtsratskontrolle in diesem Bereich vgl. die Ausführungen im folgenden auf S. 212ff.
[837] Vgl. Janisch (1993): S. 97, Lukarsch (1998): S. 163, Hachmeister (1995): S. 86.
[838] Vgl. Bischoff (1994): S. 135, ferner auch Rappaport (1978): S. 84, Brealey/ Myers (2003): S. 276f.
[839] Vgl. hierzu die Ausführungen oben auf S. 75ff., S. 92.
[840] Vgl. zu den Anwendungsproblemen bei der praktischen Ableitung der Beta-Faktoren bspw. Timmreck (2002): S. 300ff., Schmidbauer (1998): S. 114ff.

dings alternative Verfahren zur Verfügung. So kann bspw. das leistungswirtschaftliche Risiko durch Heranziehung des Beta-Faktors eines der spezifischen Risikoposition vergleichbaren börsennotierten Unternehmens ermittelt werden. Eine differenziertere Risikoerfassung ist darüber hinaus über die Verwendung spartenbezogener Beta-Faktoren möglich. Diese werden unternehmensübergreifend für vergleichbare Sparten verschiedener Unternehmen errechnet.[841] Dem Aufsichtsrat dürfte durch ein Gericht in diesem Bereich keine umfassende Exkulpationsverantwortung hinsichtlich der methodischen Überwachung zugewiesen werden, da bei ihm nicht das für Überwachungszwecke notwendige Expertenwissen hinsichtlich der Berechnung spartenspezifischer Beta-Faktoren vorausgesetzt werden kann.[842] In diesem Feld ist daher im Rahmen eines Entlastungsbeweises auf die Ergebnisse der Systemprüfung des Abschlussprüfers zurückzugreifen, da diesem ein entsprechendes Spezialwissen zugeordnet werden kann. Der Prüfer ist seitens des Rats ggf. dazu aufzufordern, in regelmäßigen Abständen das systemgebundene Vorgehen bei der Ableitung der segmentspezifischen Kapitalkosten gesamtheitlich zu beurteilen, was wiederum als haftungsrechtliche Mindestanforderung gewertet werden kann.[843]

Die geschäftsfeldspezifische Risikoexposition über die beschriebenen Kapitalmarktmodelle erfasst lediglich das systematische Risiko.[844] Die Vernachlässigung der unsystematischen Risikokomponente bei der Ermittlung des Eigenkapitalkostensatzes wurde unter Hinweis auf die Portfolio-Betrachtungsweise und die Ausgangsprämisse vollständig diversifizierter Investoren gerechtfertigt. Dieser Sichtweise darf allerdings mit Blick auf das deutsche Gesellschaftsrecht nicht uneingeschränkt gefolgt werden. Eine ausschließliche Ausrichtung der strategischen Risikofrüherkennung auf das systematische Risiko im Sinne der neoklassischen Kapitalmarkttheorie muß unter realen Bedingungen und mit Blick auf das Gesellschaftsinteresse im juristischen Sinn als zu eng gewertet werden.[845] Die aktienrechtliche Ausrichtung der Sorgfaltspflicht am Gesellschaftsinteresse kann streng genommen dahingehend interpretiert werden, dass Investitionsentscheide am Gesamtrisiko und nicht lediglich am systematischen

---

[841] Vgl. hierzu ausführlich bspw. Pape (1999): S. 192ff., Herter (1994): S. 102ff., ferner auch Schmidbauer (1998): S. 114ff.

[842] Vgl. zu den aus haftungsrechtlicher Sicht relevanten Mindestkenntnissen respektive Fähigkeiten die Ausführungen oben auf S. 177.

[843] Vgl. ausführlich zu den haftungsrechtlichen Mindestanforderungen an die Zusammenarbeit der beiden Überwachungsorgane die Ausführungen oben auf S. 189ff.

[844] Vgl. Ross/ Westerfield/ Jaffe (1999): S. 250, Brealey/ Myers (2003): S. 152ff., S. 220ff., Drukarczyk (1980): S. 333.

[845] Wegen der eingeschränkten bzw. mit Transaktionskosten verbundenen Diversifikationsmöglichkeiten wird die Reduktion respektive Berücksichtigung der unsystematischen Risikokomponente unter realen Bedingungen auch den Sicherheitszielen der Anteilseigner entsprechen. Vgl. Breid (1994): S. 54f.

Risiko auszurichten sind.[846] Der Aufsichtsrat als Überwachungsträger hat hierauf ggf. hinzuwirken. Diese Anforderung ergibt sich explizit auch aus der Risikoexposition gemäß § 91 Abs. 2 AktG, nach der bei der Früherkennung insbesondere unternehmensspezifische, unsystematische Risiken wesentliche Bezugsobjekte bilden sollen.[847] Insofern ist die Bedeutung kapitalmarkttheoretisch abgeleiteter Eigenkapitalkostensätze im Hinblick auf die Anforderungen aus § 91 Abs. 2 AktG zu relativieren. Insbesondere hinsichtlich der Bemessung des unternehmensindividuellen strategischen Risikos können die kapitalmarkttheoretischen Modelle kaum Hilferstellung leisten, da die Ableitung der Eigenkapitalgeberforderungen idealtypisch auf objektivierten, maktbezogenen Größen fußt und subjektbezogene Einflüsse aus der individuellen Strategie nicht berücksichtigt werden.[848] Die über das CAPM respektive APT ermittelten Kostensätze dürfen daher nur ergänzend als Risikoindikatoren herangezogen werden. Eine ausschließliche Orientierung an kapitalmarkttheoretisch risikoadjustierten Kapitalkosten im Rahmen der Früherkennung könnte andererseits dazu führen, dass die Risikoabschätzung in Geschäftsfeldern mit einem besonders hohen Totalrisiko und einem verhältnismäßig kleinen systematischen Risiko tendenziell vernachlässigt wird. Dies könnte ggf. als haftungsrechtliche Sorgfaltspflichtverletzung im Hinblick auf die Überwachungsverantwortung nach §§ 111 Abs. 1, 91 Abs. 2 AktG gewertet werden.[849]

---

[846] Vgl. auf das deutsche Aktienrecht übertragbar Ruffner (2000b): S. 228.

[847] Vgl. die Pflicht zur Berücksichtigung unsystematischer Risiken im Rahmen der Risikofrüherkennung hervorhebend auch Gleißner (2000): S. 1625 sowie ferner auch Baetge/ Krause (1994): S. 454.

[848] Die Identifizierung unsystematischer Risiken muß sich an dem der strategischen Planung zugrundegelegten Zukunftsszenario orientieren. Resultiert bspw. ein großer „Spread" der Zählergröße aus der Ungewißheit, ob in naher Zukunft ein großer Konkurrent in den eigenen Markt eindringt, so offenbart dies ein großes unsystematisches Risiko. Dieses gilt es im Rahmen der Wertanalyse über Simulationen, Sensitivitätsanalysen bzw. die Berechnung eines „Value at Risk (VaR)" respektive „Discounted Value at Risk (DVaR)" auf der Basis der Cash-Flow-Prognose zu erfassen. Vgl. hierzu auch die Argumentationslinie oben auf S. 89ff.

[849] Die Überbewertung unsystematischer Risiken und die damit einhergehende Neigung der Vorstands, Geschäfte mit hohen unsystematischen Risikokomponenten „per se" zu meiden, wäre andererseits auch dem Gesellschaftsinteresse abträglich. In der Literatur werden diesbezüglich auch Überlegungen angestellt, eine solche stark risikoaverse Geschäftspolitik als haftungsbegründenden Tatbestand einer Sorgfaltspflichtverletzung einzustufen. Vgl. hierzu Ruffner (2000b): S. 233. In der Praxis dürfte einer Inanspruchnahme aufgrund einer solchen als Tatbestand einer Pflichtverletzung deklarierten Verhaltensweise kaum Erfolg beschieden sein, da ein Verschulden nur schwer nachzuweisen sein dürfte. Vgl. ebenda sowie Eisenberg (1993): S. 445.

3. „Beratende und gestaltende Überwachung" wertorientierter Risikofrüherkennung – Exkulpation im Bereich unternehmerisch geprägter Überwachungsschritte

a) Wertorientierte Prämissen- und Durchführungskontrolle

Planprämissen sind die vom Vorstand kollektiv verantworteten, der strategischen Planung zugrundeliegenden Einfussfaktoren auf den SV, die als kritische Annahmen einen maßgeblichen Einfluss auf die spätere Realisierbarkeit der strategischen Dispositionen besitzen.[850] Das der strategischen Planung zugrundeliegende strategietheoretische Basismuster bildet den logischen Rahmen für die wertorientierte Prämissenkontrolle des Aufsichtsrats.[851] Bei der Auswahl der diesbezüglich fundamentalen Bewertungsperspektive, d.h. hinsichtlich der Entscheidung, ob bspw. ein schwerpunktmäßig markt- oder ressourcenorientierter Blickwinkel bei der strategischen Ausrichtung angewandt wird, muß dem Vorstand zunächst ein weiter Ermessensspielraum zugestanden werden.[852] Diesen hat der Aufsichtsrat bei seiner Prämissenkontrolle zu berücksichtigen.[853] Der durch den Aufsichtsrat mit Blick auf die gewählte Bewertungsperspektive durchzuführenden Prämissenkontrolle im Sinne der Anforderungen aus §§ 111 Abs. 1, 91 Abs. 2 AktG ist der Anspruch zuzuordnen, die Auswirkungen von Veränderungen der Prämissen möglichst frühzeitig festzustellen. Hierdurch soll dem Eintreten von massiven Planabweichungen, verstanden als strategischem Risiko i.S.d. KontraG, entgegengetreten werden. Diese Kontrolltätigkeit ist als ein dynamischer, kontinuierlicher Vorgang aufzufassen. Der Aufsichtsrat wird aktiv in den Prozess der Risikofrüherkennung eingebunden. Er wird unternehmerisch gemäß der oben angeführten Definition tätig.[854] Während die Konsistenzkontrolle als Ausprägung der ex-post-Überwachungsausübung lediglich formale Mindestanforderungen abprüft, geht die Prämissenkontrolle weiter. Auf der Grundlage von

---

[850] Eine ähnliche Definition findet sich bei Lukarsch (1998): S. 178, Langguth (1994): S. 144, Theisen (1996a): S. 109 sowie Ohland (1988): S. 283f. Um die inhaltlichen Bereiche der Prämissenbildung strukturiert erfassen zu können, empfiehlt es sich, auf klassische Ansätze der Strategieerstellung wie etwa auf das LCAG-Schema zurückzugreifen. Vgl. hierzu Christensen et al. (1982).

[851] Die Sicherstellung dieser Überwachungsbasis fällt wie beschrieben bereits in den Bereich der strategischen Konsistenzkontrolle. Das für die quantitative Langfristplanung zu Beginn des Planungsprozesses herangezogene strategietheoretische Denkmuster wird über diesen Kontrollansatz in abgrenzbare Unterkriterien strukturiert. Die fundamentalen Planprämissen werden fixiert und auf diese Weise Kontrollvorgängen zugänglich gemacht. Vgl. Hardtmann (1996): S. 220.

[852] Wie oben dargelegt, existiert in der Strategielehre ohnehin kein idealtypisches Konzept der strategischen Planung, dass sich als überlegen erwiesen hat. Vgl. hierzu die Ausführungen oben auf S. 205f. Vielmehr besteht ein Richtungsstreit der verschiedenen Paradigmen. Vgl. Schäfer (2001): S. 188f. Ein generell gültiger Stand der strategischen Planung lässt sich nicht beschreiben. Konzepte, Methoden und Verfahren der strategischen Planung werden ständig in unterschiedlicher Weise und Ausprägung weiterentwickelt. Vgl. Hahn (1997b): S. 2.

[853] Vgl. zu der Pflicht des Aufsichtsrats, Vorstandsentscheidungen zu billigen, sofern sie im Rahmen vernünftigen kaufmännischen Ermessens getroffen wurden Semler (1996): S. 118.

[854] Vgl. hierzu die Ausführungen oben auf S. 180ff. Vgl. zur Charakterisierung der Plankontrolle als unternehmerische Beteiligung des Rats auch Lutter (1995a): S. 292.

Relevanzvermutungen über zukünftige Entwicklungen und Wirkungszusammenhänge sind die seitens des Vorstands vorgegebenen Planprämissen einer revolvierenden materiell-inhaltlichen Kontrolle daraufhin zu unterziehen, ob sie die aktuelle und zukünftige strategische Situation adäquat beschreiben oder ob neue, kritische Prämissen, die bislang nicht berücksichtigt wurden, heranzuziehen sind.[855] Den Aufsichtsrat trifft in diesem Überwachungsbereich entgegen den Anforderungen im Bereich der Konsistenzkontrolle eine Verpflichtung dahingehend, ggf. korrektiv in die Durchführung der Wertanalyse einzugreifen, um auf diese Weise eine Neugestaltung des Risikofrüherkennungsprozesses zu bewirken. Desweiteren trägt er im Rahmen einer so verstandenen Prämissenkontrolle eine Verantwortung dafür, bereits im Vorfeld von Vorstandsentscheidungen über Rechtsgeschäfte, die die wirtschaftliche Lage maßgeblich beeinflussen können, wie bspw. den Abschluss einer wesentlichen Neuinvestition, die hiermit korrespondierenden Risiken einzuschätzen und den Vorstand ex-ante dahingehend zu überwachen, dass dieser die Grenzen einer sorgfältigen Unternehmensführung nicht überschreitet.[856] Dies wäre der Fall, wenn die Bereitschaft zur Eingehung unternehmerischer Risiken in unverantwortlicher Weise überspannt wird.[857] Für die Realisierung dieser Kontrollaufgabe, die Merkmale einer Führungsfunktion beinhaltet, ist es erforderlich, dass die Kon-

---

[855] Vgl. ähnlich Theisen (1996a): S. 109, Lukarsch (1998): S. 178ff., ausführlich zur Überwachung von Prognosen durch den Aufsichtsrat auch Jaschke (1989): S. 178ff. Vgl. zu den analogen Anforderungen an die unternehmensintern, im Verantwortungsbereich des Vorstands durchzuführende strategische Kontrolle Hasselberg (1989): S. 134ff., Langguth (1994): S. 147, Steinmann/ Schreyögg (1986): S. 749, Wild (1981): S. 44.

[856] Insbesondere diese Aufgabenzuweisung an die „beratende und gestaltende Überwachung" einer Wertanalyse im Sinne der Anforderungen aus §§ 111 Abs. 1, 91 Abs. 2 AktG unterstreicht ihren zukunftsorientierten, unternehmerisch geprägten Gehalt nach Maßgabe des hier vorgetragenen Überwachungsverständnisses. Die wertorientierte Risikoüberwachung durch den Aufsichtsrat setzt nach dieser Sichtweise bereits im Vorfeld eines derartig risikobehafteten Rechtsgeschäftes ein. Entsprechende Rechtsgeschäfte werden hierbei im Kontext einer ordnungsgemäß ausgeübten Überwachung nach §§ 111 Abs. 1, 91 Abs. 2 AktG einem Zustimmungsvorbehalt unterliegen. Vgl. hierzu die Ausführungen oben auf S. 186ff.

[857] Abstrakt formuliert als „unverantwortlich" ist eine Maßnahme dann zu klassifizieren, wenn sie schlechterdings nicht zu rechtfertigen ist und ein verantwortungsbewusst denkender und handelnder Kaufmann zu ihrer Durchführung zu keiner Zeit bereit wäre. Vgl. Henze (1998): S. 3311. Die Frage, wann ein Risiko als unangemessen hoch zu bezeichnen ist, kann nur vor dem Hintergrund der Gegebenheiten des Einzelfalls beantwortet werden. Die Rechtsprechung hat sich mit diesem Problemkreis mehrfach beschäftigt. So hat der BGH in einer Entscheidung aus dem Jahr 1977 festgestellt, dass der Erwerb einer Kommanditbeteiligung in Höhe von 2,5 Mio DM dann ein außergewöhnliches Risiko für die sich beteiligende Gesellschaft (in diesem Fall eine KG mit Einlagen in Höhe von 14 Mio DM) darstellt, wenn die KG, an der die Beteiligung erworben wird, erst noch ihre essentielle geschäftliche Grundlage durch den Erwerb einer Kafferösterei finden muß und die Erfolgsaussicht zum diesbezüglichen Erwerb des Handelsgeschäftes nur unzureichend wahrscheinlich ist. Vgl. BGH (1977). In der sogenannten *Balsam*-Entscheidung hat das *LG Bielefeld* Factoring-Geschäfte der *Balsam*-AG in Höhe von mehreren 100 Mio DM mit sich anschließenden Devisenoptionsgeschäften angesichts der zum Zeitpunkt der Durchführung dieser Geschäfte bestehenden wirtschaftlichen Situation der Gesellschaft als ein unangemessen hohes Risiko eingestuft. Vgl. LG Bielefeld (2000). Als ebenfalls außerhalb kaufmännischer Ermessensausübung liegend wurde seitens des *LG Stuttgart* die Vorstandsentscheidung der *Ass-AG* gewertet, ein Betriebsgrundstück mit einem Verkehrswert von 34 Mio DM zu einem Preis von 14 Mio DM zu veräußern, nachdem zuvor über dieses Grundstück ein Mietvertrag mit einer vermieterseitigen Bindung von 15 Jahren abgeschlossen worden war. Vgl. LG Stuttgart (1999).

trolle nach ihrem Einsatz in der Entscheidungsvorbereitung während der gesamten Realisierung der Planung weitergeführt wird.[858]

Im Bereich dieser skizzierten Kontrollaktivität, die als eine eigenständige Wertung der strategischen Ausrichtung Charakterzüge einer unternehmerischen Grundlagenentscheidung trägt, kann seitens der Jurisprudenz nur in beschränktem Maß eine materiell-inhaltliche Kontrolle erfolgen.[859] Der Aufsichtsrat-Agentur fällt ein weiter diskretionärer Handlungsspielraum zu. Eine haftungsrechtliche Exkulpation dürfte seitens des Gerichts im wesentlichen nur in Form einer Rekursion auf prozedurale Mindestanforderungen in Analogie zur *business judgement rule* eingefordert werden.[860] Der Aufsichtsrat sollte bspw. nachweisen können, dass er über die in der institutionalisierten Informationsordnung festgelegten Berichterstattungsmedien hinaus aktiv Informationen eingefordert hat, falls die hierüber generierte Informationsbasis nicht zur hinreichenden Beurteilung der fortlaufenden Gültigkeit der Planprämissen ausgereicht hat. Zur Gewährleistung der Enthaltung einer weiterführenden gerichtlichen Überprüfung sollte der Aufsichtsrat darüber hinaus auch darlegen können, dass er sämtliche Möglichkeiten einer kontinuierlichen, intensiven Kontrollausübung wahrgenommen hat. So sollte er belegen können, daß er im Bezugszeitraum, in dem ihm eine Sorgfaltspflichtverletzung vorgeworfen wird, über die in § 110 Abs. 3 AktG als Mindestregelungen festgeschriebenen Einberufungsfrequenzen des Gremiums hinaus Sitzungen respektive Konsultationen durchgeführt hat, wenn es die jeweils offenkundige Risikosituation im Rückblick erfordert hat.[861]

Die parallel zur Prämissenkontrolle stattfindende wertorientierte Durchführungskontrolle konstituiert sich gemäß des hier konzeptionalisierten Modellvorschlages als materielle Überwachung der Wertanalyse in Form eines eigenständig durchzuführenden, kontinuierlichen „Controlling" durch den Aufsichtsrat auf strategischer Planungsebene.[862] Definitionsgemäß steht bei der wertorientierten Durchführungskontrolle die Erfüllung vordefinierter „strategi-

---

[858] Vgl. in einem ähnlichen Kontext ebenso Bea/ Scheurer (1994): S. 2151.

[859] Der Tatbestand eines sich ex-post als falsch herausstellenden strategischen Kurses kann bspw. i.e.S. nicht als haftungsbegründend eingestuft werden, wenn Risiken auf der Basis der gesetzten Prämissen unterschätzt wurden. Die Rechtsprechung hat im Fall ARAG/ Garmenbeck, auf diesen Zusammenhang übertragbar, richtungsweisend klargestellt, dass das bewusste Eingehen geschäftlicher Risiken und die hiermit einhergehende Gefahr von Fehlbeurteilungen und Fehleinschätzungen notwendiger Bestandteil jeder unternehmerischen Betätigung ist. Vgl. BGH (1997), zustimmend Kindler/ Pahlke (2001): S. 70f., Kindler (1998): S. 106. Lediglich bei Einzelentscheidungen, die offenkundig außerhalb jeglichen kaufmännischen Ermessens liegen, wie bspw. die oben in FN 857 beschriebenen Fälle, dürfte auch die gerichtliche Sanktionierung einer inhaltlichen Fehleinschätzung im Bereich der Prämissenkontrolle möglich sein.

[860] Das Zugeständnis einer entsprechend geringen gerichtlichen Kontrolldichte ergibt sich zwangsläufig aus dem Tatbestand eines hohen Grades an unternehmerischer Prägung des Überwachungsverhaltens in diesem Bereich.

[861] Vgl. hierzu ähnlich Bea/ Scheurer (1994): S. 2151.

[862] Vgl. hierzu ähnlich Lukarsch (1998): S. 192ff.

scher Meilensteine" im Mittelpunkt. Die Aufgabe des Aufsichtsrats besteht darin, auf der Grundlage der fortlaufend erfolgenden Wertanalyse zu kontrollieren, ob entsprechende Abweichungen von strategischen Zwischenzielen, die eine Gefahrenquelle nach Maßgabe des § 91 Abs. 2 AktG implizieren können, existieren. Im Hinblick auf die Cash-Flow-Planung der Geschäftsführung ist durch den Aufsichtsrat sicherzustellen, dass Wesentlichkeitsgrenzen in Form von Schwellenwerten für bestandsgefährdende Risiken i.S.d. Gesetzgebers festgelegt werden, die fortwährend zu Kontrollzwecken genutzt werden können.[863] Die systemgebundene Festlegung von entsprechenden Risikolimits im Rahmen der Wertanalyse kann als haftungsrechtliche Mindestanforderung gewertet werden, die sich implizit aus den Verhaltensanforderungen gemäß § 91 Abs. 2 AktG ableiten lässt.[864] Sollte es im Verlaufe seiner Durchführungskontrolle zur Aufdeckung von Gefährdungspotenzialen indiziert durch das Unterschreiten einzelner Schwellenwerte kommen, so ist von einer zwingenden Verpflichtung des Aufsichtsrats auszugehen, aktiv auf die Einleitung flankierender Früherkennungsmaßnahmen in Form weiterführender Detailanalysen hinzuwirken.[865] Unterlässt er dies, so dürfte ihm die nur schwer widerlegbare Vermutung einer Verletzung seiner Sorgfaltspflicht im Hinblick auf seine Überwachungsverantwortung nach §§ 111 Abs. 1, 91 Abs. 2 AktG auferlegt werden. Die Indikation zur Einleitung weiterführender Detailanalysen kann auch durch den Abschlussprüfer erfolgen. Sollte der Aufsichtsrat die diesbezüglichen Hinweise des Prüfers ignorieren, setzt er sich ebenfalls einem massiven Haftungsrisiko aus.[866] Ferner könnte seitens des Gerichts auch rückblickend beanstandet werden, dass die Festlegung eines zusätzlichen Zustimmungsvorbehalts unterlassen wurde, obwohl die durch den Rat eigenständig eruierten Ergebnisse der Durchführungskontrolle in einzelnen Feldern auf eine besonders risikobehaftete Situation hingedeutet haben.[867] Der Aufsichtsrat trägt wie dargelegt in einer entsprechend angespannten wirtschaftlichen Situation eine gesteigerte Überwachungsverantwortung, die unter haftungsrechtlichen Gesichtspunkten durch das Gericht als solche berücksichtigt wird.[868]

---

[863] Als möglicher Schwellenwert könnte, wie oben erläutert, bspw. ein bestimmtes Verhältnis des DCF zum Liquidationswert oder ein „Value at Risk" auf der Ebene der Geschäfsfelder oder auf Gesamtunternehmensebene festgelegt werden. Vgl. hierzu die Ausführungen in Kapitel 2 auf S. 97ff. Bei der Vorgabe der unternehmensindividuellen Wesentlichkeitsgrenzen kommt Vorstand und Aufsichtsrat ebenfalls zwangsläufig ein Ermessen zu. Ein allgemein gültiger Maßstab für die Wesentlichkeit von Risiken existiert nicht. Vgl. Schichold (2001): S. 406f., Vogler/ Gundert (1998): S. 2381, Baetge /Richter (2001): S. 13. Vgl. zur Problematik der Bestimmung von Wesentlichkeitsgrenzen im Bereich des Bilanzrechts grundlegend auch den Beitrag Leffson (1986).

[864] Vgl. Schichold (2001) : S. 406, Vogler/ Gundert (1998): S. 2379, S. 2381f.

[865] Vgl. hierzu ferner Schäfer (2001): S. 232.

[866] Vgl. hierzu ebenso Salzberger (2000): S. 765.

[867] Vgl. hierzu ausführlich auch die Ausführungen oben auf S. 186ff.

[868] Vgl. hierzu auch Semler (1996): S. 112.

Nach abschließender Beurteilung des realiter gegebenen Gefährdungsgrads müssen ggf. weiterführende Maßnahmen der Risikobewältigung respektive Risikoreduktion auf Initiative des Aufsichtsrats eingeleitet werden.[869] U.U. ist es erforderlich, aktiv gegenüber dem Vorstand auf Desinvestitionen in Form eines kompletten Rückzugs aus einzelnen Geschäftsfeldern hinzuwirken.[870] Die Maßnahmen zur Risikobewältigung entsprechen wie erläutert jedoch i.e.S. nicht den unmittelbaren Verhaltensanforderungen abgeleitet aus § 91 Abs. 2 AktG und werden daher hier nicht näher als potenzielle Bezugsobjekte der Aufsichtsratsüberwachung analysiert.

b) Wertorientierte strategische Überwachung

Die strategische Überwachung stellt definitionsgemäß eine ungerichtete strategische Kontrollaktivität dar. Die Aufgabenstellung an den Aufsichtsrat konstituiert sich in dem Anspruch, in Form eines strategischen Radars den wertorientierten Risikofrüherkennungsprozess zu begleiten und ggf. aktiv Umsteuerungsmaßnahmen einzufordern.[871] Die Ausübung einer so verstandenen Überwachungstätigkeit beschränkt sich nicht auf den Nachvollzug der durch den Vorstand übermittelten Risikoexposition. Der Aufsichtsrat sichert vielmehr in Form eines strategischen Auffang- und Kontrollnetzes die planerischen Aktivitäten des Vorstands kritisch ab; er wird zur selbständigen Instanz der "Risikoabsorbation".[872] Das Vorgehen bei dieser Form der Überwachung ist nicht streng einzelplanbezogen und damit selektiv. Im Zuge einer gesamtheitlichen Überwachung der wertorientierten Risikofrüherkennung löst er sich von den ihm bspw. über die Informationsordnung institutionalisiert übermittelten Berichten, indem er ggf. aktiv von allen Personen und Abteilungen Informationen einholt, die in den Risikofrüherkennungsprozess eingebunden sind.[873] In dieser Rolle richtet der Aufsichtsrat seine Kon-

---

[869] Vgl. hierzu auch Lukarsch (1998): S. 143.

[870] Bei der Entscheidung zur Einwirkung in diesem Feld kommt dem Rat analog zur Prämissenkontrolle ein weiter Ermessensspielraum in Anbetracht des Postulats unternehmerischer Eigenverantwortung zu. Eine haftungsbegründende Sorgfaltspflichtverletzung sollte im Ergebnis nur angenommen werden, wenn aus der Perspektive der damaligen Entscheidungssituation das hohe Risiko einer Bestandsgefährdung unabweisbar war und keine vernünftigen geschäftlichen Gründe dafür sprachen, dennoch die geschäftliche Position aufrechtzuerhalten. Dagegen sind Handlungen zu respektieren und als nicht haftungsbegründend einzustufen, wenn aus der damaligen Entscheidungssituation heraus anerkennenswerte Gründe existierten – mögen diese auch im Wettstreit mit Gegenargumenten von Gewicht gestanden haben, die sich ex-post als die besseren erwiesen. Vgl. zu dieser abstrakten Operationalisierung des Ermessensspielraums bei der ex-ante-Überwachung auch die Ausführungen bei Horn (1997): S. 1133. Als eine weitere Form der unmittelbar durch den Aufsichtsrat initiierten Risikobewältigung ist bspw. auch die Abberufung von Vorstandsmitgliedern anzusehen. Vgl. hierzu Preußner/ Zimmermann (2002): S. 661, Berrar (2001): S. 224f.

[871] Vgl. allgemein für die Aufsichtsratskontrolle nach § 111 Abs. 1 AktG auch Bea/ Scheurer (1994): S. 2152.

[872] Vgl. Lukarsch (1998): S. 211, ferner auch Hasselberg (1989): S. 97.

[873] Bspw. kann er die durch die verantwortlichen Funktionsträger im Vorfeld der Wertanalyse gesammelten Informationen über die Unternehmensumwelt für seine strategische Überwachung nutzen. Vgl. hierzu auch Hardtmann (1996): S. 220.

trollhandlungen auch auf die impliziten, nicht kommunizierten Planungsprämissen. Der Aufsichtsrat als „Konglomerat" von Angehörigen verschiedener wirtschaftlicher Branchen bzw. gesellschaftlicher Interessengruppen besitzt für diese Art der ungerichteten Überwachung die ideale Grundlage in Form eines zeitnahen Kenntnisstands im Hinblick auf die strategisch relevanten Änderungen in der wirtschaftlichen Umwelt sowie die gesellschaftlichen, rechtlichen oder politischen Rahmenbedingungen.[874] Der von *Schreyögg* und *Steinmann* für die strategische Kontrollausübung im Verantwortungsbereich des Vorstands geforderte Aufbau eines breiten, organisationsweiten Spektrums an „Sensoren" mit unterschiedlichen Erfahrungsbereichen und Wahrnehmungsqualitäten wird durch die Zuweisung der skizzierten Kontrollaufgabe an den Rat ergänzt.[875]

Der Bereich einer so verstandenen strategischen Überwachung ist das am schlechtesten strukturierbare Überwachungsfeld. Diese Kontrollart ist aufgrund ihres originär ungerichteten Charakters inhaltlich nicht durch Vorgaben spezifizierbar. Die Überwachungstätigkeit weist einen hohen Grad an unternehmerischer Prägung auf, da der Rat bei Bedarf einlenkend tätig werden muß. Hieraus resultiert der Tatbestand eines dem Aufsichtsrat zuzugestehenden weiten Ermessensspielraums. Die dem Aufsichtsrat zuzuweisende Sorgfaltspflicht entzieht sich (weitestgehend) einer gerichtlichen Kontrolle. Die nachweisliche Wahrnehmung einer strategischen Überwachung in der beschriebenen Form wird jedoch einer tragfähigen Entlastung im Bereich des Pflichtenspektrums aus §§ 111 Abs. 1, 91 Abs. 2 AktG zuträglich sein und rundet das vorgetragene Exkulpationskonzept ganzheitlich ab.

c) Resümee: Materieller Gehalt und Grenzen der unternehmerischen Betätigung

Es zeigt sich, dass der Aufsichtsrat (bereits) auf der Basis der geltenden Gesetzeslage eine effektive strategische Kontrollfunktion wahrnehmen und den Vorstand bei seiner Risikoüberwachungspflicht maßgeblich unterstützen kann.[876] Durch eine an der strategischen Unternehmensplanung ausgerichteten Kontrollform zur Abdeckung der Pflichten nach §§ 111 Abs. 1, 91 Abs. 2 AktG übernimmt das Gremium eine tragende Rolle bei der Umsetzung einer wertorientierten Risikofrüherkennung und schöpft seine im Gesetz verankerten Rechte bis an die Grenzen aus. Mit der realiter stattfindenden Erfüllung des dargelegten Anforderungsprofils an die ex-ante-Aufsichtsratskontrolle dürfte die Corporate Governance nachhaltig gestärkt

---

[874] Ebenso Bea/ Scheurer (1994): S. 2152.

[875] Vgl. zur Formulierung dieser Anforderung an die Umsetzung der strategischen Kontrolle Schreyögg/ Steinmann (1985): S. 406.

werden. Der Aufsichtsrat wird über eine so verstandene aktiv-wertorientierte Risikoüberwachung frühzeitig in die grundlegenden Entscheidungsprozesse der Geschäftsführung involviert. Der Ansatz einer durch den Aufsichtsrat bereitzustellenden wertorientierten strategischen Überwachung i.S.d. hier vorgetragenen weiten Rechtsverständnisses der Überwachungsreichweite nach §§ 111 Abs. 1, 91 Abs. 2 AktG darf aufgrund realiter gegebener gesellschaftsrechtlicher Restriktionen jedoch nicht zu weit greifen. Der Rat ist nicht dazu berechtigt, im übertragenen Sinne die Planungsabteilung zu ersetzen.[877] Bezugsobjekt seiner Überwachung bleibt die Geschäftsführung und damit der durch den Vorstand vorgegebene strategische Kurs.[878] Im Rahmen seiner gesetzlich eingeräumten Befugnisse kann und muß der Rat jedoch bei eigenständiger Eruierung relevanter Gefährdungspotenziale unverzüglich dem Vorstand Mitteilung erstatten und ggf. aktiv auf Gegensteuerungsmaßnahmen hinwirken. An dieser Stelle entsteht die Schnittstelle zur Überwachung der Risikobewältigung, die ihrerseits nicht in das Pflichtenspektrum nach §§ 111 Abs. 1, 91 Abs. 2 AktG fällt.

4. Haftungsrechtliche Anforderungen an die Überwachung der externen Risikoberichterstattung

Die Ergebnisse der wertorientierten Risikofrüherkennung sind in der externen Risikoberichterstattung abzubilden.[879] Eine auf dem Früherkennungsmodul einer globalen Wertanalyse fußende Risikoberichterstattung kann dabei als ein erster Schritt in Richtung eines „Value Reporting" im Sinne einer kapitalmarktorientierten Unternehmensberichterstattung gewertet werden.[880] Die diesbezüglichen Publizitätspflichten erstrecken sich im wesentlichen auf die Risikodarstellung im (Konzern-)Lagebericht im Rahmen der sogenannten handelsrechtlichen Regelpublizität nach §§ 325ff. HGB und zum anderen auf die Darlegung kursrelevanter Tatsachen im Kontext der sogenannten Ad-hoc-Publizität, die in § 15 WpHG verankert ist.[881] Die Überwachung der Rechnungslegungspraxis in diesem Feld fällt ebenfalls in den Verantwor-

---

[876] Ebenso Bea/ Scheurer (1994): S. 2151, Lukarsch (1998): S. 178ff.
[877] Vgl. Theisen (1996a): S. 104ff., Lukarsch (1998): S. 212.
[878] Es obliegt bspw. nicht dem haftungsrechtlich einforderbaren Pflichtenkreis des Rats, selbständig oder gemeinsam mit dem Vorstand strategische Chancen aufzuspüren. Vgl. Lukarsch (1998): S. 212, Potthoff/ Trescher (1994): S. 113.
[879] Vgl. hierzu auch Baetge/ Linßen (2000): S. 11, Baetge/ Richter (2001): S. 13.
[880] Vgl. zu der Diskussion um die Kommunikation unternehmenswerterheblicher Daten an den Kapitalmarkt als Gegenstand eines „Value Reporting" bspw. die Beiträge Fischer/ Wenzel/ Kühn (2001), Günther/ Beyer (2001) sowie Pellens/ Hillebrandt/ Tomaszewski (2000).
[881] Vgl. zur Unterscheidung bspw. Reichert/ Weller (2002): S. 52, Strieder (2002): S. 736ff.

tungsbereich des Aufsichtsrats nach §§ 111 Abs. 1, 91 Abs. 2 AktG i.V.m. § 171 Abs. 1 AktG bzw. § 15 WpHG.[882]

Durch den Gesetzgeber wird über den verpflichtenden Inhalt der Kontrolle des Lageberichts als Instrument der Regelpublizität durch den Aufsichtsrat keine Aussage getroffen. Nach h.M. wird § 171 Abs. 1 S. 1 AktG als „lex specialis" zum Überwachungsauftrag nach § 111 Abs. 1 AktG gewertet.[883] Der Rat sollte im Rahmen eines ggf. zu führenden Entlastungsbeweises im Hinblick auf die publizitätsbezogenen Verhaltensanforderungen aus § 91 Abs. 2 AktG i.V.m. § 289 HGB nachweisen können, dass die im Rahmen des (Konzern-)Lageberichts dargestellten Risiken der künftigen Entwicklung mit den Informationen aus den Vorstandsberichten korrelieren, die ihm im Zuge seiner begleitenden Überwachung der wertorientierten Früherkennung erstattet wurden.[884] Er hat insbesondere darzulegen, dass er den Risikobericht umfassend dahingehend geprüft hat, ob er den Anforderungen der §§ 289, 315 HGB entspricht, ob dieser also ein den tatsächlichen Verhältnissen entprechendes Bild von Geschäftsverlauf und Lage der Gesellschaft vermittelt. Mithilfe der Ergebnisse der systemgebundenen globalen Wertanalyse dürfte in diesem Feld eine Exkulpation leicht zu bewerkstelligen sein, da diese im Idealfall die gegebenen wirtschaftlichen Verhältnisse unter Risikogesichtspunkten widerspiegeln.

Eine Verletzung der Sorgfaltspflichten im Bereich der Überwachung der Ad-hoc-Berichterstattung nach § 15 WpHG kann auch zu haftungsrechtlichen Konsequenzen für aktienrechtliche Organträger führen. Hierbei ist zu unterscheiden zwischen der zivilrechtlichen Haftung von Aufsichtsratsmitgliedern für vorsätzliche und grob fahrlässige Falschinformatio-

---

[882] Vgl. Kindler/ Pahlke (2001): S. 77, Claussen/ Korth (2001): S. 335f., Rössler (2001): S. 439f. Die Kontrolle der Rechnungslegung durch den Aufsichtsrat ist nach h.M. weitestgehend in den Bereich der ex-post-Überwachung einzuordnen. Vgl. Westphalen (2000): S. 167, Hüffer (2002): Rz. 3 zu § 171 AktG, Sieg (2002): S. 1758, Kindler (1998): S. 108, Strobel (2001): S. 553, Henze (1998): S. 3312. Eine ex-ante-Kontrolle in diesem Bereich findet lediglich statt, wenn der Aufsichtsrat auf die bilanzpolitischen Entscheidungen des Vorstands Einfluss nimmt. Vgl. Hüffer (2002): Rz. 3 zu § 171 AktG. Bei seinem Entlastungsbeweis kann sich der Rat demzufolge nicht auf einen autonomen unternehmerischen Handlungsspielraum berufen.

[883] Vgl. Westphalen (2000): S. 166f., Rössler (2001): S. 446, Semler (1996): S. 119, Lutter/ Krieger (2002): S. 190. Hiernach sind die der allgemeinen Überwachungsnorm subsumierenden, oben erläuterten Überwachungskriterien der Ordnungsmäßigkeit, Wirtschaftlichkeit, Zweckmäßigkeit und Rechtmäßigkeit auf diese abgeleitete Kontrollpflicht zu übertragen. Vgl. zu diesen Kriterien die Ausführungen oben auf S. 161f. Hierdurch geht die Prüfungspflicht des Rats über diejenige des Abschlussprüfers deutlich hinaus, da letzterer lediglich die Einhaltung von Gesetz, Gesellschaftsvertrag und Satzung zu überprüfen hat. Vgl. Rössler (2001): S. 446, Westphalen (2000): S. 169, Baetge/ Linßen (1999): S. 370ff.

[884] Vgl. so in der Konsequenz der Ausführungen zur Überwachungspflicht des Aufsichtsrats in diesem Bereich ähnlich Kindler/ Pahlke (2001): S. 77, S. 82, Rössler (2001): S. 440f.

nen über die Verhältnisse der Gesellschaft gegenüber Dritten und einer Innenhaftung gegenüber der Gesellschaft für erlittene Schäden aus einer fehlerhaften Risikoberichterstattung.[885]

Wie in Kapitel 2 dargelegt, können infolge einer fehlerhaften Ad-hoc-Berichterstattungspraxis Schadensersatzansprüche gegen die emittierende Gesellschaft geltend gemacht werden, die für diese u.U. eine Bestandsgefährdung implizieren.[886] Die haftungsrechtlichen Folgen für den Aufsichtsrat bei Versäumnissen in diesem Überwachungsbereich sind in der Literatur angesichts einer bislang nur unzureichend erfolgten Operationalisierung des diesbezüglichen Pflichtenumfangs weitestgehend ungeklärt. Für einen entstandenen Schaden der Gesellschaft aus solchen kapitalmarktrechtlichen Haftungszahlungen dürfte der Aufsichtsrat bei nachweisbarer Sorgfaltspflichtverletzung auch im Zuge einer Innenhaftung aus §§ 116, 93 Abs. 2 AktG (unbeschränkt) in Anspruch genommen werden können.[887] Hiernach ist ein Entlastungsbeweis im Bereich der Überwachung der Ad-hoc-Berichterstattungspraxis immer dann als zwingend erforderlich zu erachten, wenn der dargelegte Schaden der Gesellschaft aus einer entsprechenden kapitalmarktrechtlichen Haftungsinanspruchnahme aufgrund von Publizitätsfehlern resultiert.

Es ist davon auszugehen, dass den Aufsichtsrat in diesem speziellen Überwachungsfeld keine Verantwortung dahingehend trifft, dass er die Berichterstattung in der Qualität „einer einzelfallorientierten Kontrolle des Tagesgeschäfts" überwacht. Ihm obliegt in diesem Feld nach dem hier vorgetragenen Rechtsverständnis lediglich die Pflicht zur Sicherstellung hinlänglicher institutioneller Voraussetzungen durch den Vorstand für eine den gesetzlichen Anforderungen entsprechende Risikoberichterstattung.[888] Der Aufsichtsrat kann sich in der Konse-

---

[885] Vgl. Reichert/ Weller (2002): S. 50. Der Tatbestand einer kapitalmarktrechtlichen Dritthaftung von Organmitgliedern ist auf der Basis der geltenden Gesetzeslage im Schrifttum umstritten. Vgl. hierzu und zu den potenziellen Anspruchsgrundlagen der Organmitglieder gegenüber Anlegern Krause (2002): S. 805ff., Fleischer/ Kalss (2002): S. 329, S. 334 sowie Spindler (2002): S. 1578f.

[886] Vgl. hierzu die Ausführungen oben auf S. 104f.

[887] Nach §§ 116, 93 Abs. 2 AktG können, wie oben auf S. 125 beschrieben, Aufsichtsratsmitglieder grundsätzlich für alle durch schuldhafte Pflichtverletzungen begründeten Schäden in voller Höhe in Anspruch genommen werden. Eine mit der Situation des handelsrechtlichen Abschlussprüfers, der gemäß § 323 HGB maximal in Höhe von 4 Mio Euro bei Fahrlässigkeit in Anspruch genommen werden kann, vergleichbare Haftungsbeschränkung existiert laut Gesetzeswortlaut nicht. Faktisch kann aber, wie oben auf S. 132 beschrieben, über den Abschluß einer D&O-Police für Ratsmitglieder mit einem bestimmten Selbstbehalt eine vergleichbare Lage hergestellt werden, in der die Ratsmitglieder in der Höhe nur beschränkt Gefahr laufen, Haftungszahlungen leisten zu müssen.

[888] Da die Ad-hoc-Berichterstattung gemäß § 15 WpHG für Tatbestände, die wesentliche Kursbeeinflussungen implizieren können, i.d.R. sehr kurzfristig erfolgen muß, ist anzunehmen, daß den Aufsichtsrat hierbei keine vollständige Überwachungspflicht sämtlicher Einzelmaßnahmen trifft. Die Überwachung des operativen Tagesgeschäftes fällt wie beschrieben nicht in seinen Verantwortungsbereich. Vgl. hierzu die Ausführungen oben auf S. 106f. Ein weiterführender Exkulpationsbeweis dürfte hingegen dann notwendig werden, wenn die risikoorientierte Berichterstattungspflicht aus Einzelgeschäften resultiert, die unter einem Zustimmungsvorbehalt nach § 111 Abs. 4 AktG stehen. In diesem Fall ist von einer gesteigerten Überwachungspflicht im Bereich der

quenz mit Blick auf den hier fokussierten Überwachungsgegenstand zum einen weitestgehend dadurch entlasten, dass er nachweist, dass organisatorische Vorkehrungen in Form von Schwellenwerten zur systemgebundenen Einleitung von Ad-hoc-Berichtserklärungen anknüpfend an die Ergebnisse der Wertanalyse getroffen wurden.[889] Darüber hinaus hat er ggf. darzulegen, dass er unverzüglich auf eine nachträgliche Ad-hoc-Berichterstattung hingewirkt hat, nachdem er Kenntnis davon erlangt hat, dass seitens des Vorstands keine externe Berichterstattung erfolgt ist, obwohl die Ergebnisse der wertorientierten Risikofrüherkennung diese Notwendigkeit indiziert haben. Eine Einwirkung in diesem Fall dürfte als zwingende Verhaltenspflicht ausgelegt werden, der ein Ermessensspielraum nicht zuzugestehen ist. Ferner obliegt dem Rat bei offensichtlichen Versäumnissen des Vorstands im Bereich der Ad-hoc-Berichterstattung, aus denen ein Schaden für die Gesellschaft resultierte, die Verpflichtung, eine Schadensersatzklage gegen den Vorstand zu prüfen. Gemäß der richtungsweisenden Rechtsprechung im Fall ARAG/ Garmenbeck ist diese Verhaltenspflicht ebenfalls den ex-post-Kontrollpflichten des Rats zuzuordnen, die einer vollen gerichtlichen Kontrolle zugänglich sind.[890]

---

zustimmungsbedürftigen Entscheidung und damit korrespondierender Rechnungslegungspflichten auszugehen. Vgl. hierzu auch die Ausführungen oben auf S. 186ff. sowie ferner Peltzer (1981): S. 351f. sowie Gawrisch (1999): S. 233ff.

[889] Vgl. zur Problematik der Schwellenwertsetzung auch die Ausführungen oben auf S. 215. Ferner ist es für eine hinreichende Entlastung als erforderlich anzusehen, dass der Aufsichtsrat gewährleistet, dass seitens des Vorstands weiterführende institutionelle Vorkehrungen wie etwa die Festlegung transparenter Berichtswege und eindeutiger Stellenzuordnungen erfolgen.

[890] Vgl. grundlegend BGH (1991), BGH (1997) sowie Henze (1998): S. 3310ff., Thümmel (1998): S. 103.

V. Schlußbetrachtung

A. Darstellung der wesentlichen Untersuchungsergebnisse in Thesenform

1. Der Gesetzgeber hat mit § 91 Abs. 2 AktG die risikoorientierte Kontrollpflicht des Vorstands hervorgehoben. Dem Aufsichtsrat obliegt die Kontrolle diesbezüglicher Vorstandsdispositionen im Rahmen seiner Überwachung der Geschäftsführung nach § 111 Abs. 1 AktG. Im Zusammenhang mit der Gesetzesneuerung durch das KonTraG sind im Schrifttum zahlreiche Beiträge erschienen, die sich dem Problemkreis der konzeptionellen Umsetzung der geforderten risikoorientierten Unternehmensüberwachung widmen. Hierbei tritt zutage, dass erheblich divergierende Vorstellungen hinsichtlich Gestaltung und Komplexität einer systemgebunden Risikokontrolle entsprechend dem Gesetzeszweck existieren.

2. Hinsichtlich des sich aus der Gesetzesneuregelung des § 91 Abs. 2 AktG ergebenden Pflichtenspektrums ist der sich in weiten Teilen des Schrifttums als auch bereits vereinzelt in der Rechtsprechung etablierten „weniger weiten“ Auffassung zu folgen, wonach sich lediglich die Maßgabe zur Durchführung systematisch gestalteter Risikofrüherkennungsmaßnahmen ergibt. Die Verpflichtung zu einem umfassenden systemgebundenen Risikomanagement nach betriebswirtschaftlichem Verständnis einschließlich der Maßnahmen zur Risikobewältigung lässt sich aus dem Gesetzesabschnitt nicht unmittelbar ableiten.

3. Eine kapitalmarktorientierte Wertanalyse stellt ein potenzielles Systemmodul zur Früherkennung bestandsgefährdender Entwicklungen i.S.d. KonTraG dar. Die Überwachung der diesbezüglichen Vorstandsmaßnahme einer wertorientierten Risikofrüherkennung gemäß §§ 111 Abs. 1, 91 Abs. 2 AktG eröffnet Ansatzpunkte zu einer verstärkten Einbindung des Aufsichtsrats in die strategische Unternehmenskontrolle.

4. Die Durchführung einer Wertanalyse i.S.d. § 91 Abs. 2 AktG muß aufgrund der Unbestimmtheit und Kontextgebundenheit strategischer Kontrollinformationen zwangsläufig partiell an nachgeordnete Hierarchieebenen delegiert werden, um frühzeitig Strategiebedrohungen aufdecken zu können. Allerdings besteht bei einer zu stark dezentralen organisatorischen Eingliederung dieses Früherkennungsmoduls die Gefahr, dass der gesetzgeberische Anspruch einer Gesamtbewertung der Risikolage, d.h. die Forderung nach einer Risikoaggregation, nur unzureichend befriedigt werden kann.

5. Vor dem Hintergrund der jüngeren Gesetzgebung sowie aktueller Reformbestrebungen im Bereich der aktienrechtlichen Corporate Governance ist ein weites Verständnis der Überwachungsreichweite nach §§ 111 Abs. 1, 91 Abs. 2 AktG einzufordern. Hiernach ergibt sich für den Aufsichtsrat neben der Verpflichtung, die Konfiguration der installierten Wertanalyse auf ihre prinzipielle Angemessenheit für Früherkennungszwecke zu überprüfen, auch die Pflicht zur materiellen Überwachung der Analysedurchführung, d.h. die begleitende Kontrolle der eigentlichen Risikofrüherkennung über dieses Instrument.

6. Der Abschlussprüfer unterstützt den Aufsichtsrat bei seiner Überwachungspflicht nach §§ 111 Abs. 1, 91 Abs. 2 AktG idealtypisch in Gestalt eines ebenfalls in die aktienrechtliche Corporate Governance einzubeziehenden Hilfsorgans. Über den Pflichtenstandard des § 317 Abs. 4 HGB wird auf diese Weise die Kooperation zwischen den beiden Überwachungsinstanzen intensiviert, indem über den traditionellen Bereich der Rechnungslegung hinaus eine sachgerechte zukunftsbezogene Beurteilung der risikoorientierten Leitungsmaßnahmen des Vorstands durch den Prüfer eingefordert wird.

7. Bei Unterstellung eines streng im Eigeninteresse agierenden Aufsichtsratsgremiums erwachsen verschiedene Unsicherheiten im Hinblick auf die sachgerechte Umsetzung der Überwachung einer wertorientierten Risikofrüherkennung gemäß §§ 111 Abs. 1, 91 Abs. 2 AktG. Eine Möglichkeit zur Disziplinierung stellen aus agency-theoretischem Blickwinkel Haftungssanktionen über ihre Präventivwirkung dar.

8. Die haftungsrechtlichen Implikationen der Neuregelung des § 91 Abs. 2 AktG für die aktienrechtlichen Organträger sind nicht abschließend geklärt, insbesondere weil sich bislang keine gefestigte Rechtsprechung in diesem Bereich herausgebildet hat. Es ist davon auszugehen, dass § 91 Abs. 2 AktG zu keiner materiellen Neuausrichtung des Haftungsmaßstabs aus §§ 116, 93 Abs. 2 AktG führt. Allerdings ist anzunehmen, dass sich in zukünftigen justiziabel geführten Streitfällen die Problematik der Durchsetzung einer Haftungsklage gegen die aktienrechtlichen Organträger infolge einer modifizierten Darlegungspflicht der Kausalität zwischen positivem Tun bzw. Unterlassen und einem eingetretenen Schaden für potenzielle Sorgfaltspflichtverletzungen im Anspruchsfeld der risikoorientierten Unternehmensüberwachung erleichtert.

9. In der vorliegenden Untersuchung wurde ein idealtypischer Exkulpationsansatz für die Überwachung einer wertorientierten Risikofrüherkennung gemäß §§ 111 Abs. 1, 91 Abs. 2 AktG entwickelt. Der mehrstufige Modellvorschlag orientiert sich an der höchstrichterlichen

Entscheidungspraxis im Fall ARAG/ Garmenbeck. Es werden differenzierte Exkulpationsreichweiten nach Maßgabe der unternehmerischen Prägung des Überwachungsverhaltens festgelegt. Der entwickelte Modellvorschlag kann für die Generierung praktikabler Maßstäbe einer richterlichen Kontrolle von unternehmerischen Ratsentscheidungen, insbesondere im Bereich der Kontrolle der strategischen Unternehmensplanung, als mögliches Orientierungsmuster dienen.

10. Der Aufsichtsrat muß sich nach Maßgabe des entwickelten Exkulpationsansatzes zunächst durch geeignete Maßnahmen zur institutionellen Fundierung der Aufsichtsratskontrolle entlasten. Diese Dispositionen sind dem eigentlichen materiellen Überwachungsverfahren (im Sinne von Verhaltenspflichten) zeitlich vorgelagert. Die gerichtliche Kontrolldichte ist hoch einzuschätzen.

11. Das zweite Exkulpationsfeld betrifft retrospektiv gerichtete Verhaltenspflichten bei der Überwachung einer wertorientierten Risikofrüherkennung. Die Überwachungsschritte weisen keine bzw. nur in einem geringen Grad eine unternehmerische Prägung auf. In diesem Bereich unterliegen die Aufsichtsratshandlungen ebenfalls einer umfänglichen gerichtlichen Nachprüfung. Autonome Handlungsspielräume nach Maßgabe der *business judgement rule* entstehen nicht.

12. Das dritte Exkulpationsfeld betrifft Überwachungsschritte, die eine unternehmerische Prägung aufweisen. Hierbei handelt es sich um die materiell-inhaltliche Überwachung der Durchführung der Wertanalyse. Der Aufsichtsrat wird in seiner Funktion als begleitender Überwachungsträger aktiv in den Früherkennungsprozess miteinbezogen. In bestimmten Grenzen sind dem Rat autonome Handlungsspielräume zuzugestehen.

13. Der vierte Bereich des konfigurierten Exkulpationsansatzes betrifft die Überwachung der aus den Erkenntnissen der durchgeführten Risikofrüherkennung abgeleiteten Risikoberichterstattung. Die hierunter fallenden Überwachungsschritte sind nach ihrer zeitlichen Orientierung den Exkulpationsfeldern zwei oder drei zuzuordnen.

14. Die Prüfungsergebnisse des Abschlussprüfers zu den Früherkennungsmaßnahmen nach § 91 Abs. 2 AktG haben für den Aufsichtsrat die Funktion einer zusätzlichen Information, einer Bestätigung sowie ggf. einer Anregung. Sie können jedoch nicht seine risikoorientierte Überwachungspflicht abgelten. Eine prinzipielle haftungsrechtliche Entlastung durch das Prüferurteil findet nicht statt.

15. Für den Bereich der Vorstandsüberwachung im Bezugsfeld des § 91 Abs. 2 AktG ist der Zustimmungsvorbehalt nach § 111 Abs. 4 AktG als Überwachungsmittel von hoher Bedeutung. Ein Zustimmungsvorbehalt kann etwa für das gesamte Früherkennungssystem, einzelne Früherkennungsmaßnahmen oder den Vorgang verfahrenstechnischer Systemneuerungen festgelegt werden.

16. In Anbetracht der Komplexität und Tragweite der Maßnahmen nach § 91 Abs. 2 AktG im Anwendungsfall einer großen Publikumsgesellschaft dürfte eine Exkulpation des Aufsichtsrats im Kontext einer unzureichend konfigurierten Binnenorganisation des Gremiums schwer fallen. Die Einrichtung zuarbeitender Spezialgremien in Form von Ausschüssen für den Bereich der Risikofrüherkennung kann als haftungsrechtliche Mindestanforderung gewertet werden.

17. Für den Aufsichtsrat entsteht im Hinblick auf seine Überwachungsverantwortung nach §§ 111 Abs.1, 91 Abs. 2 AktG eine faktische Verpflichtung, seinen Informationsbedarf im Rahmen einer Informationsordnung systematisch festzulegen. Für eine wertorientierte Risikoüberwachung sind hierbei insbesondere Angaben zu den strategischen Zielen, den Kriterien zur Aufspaltung in strategische Geschäftseinheiten, den Wesentlichkeitsgrenzen für Risiken sowie den im einzelnen verwendeten Bewertungsmethoden einzufordern.

18. Gemäß des in der vorliegenden Arbeit vorgetragenen Rechtsverständnisses der Überwachungsreichweite nach §§ 111 Abs. 1, 91 Abs. 2 AktG ist der Aufsichtsrat dazu verpflichtet, eine zukunftsorientierte materielle Plankontrolle im Rahmen seiner ex-ante-Überwachung risikoorientierter Risikofrüherkennung durchzuführen. Eine Kontrollaktivität in diesem Sinne impliziert einen parallel zur Strategieformulierung und –implementation laufenden Informations- und Entscheidungsprozess, der die strategischen Pläne fortlaufend auf ihre weitere Tragfähigkeit (Validität) hin überprüft.

19. Im Bereich strategischer Kontrollaktivitäten, die als eine eigenständige Wertung der strategischen Ausrichtung Charakterzüge einer unternehmerischen Grundlagenentscheidung tragen, kann seitens der Jurisprudenz nur in beschränktem Maß eine materiell-inhaltliche Kontrolle erfolgen. Eine haftungsrechtliche Exkulpation dürfte seitens der Gerichte im wesentlichen nur in Form einer Rekursion auf prozedurale Mindestanforderungen in Analogie zur *business judgement rule* eingefordert werden.

20. Bei seiner „beratenden und gestaltenden" Überwachung wertorientierter Risikofrüherkennung führt der Aufsichtsrat idealtypisch eine materielle strategische Kontrolle auf Planungsebene in Form einer wertorientierten Prämissen- und Duchführungskontrolle sowie einer wertorientierten strategischen Überwachung durch. Hierdurch kann eine weitestgehende Exkulpation im Bereich unternehmerisch geprägter Überwachungsschritte erfolgen.

21. Die Ergebnisse wertorientierter Risikofrüherkennung sind in der externen Risikoberichterstattung abzubilden. Eine auf dem Früherkennungsmodul einer globalen Wertanalyse fußende Risikoberichterstattung kann dabei als ein erster Schritt in Richtung eines „Value Reporting" im Sinne einer kapitalmarktorientierten Unternehmensberichterstattung gewertet werden.

22. Eine aus einer unsachgemäßen Risikopolitik resultierende fehlerhafte Ad-hoc-Berichterstattungpraxis kann zu massiven kapitalmarktrechtlichen Haftungssanktionen gegenüber der betroffenen Gesellschaft führen. Die haftungsrechtlichen Konsequenzen für den Aufsichtsrat bei Versäumnissen im Überwachungsbereich dieser risikoorientierten Rechnungslegungspraxis sind bislang weitestgehend ungeklärt. Für einen entstandenen Schaden der Gesellschaft aus kapitalmarktrechtlichen Schadensersatzzahlungen dürfte der Aufsichtsrat bei nachweisbarer Sorgfaltspflichtverletzung auch im Zuge einer Innenhaftung aus §§ 116, 93 Abs. 2 AktG in Anspruch genommen werden können.

B. Gesellschaftsrechtlicher Ausblick

Die Diskussion um eine Neugestaltung der aktienrechtlichen Corporate Governance hält an. Die in der jüngeren Vergangenheit erfolgten Rechtsnovellen stellen erste Schritte einer grundlegenden Aktienrechtsreform dar. Dem von der *Corporate Governance Kommission* initiierten Reformprogramm liegt eine langfristige Strategie zugrunde. Diese zielt u.a. auf eine Revitalisierung und Effektivierung des Aufsichtsrats als qualifiziertem Kontrollgremium, was eine tendenzielle Machtverschiebung in seine Richtung zu Lasten des Vorstands impliziert.[891] Die Schadensersatzhaftung der Kontrollorgane gegenüber der Gesellschaft steht ebenfalls im Fokus der gegenwärtig geführten Debatte um weitere Veränderungen des Gesellschaftsrechts. Nach ganz überwiegender Meinung in der Rechtslehre ist der Haftungsmaßstab aus §§ 116, 93 Abs. 2 AktG insbesondere aufgrund der festgeschriebenen Beweislastumgekehr als angemessen streng zu werten.[892] Bei der in der öffentlichen Diskussion immer wieder vorgetrage-

[891] Vgl. ähnlich Seibert (2002a): S. 419.
[892] Vgl. für Viele Bernhardt (2002): S. 1846, Lutter (1995): S. 306f., Reichert/ Weller (2002):S. 50f.

nen Forderung nach einer Haftungsverschärfung ist zu bedenken, dass der Spielraum des Gesetzgebers für die Sanktionierung der Vorstands- und Aufsichtsratsarbeit begrenzt ist. Unternehmerische Eigenverantwortung und Risikobereitschaft müssen in einem marktwirtschaftlichen Kontext gestützt werden. Gesetze können keine „Dämme im Sinne eines Allheilmittels" gegen unternehmerisches Versagen und die Fehleinschätzung von Risiken darstellen. Eine materielle Verschärfung des bestehenden Haftungsmaßstabs ist daher abzulehnen. Demgegenüber ist für die absehbare Zukunft eine weitere Änderung des Verfolgungsrechts aus § 147 AktG geplant. Die Hürden einer Klageerhebung für die Aktionäre sollen abgesenkt werden.[893] Über die Verbesserung der Durchsetzungsmodalitäten intendiert man, in Zukunft die Praxis der Inanspruchnahme lax operierender Aufsichtsorgane zu intensivieren.[894] Ferner soll über die durch den Gesetzgeber beabsichtigte Effektivierung der kapitalgesellschaftlichen Organhaftung neben ihrem generalpräventiven und damit die Qualität der Unternehmenskontrolle fördernden Sanktionscharakter, auch der Anlegerschutz im Falle eines Versagens der Kontrollorgane verbessert werden. Die Zukunft Deutschlands als wettbewerbsfähiger Kapitalmarktstandort wird mitunter von dem Erfolg der diesbezüglichen haftungsrechtlichen Reformbestrebungen als Teilglied einer ganzheitlichen Neuakzentuierung der aktienrechtlichen Corporate Governance maßgeblich beeinflusst.

[893] Dies entspricht den Empfehlungen der *Corporate Governance Kommission* sowie des 63. *Deutschen Juristentages*. Vgl. hierzu Bernhardt (2002): S. 1846, Hoffmann-Becking (2001): S. 128, Reichert (2002): S. 194ff., Bayer (2002): S. 156f.

[894] Der oben skizzierten Gefahr strategischer Haftungsklagen soll dadurch entgegengetreten werden, dass der eigentlichen Schadensersatzklage ein mehrstufiges Zulassungsverfahren vorgeschaltet wird, das im Interesse der Gesellschaft entsprechende aussichtslose respektive erpresserische Klagen ausfiltert. Vgl. Reichert/ Weller (2002): S. 51.

Literaturverzeichnis

Abeltshauser, T.E. (1998): Leitungshaftung im Kapitalgesellschaftsrecht, Köln 1998.

Achleitner, A.K./ Wichels, D. (2002): Stock-Option-Pläne als Vergütungsbestandteil wertorientierter Entlohnungssysteme, in: Stock Options, hrsg. von A.K. Achleitner und P. Wollmert, Stuttgart 2002, S. 1-24.

Adams, M. (1994): Die Ursurpation von Aktionärsbefugnissen mittels Ringverflechtung in der „Deutschland AG", in: Die Aktiengesellschaft 1994, S. 148-158.

Adams, M. (1997): Corporate Governance: Vertragen sich die deutsche Unternehmensverfassung und das Shareholder-Prinzip?, in: Zeitschrift für Betriebswirtschaft-Ergänzungsheft 4/97, S. 21-29.

Akerlof, G.A. (1970): The market for „Lemons", in: Quarterly Journal of Economics 1970, S. 488-500.

Alchian, A.A./ Demsetz, H. (1972): Production, Information Costs, and Economic Organization, in: American Economic Review 1972, S. 777-795.

Altmeppen, H. (1998): Die Haftung des Managers im Konzern, München 1998.

Alvarez, M./ Biberacher J. (2002): Goodwill-Bilanzierung nach US-GAAP – Anforderungen an Unternehmenssteuerung und –berichterstattung, in: Betriebs-Berater 2002, S. 346-353.

Alvarez, M./ Wotschofsky, S. (2001): Stärkung der Corporate Governanace durch Einführung einer Review-Pflicht füe Quartalsabschlüsse, in: Der Finanzbetrieb, Sonderheft 2001, S. 116-123.

American Law Institute (1994): Principles of Corporate Governance: Analysis and Recommendation, St. Paul 1994.

Arbeitskreis „Finanzierung" der Schmalenbach-Gesellschaft/ Deutsche Gesellschaft für Betriebswirtschaft e.V. (1996): Wertorientierte Unternehmenssteuerung mit differenzierten Kapitalkosten, in: Zeitschrift für betriebswirtschaftliche Forschung 1996, S. 543-578.

Arbeitskreis „Externe und interne Überwachung der Unternehmung" der Schmalenbach-Gesellschaft/ Deutsche Gesellschaft für Betriebswirtschaft e.V. (1995): Grundsätze ordnungsmäßiger Aufsichtsratstätigkeit – ein Diskussionspapier, in: Der Betrieb 1995, S. 1-4.

Arrow, K.J. (1974): The Limits of Organization, New York 1974.

Arrow, K.J. (1984): The economics of agency, technical report No. 451 of the center for research on organizational efficiency, Stanford University, Stanford 1984.

Arrow, K.J. (1986): Agency and the market, in: Handbook of Mathematical Economics, 3. Aufl., hrsg. Von K.J. Arrow und M.D. Intriligator, New York et al. 1986, S. 1183-1195.

Arrow, K.J./ Debreu, G. (1954): Existence of an Equilibrium for a Competitive Economy, in: Econometrica 1954, S. 265-290.

Assmann, H.-D. (1995): Corporate Governance. Eine Vorbemerkung zu den Beiträgen von E.B. Rock und E. Wymeersch, in: Die Aktiengesellschaft 1995, S. 289-290.

Assmann, H.-D./ Schneider, U.H. (1995): Kommentar Wertpapierhandelsgesetz, Köln 1995.

Auge-Dickhut, S. (1999): Der Aufsichtsrat als Intermediär, Wiesbaden 1999.

Baetge, J./ Jerschensky, A. (1999): Frühwarnsysteme als Instrumente eines effizienten Risikomanagement und –controlling, in: Controlling 1999, S. 171-176.

Baetge, J./ Krause, C. (1994): Die Berücksichtigung des Risikos bei der Unternehmensbewertung, in: Betriebswirtschaftliche Forschung und Praxis 1994, S. 433-456.

Baetge, J./ Linßen, T. (1999): Beurteilung der wirtschaftlichen Lage durch den Abschlussprüfer und Darstellung des Urteils im Prüfungsbericht und Bestätigungsvermerk, in: Betriebswirtschaftliche Forschung und Praxis 1999, S. 369-389.

Baetge, J./ Linßen, T. (2000): „Risiken der künftigen Entwicklung" nach KonTraG, in: Wertorientierte Konzernführung, hrsg. von K. Küting und C.-P. Weber, Stuttgart 2000, S. 9-34.

Baetge, J./ Richter, M. (2001): Wie lassen sich die „Risiken der künftigen Entwicklung" eines Unternehmens objektiv messen?, in: Zum Erkenntnisstand der Betriebswirtschaftslehre am Beginn des 21. Jahrhunderts, Festschrift für E. Loitlsberger, hrsg. von U. Wagner, Berlin 2001, S. 1-17.

Baiman, S. (1984): Agency research in managerial accounting: A survey, in: Modern accounting theory: History, survey, and guide, hrsg. von R. Mattesich, Vancouver 1984, S. 251-294.

Baiman, S./ Demski, J.S. (1980): Variance Analysis Procedures as Motivational Devices, in: Management Science 1980, S. 840-848.

Ballwieser, W. (1987): Kapitalmarkt, Managerinteressen und die Rolle des Wirtschaftsprüfers, in: Kapitalmarkt und Finanzierung, hrsg. von D. Schneider, Berlin 1987, S. 350-362.

Ballwieser, W. (1990): Unternehmensbewertung und Komplexitätsreduktion, 3. Aufl., Wiesbaden 1990.

Ballwieser, W. (1993): Methoden der Unternehmensbewertung, in: Handbuch des Finanzmanagements. Instrumente und Märkte der Unternehmensfinanzierung, hrsg. von G. Gebhardt, W. Gerke und M. Steiner, München 1993, S. 151-176.

Ballwieser, W./ Schmidt, R.H. (1981): Unternehmensverfassung, Unternehmensziele und Finanztheorie, in: Unternehmensverfassung als Problem der Betriebswirtschaftslehre, hrsg. von K. Bohr et al., Berlin 1981, S. 645-682.

Baltzer, U. (1983): Krisenerkennung durch den Aufsichtsrat, Frankfurt a.M. et al. 1983.

Bamberg, G./ Coenenberg, A. (2000): Betriebswirtschaftliche Entscheidungslehre, 10.Aufl., München 2000.

Bamberg, G./ Trost, R. (1995): Stellungnahme zu Christian Müller: „Agency-Theorie und Informationsgehalt", in: Die Betriebswirtschaft 1995, S. 125- 127.

Barnea, A./ Haugen, R.A./ Senbet, L.W. (1985): Agency Problems and Financial Contracting, Englewood Cliffs 1985.

Barney, J.B. (1986): Organizational culture: Can it be a source of sustained competitive advantage, in: Academy of Management Review 1986, S. 656-665.

Barney, J.B. (1991): Firm resources and sustained competitive advantage, in: Journal of Management 1991, S. 99-120.

Bartke, G. (1981): Zur Bedeutung des Liquidationswertes als Wertuntergrenze - ein Beitrag zur realitätsnäheren Weiterentwicklung der Lehre der Unternehmensbewertung, in: Betriebswirtschaftliche Forschung und Praxis 1981, S. 393-406.

Bassen, A. (2001): Einflußnahme institutioneller Investoren auf Corporate Governance und Unternehmensführung unter besonderer Berücksichtigung börsennotierter Wachstumsunternehmen, Oestrich Winkel 2001.

Baumbach, A./ Hopt, K.J. (2000): Handelsgesetzbuch (Beckscher Kurz-Kommentar), 30. Aufl., München 2000.

Baums, T. (1995): Der Aufsichtsrat – Aufgaben und Reformfragen, in: Zeitschrift für Wirtschaftsrecht 1995, S. 11-18.

Baums, T. (1996): Wesentliche Reformfragen werden nicht gestellt (Zeitgespräch zum Thema: „Versagen die Aufsichtsräte?"), in: Wirtschaftsdienst: Zeitschrift für Wirtschaftspolitik 1996, S. 171-174.

Baums, T. (2002): Aktienrecht für globalisierte Kapitalmärkte - Generalbericht, in: Corporate Governance, hrsg. von P. Hommelhoff, Heidelberg 2002, S. 13-25.

Bayer, W. (2002): Aktionärsrechte und Anlegerschutz, in: Corporate Governance, hrsg. von P. Hommelhoff, Heidelberg 2002, S. 137-163.

Bea, F.X./ Kötzle, A. (1983): Ursachen von Unternehmenskrisen und Maßnahmen zur Krisenvermeidung, in: Der Betrieb 1983, S. 565-571.

Bea, F.X./ Scheurer, S. (1994): Die Kontrollfunktion des Aufsichtsrats, in: Der Betrieb 1994, S. 2145-2152.

Becker, F.G. (1990): Anreizsysteme für Führungskräfte: Möglichkeiten zur strategisch-orientierten Steuerung des Managements, Stuttgart 1990.

Becker, M. (1997): Verwaltungskontrolle durch Gesellschafterrechte, Tübingen 1997.

Becker, T. (1993): Informationsorientierte Überwachungskonzepte zur Kontrolle von Vorständen, Stuttgart 1993.

Berle, A.A. Jr./ Means, G.C. (1932): The Modern Corporation and Private Property, New York 1932.

Bernhardt, W. (1995): Aufsichtsrat – die schönste Nebensache der Welt? Defizite für eine effiziente Aufsichtsratstätigkeit, in: Zeitschrift für das gesamte Handels- und Wirtschaftsrecht 1995, S. 310-321.

Bernhardt, W. (1997): Wenig Neues – zu wenig? – Kleine Aktienrechtsreform, Corporate Governance und Konzernwirklichkeit, in: Zeitschrift für Betriebswirtschaft 1997, S. 803-815.

Bernhardt, W. (2002): Der Deutsche Corporate Governance Kodex: Zuwahl (comply) oder Abwahl (explain)?, in: Der Betrieb 2002, S. 1841-1846.

Berrar, C. (2001): Die Entwicklung der Corporate Governance in Deutschland im internationalen Vergleich, München 2001.

Bettis, R.A. (1983): Modern Financial Theory, Corporate Strategy and Public Policy: Three Conundrums, in: Academy of Management Review 1983, S. 406-415.

Biener, H. (1977): Die Überwachung der Geschäftsführung durch den Aufsichtsrat, in: Betriebswirtschaftliche Forschung und Praxis 1977, S. 489-502.

Bischoff, J. (1994): Das Shareholder-Value-Konzept, Wiesbaden 1994.

Bitz, H. (2000a): Abgrenzung des Risiko-Frühwarnsystems i.e.S. nach KonTraG zu einem umfassenden Risiko-Managementsystem im betriebswirtschaftlichen Sinn, in: Betriebswirtschaftliche Forschung und Praxis 2000, S. 231-240.

Bitz, H. (2000b): Risikomanagement nach KonTraG, Stuttgart 2000.

Bitz, M. (1981): Entscheidungstheorie, München 1981.

Bitz, M. (1993): Investition, in: Vahlens Kompendium der Betriebswirtschaftslehre, Bd. 1, 3. Aufl., hrsg. von M. Bitz et al., München 1993, S. 457-519.

Black, F. / Jensen, M.C./ Scholes, M. (1972): The Capital Asset Pricing Model: Some Empirical Tests, in: Studies in the Theory of Capital Markets, hrsg. von M.C. Jensen, New York et al. 1972, S. 79-121.

Bleicher, K./ Leberl, D.G./ Paul, H. (1989): Unternehmensverfassung und Spitzenorganisation: Führung und Überwachung von Aktiengesellschaften im internationalen Vergleich, Wiesbaden 1989.

Bleicher, K. / Paul, H. (1986): Das amerikanische Board-Modell im Vergleich zur deutschen Vorstands-/ Aufsichtsratsverfassung – Stand und Entwicklungstendenzen, in: Die Betriebswirtschaft 1986, S. 263-288.

BMJ (1996): Begründung zum Referentenentwurf des KonTraG, in: Zeitschrift für Wirtschaftsrecht 1996, S. 2129-2139.

BMJ (1997): Begründung zum Gesetzentwurf des KonTraG, Bundesrats-Drucksache 872/97.

BMJ (2002): Gesetzentwurf der Bundesregierung zur weiteren Reform des Aktien- und Bilanzrechts, zu Transparenz und Publizität (Transparenz- und Publizitätsgesetz), Bundesrats-Drucksache 109/02.

Böcking, H.-J./ Orth, C. (2000): Risikomanagement und das Testat des Abschlußprüfers, in: Betriebswirtschaftliche Forschung und Praxis 2000, S. 242-260.

Böhmer, E. (1999): Corporate Governance in Germany: Institutional Background and Empirical Results, Arbeitspapier Nr. 78, Universität Frankfurt a.M. 1999.

Boland, L. (1981): On the Futility of Criticizing the Neoclassical Maximization Hypothesis, in: American Economic Review 1981, S. 1031-1036.

Bosse, C. (2002): TransPubG: Änderungen zu den Berichtspflichten des Vorstands und zur Aufsichtsratstätigkeit, in: Der Betrieb 2002, S. 1592-1595.

Boujong, K. (1995): Rechtliche Mindestanforderungen an eine ordnungsgemäße Vorstandskontrolle und –beratung, in: Die Aktiengesellschaft 1995, S. 203-207.

Bower, D.H./ Bower, R.S./ Logue, D.E. (1986): A Primer on Arbitrage Pricing Theory, in: The Revolution of Corporate Finance, hrsg. von J.M. Stern und D.H. Chew, Oxford/ Cambridge 1986, S. 69-77.

Brealey, R.A./ Myers, S.C. (2003): Principles of Corporate Finance, 7.Aufl., Boston et al. 2003.

Brebeck, F./ Förschle, G. (1999) : Gegenstand und Umfang der Abschlußprüfung nach Inkrafttreten des KonTraG, in: Das Kontroll- und Transparenzgesetz, hrsg. von B. Saitz und F. Braun, Wiesbaden 1999, S. 171-193.

Brebeck, F./ Hermann, D. (1997): Zur Forderung des KonTraG-Entwurfs nach einem Frühwarnsystem und zu den Konsequenzen für die Jahres- und Konzernabschlussprüfung, in: Die Wirtschaftsprüfung 1997, S. 381-391.

Breid, V. (1994): Erfolgspotentialrechnung, München 1994

Breid, V. (1995): Aussagefähigkeit agencytheoretischer Ansätze im Hinblick auf die Verhaltenssteuerung von Entscheidungsträgern, in: Zeitschrift für betriebswirtschaftliche Forschung 1995, S. 821-853.

Brigham, E.F./ Gapenski, L.C./ Ehrhard, M.C. (1999): Financial Management, 9 Aufl., Fort Worth et al. 1999.

Brockhoff, K. (1997): Betriebswirtschaftliche Erkenntnisse und rechtliche Normsetzung, in: Zeitschrift für Betriebswirtschaft-Ergänzungsheft 4/1997, S. 1-7.

Brune, J.W. (1995): Der Shareholder-Value-Ansatz als ganzheitliches Instrument strategischer Planung und Kontrolle, Köln 1995.

Bruse, H. (1984): Das Unternehmensrisiko: Eine theoretische und empirische Untersuchung, in: Zeitschrift für Betriebswirtschaft 1984, S. 964-996.

Buckley, A./ Ross, S.A./ Westerfield, R.W./ Jaffe, J.F. (1998): Corporate Finance Europe, London et al. 1998.

Buchner, R. (1981): Die Planung von Gesamt-Kapitalanlagen (Portefeuilles) und der Effekt der Markowitz-Diversifikation, in: Wirtschaftswissenschaftliches Studium 1981, S. 310-323.

Bühner, R. (1993): Shareholder Value, in: Die Betriebswirtschaft 1993, S. 749-769.

Bühner, R. (1994): Unternehmerische Führung mit Shareholder Value, in: Der Shareholder-Value-Report, hrsg. von R. Bühner, Landsberg/ Lech 1994, S. 9-75.

Bühner, R./ Weinberger H.-J. (1991): Cash-Flow und Shareholder Value, in: Betriebswirtschaftliche Forschung und Praxis 1991, S. 187-208.

Burger, A./ Buchhart, A. (2002): Zur Berücksichtigung von Risiko in der strategischen Unternehmensführung, in: Der Betrieb 2002, S. 593-599.

Busse v. Colbe, W. (1997): Was ist und bedeutet Shareholder Value aus betriebswirtschaftlicher Sicht?, in: Zeitschrift für Unternehmens- und Gesellschaftsrecht 1997, S. 271-290.

Caldwell, B.J. (1983): The Neoclassical Maximization Hypotheses: Comment, in: American Economic Review 1983, S. 824-827.

Castanias, R.P./ Helfat, C.E. (1991): Managerial resources and rents, in: Journal of Management 1991, S. 155-171.

Chakravarthy, B.S./ Singh, H. (1990): Value Based Planning: Applications and Limitations, in: Advances in Strategic Management 1990, S. 169-181.

Chen, N.F. (1983): Some Empirical Tests of the Theory of Arbitrage Pricing, in: The Journal of Finance 1983, S. 1393-1414.

Christensen, C.R./ Andrews, K.R./ Bower, J.L./ Hamermesh, R.G./ Porter, M.E. (1982): Business Policy, Homewood 1982.

Claussen, C.P. (1996): Aktienrechtsreform 1997, in: Die Aktiengesellschaft 1996, S. 481-494.

Claussen, C.P./ Bröcker, N. (2000): Corporate-Governance-Grundsätze in Deutschland – nützliche Orientierungshilfe oder regulatorisches Übermaß?, in: Die Aktiengesellschaft 2000, S. 481-491.

Claussen, C.P./ Korth, H.-M. (2001): Anforderungen an ein Risikomanagementsystem aus der Sicht des Aufsichtsrates, in: Deutsches und europäisches Gesellschafts-, Konzern– und Kapitalmarktrecht, Festschrift für M. Lutter, hrsg. von U.-H. Schneider, Köln 2000, S. 327-341.

Claussen, C.P. (1984): Abgestufte Überwachungspflicht des Aufsichtsrats?, in: Die Aktiengesellschaft 1984, S. 20-21.

Clemm, H. (1996): Reform des Aufsichtsrats? Bemerkungen und Wünsche aus Wirtschaftsprüfersicht, in: Betriebswirtschaftliche Forschung und Praxis 1996, S. 269-284.

Coenenberg, A.G. (1970): Unternehmensbewertung mit Hilfe der Monte-Carlo-Simulation, in: Zeitschrift für Betriebswirtschaftslehre 1970, S. 793-804.

Coenenberg, A./ Reinhart, A./ Schmitz, J. (1997): Audit Committees – Ein Instrument zur Unternehmensüberwachung?, in: Der Betrieb 1997, S. 989-997.

Coffee, J.C. Jr. (1996): Organhaftung im amerikanischen Recht, in: Optimierung der Unternehmensführung und der Unternehmenskontrolle im deutschen und amerikanischen Aktienrecht, hrsg. von D. Feddersen et al., Köln 1996, S. 165-208.

Conlisk, J. (1996): Why bounded rationality, in: Journal of economic Literature 1996, S. 669-700.

Cooter, R./ Freedman, B.J. (1991): The Fiduciary Relationship: Its Economic Character and Legal Consequences, in: New York Law Review 1991, S. 1045-1072.

Copeland, T.E./ Koller, T./ Murrin, J. (2002): Unternehmenswert: Methoden und Strategien für eine wertorientierte Unternehmensführung, Frankfurt a.M. 2002.

Copeland, T.E./ Weston, J.F. (1992): Financial Theory and Corporate Policy, 3. Aufl., Massachuesetts et al. 1992.

Cyert, R.M./ March, J.G. (1963): A Behavioral Theory of The Firm, Englewood Cliffs (N.J.) 1963.

Day, G.S. (1981): The Product Life Cycle, Analysis and Application Issues, in Journal of Marketing 4/1981, S. 54-74.

Day, G.S./ Fahey, L. (1988): Valuing Market Strategies, in: Journal of Marketing 7/1988, S. 45-57.

Day, G.S./ Fahey, L. (1990): Putting Strategy into Shareholder Value Analysis, in: Harvard Business Review 2/1990, S. 156-162.

Deckert, M. (1996): Effektive Überwachung der AG-Geschäftsführung durch Ausschüsse des Aufsichtsrats, in: Zeitschrift für Wirtschaftsrecht 1996, S. 985-994.

Deckert, M. (1997): Organschaftliche und vertragliche Beratungspflichten des Aufsichtsratsmitglieds, in: Die Aktiengesellschaft 1997, S. 109-114.

Demsetz, H. (1969): Information and Efficiency: Another Viewpoint, in: Journal of Law and Economics 1969, S. 1-22.

Dirrigl, H. (1994): Konzepte, Anwendungsbereiche und Grenzen einer strategischen Unternehmensbewertung, in: Betriebswirtschaftliche Forschung und Praxis 1994, S. 409-432.

DJT (2000): Band II/1 zu den Empfehlungen des 63. Deutschen Juristentages, S. O 79.

Dobler, M. (2001): Die Prüfung des Risikofrüherkennungssystems gemäß § 317 Abs. 4 HGB – Kritische Analyse und empirischer Befund, in: Deutsches Steuerrecht 2001, S. 2086-2092.

Dörner, D. (2002): Prüfungsansatz, risikoorientierter, in: Handwörterbuch der Rechnungslegung und Prüfung, hrsg. von W. Ballwieser, A.G. Coenenberg und K. v. Wysocki, 3. Aufl., Stuttgart 2002, Sp. 1744-1762.

Dörner, D. (2003): Entwicklung der Corporate Governance in Deutschland, 3. Aufl., München 2003.

Dörner, D./ Doleczik, G. (2000): Prüfung des Risikomanagements, in: Praxis des Risikomanagements, hrsg von D. Dörner, P. Horvath und H. Kagermann 2000, S. 193-217.

Dörner, D./ Oser, P. (1995): Erfüllen Aufsichtsrat und Wirtschaftsprüfer ihre Aufgaben?, in: Der Betrieb 1995, S. 1085-1093.

Dowd, K. (1998): Beyond Value at Risk, Chichester 1998.

Dreher, M. (1994): Das Ermessen des Aufsichtsrats, in: Zeitschrift für das gesamte Handels- und Wirtschaftsrecht 1994, S. 614-645.

Dreher, M. (1996a): Die Organisation des Aufsichtsrats, in: Optimierung der Unternehmensführung und der Unternehmenskontrolle im deutschen und amerikanischen Aktienrecht, hrsg. von D. Feddersen, Köln 1996, S. 33-60.

Dreher, M. (1996b): Die Qualifikation der Aufsichtsratsmitglieder – Rechtliche Anforderungen und Folgerungen unter besonderer Berücksichtigung der Aufsichtsratsausschüsse bei der Aktiengesellschaft, in: Verantwortung und Gestaltung, Festschrift für K. Boujong, hrsg. von C.T. Ebenroth, D. Hesselberger und M.R. Rinne, München 1996, S. 71-97.

Dreher, M. (1997): Anmerkung, in: Juristen-Zeitung 1997, S. 1074-1076.

Drukarczyk, J. (1980): Finanzierungstheorie, München 1980.

Drukarczyk, J. (1993): Theorie und Politik der Finanzierung, 2. Aufl., München 1993.

Drucarczyk, J. (1995): DCF-Methoden und Ertragswertmethode - einige klärende Anmerkungen, in: Die Wirtschaftsprüfung 1995, S. 329-334.

Drukarczyk, J. (1996): Finanzierung. Eine Einführung, 7. Aufl., Stuttgart 1996.

Drukarczyk, J. (2003): Unternehmensbewertung, 4. Aufl., München 2003.

Drygala, T./ Drygala, A. (2000): Wer braucht ein Frühwarnsystem?, in: Zeitschrift für Wirtschaftsrecht 2000, S. 297-305.

Easterbrook, F.H./ Fischel, D.R. (1991): The Economic Structure of Corporate Law, Cambridge/ London 1991.

Edenfeld, S./ Neufang, S. (1999): Die Haftung der Arbeitnehmervertreter im Aufsichtsrat, in: Die Aktiengesellschaft 1999, S. 49-57.

Eggemann, G./ Konradt, T. (1997): Risikomanagement nach KonTraG aus dem Blickwinkel des Wirtschaftsprüfers, in: Betriebs-Berater 2000, S. 503-509.

Eggertson, T. (1990): Economic Behaviour and Institutions, Cambridge et al. 1990.

Einhelliger, F. (2000): Das Risikomanagement in einem diversifizierten Konzern am Beispiel der JENOPTIK-Gruppe, in: Strategische Steuerung, hrsg. von P. Horvath, Stuttgart 2000, S. 297-318.

Eisenberg, M.A. (1993): The Divergence of Standards of Conduct and Standards of Review in Corporate Law, Fordham Law Review 1993, S. 437-472.

Eisenhardt, K.M. (1989): Agency Theory: An Assessment and Review, in: Academy of Management Review 1989, S. 57-74.

Elschen, R. (1991a): Shareholder Value und Agency-Theorie - Anreiz- und Kontrollsysteme für Zielsetzung der Anteilseigner, in Betriebswirtschaftliche Forschung und Praxis 1991, S. 209-220.

Elschen, R. (1991b): Gegenstand und Anwendungsmöglichkeiten der Agency-Theorie, in: Zeitschrift für betriebswirtschaftliche Forschung 1991, S. 1002-1012.

Elschen, R. (1995): Methodologische Nostalgie und faustische Theoriekritik, in: Die Betriebswirtschaft 1995, S. 123-125.

Elton, E.J./ Gruber, M.J. (1991): Modern Portfolio Theory and Investment Analysis, 4. Aufl. New York et al. 1991.

Emmerich, G. (1999): Risikomanagement in Industrieunternehmen – gesetzliche Anforderungen und Umsetzung nach dem KonTraG, in: Zeitschrift für betriebswirtschaftliche Forschung 1999, S. 1075-1089.

Emmerich, V. (1977): Die Kontrolle der Kontrolleure, in: Wirtschaftsprüfung heute: Entwicklung oder Reform?, Bochumer Beiträge zur Unternehmensführung und Unternehmensforschung, Bd. 20, hrsg. von W. Busse v. Colbe und M. Lutter, Wiesbaden 1977, S. 215-232.

Emmerich, V./ Sonnenschein, J./ Habersack, M. (2001): Konzernrecht, 7. Aufl., München 2001.

Endres, A. (1991): Ökonomische Grundlagen des Haftungsrechts, Heidelberg 1991.

Engisch, K. (1997): Einführung in das juristische Denken, 9. Aufl., Stuttgart 1997.

Erlei, M./ Leschke, M./ Sauerland, D. (1999): Neue Institutionenökonomik, Stuttgart 1999.

Evers, H. (2001): Aufsichtsräte klagen über geringe Vergütung, in: Handelsblatt vom 28.05. 2001, S. 19.

Ewert, R. (1986): Rechnungslegung, Gläubigerschutz und Agency-Probleme, Wiesbaden 1986.

Ewert, R. (1988): Wirtschaftsprüfung und ökonomische Theorie - Ein selektiver Überblick -, Beitrag für das 2. Symposium „Theorie und Praxis der Wirtschaftsprüfung", 09.-10. Oktober 1998 an der Universität Potsdam.

Ewert, R. (1990): Wirtschaftsprüfung und asymmetrische Information, Berlin et al. 1990.

Ewert, R. (1999a): Auditor Liability and the Precision of Auditing Standards, in: Journal of Institutional and Theoretical Economics 1999, S. 181-206.

Ewert, R. (1999b): Abschlußprüfung, Dritthaftung und Prüfungsgrundsätze – Ergebnisse einer ökonomischen Analyse, in: Betriebswirtschaftliche Forschung und Praxis 1999, S. 94-108.

Ewert, R./ Wagenhofer, A. (2000): Rechnungslegung und Kennzahlen für das wertorientierte Management, in: Konzepte und Umsetzungen zur Unternehmenswertsteigerung, hrsg. von A. Wagenhofer und G. Hrebicek, Stuttgart 2000, S. 3-64.

Ewert, R./ Wagenhofer, A. (2002): Interne Unternehmensrechnung, 5. Aufl., Berlin/ New York/ Heidelberg 2002.

Fama, E.F. (1980): Agency Problems and the Theory of the Firm, in: Journal of Political Economy 1980, S. 288-307.

Fama, E.F. (1991): Efficient Capital Markets: II., in: Journal of Finance 1991, S. 1575-1617.

Fama, E.F./ MacBeth, J.D. (1973): Risk, Return and Equilibrium: Empirical Tests, in: Journal of Political Economy 1973, S. 607-636.

Fama, E.F./ Jensen, M.C. (1983): Separation of Ownership and Control, in: Journal of Law and Economics 1983, S. 301-325.

Farny, D. (1979): Grundfragen des Risk-Management, in: Risk-Management – Strategien zur Risikobeherrschung, hrsg. von W. Goetzke und G. Sieben, Köln 1979, S. 11-37.

Fasse, F.-W. (1995): Risk-Management im strategischen internationalen Marketing, Hamburg 1995.

Feddersen, D. (2000): Neue gesetzliche Anforderungen an den Aufsichtsrat, in: Die Aktiengesellschaft 2000, S. 385-396.

Fischer, M. (1995): Agency-Theorie, in: Wirtschaftswissenschaftliches Studium 1995, S. 320-322.

Fischer, T.M./ Wenzel, J./ Kühn, C. (2001): Value Reporting – Wertorientierte Berichterstattung in den Nemax 50-Unternehmen, in: Der Betrieb 2001, S. 1209-1216.

Fisher, I. (1930): The Theory of Interest, New York 1930.

Fleischer, H. (2001a): Grundfragen der ökonomischen Theorie im Gesellschafts- und Kapitalmarktrecht, in: Zeitschrift für Unternehmens- und Gesellschaftsrecht 2001, S. 1-32.

Fleischer, H. (2001b): Statement zur Zukunft des aktienrechtlichen Organhaftungsrechts, in: Die Wirtschaftsprüfung-Sonderheft 2001, S. 136-139.

Fleischer, H./ Kalss, S. (2002): Kapitalmarktrechtliche Schadensersatzhaftung und Kurseinbrüche an der Börse, in: Die Aktiengesellschaft 2002, S. 329-336.

Forster, K.-H. (1998): Abschlußprüfung nach dem Regierungsentwurf des KonTraG, in: Die Wirtschaftsprüfung 1998, S. 41-56.

Forster, K.-H. (1999): Zum Zusammenspiel von Aufsichtsrat und Abschlußprüfer nach dem KonTraG, in: Die Aktiengesellschaft 1999, S. 193-198.

Förster, H.H./ Ruß, O. (2002): „...das schönste Weib, Eva im Paradies“: Wertorientierte Unternehmenssteuerung mit EVA, in: Der Betrieb 2002, S. 2664-2667.

Franz, K.-P. (2000): Corporate Governance, in: Praxis des Risikomanagements, hrsg von D. Dörner, P. Horvath und H. Kagermann 2000, S. 41-72.

Freeman, R. (1984): Strategic Management. A Stakeholder Approach, Boston et al 1984.

Freg, M.C. (2000): Die Haftung der Unternehmensführer nach dem KontraG, in: http://www.der-syndicus.de/briefings/gs/gs_009.htm.

Frerk, P. (1995): Praktische Gedanken zur Optimierung der Kontrollfunktion des Aufsichtsrates, in: Die Aktiengesellschaft 1995, S. 212-218.

Friedman, M. (1953): The Methodology of Positive Economics, in: Essays in Positive Economics, Chicago 1993, S. 3-43.

Füser, K./ Gleißner, W./ Meier G. (1999): Risikomanagement (KonTraG) – Erfahrungen aus der Praxis, in: Der Betrieb 1999, S. 753-758.

Gälweiler, A. (1981): Zur Kontrolle strategischer Pläne, in: Planung und Kontrolle: Probleme der strategischen Unternehmensführung, hrsg. von H. Steinmann, München 1981, S. 383-399.

Ganz, M. (1991): Die Erhöhung des Unternehmenswertes durch die Strategie der externen Diversifikation, Bern/ Stuttgart 1991.

Gawrisch, V. (1999): Ermessensentscheidungen des Aufsichtsrates und ihre gerichtliche Kontrolle, Jena 1999.

Gehrlein, M. (1997): Beweislast für Sorgfaltspflichtverletzungen von Geschäftsleitern, in: Neue Juristische Wochenschrift 1997, S. 1905-1906.

Geibel, S. (1999): Kommentierung zum Wertpapierhandelsgesetz, in: Wertpapierhandelsgesetz, Börsengesetz mit BörsZulV, Verkaufsprospektgesetz mit VerkProspV: Kommentar, hrsg. von F.A. Schäfer, Stuttgart/ Berlin/ Köln 1999.

Gernoth, J.P. (2001): Die Überwachungspflichten des Aufsichtsrats im Hinblick auf das Risiko-Management und die daraus resultierenden Haftungsfolgen für den Aufsichtsrat, in: Deutsches Steuerrecht 2001, S. 299-309.

Gerum, E. (1991): Aufsichtsrats-Typen: Ein Beitrag zur Theorie der Organisation der Unternehmensführung, in: Die Betriebswirtschaft 1991, S. 719-731.

Gerum, E. (1995): Manager und Eigentümerführung, in: Handwörterbuch der Führung, hrsg. von A. Kieser, G. Reber und R. Wunderer, 2. Aufl., Stuttgart 1995, Sp. 1457-1468.

Gerum, E. (1998): Corporate Governance in Europa: Konvergenz trotz Varianz, in: Auf dem Weg zur europäischen Unternehmensführung, hrsg. von R. Berger und U. Steger, München 1998, S. 87-101.

Gerum, E. (2000): Unternehmensordnung, in: Allgemeine Betriebswirtschaftslehre, hrsg. von F.X. Bea, E. Dichtl und M. Schweitzer, Band 1, 8. Aufl., Stuttgart 2000, S. 220-301.

Gerum, E. /Steinmann, H./ Fees, W. (1988): Mitbestimmter Aufsichtsrat, Stuttgart 1988.

Geschka, H./ Hammer, R. (1997): Die Szenario-Technik in der strategischen Unternehmensplanung, in: Strategische Unternehmensplanung – strategische Unternehmensführung: Stand und Entwicklungstendenzen, hrsg. von D. Hahn und B. Taylor, 7. Aufl., Heidelberg 1997, S. 464-489.

Geßler, E./ Hefermehl, W./ Eckhardt, U./ Kropff, B. (1973): Kommentar zum Aktiengesetz, Bd. 2, München 1973.

Gibbons, M.R. (1982): Multivariate Tests of Financial Models: A New Approach, in: Journal of Financial Economics 1982, S. 3-27.

Giese, R. (1998): Die Prüfung des Risikomanagements einer Unternehmung durch den Abschlußprüfer gemäß KonTraG, in: Die Wirtschaftsprüfung 1998, S. 451-458.

Gleich, R. (1997): Performance Measurement, in: Die Betriebswirtschaft 1997, S. 114-117.

Gleißner, W. (2000): Risikopolitik und Strategische Unternehmensführung, in: Der Betrieb 2000, S. 1625-1629.

Gleißner, W. (2001a): Wertorientierte strategische Steuerung, in: Wertorientiertes Risiko-Management für Industrie und Handel, hrsg. von W. Gleißner und G. Meier, Wiesbaden 2001, S. 63-100.

Gleißner, W. (2001b): Identifikation, Messung und Aggregation von Risiken, in: Wertorientiertes Risiko-Management für Industrie und Handel, hrsg. von W. Gleißner und G. Meier, Wiesbaden 2001, S. 111-137.

Gleißner, W. (2002): Wertorientierte Analyse der Unternehmensplanung auf Basis des Risikomanagements, in: Finanz-Betrieb 2002, S. 417- 427.

Gleißner, W./ Meier, G. (2001): Risiko-Management als integraler Bestandteil der wertorientierten Unternehmensführung, in: Wertorientiertes Risiko-Management für Industrie und Handel, hrsg. von W. Gleißner und G. Meier, Wiesbaden 2001, S. 53-62.

Gleißner, W./ Sautter, D. (2001): Risikoorientierte Analyse von Geschäftsplänen, in: Wertorientiertes Risiko-Management für Industrie und Handel, hrsg. von W. Gleißner und G. Meier, Wiesbaden 2001, S. 289-307.

Gleißner, W./ Weissmann, A. (2001): Das Paradigma der Wertorientierung, in: Wertorientiertes Risiko-Management für Industrie und Handel, hrsg. von W. Gleißner und G. Meier, Wiesbaden 2001, S. 45-52.

Gleißner, W./ Wolfrum, M. (2001): Risiko: Grundlagen aus Statistik, Entscheidungs- und Kapitalmarkttheorie, in: Wertorientiertes Risiko-Management für Industrie und Handel, hrsg. von W. Gleißner und G. Meier, Wiesbaden 2001, S. 139-160.

Goding, A.E. (1978): Perceived Risk and Capital Asset Pricing, in: Journal of Finance 1978, S. 1401-1421.

Goette, W. (1995): Zur Verteilung der Darlegungs- und Beweislast der objektiven Pflichtwidrigkeit bei der Organhaftung, in: Zeitschrift für Unternehmens- und Gesellschaftsrecht 1995, S. 648-674.

Götz, H. (1995): Die Überwachung der Aktiengesellschaft im Lichte jüngerer Unternehmenskrisen, in: Die Aktiengesellschaft 1995, S. 337-353.

Götz, H. (1997a): Organhaftpflichtprozesse in der Aktiengesellschaft, in: Die Aktiengesellschaft 1997, S. 219-222.

Götz, H. (1997b): Die Pflicht des Aufsichtsrats zur Haftbarmachung von Vorstandsmitgliedern, in: Neue Juristische Wochenschrift 1997, S. 3275-3278.

Götze, U./ Mikus, B. (2000): Strategisches Management und die Bewältigung von Risiken, in: Zeitgerechtes Controlling, hrsg. von B.R.A. Sierke, Wiesbaden 2000, S. 91-117.

Gollnick, J. (1997): Die Beurteilung der Vorstandsleistung durch den Aufsichtsrat, Frankfurt a.M. et al. 1997.

Gomez, P./ Weber, B. (1989): Akquisitionsstrategie. Wertsteigerung durch Übernahme von Unternehmungen, Stuttgart 1989.

Gooch, L.B./ Grabowski, R.J. (1976): Advanced Valuation Methods in Mergers and Acquisitions, in: Mergers and Acquisitions 2/1976, S. 15-30.

Grant, R.M. (1991): The resource-based theory of competitive advantage: Implications for strategy formulation, in: California Management Review 1991, S. 114-135.

Green, R.C. (1984): Investment Incentives, Debt and Warrants, in: Journal of Financial Economics 1984, S. 115-136.

Greeen, R.C./ Talmor, E. (1986): Asset Substitution and the Agency Costs of Debt Financing, in: Journal of Banking and Finance 1986, S. 391-399.

Gregory, A. (1992): Valuing Companies, Analyzing Business Worth, New York et al. 1992.

Grossman, S.J./ Hart, O.D. (1983): An Analysis of The Principal-Agent-Problem, in: Econometrica 1983, S. 7-45.

Großmann, A. (1980): Unternehmensziele im Aktienrecht, Köln 1980.

Gruendl, H./ Schmeiser, H. (2002): Marktwertorientierte Unternehmens- und Geschäftsbereichssteuerung in Finanzdienstleistungsunternehmen, in: Zeitschrift für Betriebswirtschaft 2002, S. 797-822.

Grundsatzkommission Corporate Governance (2000): Corporate Governance-Grundsätze ('Code of Best Practice') für börsennotierte Gesellschaften, Frankfurt a.M. 2000.

Gruson, M./ Kubicek, M. (2003): Der Sarbanes-Oxley Act, Corporate Governance und das deutsche Aktienrecht (Teil II), in: Die Aktiengesellschaft 2003, S. 393-406.

Günther, T. (1994): Zur Notwendigkeit des Wertsteigerungsmanagements, in: Wertsteigerungsmanagement, hrsg. von K. Höfner und A. Pohl, Frankfurt a.M. 1994, S. 13-58.

Günther, T. (1997): Unternehmenswertorientiertes Controlling, München 1997.

Günther, T./ Beyer, D. (2001): Value Based reporting – Entwicklungspotenziale der externen Unternehmensberichterstattung, in: Betriebs-Berater 2001, S. 1623-1630.

Guserl, Richard (1999): Controllingsystem und Risiko-Management bei projektorientierten Unternehmen, in: Controlling 1999, S. 425-430.

Hachmeister, D. (1995): Der Discounted Cash Flow als Maß der Unternehmenswertsteigerung, Frankfurt a.M. et al. 1995.

Hachmeister, D. (1996): Der Discounted Cash Flow als Unternehmenswert, in: Das Wirtschaftsstudium 1996, S. 357-366.

Hachmeister, D. (1997a): Der Cash-Flow Return on Investment als Erfolgsgröße einer wertorientierten Unternehmensführung, in: Zeitschrift für betriebswirtschaftliche Forschung 1997, S. 556-579.

Hachmeister, D. (1997b): Shareholder Value, in: Die Betriebswirtschaft 1997, S. 823-839.

Hachmeister, D. (1999): Die gewandelte Rolle des Wirtschaftsprüfers als Partner des Aufsichtsrats nach den Vorschriften des KonTraG, in: Deutsches Steuerrecht 1999, S. 1453-1460.

Hachmeister, D. (2002): Corporate Governance, in: Handwörterbuch der Rechnungslegung und Prüfung, hrsg. von W. Ballwieser, 3. Aufl., München 2002, S. 487-504.

Haeseler, H.R. (1993): Betriebliche Krisenvorbeugung, in: Gläubigerschutz, Betriebswirtschaftslehre und Recht: Festgabe für O. Koren, hrsg. von G. Seicht, Wien 1993, S. 181-219.

Hahn, D. (1997a): Strategische Kontrolle, in: Strategische Unternehmensplanung – strategische Unternehmensführung: Stand und Entwicklungstendenzen, hrsg. von D. Hahn und B. Taylor, 7. Aufl., Heidelberg 1997, S. 850-863.

Hahn, D. (1997b): Stand und Entwicklungstendenzen der strategischen Planung, in: Strategische Unternehmensplanung – strategische Unternehmensführung: Stand und Entwicklungstendenzen, hrsg. von D. Hahn und B. Taylor, 7. Aufl., Heidelberg 1997, S. 1-27.

Hahn, D./ Krystek, U. (2000): Früherkennungssysteme und KonTraG, in: Praxis des Risikomanagements, hrsg von D. Dörner, P. Horvath und H. Kagermann 2000, S. 73-97.

Haley, C.W./ Schall, L.D. (1979): The Theory of Financial Decisions, 2. Aufl., New York 1979.

Hall, R. (1993): A framework linking intangible resources and capabilities to sustainable competitive advantage, in: Strategic Management Journal 1993, S. 607-618.

Hamel, G. (1994): The concept of core competence, in: Competence-based competition, hrsg. Von G. Hamel und A. Heene, Chichester et al. 1994, S. 11-33.

Hamel, G./ Prahalad, C.K. (1989): Strategic intent, in: Harvard Business Review 3/1989, S. 63-76.

Hammer, R.M. (1988): Strategische Planung und Frühaufklärung, München/ Wien 1988.

Hannß, J. (1995): Finanzinnovationen, Zürich 1995.

Hansen, H. (1994): Das Gewicht der Banken in den Aufsichtsräten deutscher Aktiengesellschaften, in: Aktiengesellschaft-Report 3/1994, S. 76-79.

Hanssmann, F. (1988): Wertorientiertes strategisches Management - eine Revolution?, in: Strategische Planung 1988, S. 1-10.

Hardtmann, G. (1996): Die Wertsteigerungsanalyse im Managementprozeß, Wiesbaden 1996.

Hart, O.D. (1988a): Incomplete Contracts and renegotiation, in Econometrica 1988, S. 755-785.

Hart, O.D. (1988b): Incomplete contracts and the theory of the firm, in: Journal of law, economics and organization 4/1988, S. 119-139.

Hart, O.D. (1990): Is bounded rationality an Important Element of a Theory of Institutions?, in: Journal of Institutional and Theoretical Economics 1990, S. 696-702.

Hart, O./ Holmström, B. (1987): The theory of contracts, in: Advances in economic theory, hrsg. von T. F. Bewley 1987, S. 71-155.

Hartmann-Wendels, T. (1989): Principal-Agent-Theorie und asymmetrische Informationsverteilung, in: Zeitschrift für Betriebswirtschaft 1989, S. 714-734.

Hartmann-Wendels, T. (1992a): Stichwort „Agency-Theorie", in: Handwörterbuch der Organisation, hrsg. von E. Frese, 3. Aufl., Stuttgart 1992, Sp. 72-79.

Hartmann-Wendels, T. (1992b): Agency-Theorie und Publizitätspflicht nicht börsennotierter Kapitalgesellschaften, in: Betriebswirtschaftliche Forschung und Praxis 1992, S. 412-425.

Hasselberg, F. (1989): Strategische Kontrolle im Rahmen strategischer Unternehmensführung, Frankfurt a.M. et al. 1989.

Hax, H. (1985): Investitionstheorie, 5. Aufl., Würzburg/ Wien 1985.

Hax, H. (1991): Theorie der Unternehmung – Information, Anreize und Vertragsgestaltung, in: Betriebswirtschaftslehre und ökonomische Theorie, hrsg. von D. Ordelheide, B. Rudolph und E. Büsselmann, Stuttgart 1991, S. 51-72.

Hax, A.C./ Majluf, H.S. (1981): Towards the Formalization of Strategic Planning, in: Application of Management Science, hrsg. von R.S. Schulz, Greenwich 1981, S. 213-245.

Hax, A.C./ Majluf, H.S. (1988): Strategisches Management, Frankfurt a.M./ New York 1988.

Heermann, P.W. (1998a): Unternehmerisches Ermessen, Organhaftung und Beweislastverteilung, in: Zeitschrift für Wirtschaftsrecht 1998, S. 761-769.

Heermann, P.W. (1998b): Wie weit reicht die Pflicht des Aufsichtsrates zur Geltendmachung von Schadensersatzansprüchen gegen die Mitglieder des Vorstands?, in: Die Aktiengesellschaft 1998, S. 201-211.

Helmstädter, E. (1991): Wirtschaftstheorie I, 4. Aufl., München 1991.

Henze, H. (1998): Prüfung und Kontrollaufgaben des Aufsichtsrates der Aktiengesellschaft, in: Neue Juristische Wochenschrift 1998, S. 3309-3312.

Henze, H. (2000): Leitungsverantwortung des Vorstands – Überwachungspflicht des Aufsichtsrats, in: Betriebs-Berater 2000, S. 209-216.

Hermann, D.C. (1996): Strategisches Risikomanagement kleiner und mittlerer Unternehmen, Berlin 1996.

Herrmann, E. (1997): Ökonomische Analyse der Haftung des Wirtschaftsprüfers, Frankfurt a.M. et al. 1997.

Herter, R.N. (1994): Unternehmenswertorientiertes Management, München 1994.

Herzig, N./ Watrin, C. (1995): Obligatorische Rotation des Wirtschaftsprüfers – ein Weg zur Verbesserung der externen Unternehmenskontrolle?, in: Zeitschrift für betriebswirtschaftliche Forschung 1995, S. 775-803.

Hinterhuber, H.H./ Friedrich, S.A. (1997): Markt- und ressourcenorientierte Sichtweise zur Steigerung des Unternehmenswertes, in: Strategische Unternehmensplanung – strategische Unternehmensführung: Stand und Entwicklungstendenzen, hrsg. von D. Hahn und B. Taylor, 7. Aufl., Heidelberg 1997, S. 988-1016.

Hitz, J.-M./ Kuhner, C. (2002): Die Neuregelung zur Bilanzierung des derivativen Goodwill nach SFAS 141 und 142 auf dem Prüfstand, in: Die Wirtschaftsprüfung 2002, S. 273-287.

Hoefner, K./ Pohl, A. (1994): Wertsteigerungstechniken für das Geschäftsfeld- und Beteiligungsportfolio, in: Wertsteigerungsmanagement, hrsg. von K. Höfner und A. Pohl, Frankfurt a.M. 1994, S. 59-84.

Hoerdemann, C. (1997): Aktienrechtsreform und kein Ende – Bedarf es der Verschärfung der Aufsichtsratshaftung?, in: Zeitschrift für Rechtspolitik 1997, S. 44-48.

Hoerdemann, C. (1999): Zur Bedeutung der verwaltungsrechtlichen Ermessenslehre für die richterliche Kontrolle von Beschlüssen des Aufsichtsrates der Aktiengesellschaft, Düsseldorf 1999.

Hofmann, R. (1990): Intensität und Effizienz der Überwachung der Führungskräfte von Kapitalgesellschaften, in: Der Betrieb 1990, S. 2333-2339.

Hofmann, R./ Hofmann, J. (1998): Corporate Governance – Überwachungseffizienz und Führungskompetenz in Kapitalgesellschaften, München/ Wien 1998.

Hoffmann, D. (1995): Beratungsverträge von Aufsichtsratsmitgliedern – Anmerkungen zu den Urteilen des BGH vom 25. März 1991 und vom 04.07.1994 und zur Aufsichtsratsreformdiskussion, in: Internationale Wirtschaftsprüfung, Festschrift für H. Havermann, hrsg. von J. Lanfermann, Düsseldorf 1995, S. 201-227.

Hoffmann-Becking, M. (1988): § 29, in: Münchner Handbuch des Gesellschaftsrechts, hrsg. von M. Hoffmann-Becking, 4. Aufl., München 1988.

Hoffmann-Becking, M. (1995): Der Aufsichtsrat im Konzern, in: Zeitschrift für das gesamte Handels- und Wirtschaftsrecht 1995, S. 325-345.

Hoffmann-Becking, M. (1998): Zur rechtlichen Organisation der Zusammenarbeit im Vorstand der AG, in: Zeitschrift für Unternehmens- und Gesellschaftsrecht 1998, S. 497-523.

Hoffmann-Becking, M. (2001): Defizite des aktienrechtlichen Anfechtungs- und Organhaftungsrechts und Möglichkeiten zur Verbesserung, in: Die Wirtschaftsprüfung-Sonderheft 2001, S. 121-128.

Holler, M.J./ Illing, G. (2000): Einführung in die Spieltheorie, 4. Aufl., Berlin et al. 2000.

Holmström, B. (1979): Moral Hazard and Observability, in: Bell Journal of Economics 1979, S. 74-91.

Holst, J. (1998): Risikomanagement und KonTraG, Arbeitspapier der Universität Göttingen 1998.

Hommel, M. (2001): Neue Goodwillbilanzierung – das FASB auf dem Weg zur entobjektivierten Bilanz?, in: Betriebs-Berater 2001, S. 1943-1949.

Hommelhoff, P. (1979): Der aktienrechtliche Organstreit, in: Zeitschrift für das gesamte Handels- und Wirtschaftsrecht 1979, S. 288-316.

Hommelhoff, P. (1995): Störungen im Recht der Aufsichtsratsüberwachung: Regelungsvorschläge an den Gesetzgeber, in: Corporate Governance: Unternehmensüberwachung auf dem Prüfstand, hrsg. von A. Picot, Stuttgart 1995, S. 1-28.

Hommelhoff, P. (1997): Corporate Governance: Vertragen sich die deutsche Unternehmensverfassung und das Shareholder Value-Prinzip, in: Zeitschrift für Betriebswirtschaft-Ergänzungsheft 4/97, S. 17-19.

Hommelhoff, P. (1998a): Vernetzte Aufsichtsratsüberwachung im Konzern?, in: Der Konzern im Umbruch, hrsg. von M.R. Theisen, Stuttgart 1998, S. 337-360.

Hommelhoff, P. (1998b): Die neue Position des Abschlussprüfers im Kraftfeld der aktienrechtlichen Organisationsverfassung (Teil II), in: Beriebs-Berater 1998, S. 2625-2631.

Hommelhoff, P./ Mattheus, D. (1998): Corporate Governance nach dem KonTraG, in: Die Aktiengesellschaft 1998, S. 249-259.

Hommelhoff, P./ Mattheus, D. (2000a): Gesetzliche Grundlagen: Deutschland und international, in: Praxis des Risikomanagements, hrsg von D. Dörner, P. Horvath und H. Kagermann 2000, S. 5-40.

Hommelhoff, P./ Mattheus, D. (2000b): Risikomanagement im Konzern – ein Problemaufriß, in: Betriebswirtschaftliche Forschung und Praxis 2000, S. 217-230.

Hopt, K.J. (2002): Unternehmensführung, Unternehmenskontrolle, Modernisierung des Aktienrechts - Zum Bericht der Regierungskommission Corporate Governance - in: Corporate Governance, hrsg. von P. Hommelhoff, Heidelberg 2002, S. 28-67.

Horn, N. (1997): Die Haftung des Vorstands der AG nach § 93 AktG und die Pflichten des Aufsichtsrats, in: Zeitschrift für Wirtschaftsrecht 1997, S. 1129-1139.

Hornung, K./ Reichmann, T./ Diederichs, M. (1999): Risikomanagement Teil 1: Konzeptionelle Ansätze zur pragmatischen Realisierung gesetzlicher Anforderungen, in: Controlling 1999, S. 317-325.

Horovitz, J.H. (1979): Strategic Control. A new task for top management, in: Long Range Planning 3/1979, S. 2-7.

Horvath, P. (2001): Controlling, 8. Aufl., München 2001.

Hüffer, U. (2002): Kommentar zum Aktiengesetz, 5. Aufl., München 2002.

Husemann, W. (1992): Die Reputation des Wirtschaftsprüfers in ökonomischen Agency-Modellen, Köln 1992.

IDW (1999): IDW Prüfungsstandard: Die Prüfung des Risikofrüherkennungssystems nach § 317 Abs. 4 HGB, in: Die Wirtschaftsprüfung 1999, S. 658-662.

Ihlas, H. (1997): Organhaftung und Haftpflichtversicherung, Berlin 1997.

Institut der Niedersächsischen Wirtschaft (2000): Entwicklungstrends des Risikomanagements von Aktiengesellschaften in Deutschland, eine empirische Studie in Zusammenarbeit mit PricewaterhouseCoopers Deutsche Revision, Hannover 2000.

Jacob, H.-J. (1998): KonTraG und KapAEG – die neuen Entwürfe des Hauptfachausschusses zum Risikofrüherkennungssystem, zum Bestätigungsvermerk und zum Prüfungsbericht, in: Die Wirtschaftsprüfung 1998, S. 1043-1056.

Jacobs, S. (1991): Strategische Erfolgsfaktoren der Diversifikation, Wiesbaden 1991.

Jaeger, C./ Trölitzsch, T. (1995): Unternehmerisches Ermessen des Aufsichtsrates bei der Geltendmachung von Schadensersatzansprüchen gegenüber Vorstandsmitgliedern, in: Zeitschrift für Wirtschaftsrecht 1995, S. 1157-1163.

Jäger, A. (1997): Grundsätze der Ermessensausübung für den Aufsichtsrat der Aktiengesellschaft und die Gesellschafterversammlung der GmbH am Beispiel der ARAG-Entscheidung, in: Wirtschaftsrechtliche Beratung 1997, S. 10-15.

Janisch, M. (1993): Das strategische Anspruchsgruppenmanagement vom Shareholder Value zum Stakeholder Value, Bern/ Stuttgart/ Wien 1993.

Jaschke, T. (1989): Die betriebswirtschaftliche Überwachungsfunktion aktienrechtlicher Aufsichtsräte, Köln 1989.

Jensen, M.C. (1983): Organization Theory and Methodology, in: Accounting Review 1983, S. 319-338.

Jensen, M.C. (1986): Agency Costs of Free Cash Flow, Corporate Finance and Takeovers, in: American Economic Review 1986, S. 323-329.

Jensen, M.C. (1991): Corporate Control and the Politics of Finance, in: Journal of Applied Corporate Finance, 5/1991, S. 13-33.

Jensen, M.C./ Meckling W.H. (1976): Theory of the firm: Managerial behavior, Agency Costs and ownership structure, in: Journal of financial economics 1976, S. 305-360.

Johanning, L. (1996): Value-at-Risk-Modelle zur Ermittlung der bankaufsichtlichen Eigenkapitalunterlegung beim Marktrisiko im Handelsbereich, in: Zeitschrift für Bankrecht und Bankwirtschaft 1996, S. 287-303.

John, K./ Senbet, L.W. (1998): Corporate Governance and Board Effectiveness, in: Journal of Banking and Finance 1998, S. 371-403.

Jonas, M. (1995): Unternehmensbewertung: Zur Anwendung der Discounted-Cash-flow-Methode in Deutschland, in: Betriebswirtschaftliche Forschung und Praxis 1995, S. 83-98.

Jud, G. (1996): Die Überwachung der Unternehmen durch deren Organe unter Berücksichtigung der Verhältnisse in den USA und in Deutschland, Zürich 1996.

Kagermann, H. (2000): Strategische Unternehmensführung bei der SAP AG – Erfahrungen und Lösungen eines Software-Unternehmens, in: Wertorientierte Konzernführung, hrsg. von K. Küting und C.-P. Weber, Stuttgart 2000, S. 403-430.

Kallmeyer, H. (1997): Organhaftpflichtprozesse in der Aktiengesellschaft, in: Die Aktiengesellschaft 1997, S. 107-109.

Kallfass, H.H. (1996): Wettbewerbliche Prozesse stärken (Zeitgespräch zum Thema: „Versagen die Aufsichtsräte?"), in: Wirtschaftsdienst: Zeitschrift für Wirtschaftspolitik 1996, S. 167-171.

Kaplan, R.S./ Norton, D.P. (1992): The Balanced Scorecard – Measures that Drive Performance, in: Harvard Business Review 1/1992, S. 71-79.

Kasperzak, R. (1997): Aktienkursbildung, Berlin 1997.

Kasperzak, R. (2000): Unternehmensbewertung, Kapitalmarktgleichgewichtstheorie und Komplexitätsreduktion, in: Betriebswirtschaftliche Forschung und Praxis 2000, S. 466-477.

Kasperzak, R. (2003): Publizität und Unternehmensnetzwerke, Berlin 2003.

Keitsch, D. (2000): Risikomanagement, Stuttgart 2000.

Kelman, M.A. (1987): A Guide to Critical Legal Studies, Cambridge et al. 1987.

Kemper, O./ Sachse, D. (1999): Die Balanced Scorecard als Bestandteil eines Frühwarnsystems, in: Frühwarnsysteme, hrsg. von M. Henkel v. Donnersmarck und R. Schatz, Fribourg 1999, S. 49-68.

Kennedy, D. (1976): Form and Substance in Private Law Adjudication, Harvard Law Review 1976, S. 1685-1703.

Kindler, P. (1998): Unternehmerisches Ermessen und Pflichtenbindung, in: Zeitschrift für das gesamte Handels- und Wirtschaftsrecht 1998, S. 101-119.

Kindler, P./ Pahlke, A.-K. (2001): Die Überwachungspflichten des Aufsichtsrates im Hinblick auf das Risikomanagement, in: Risikomanagement nach dem KonTraG: Aufgaben und Chancen aus betriebswirtschaftlicher und juristischer Sicht, hrsg. von K.W. Lange, Berlin 2001, S. 60-94.

Kirchner, C. (1978): Ökonomische Analyse des Rechts: Interdisziplinäre Zusammenarbeit von Ökonomie und Rechtswissenschaft, in: Ökonomische Analyse des Rechts, hrsg. von H.-D. Assmann, C. Kirchner und E. Schanze, Kronberg 1978, S. 75-91.

Kirsch, W. (1978): Die Betriebswirtschaftslehre als Führungslehre, München 1978.

Kirsch, H.-J./ Krause, C. (1996): Kritische Überlegungen zur Discounted Cash Flow-Methode, in: Zeitschrift für Betriebswirtschaft 1996, S. 793-812.

Kirsch, W./ Scholl, W./ Paul, G. (1984): Mitbestimmung in der Unternehmenspraxis: eine empirische Bestandsaufnahme, München 1984.

Klamer, A. (1984): Levels of Discourse in New Classical Economics, in: History of Political Economy, S. 263-290.

Kleine, A. (1995): Entscheidungstheoretische Aspekte der Principal-Agent-Theorie, Heidelberg 1995.

Knight, J.A. (1998): Value Based Management. Developing a Systematic Approach to Creating Shareholder Value, New York et al. 1998.

Knyphausen z., D. (1992): Wertorientiertes Strategisches Management, in: Zeitschrift für Planung 1992, S. 331-352.

Ko, W.M. (1985): Auditor's Incentive, Legal Liability and Reputation under Information Asymmetry, Dissertation an der Ohio State Universität 1985.

Koch, H. (1991): Kriterien der strategischen Unternehmensplanung, in: Die Betriebswirtschaft 1991, S. 39-48.

Kohl, T./ Schulte, J. (2000): „Ertragswertverfahren und DCF-Verfahren, ein Überblick vor dem Hintergrund der Anforderungen des IDW S1", in: Die Wirtschaftsprüfung 2000, S. 1147-1164.

Kole, S.R. (1997): The complexity of compensation contracts, in: Journal of Financial Economics 1997, S. 79-104.

Kornhauser, L.A. (1989): The Nexus of Contracts Approach to Corporations: A Comment on Easterbrook and Fishel, in: Columbia Law Review 1989, S. 1449-1460.

Kossbiel, H. (1995): Stellungnahme zum Beitrag von C. Müller: „Agency-Theorie und Informationsgehalt", in: Die Betriebswirtschaft 1995, S. 127- 130.

Krag, J. (2000): Meinungen zum Thema Unternehmensbewertung, in: Betriebswirtschaftliche Forschung und Praxis 2000, S. 496, S. 498f., S. 502, S. 505.

Krag, J./ Kasperzak, R. (2000): Grundzüge der Unternehmensbewertung, München 2000.

Krause, R. (2002): Ad-hoc-Publizität und haftungsrechtlicher Anlegerschutz, in: Zeitschrift für Unternehmens- und Gesellschaftsrecht 2002, S. 799-841.

Kreke, H. (1994): Finanzielles Risk Management bei grenzüberschreitenden Unternehmensakquisitionen, Kiel 1994.

Kromschröder, B./ Lück, W. (1998): Grundsätze risikoorientierter Unternehmensüberwachung, in: Der Betrieb 1998, S. 1573-1576.

Kropff, B. (1994): Zur Vinkulierung, zum Vollmachtsstimmrecht und zur Unternehmensaufsicht im deutschen Recht, in: Reformbedarf im Aktienrecht, Zeitschrift für Unternehmens- und Gesellschaftsrecht 1994, Sonderheft 12, S. 3-24.

Kropff, B. (1998): Die Unternehmensplanung im Aufsichtsrat, in: Neue Zeitschrift für Gesellschaftsrecht 1998, S. 613-618.

Kruschwitz, L. (2002): Aktuelle Fragen der Unternehmensbewertung, Diskussionsbeitrag des Fachbereichs Wirtschaftswissenschaft der Freien Universität Berlin Nr. 2002/9, Betriebswirtschaftliche Reihe 2002.

Krystek, U. (1999a): Frühaufklärungssysteme, in: Controlling 1999, S. 177-183.

Krystek, U. (1999b): Neue Controlling-Aufgaben durch neue Gesetze – KonTraG und InsO als Herausforderung für das Controlling, in: Kostenrechnungs-Praxis 1999: S. 144-146.

Krystek, U./ Müller, M. (1999): Frühaufklärungssysteme, in: Controlling 1999, S. 177-183.

Krystek, U./ Müller-Stewens, G. (1990): Grundzüge einer strategischen Frühaufklärung, in: Strategische Unternehmensplanung – strategische Unternehmensführung: Stand und Entwicklungstendenzen, hrsg. von D. Hahn und B. Taylor, 5. Aufl., Heidelberg 1990, S. 337-364.

Küting, K./ Weber, C.-P./ Wirth, J. (2001): Die neue Goodwillbilanzierung nach SFAS 142, in: Kapitalmarktorientierte Rechnungslegung 2001, S. 185-198.

Lachnit, L./ Müller, S. (2001): Risikomanagementsystem nach KonTraG und Prüfung des Systems durch den Wirtschaftsprüfer, in: Die deutsche Rechnungslegung und Wirtschaftsprüfung im Umbruch, Festschrift für T. Strobel, hrsg. von C.-C. Freidank, München 2001, S. 363-393.

Lanfermann, G./ Maul, S. (2002): Auswirkungen des Sarbanes-Oxley Acts in Deutschland, in: Der Betrieb 2002, S. 1725-1732.

Lange, O. (2003): Zustimmungsvorbehaltspflicht und Kataloghaftung des Aufsichtsrats nach neuem Recht, in: Deutsches Steuerrecht 2003, S. 376-381.

Langguth, H. (1994): Strategisches Controlling, Ludwigsburg/ Bern 1994.

Langner, R. (1973): Rechtsposition und praktische Stellung des Aufsichtsrates im unternehmerischen Entscheidungsprozeß, Opladen 1973.

Leffson, U. (1986): Wesentlich, in: Handbuch unbestimmter Rechtsbegriffe im Bilanzrecht des HGB, hrsg. von U. Leffson, D. Rückle und B. Großfeld, Köln 1986, S. 442-446.

Leffson, U. (1988): Wirtschaftsprüfung, 4. Aufl. 1988.

Lehmann, M. (1983): Bürgerliches Recht und Handelsrecht – eine juristische und ökonomische Analyse, Stuttgart 1983.

Lehner, U. (1999): Risikomanagement – Ein Gegenstand der Abschlußprüfung, in: Auswirkungen des KonTraG auf Rechnungslegung und Prüfung, hrsg. von J. Baetge, Düsseldorf 1999, S. 23-41.

Lehner, U./ Schmidt, M. (2000): Risikomanagement im Industrieunternehmen, in: Betriebswirtschaftliche Forschung und Praxis 2000, S. 261-272.

Lewis, T.G. (1995): Steigerung des Unternehmenswertes. Total Value Management, 2. Aufl., Landsberg am Lech 1995.

Lewis, T.G./ Lehmann, S. (1992): Überlegene Investitionsentscheidungen durch CFROI, in: Betriebswirtschaftliche Forschung und Praxis 1992, S. 1-13.

Lingemann, S./ Wasmann, D. (1998): Mehr Kontrolle und Transparenz im Aktienrecht: Das KonTraG tritt in Kraft, in: Betriebs-Berater 1998, S. 853-862.

Lintner, J. (1965): The Valuation of Risk Assets and the Selection of Risky Investments in Stock Portfolios and Capital Budgets, in: Review of Economics and Statistics 1965, S. 13-37.

Lorson, P. (1999): Shareholder Value-Ansätze, in: Der Betrieb 1999, S. 1329-1339.

Lück, W. (1998a): Der Umgang mit unternehmerischen Risiken durch ein Risikomanagementsystem und durch ein Überwachungssystem, in: Der Betrieb 1998, S. 1925-1930.

Lück, W. (1998b): Die Bedeutung des Risikomanagementsystems und des Überwachungssystems zur Sicherung der Überlebensfähigkeit von Unternehmen, in: Die Steuerberatung 1998, S. 513-519.

Lück, W. (1998c): Elemente eines Risiko-Managementsystems, in: Der Betrieb 1998, S. 8-13.

Lück, W./ Hunecke, J. (1998): Die Bedeutung des Risikomanagementsystems und des Überwachungssystems zur Sicherung der Überlebensfähigkeit von Unternehmen: theoretische Überlegungen und Empfehlungen für die Praxis, in: Die Steuerberatung 1998, S. 513-519.

Lücke, W. (1955): Investitionsrechnung auf der Basis von Ausgaben oder Kosten?, in: Zeitschrift für betriebswirtschaftliche Forschung und Praxis (damalig Zeitschrift für handelswissenschaftliche Forschung) 1955, S. 310-324.

Lüdenbach, N./ Frowein, N. (2003): Der Goodwill-Impairment-Test aus der Sicht der Rechnungslegungspraxis, in: Der Betrieb 2003, S. 217-223.

Luhmann, N. (1993): Die operative Geschlossenheit psychischer und sozialer Systeme, in: Das Ende der großen Entwürfe, hrsg. von H.R. Fischer, Frankfurt a.M. 1993, S. 117-131.

Lukarsch, M. (1998): Marktwertorientierte Überwachung der Unternehmensplanung durch den Aufsichtsrat, Frankfurt a.M. et al. 1998.

Lutter, M. (1991): Unternehmensplanung und Aufsichtsrat, in: Die Aktiengesellschaft 1991, S. 249-255.

Lutter, M. (1995a): Defizite für eine effiziente Aufsichtsratstätigkeit und gesetzliche Möglichkeiten der Verbesserung, in: Zeitschrift für das gesamte Handels- und Wirtschaftsrecht 1995, S. 287-309.

Lutter, M. (1995b): Professionalisierung des Aufsichtsrates, in: Neue Juristische Wochenschrift 1995, S. 1133-1134.

Lutter, M./ Kremer, T. (1992): Die Beratung der Gesellschaft durch Aufsichtsratsmitglieder – Bemerkungen zur Entscheidung BGHZ 114, 127ff., in: Zeitschrift für das gesamte Handels- und Wirtschaftsrecht 1992, S. 87-108.

Lutter, M./ Krieger, G. (2002): Rechte und Pflichten des Aufsichtsrates, 4. Aufl., Köln 2002.

MacNeil, I.R. (1974): The many futures of contracts, Southern California Law Review 1974, S. 691-704.

MacNeil, I.R. (1978): Contracts: Adjustments of Long-Term Economic Relations under classical, neoclassical, and relational contract law, Northwestern University Law Review 1978, S. 854-872.

Mandl, G./ Rabel, K. (1997): Unternehmensbewertung – Eine praxisorientierte Einführung, Wien 1997.

McTaggart, J.M. (1988): The Ultimate Takeover Defense: Closing the Value Gap, in: Planning Review 1/1988, S. 27-32.

Malik, F. (1997): Wirksame Unternehmensaufsicht - Corporate Governance in Umbruchzeiten, Frankfurt a.M. 1997.

Maltry, H. (1999): Kommentar zum Beitrag von R. Ewert, in: Betriebswirtschaftliche Forschung und Praxis 1999, S. 107-108.

Marsch-Barner, R. (2001): Statements zur Zukunft des aktienrechtlichen Anfechtungs- und Organhaftungsrechts, in: Die Wirtschaftsprüfung-Sonderheft 2001, S. 129-131.

Marten, K.-U./ Köhler, G./ Meyer, S. (2003): Umbruch im Peer-Review-System – Deutscher Status quo und der Sarbanes-Oxley Act of 2002, in: Die Wirtschaftsprüfung 2003, S. 10-17.

Martens, K. (1999): Managementüberwachung durch den Aufsichtsrat: Ein Beitrag zur Corporate Governance-Diskussion aus agencytheoretischer Sicht, Köln 2000.

Martiensen, J. (2000): Institutionenökonomik, München 2000.

Martin, T.A./ Bär, T. (2002): Grundzüge des Risikomanagements nach KonTraG, München/ Wien 2002.

Mattheus, D. (1999): Die gewandelte Rolle des Wirtschaftsprüfers als Partner des Aufsichtsrates nach dem KonTraG, in: Zeitschrift für das gesamte Handels- und Wirtschaftsrecht 1999, S. 682-714.

Maug, E. (1997): Boards of Directors and Capital Structure: Alternative Forms of Corporate Restructuring, in: Journal of Corporate Finance 1997, S. 113-139.

Maul, S./ Lanfermann, G./ Eggenhofer, E. (2003):Aktionsplan der Europäischen Kommission zur Reform des Europäischen Gesellschaftsrechts, in: Betriebs-Berater 2003, S. 1289-1295.

McCloskey, D.N. (1983): The Rhetoric of Economics, in: Journal of Economic Literature 1983, S. 481-517.

Meinhövel, H. (1999): Defizite der Principal-Agent-Theorie, Köln 1999.

Mellewigt, T./ Matiaske, W. (2001): Konzernmanagement - Stand der empirischen betriebswirtschaftlichen Forschung, in: Konzernmanagement, hrsg. von H. Albach, Wiesbaden 2001, S. 109-143.

Mengele, A. (1999): Shareholder-Return und Shareholder-Risk als unternehmensinterne Steuerungsgrößen, Stuttgart 1999.

Mertens, H.-J. (1980): Zur Berichtspflicht des Vorstandes gegenüber dem Aufsichtsrat, in: Die Aktiengesellschaft 1980, S. 67-84.

Mertens, H.-J. (1996): Organhaftung, in: Optimierung der Unternehmensführung und der Unternehmenskontrolle im deutschen und amerikanischen Aktienrecht, hrsg. von D. Feddersen, Köln 1996, S. 155-164.

Mertens, H.-J. (1996): Kommentierung der §§ 76-117, 278-290 AktG sowie einschlägiger mitbestimmungsrechtlicher Vorschriften, in: Kölner Kommentar zum Aktiengesetz, Bd. 2, Köln et al. 1996.

Meyding, T./ Mörsdorf, R. (1999): Neuregelungen durch das KonTraG und Tendenzen der Rechtsprechung, in: Das Kontroll- und Transparenzgesetz, hrsg. von B. Saitz und F. Braun, Wiesbaden 1999, S. 3-45.

Michel, U. (1993): Value Based Management, in: Controlling 1993, S. 220-221.

Michels, K.N. (1991): Die Bewertung von Geschäftsfeldstrategien im Rahmen eines wertorientierten Managements, München 1991.

Milde, H. (1988): Die Theorie der adversen Selektion, in: Wirtschaftswissenschaftliches Studium 1988, S. 1-6.

Milgrom, P./ Roberts, J. (1992): Economics, Organization and Management, Englewood Cliffs (N.J.) 1992.

Modigliani, F./ Miller, M.H. (1958): The cost of capital, corporation finance, and the theory of investment, in: American Economiv Review 1958, S. 261-297.

Modigliani, F./ Miller, M.H. (1963): Corporate Income Tax and the Cost of Capital: A Correction, in: American Economic Review 1963, S. 433-443.

Möllers, T. (1995): Professionalisierung des Aufsichtsrats, in: Zeitschrift für Wirtschaftsrecht 1995, S. 1725-1735.

Mossin, J. (1966): Equilibrium in a Capital Asset Market, in: Econometrica 1966, S. 768-783.

Mott, B.T. (2001): Organisatorische Gestaltung von Risiko-Managementsystemen, in: Wertorientiertes Risiko-Management für Industrie und Handel, hrsg. von W. Gleißner und G. Meier, Wiesbaden 2001, S. 199-232.

Moxter, A. (1983): Grundsätze ordnungsmäßiger Unternehmensbewertung, 2. Aufl., Wiesbaden 1983.

Moxter, A. (1997): Die Vorschriften zur Rechnungslegung und Abschlußprüfung im Referentenentwurf eines Gesetzes zur Kontrolle und Transparenz im Unternehmensbereich, in: Betriebs-Berater 1997, S. 722-730.

Mullins, D.W. (1982): Does the Capital Asset Pricing Model Work?, in: Harvard Business Review 1/1982, S. 105-114.

Mutter, S. (1994): Unternehmerische Entscheidungen und Haftung des Aufsichtsrats der Aktiengesellschaft, Köln 1994.

Müller, C. (1995a): Agency-Theorie und Informationsgehalt, in: Die Betriebswirtschaft 1995, S. 61-76.

Müller, C. (1995b): Mängel, Moden und Modelle, in: Die Betriebswirtschaft 1995, S. 134-138.

Müller, W. (2001): Statements zur Zukunft des aktienrechtlichen Anfechtungs- u. Organhaftungsrechts, in: Die Wirtschaftsprüfung-Sonderheft 2001, S. 131-133.

Müller, M. (2002): Aufsichtsrat und Abschlussprüfer – ein spannendes Verhältnis, in: Die Wirtschaftsprüfung 2002, S. 1301-1306.

Münstermann, H. (1970): Wert und Bewertung der Unternehmung, 3. Aufl., Wiesbaden 1970.

Myers, S.C. (1984): Finance Theory and Financial Strategy, in: Interfaces 1984, No. 14, S. 126-137.

Nehring, K.-D. (2001): Statement zur Zukunft des aktienrechtlichen Organhaftungsrechts, in: Die Wirtschaftsprüfung-Sonderheft 2001, S. 133-136.

Neuling, J. (2003): Die Teilnahmepflicht des Abschlussprüfers an Bilanzsitzungen des Aufsichtsrats im Aktienrecht, in: Betriebs-Berater 2003, S. 166-171.

Neus, W. (1989): Ökonomische Agency-Theorie und Kapitalmarktgleichgewicht, Wiesbaden 1989.

Nippel, P. (1999): Monitoring and Consulting by an Imperfect Supervisor, in: Journal of Institutional and Theoretical Economics 1999, S. 136-153.

Nirk, R. (1996): Zur Justiziabilität unternehmerischer Entscheidungen des Aufsichtsrats, in: Verantwortung und Gestaltung, Festschrift für K. Boujong, hrsg. von C.T. Ebenroth, D. Hesselberger und M.R. Rinne, München 1996, S. 393-413.

Ohland, L.R. (1988): Strategische Kontrolle, Frankfurt a.M. 1988.

Oltmanns, M. (2002): Stock Options für Aufsichtsräte?, in: Stock Options, hrsg. von A.K. Achleitner und P. Wollmert 2002, Stuttgart 2002, S. 301-320.

Ordelheide, D. (1995): Brauchen wir für die Unternehmensüberwachung mehr Publizität?, in: Corporate Governance: Unternehmensüberwachung auf dem Prüfstand, hrsg. von A. Picot, Stuttgart 1995, S. 89-109.

Osterloh, M. (1986): Zum Problem der rechtzeitigen Information von Arbeitnehmervertretern in Betriebs- und Aufsichtsräten, in: Arbeit und Recht 1986, S. 332-340.

o.V. (2001): Risikomanagement in deutschen Unternehmen unzureichend, in Frankfurter Allgemeine Zeitung vom 16.07.01, S. 24.

o.V. (2002a): Aufsichtsräte wollen stärker mitreden, in: Frankfurter Allgemeine Zeitung vom 16.09.2002, S. 23.

o.V. (2002b): Abdruck des „Deutschen Corporate Governance Kodex", in: Steuern und Bilanzen 2002, S. 98-103.

o.V. (2003): Die EU will Vorstände und Abschlussprüfer schärfer kontrollieren, in: Frankfurter Allgemeine Zeitung vom 22.05.03, S. 11.

Pabst, H.J. (2000): Value Based Management: Der durchgängige Ansatz zur Umsetzung von Strategien, in: Wertorientierte Konzernführung, hrsg. von K. Küting und C.-P. Weber, Stuttgart 2000, S. 267-275.

Pahlke, A.-K. (2002): Risikomanagement nach KonTraG – Überwachungspflichten und Haftungsrisiken für den Aufsichtsrat, in: Neue Juristische Wochenschrift 2002, S. 1680-1688.

Pape, U. (1999): Wertorientierte Unternehmensführung und Controlling, 2. Aufl., Berlin 1999.

Pellens, B./ Sellhorn, T. (2001): Neue Goodwill-Bilanzierung nach US-GAAP, in: Der Betrieb 2001, S. 713-720.

Pellens, B./ Hillebrandt, F./ Tomaszewski, C. (2000): Value Reporting – Eine empirische Analyse der DAX-Unternehmen, in: Wertorientiertes Management, hrsg. von A. Wagenhofer und G. Hrebicek, Stuttgart 2000, S. 177-207.

Peltzer, M. (1981): Die Haftung des Aufsichtsrats bei Verletzung der Überwachungspflicht, in: Wertpapier-Mitteilungen 1981, S. 346-352.

Penrose, E.T. (1959): The theory of the growth of the firm, Oxford 1959.

Pfaff, D. (1998): Wertorientierte Unternehmenssteuerung, Investitionsentscheidungen und Anreizprobleme, in: Betriebswirtschaftliche Forschung und Praxis 1998, S. 491-516.

Pfitzer, N./ Füser, K./ Meireis, K./ Wulfkühler, S. (2002): Risikomanagement in der WP-Praxis, in: Der Betrieb 2002, S. 2005-2009.

Pfitzer, N./ Oser, P./ Orth, C. (2002): Zur Reform des Aktienrechts, der Rechnungslegung und Prüfung durch das TransPubG, in: Der Betrieb 2002, S. 157-165.

Picot, A. (1991): Ökonomische Theorien der Organisation – Ein Überblick über neuere Ansätze und deren betriebswirtschaftliches Anwendungspotential, in: Betriebswirtschaftslehre und ökonomische Theorie, hrsg. von D. Ordelheide, B. Rudolph und E. Büsselmann, Stuttgart 1991, S. 143-170.

Pollanz, M. (1999a): Ganzheitliches Risikomanagement im Kontext einer wertorientierten Unternehmensführung (Risk Adjusted Balanced Scorecarding), in: Der Betrieb 1999, S. 1277-1281.

Pollanz, M. (1999b): Konzeptionelle Überlegungen zur Einrichtung und Prüfung eines Risikomanagementsystems – Droht eine Mega-Erwartungslücke?, in: Der Betrieb 1999, S. 393-399.

Popper, K.R. (1959): The Logic of Scientific Discovery, London 1959.

Porter, M.E. (1980): Competitive Strategy, New York 1980.

Porter, M.E. (1986): Wettbewerbsvorteile, Frankfurt a.M. 1986.

Portisch, W. (1997): Überwachung und Berichterstattung des Aufsichtsrats im Stakeholder-Agency-Modell, Frankfurt a.M. et al. 1997.

Poseck, R. (1997): Die strafrechtliche Haftung der Mitglieder des Aufsichtsrats einer Aktiengesellschaft, Baden Baden 1997.

Posner, R. (1972): Economic Analysis of Law, Boston 1972.

Posner, R. (1978): Recht und Ökonomie: Eine Einführung, in: Ökonomische Analyse des Rechts, hrsg. von H.D. Assmann, C. Kirchner und E. Schanze, Kronberg 1978, S. 93-112.

Posner, R. (1998): Economic Analysis of Law, 5. Aufl., Boston 1998.

Potthoff, E. (1996): Board-System versus duales System der Unternehmensverwaltung – Vor- und Nachteile, in: Betriebswirtschaftliche Forschung und Praxis 1996, S. 253-268.

Potthoff, E./ Trescher, K. (1994): Das Aufsichtsratsmitglied, 2. Aufl. Stuttgart 1994.

Pratt, J.W./ Zeckhauser, R.J. (1985): Principals and Agents: An Overview, in: Principals and Agents: The Structure of Business, hrsg. von J.W. Pratt and R.J. Zeckhauser, Boston 1985, S. 1-35.

Preußner, J./ Zimmermann, D. (2002): Risikomanagement als Gesamtaufgabe des Vorstandes, in: Die Aktiengesellschaft 2002, S. 657-662.

PriceWaterhouseCoopers (2003): Immaterielle Werte und andere weiche Faktoren in der Unternehmensberichterstattung – eine Bestandsaufnahme, Industiestudie in Kooperation mit der Technischen Universität Dresden, Frankfurt a.M. 2003.

Pritsch, G./ Hommel, U. (1997): Hedging im Sinne des Aktionärs, in: Die Betriebswirtschaft 1997, S. 672-693.

Pritzer, B. (1999): Risikomanagement als wettbewerbliche Notwendigkeit, in: Das Kontroll- und Transparenzgesetz, hrsg. von B. Saitz und F. Braun, Wiesbaden 1999, S. 146 -167.

Raiser, T. (1996): Pflicht und Ermessen von Aufsichtsratsmitgliedern, in: Neue Juristische Wochenschrift 1996, S. 552-554.

Rappaport, S. (1978): Executive incentives vs. Corporate growth, in: Harvard Business Review 4/1978, S. 81-88.

Rappaport, S. (1986): Creating Shareholder Value. The New Standard for Business Performance, New York/ London 1986.

Rappaport, S. (1988): Economic Methodology – Rhetoric or Epistemology, in: Economics and Philosophy 1988, S. 157.

Rappaport, S. (1999): Shareholder Value, 2. Aufl., Stuttgart 1999.

Raster, M. (1995): Shareholder-Value-Management, Wiesbaden 1995.

Rau-Bredow, H. (2002): Value at Risk, Normalverteilungshypothese und Extremwertverhalten, in: Finanz-Betrieb 2002, S. 603-607.

Regierungskommission (2001): Bericht der „Regierungskommission Corporate-Governance" zu Unternehmensführung – Unternehmenskontrolle – Modernisierung des Aktienrechts, Berlin 2001.

Reichelt, H. (1998): Die Institution des Aufsichtsrats in der deutschen Aktiengesellschaft: Reformüberlegungen aus historischer Perspektive, Stuttgart 1998.

Reichert, J. (2002): Aktionärsrechte und Anlegerschutz - Stellungnahme zu den Vorschlägen der Corporate Governance Kommission, in: Corporate Governance, hrsg. von P. Hommelhoff, Heidelberg 2002, S. 166-201.

Reichert, J./ Weller, M.P. (2002): Haftung von Kontrollorganen, in: Zeitschrift für Rechtspolitik 2002, S. 49-96.

Reichmann, T./ Richter, H. (2001): Integriertes Chancen- und Risikomanagement mit der Balanced Chance- and Risk-Card auf der Basis eines mehrdimensionalen Informationsversorgungskonzeptes, in: Neuere Ansätze der Betriebswirtschaftslehre, hrsg. von G. Lassmann, Berlin 2001, S. 177-205.

Reimann, B.C. (1988): "Managing for the Shareholder: An Overview of Value-Based Planning", in: Planning Review 1/1988, S. 10-22.

Richter, F. (1998): Konzeption eines marktwertorientierten Steuerungs- und Überwachungssystems, 2. Aufl., Frankfurt a.M. et al. 1998.

Richter, R./ Furubotn, E.G. (1999): Neue Institutionenökonomik, 2. Aufl., Tübingen 1999.

Rittner, F. (1995): Anmerkung zu OLG Düsseldorf vom 22.06.95 – 6 U 104/94, in: Entscheidungen zum Wirtschaftsrecht (EwiR) § 116 AktG 1995, S. 629-630.

Röder, K. (2002): Ad hoc-Publizität, in: Handwörterbuch der Rechnungslegung und Prüfung, hrsg. von W. Ballwieser, A.G. Coenenberg und K. v. Wysocki, 3. Aufl., Stuttgart 2002, Sp. 35-42

Roland, H. (2000): Wertorientierte Unternehmensführung in der Praxis, in: Zeitgerechtes Controlling, hrsg. von B.R.A. Sierke, Wiesbaden 2000, S. 23- 43.

Roll, R./ Ross, S. (1980): An Empirical Investigation of the Arbitrage Pricing Theory, in: The Journal of Finance 1980, S. 1073-1103.

Ross, S.A. (1973): The Economic Theory of Agency: The Principal' s Problem, in: American Economic Association 1973, S. 134-139.

Ross, S.A. (1976): The Arbitrage Pricing Theory of Capital Asset Pricing, in: Journal of Economic Theory 1976, S. 341-360.

Rössler, S. (2001): Reform der Überwachungsarbeit des Aufsichtsrats durch das KonTraG, in: Die deutsche Rechnungslegung und Wirtschaftsprüfung im Umbruch, Festschrift für T. Strobel, hrsg. von C.C. Freidank, München 2001, S. 429-469.

Röttger, B. (1994): Das Konzept des Added Value als Maßstab für finanzielle Performance. Darstellung und Anwendung auf deutsche Aktiengesellschaften, Kiel 1994.

Ross, S.A./ Westerfield, R.W./ Jaffe, J.F. (1990): Corporate Finance, 2. Aufl., Homewood (Illinois) 1990.

Roth, M. (2001) : Unternehmerisches Ermessen und Haftung des Vorstands, Köln 2001.

Roventa, P. (1979): Portfolio-Analyse und Strategisches Management, München 1979.

Rubinfield, D. (1987): The Efficiency of Comparative Negligence, in: The Journal of Legal Studies 1987, S. 375-394.

Rudolf, M. (2000): Monte Carlo Simulation im Risikomanagement, in: Wirtschaftswissenschaftliches Studium 2000, S. 381-387.

Rudolph, B. (1979): Zur Theorie des Kapitalmarktes. Grundlagen, Erweiterungen und Anwendungsbereiche des "Capital Asset Pricing Model (CAPM)", in: Zeitschrift für Betriebswirtschaft 1979, S. 1034-1067.

Rudolph, B. (1986): Neuere Kapitalkostenkonzepte auf der Grundlage der Kapitalmarkttheorie, in: Zeitschrift für betriebswirtschaftliche Forschung 1986, S. 892-898.

Rudolph, B. (1993): Kapitalmarkttheorie, in: Handwörterbuch der Betriebswirtschaft, 5. Aufl., hrsg. von W. Wittmann et al., Stuttgart 1993, Sp. 2113-2125.

Ruffner, M. (2000): Sorgfalts- und Treuepflichten und die Versicherbarkeit von Haftungsrisiken in Publikumsaktiengesellschaften – Eine ökonomische Analyse, in: Zeitschrift für Schweizerisches Recht 2000, S. 199-233.

Ruhnke, K. (2003): Glaubwürdige Unternehmensinformationen: Quo Vadis?, in: Der Betrieb 2003, S. I.

Rühli, E. (1995): Ressourcenmanagement: Strategischer Erfolg dank Kernkompetenzen, in: Die Unternehmung 1995, S. 91-105.

Sach, A. (1993): Kapitalkosten der Unternehmung und ihre Einflußfaktoren, St. Gallen 1993.

Saitz, B. (1999): Risikomanagement als umfassende Aufgabe der Geschäftsführung, in: Das Kontroll- und Transparenzgesetz, hrsg. von B. Saitz und F. Braun, Wiesbaden 1999, S. 69-98.

Salzberger, W. (2000): Die Überwachung des Risikomanagements durch den Aufsichtsrat – Überwachungspflichten und haftungsrechtliche Konsequenzen, in: Die Betriebswirtschaft 2000, S. 756-773.

Salzberger, W. (2003): Sarbanes-Oxley Act of 2002, in: Wirtschaftswissenschaftliches Studium 2003, S. 165-166.

Scharpf, P. (2000): Finanzrisiken, in: Praxis des Risikomanagements, hrsg von D. Dörner, P. Horvath und H. Kagermann 2000, S. 253-282.

Schäfer, J.G. (2001): Das Überwachungssystem nach § 91 Abs. 2 AktG unter Berücksichtigung der besonderen Pflichten des Vorstands, Köln 2001.

Schäfer, H.B./ Ott, Claus (1995): Lehrbuch der ökonomischen Analyse des Zivilrechts, 2. Aufl., Berlin et al. 1995.

Scheffler, E. (1993): Der Aufsichtsrat - nützlich oder überflüssig?, in: Zeitschrift für das gesamte Handels- und Wirtschaftsrecht 1993, S. 63-75.

Scheffler, E. (1994): Die Überwachungsaufgabe des Aufsichtsrats im Konzern, in: Der Betrieb 1994, S. 793-799.

Scheffler, E. (1995a): Betriebswirtschaftliche Überlegungen zur Entwicklung von Grundsätzen ordnungsmäßiger Überwachung der Geschäftsführung durch den Aufsichtsrat, in: Die Aktiengesellschaft 1995, S. 207-212.

Scheffler, E. (1995b): Aufsichtsrat und Abschlußprüfer als Überwachungsorgane der Aktiengesellschaft, in: Internationale Wirtschaftsprüfung, hrsg. von. J. Lanfermann, Düsseldorf 1995, S. 653- 680.

Scheffler, E. (2000): Aufsichtsrat und Beirat als Teil des Risiko- und Überwachungsmanagement eines Unternehmens, in: Praxis des Risikomanagements, hrsg von D. Dörner/ P. Horvath/ H. Kagermann 2000, S. 837-860.

Scheffler, E. (2002): Die Berichterstattung des Abschlussprüfers aus der Sicht des Aufsichtsrates, in: Die Wirtschaftsprüfung 2002, S. 1289-1300.

Schendel, D.E./ Hofer, C.W. (1979): Strategic Management – A New View of Business Policy and Planning, Boston 1979.

Schichold, B. (2001): Die Überwachung des Risikomanagement-Systems durch den Aufsichtsrat einer Aktiengesellschaft, in: Die deutsche Rechnungslegung und Wirtschaftsprüfung im Umbruch, Festschrift für T. Strobel, hrsg. von C.C. Freidank, München 2001, S. 395-427.

Schiffer, K.J. (2002): Aufsichtsräte und der neue Corporate-Governance-Kodex, in: Steuern und Bilanzen-Rechtsrundschau 2002, S. 879-881.

Schinle, M. (1987): Risiko-Management der mittelgrossen Unternehmung: ein Überlebenskonzept, St. Gallen 1987.

Schlömer, R. (1985): Das aktienrechtliche Überwachungssystem unter Berücksichtigung der Besonderheiten von Unternehmenskrisen, Bergisch Gladbach 1985.

Schmidbauer, R. (1998): Konzeption eines unternehmenswertorientierten Beteiligungs-Controlling im Konzern, Frankfurt a.M. et al. 1998.

Schmidbauer, R. (2000): Risikomanagement im Kontext wertorientierter Unternehmensführung, in: Der Betrieb 2000, S. 153-164.

Schmidbauer, R. (2003): Das EVA-Konzept: Attraktiv oder hässlich im Sinne einer unternehmenswertorientierten Unternehmenssteuerung, in: Deutsches Steuerrecht 2003, S. 1408-1414.

Schmidt, J.G. (1995): Die Discounted Cash-Flow-Methode - nur eine kleine Abwandlung der Ertragswertmethode?, in: Zeitschrift für betriebswirtschaftliche Forschung 1995, S. 1088-1118.

Schmidt, P.-J. (1996): Überlegungen zur Erweiterung der gesetzlichen Regelungen über die Abschlussprüfung, in: Betriebswirtschaftliche Forschung und Praxis 1996, S. 52-75.

Schmidt, R.H. (1986): Grundzüge der Investitions- und Finanzierungstheorie, Wiesbaden 1986.

Schmidt, R.H. (1988): Neuere Property-Rights-Analysen in der Finanzierungstheorie, in: Betriebswirtschaftslehre und Theorie der Verfügungsrechte, hrsg. von D. Budäus, E. Gerum und G. Zimmermann, Wiesbaden 1988, S. 239-268.

Schmidt, R.H. (1992): Grundzüge der Investitions- und Finanzierungstheorie, 2. Aufl., Wiesbaden 1992.

Schmidt, R.H. (1993): Das Shareholder Value-Konzept, in: Die deutsche Aktie. Unternehmensfinanzierungen und Vermögenspolitik vor neuen Herausforderungen, hrsg. von U. Fritsch, G. Liener und R.H. Schmidt, Stuttgart 1993, S. 277-296.

Schmidt, R.H./ Schor, G. (1987): Modell und Erklärung in den Wirtschaftswissenschaften, in: Modelle in der Betriebswirtschaftslehre, hrsg. von R.H. Schmidt und G. Schor, Wiesbaden 1987, S. 9-36.

Schneider, D. (1987a): Agency Costs and Transaction Costs: Flops in the Principal-Agent-Theory of Financial Markets, in: Agency-Theory, Information, and Incentives, hrsg. von G. Bamberg und K. Spremann, Berlin 1987, S. 481-494.

Schneider, D. (1987b): Allgemeine Betriebswirtschaftslehre, 3. Aufl., München/ Wien 1987.

Schneider, D. (1988): Grundsätze anreizverträglicher innerbetrieblicher Erfolgsrechnung zur Steuerung und Kontrolle von Fertigungs- und Vertriebsentscheidungen, in: Zeitschrift für Betriebswirtschaft 1988, S. 1181-1192.

Schneider, D. (1989): Marktwirtschaftlicher Wille und planwirtschaftliches Können: 40 Jahre Betriebswirtschaftslehre im Spannungsfeld zur marktwirtschaftlichen Ordnung, in: Zeitschrift für betriebswirtschaftliche Forschung 1989, S. 11-43.

Schneider, D. (1995): Betriebswirtschaftslehre, Bd. 1: Grundlagen, 2. Aufl., München/ Wien/ Oldenbourg 1995.

Schneider, U.H. (1998): Grundsätze – oder Grundregeln ordnungsmäßiger Konzernfinanzierung, in: Der Konzern im Umbruch, hrsg. von M.R. Theisen, Stuttgart 1998, S. 259-274.

Schneider, U.H./ Strenger, C. (2000): Die „Corporate-Governance-Grundsätze" der Grundsatzkommission Corporate Governance (German Panel on Corporate Governance), in: Die Aktiengesellschaft 2000, S. 106-113.

Schönert, O. (1997): Frühaufklärung im internationalen Kontext, Wiesbaden 1997.

Schor, G. (1991): Zur rationalen Lenkung ökonomischer Forschung, Frankfurt a.M. 1991.

Schreib, P. (1996): Reform des Aufsichtsrats aus der Sicht der Aktionäre, in: Betriebswirtschaftliche Forschung und Praxis 1996, S. 285-291.

Schreyögg, G./ Steinmann, H. (1985): Strategische Kontrolle, in: Zeitschrift für betriebswirtschaftliche Forschung 1985, S. 391-410.

Schreyögg, G./ Steinmann, H. (1987): Strategic Control - A New Perspective, in: The Academy of Management Review 1987, S. 91-103.

Schwark, E. (1984): Zum Haftungsmaßstab der Aufsichtsratsmitglieder einer AG, in: Handelsrecht und Wirtschaftsrecht in der Bankpraxis, Festschrift für W. Werner, hrsg. von W. Hadding, Berlin/ New York 1984, S. 841-854.

Schwark, E. (2002): Corporate Governance: Vorstand und Aufsichtsrat, in: Corporate Governance, hrsg. von P. Hommelhoff, Heidelberg 2002, S. 76-117.

Seibert, U. (2000): Die Entstehung des § 91 Abs. 2 AktG im KonTraG – „Risikomanagement" oder „Frühwarnsystem"?, in: Rechtsanwalt und Notar im Wirtschaftsleben, Festschrift für G. Bezzenberger, hrsg. Von H.P. Westermann und K. Mock, Berlin/ New York 2000, S. 427-438.

Seibert, U. (2002a): Aktienrechtsreform in Permanenz?, in: Die Aktiengesellschaft 2002, S. 417-420.

Seibert, U. (2002b): Das „TransPuG", in: Neue Zeitschrift für Gesellschaftsrecht 2002, S. 608-617.

Semler, J. (1983a): Die Unternehmensplanung in der Aktiengesellschaft, in: Zeitschrift für das gesamte Handels- und Wirtschaftsrecht 1983, S. 1-33.

Semler, J. (1983b): Aufgaben und Funktionen des aktienrechtlichen Aufsichtsrats in der Unternehmenskrise, in: Die Aktiengesellschaft 1983, S. 141-148.

Semler, J. (1984): Abgestufte Überwachungspflicht des Aufsichtsrats?, in: Die Aktiengesellschaft 1984, S. 21-22.

Semler, J. (1995): Unternehmensüberwachung durch den Kapitalmarkt, in: Corporate Governance: Unternehmensüberwachung auf dem Prüfstand, hrsg. von A. Picot, Stuttgart 1995, S. 29-87.

Semler, J. (1996): Leitung und Überwachung der Aktiengesellschaft, 2. Aufl., Köln et al. 1996.

Serfling, K./ Marx, M. (1990a): Capital Asset Pricing-Modell, Kapitalkosten und Investitionsentscheidungen (I), in: Das Wirtschaftsstudium 1990, S. 364-369.

Serfling, K./ Marx, M. (1990b): Capital Asset Pricing-Modell, Kapitalkosten und Investitionsentscheidungen (II), in: Das Wirtschaftsstudium 1990, S. 425-429.

Serfling, K./ Pape, U. (1996): Strategische Unternehmensbewertung und Discounted Cash Flow-Methode, in: Das Wirtschaftsstudium 1996, S. 57-64.

Sharpe, W.F. (1964): Capital Asset Prices: A Theory of Market Equilibrium under Conditions of Risk, in: Journal of Finance 1964, S. 425-442.

Sharpe, W.F./ Alexander, G.J. (1990): Investments, 4. Aufl. New Jersey 1990.

Shavell, S. (1979): Risk Sharing and Incentives in the Principal Agent Relationship, in: Bell Journal of Economics 1979, S. 55-73.

Sieben, G. (1969): Die Bewertung von Unternehmen auf Grund von Erfolgsplänen bei heterogenen Zielen, in: Unternehmerische Planung und Entscheidung, Festschrift für H. Münstermann, hrsg. von W. Busse v. Colbe und P. Meyer-Dohm, Bielefeld 1969, S. 71-100.

Sieben, G. (1995): Unternehmensbewertung: Discounted Cash Flow-Verfahren und Ertragswertverfahren - zwei völlig unterschiedliche Ansätze?, in: Internationale Wirtschaftsprüfung, hrsg. von J. Lanfermann, Düsseldorf 1995, S. 715-737.

Sieg, O. (2002): Tendenzen und Entwicklungen der Managerhaftung in Deutschland, in: Der Betrieb 2002, S. 1759-1764.

Siegert, T. (1995): Shareholder Value als Lenkungsinstrument, in: Zeitschrift für betriebswirtschaftliche Forschung 1995, S. 580-607.

Siegert, T./ Böhme, M./ Pfingsten, F./ Picot, A. (1997): Marktwertorientierte Unternehmensführung im Lebenszyklus, in: Zeitschrift für betriebswirtschaftliche Forschung 1997, S. 471-488.

Sihler, H. (2001): Unternehmensüberwachung: Erfahrungen eines Aufsichtsratsvorsitzenden, in: Die Wirtschaftsprüfung-Sonderheft 2001, S. 11-14.

Simon, H. (1957): Models of Man, Wiley/ New York 1957.

Simon, Herm. (1988): Management strategischer Wettbewerbsvorteile, in: Zeitschrift für Betriebswirtschaft 1988, S. 461-480.

Sjurts, I. (2000): Kollektive Unternehmensstrategie: Grundfragen einer Theorie kollektiven strategischen Handelns, Wiesbaden 2000.

Soll, R./ Labes, H.W. (1999): Der Einfluß des KonTraG auf das Wechselspiel zwischen Interner Revision und Abschlussprüfer, in: Das Kontroll- und Transparenzgesetz, hrsg. von B. Saitz und F. Braun, Wiesbaden 1999, S. 195-205.

Spindler, G. (2002): Neuregelungen des Kapitalmarkt- und Börsenrechts zum Anlegerschutz?- zur gesellschafts- und wirtschaftsrechtlichen Abteilung des 64. Deutschen Juristentages, in: Deutsches Steuerrecht 2002, S. 1576-1587.

Spremann, K. (1990): Asymmetrische Information, in: Zeitschrift für betriebswirtschaftliche Forschung 1990, S. 561-586.

Spremann, K. (1991a): Probleme der Erfolgsmessung, in: Wirtschaftswoche vom 20.09.1991, S. 90-96.

Spremann, K. (1991b): Investition und Finanzierung, 4. Aufl., München 1991.

Spremann, K. (1995): Hilft die Agency-Theorie bei der praktischen Gestaltung von Arbeitsbeziehungen?, in: Die Betriebswirtschaft 1995, S. 130-134.

Spremann, K. (2002): Finanzanalyse und Unternehmensbewertung, München 2002.

Staehle, W.H. (1999): Management: eine verhaltenswissenschaftliche Perspektive, 8. Aufl., München 1999.

Stambaugh, R.F. (1982): On the Exclusion of Assets from Tests of the Two-Parameter Model, in: Journal of Financial Economics 1982, S. 237-268.

Statistisches Jahrbuch (2002): Statistisches Jahrbuch 2002 für die Bundesrepublik Deutschland, hrsg. vom Statistischen Bundesamt, Wiesbaden 2002.

Stegemeyer, W. (2001): Der Vergleich von Abschlussprüfung und Unternehmensberatung aus der Perspektive der Agency- und der Signalling-Theorie, Dissertationsschrift an der Universität Marburg 2001.

Stein v., J.H. (1985): Rescue Operations in Business Crisis, in: Corporate Governance Directors Liabilities, hrsg. von: K.J. Hopt und G. Teubner, Berlin et al. 1985.

Steinbeck, C. (1992): Überwachungspflicht und Einwirkungsmöglichkeiten des Aufsichtsrats in der Aktiengesellschaft, Berlin 1992.

Steiner, M./ Bauer, C. (1992): Die fundamentale Analyse und Prognose des Marktrisikos deutscher Aktien, in: Zeitschrift für betriebswirtschaftliche Forschung 1992, S. 347-368.

Steinmann, H./ Gerum, E. (1980): Unternehmenspolitik in der mitbestimmten Unternehmung. Empirische Befunde zum Einfluß des Aufsichtsrats von Aktiengesellschaften, in: Die Aktiengesellschaft 1980, S. 1-10.

Steinmann, H./ Klaus, H. (1987): Zur Rolle des Aufsichtsrates als Kontrollorgan, in: Die Aktiengesellschaft 1987, S. 29-34.

Steinmann, H./ Schreyögg, G. (1986): Zur organisatorischen Umsetzung der strategischen Kontrolle, in: Zeitschrift für betriebswirtschaftliche Forschung 1986, S. 747-765.

Steinmann, H./ Schreyögg, G. (2000): Management: Grundlagen der Unternehmensführung, 5. Aufl., Wiesbaden 2000.

Stern, J. (1993): Value and People Management, in: Corporate Finance 7/1993, S. 35-37.

Stern, J.M./ Stewart, G.B./ Chew, D.H. (1995): The EVA Financial Management System, in: Journal of Applied Corporate Finance 8/95, S. 32-40.

Stewart, G.B. (1999): The Quest for Value, New York 1999.

Stigler, G.J./ Friedland, C. (1983): The Literature of Economics: the Case of Berle and Means, in: The Journal of Law and Economics 1983, S. 237-268.

Stiglitz, J.E. (1974): Incentives and Risk Sharing in Sharecropping, in: Review of Economic Studies 1974, S. 219-255.

Strieder, T. (2002): Abgrenzung der Regelberichterstattung von der Ad-hoc-Publizität, in: Finanz-Betrieb 2002, S. 735-739.

Strobel, W. (2001): Reform der Unternehmensüberwachung durch den Aufsichtsrat der Aktiengesellschaft, in: Investororientierte Unternehmenspublizität – Neue Entwicklungen von Rechnungslegung, Prüfung und Jahresabschlußanalyse, Wiesbaden 2001, S. 527-569.

Süchting, J. (1995): Finanzmanagement. Theorie und Politik der Unternehmensfinanzierung, 6. Aufl., Wiesbaden 1995.

Sünner, E. (2000): Effizienz von Unternehmensorganen als Grundsatz der Corporate Governance, in: Die Aktiengesellschaft 2000, S. 492-498.

Terberger, E. (1994): Neo-institutionalistische Ansätze, Wiesbaden 1994.

Theisen, M.R. (1987): Überwachung der Unternehmensführung: betriebswirtschaftliche Ansätze zur Entwicklung erster Grundsätze ordnungsmäßiger Unternehmensführung, Stuttgart 1987.

Theisen, M.R. (1993a): Haftung und Haftungsrisiko des Aufsichtsrats, in: Die Betriebswirtschaft 1993, S. 295-318.

Theisen, M.R. (1993b): Die Rechtsprechung zum Mitbestimmungsgesetz 1976, eine dritte Zwischenbilanz, in: Die Aktiengesellschaft 1993, S. 49-68.

Theisen, M.R. (1995a): Zwischenbilanz zur Diskussion über das Verhältnis zwischen Aufsichtsrat und Wirtschaftsprüfer, in: Wirtschaftsprüferkammer-Mitteilungen 1995, S. 185-195.

Theisen, M.R. (1995b): Grundsätze ordnungsgemäßer Kontrolle und Beratung der Geschäftsführung durch den Aufsichtsrat, in: Die Aktiengesellschaft 1995, S. 193-203.

Theisen, M.R. (1996a): Grundsätze einer ordnungsmäßigen Information des Aufsichtsrats, 2. Aufl., Stuttgart 1996.

Theisen, M.R. (1996b): Meinungsspiegel, in: Betriebswirtschaftliche Forschung und Praxis 1996, S. 313-314.

Theisen, M.R. (1999a): Zur Reform des Aufsichtsrats – Eine betriebswirtschaftliche Bestandsanalyse und Perspektive, in: Reform des Aktienrechts, der Rechnungslegung und Prüfung, hrsg. von D. Dörner, D. Menold und N. Pfitzer, Stuttgart 1999, S. 203-252.

Theisen, M.R. (1999b): Interne Revision, Controller und Abschlussprüfer – Gehilfen des Aufsichtsrats und Beirats?, in: Reform des Aktienrechts, der Rechnungslegung und Prüfung, Stuttgart 1999, S. 49-64.

Theisen, M.R. (1999c): Aufsichtsrats-Informationssysteme, in: Rechnungswesen als Instrument für Führungsentscheidungen, Festschrift für A.G. Coenenberg, hrsg. Von H.P. Möller, Wiesbaden 1999, S. 75-90.

Theisen, M.R. (2003a): Risikomanagement als Herausforderung für die Corporate Governance, in: Betriebs-Berater 2003, S. 1426-1430.

Theisen, M.R. (2003b): Herausforderung Corporate Governance, in: Die Betriebswirtschaft 2003, S. 441-464.

Theisen, M.R./ Salzberger, W. (1997): Die Berichterstattung des Aufsichtsrats, in: Der Betrieb 1997, S. 105-115.

Thümmel, R.C. (1997): Manager- und Aufsichtsratshaftung nach dem Referentenentwurf zur Änderung des AktG und des HGB, in: Der Betrieb 1997, S. 261-264.

Thümmel, R.C. (1998): Persönliche Haftung von Managern und Aufsichtsräten, 2.Aufl., Stuttgart et al. 1998.

Thümmel, R.C. (1999): Aufsichtsräte in der Pflicht? – Die Aufsichtsratshaftung gewinnt Konturen, in: Der Betrieb 1999, S. 885-888.

Thümmel, R.C./ Sparberg, M. (1995): Haftungsrisiken der Vorstände, Geschäftsführer, Aufsichtsräte und Beiräte sowie deren Versicherbarkeit, in: Der Betrieb 1995, S. 1013-1019.

Tielmann, S. (2001): Wie können sich Aufsichtsrat und Abschlußprüfer noch besser ergänzen?, in: Wirtschaftsprüfung-Sonderheft 2001, S. 25-30.

Tietzel, M. (1981): „Annahmen“ in der Wirtschaftstheorie, in: Zeitschrift für Wirtschafts- und Sozialwissenschaften 1981, S. 237-265.

Timmreck, C. (2002): ß-Faktoren - Anwendungsprobleme und Lösungsansätze, in: Finanz-Betrieb 2002, S. 300-307.

Tirole, J. (1986): Hierarchies and Bureaucracies: On the Role of Collusion in Organizations, in: Journal of Law, Economics and Organization 1986, S. 181-214.

Trescher, K. (1995): Aufsichtsratshaftung zwischen Norm und Wirklichkeit, in: Der Betrieb 1995, S. 661-665.

Trumpp, A. (1995): Kooperation unter asymmetrischer Information: eine Verbindung von Prinzipal-Agenten-Theorie und Transaktionskostenansatz, Neuried 1995.

Trützschler, K. (2000): Wertorientierte Unternehmensführung im RAG-Konzern, in: Wertorientierte Konzernführung, hrsg. von K. Küting und C.-P. Weber, Stuttgart 2000, S. 291-318.

Ulen, T.S. (1999): Standards und Direktiven im Lichte begrenzter Rationalität, in: Die Präventivwirkung zivil- und strafrechtlicher Sanktionen: Beiträge zum VI. Travemünder Symposium zur ökonomischen Analyse des Rechts, hrsg. Von C. Ott und H.B. Schäfer, Tübingen 1999, S. 347-380.

Ulmer, P. (1980): Aufsichtsratsmandat und Interessenkollision, in: Neue Juristische Wochenschrift 1980, S. 1603-1607.

Ulmer, P. (1999): Die Aktionärsklage als Instrument zur Kontrolle des Vorstands- und Aufsichtsratshandelns, in: Zeitschrift für das gesamte Handels- und Wirtschaftsrecht 1999, S. 290-342.

Verrecchia, R.E. (1986): Managerial Discretion in the Choice among Financial Reporting Alternatives, in: Journal of Accounting and Economics 1986, S. 175-195.

Vogelsang, G. (1988): Unternehmenskrisen - Hauptursachen und Wege zu ihrer Überwindung, in: Zeitschrift für betriebswirtschaftliche Forschung 1988, S. 100-111

Vogler, M./ Engelhard, S./ Gundert, M. (2000): Risikomanagementsysteme – Stand der Umsetzung, in: Der Betrieb 2000, S. 1425-1430.

Vogler, M./ Gundert, M. (1998): Einführung von Risikomanagementsystemen, in: Der Betrieb 1998, S. 2377-2383.

Volkart, R. (1983): Gedanken zur Gestaltung der Kapitalstruktur, in: Die Unternehmung 1983, S. 3-23.

Volkart, R. (1994): Begriff und Informationsgehalt des Cash-Flow, in: Der Schweizer Treuhänder 1994, S. 23-31.

Wagenhofer, A. (1996): Anreizsysteme in Agency-Modellen mit mehreren Aktionen, in: Die Betriebswirtschaft 1996, S. 155-165.

Weber, A. (2000): Wertorientierte Unternehmensführung – Der Werttreiber-Ansatz von DaimlerChrysler, in: Wertorientierte Konzernführung, hrsg. von K. Küting und C.-P. Weber, Stuttgart 2000, S. 277-289.

Weber, B. (1991): Beurteilung von Akquisitionen auf der Grundlage des Shareholder Value, in: Betriebswirtschaftliche Forschung und Praxis 1991, S. 221-232.

Weber, M. (2002): Formen und Ausgestaltungsmöglichkeiten von Stock Options in der internationalen Praxis, in: Stock Options, hrsg. von A.K. Achleitner und P. Wollmert 2002, Stuttgart 2002, S. 25-44.

Weber, J./ Weißenberger, B./ Liekweg, A. (1999): Ausgestaltung eines unternehmerischen Chancen- und Risikomanagements nach dem KonTraG, in: Deutsches Steuerrecht 1999, S. 1710-1716.

Wefers, M. (2000): Strategische Unternehmensführung mit der Balanced Scorecard, in: Wertorientierte Konzernführung, hrsg. von K. Küting und C.-P. Weber, Stuttgart 2000, S. 235-264.

Wegmann, J. (1988): Die Unternehmensbewertung als Grundlage der Sanierungsprüfung, in: Betriebs-Berater 1988, S. 801-810.

Weidemann, M. (2001): Der australisch-neuseeländische Standard AS/NZS 4360:1999 zum Risikomanagement, in: Die Betriebswirtschaft 2001, S. 2613-2618.

Weißenberger, B.E. (1997): Die Informationsbeziehung zwischen Management und Rechnungswesen: Analyse institutionaler Koordination, Wiesbaden 1997.

Wellkamp, L. (1993): Die Haftung von Geschäftsleitern im Konzern, in: Wertpapiermitteilungen, Zeitschrift für Wirtschafts- und Bankrecht, S. 2155-2159.

Wenger, E. (1981): Unternehmenserhaltung und Gewinnbegriff, Wiesbaden 1981.

Wenger, E. (1987): Managementanreize und Kapitalallokation, in: Jahrbuch für Neue Politische Ökonomie, hrsg. von E. Boettcher, P. Herder-Dornreich und K.-E. Schenk, Tübingen 1987, S. 217-239.

Wenger, E. (1989): Allgemeine Betriebswirtschaftslehre und ökonomische Theorie, in: Die Betriebswirtschaftslehre im Spannungsfeld zwischen Generalisierung und Spezialisierung, Festschrift für E. Heinen, hrsg. von W. Kirsch und A. Picot, Wiesbaden 1989, S. 155-181.

Wenger, E. (1990): Die Rolle der Banken in der Industriefinanzierung und in der Unternehmenskontrolle am Beispiel der Bundesrepublik Deutschland, in: Wirtschaftspolitische Blätter 1990, S. 155-168.

Wenger, E. (1997): Aktienoptionsprogramme für Manager aus Sicht des Aktionärs, in: Stock Options und Shareholder Value, hrsg. von H. Meffert und K. Backhaus, Münster 1997, S. 51-69.

Wenger, E. (2001): Diskussionsbeitrag, in: Konzernmanagement: Corporate Governance und Kapitalmarkt, hrsg. von H. Albach, Wiesbaden 2001, S. 321-322.

Wenger, E./ Terberger, E. (1988): Die Beziehung zwischen Agent und Prinzipal als Baustein einer ökonomischen Theorie der Organisation, in: Wirtschaftswissenschaftliches Studium 1988, S. 506-514.

Wenger, E./ Kaserer, C. (1998): German banks and Corporate Governance: a critical view, in: Comparative corporate governance: the state of the art and emerging research, Hamburg 1998, S. 499-536.

Wenger, E./ Knoll, L. (1998): Aktienkursgebundene Management-Anreize. Erkenntnisse der Theorie und Defizite der Praxis, in: Betriebswirtschaftliche Forschung und Praxis 1999, S. 565-591.

Werder v., A. (1997): Corporate Governance: Vertragen sich die deutsche Unternehmensverfassung und das Shareholder Value-Prinzip, in: Zeitschrift für Betriebswirtschaft-Ergänzungsheft 4/97 S. 9-15.

Werder v., A. (1998): Shareholder Value-Ansatz als (einzige) Richtschnur des Vorstandshandelns?, in: Zeitschrift für Unternehmens- und Gesellschaftsrecht 1998, S. 69-91.

Werder v., A. (2001): Grundsätze ordnungsmäßiger Unternehmensleitung im Konzern – Weiterentwicklung genereller Managementstandards für die Konzernunternehmung, in: Konzernmanagement, hrsg. von Horst Albach, Wiesbaden 2001, S. 147-173.

Werder v., A. (2002): Der deutsche Corporate Governance Kodex: Grundlagen und Einzelbestimmungen, in: Der Betrieb 2002, S. 801-810.

Werder v., A../ Feld, C. (1996): Sorgfaltsanforderungen der US-amerikanischen Rechtsprechung an das Top Management, in: Recht der internationalen Wirtschaft 1996, S. 481-493.

Wernerfelt, B. (1984): A resource-based view of the firm, in: Strategic Management Journal 1984, S. 171-180.

Weston, J.F./ Copeland, T.E. (1992): Managerial Finance, 9. Aufl., Fort Worth et al. 1992.

Weston, J.F./ Chung, K.S./ Hoag, S.E. (1990): Mergers, Restructuring, and Corporate Control, Englewood Cliffs 1990.

Westphalen v., S. (2000): Derivatgeschäfte, Risikomanagement und Aufsichtsratshaftung, Baden Baden 2000.

Wiese, G. (2000): Verantwortlichkeit des Aufsichtsrats – Aktuelle Entwicklungen im Bereich der Corporate Governance, in: Der Betrieb 2000, S. 1901-1905.

Wild, J. (1981): Grundlagen der Unternehmensplanung, Opladen 1981.

Wilde, K.D. (1989): Bewertung von Produkt-Markt-Strategien, Berlin 1989.

Williams, J. (1987): Perquisites, Risk and Capital Structure, in: Journal of Finance 1987, S. 29-48

Williamson, O. E. (1985): The Economic Institutions of Capitalism, New York 1985.

Witt, P. (2000): Corporate Governance im Wandel, in: Zeitschrift für Organisation 2000, S. 159-163.

Wittmann, E. (1999): Organisatorische Einbindung des Risikomanagements, in: Das Kontroll- und Transparenzgesetz, hrsg. von B. Saitz und F. Braun, Wiesbaden 1999, S. 129-144.

Wittmann, E. (2000): Risikomanagement im internationalen Konzern, in: Praxis des Risikomanagements, hrsg von D. Dörner, P. Horvath und H. Kagermann 2000, S. 789-820.

Wittmann, E./ Spannagl, T. (2000): Risikomanagement – Anforderungen und praktische Umsetzung, in: Wertorientierte Konzernführung, hrsg. Von K. Küting und C.-P. Weber, Stuttgart 2000, S. 35-55.

Wolbert, J. (1999): Die Früherkennung von Risiken mit Hilfe wertorientierter Unternehmensführung, in: Das Kontroll- und Transparenzgesetz, hrsg. von B. Saitz und F. Braun, Wiesbaden 1999, S. 99-113.

Wolbert, J. (2003): Der Aufsichtsrat sollte mit den Augen des Vorstands sehen können, in: Frankfurter Allgemeine Zeitung vom 7. Juli 2003, S. 20.

Wolf, K. (2002): Möglichkeit der Integration assoziierter Unternehmen in das Risikomanagement des beteiligten Unternehmens, in: Die Wirtschaftsprüfung 2002, S. 799-806.

Wolf, K./ Runzheimer, B. (2000): Risikomanagement und KonTraG, 2. Aufl., Wiesbaden 2000.

Wolz, M. (2001): Zum Stand der Umsetzung von Risikomanagemensystemen aus der Sicht börsennotierter Aktiengesellschaften und ihrer Prüfer, in: Die Wirtschaftsprüfung 2001, S. 789-801.

Zens, N.H./ Rehnen, A. (1994): Die Bewertung von Unternehmen und strategischen Geschäftseinheiten mit Hilfe des Shareholder-Value-Konzeptes, in: Wertsteigerungsmanagement, hrsg. von K. Höfner und A. Pohl, Frankfurt a.M. 1994, S. 85-115.

Zündorf, H./ Burger, K.M. (2000): Risikomanagement in der Medienbranche, in: Praxis des Risikomanagements, hrsg. von D. Dörner, P. Horvath und H. Kagermann, Stuttgart 2000, S. 719-750.

Rechtsprechungsverzeichnis:

BGH-Urteile:

BGH (1954): BGH-Urteil vom 15.12.1954, veröffentlicht in: Die Wirtschaftsprüfung 1955, S. 138-142.

BGH (1977): BGH-Urteil vom 04.07.1977 (BGHZ 69, 207, 213).

BGH (1979): BGH Urteil vom 09.07.1979 (BGHZ 75, 96).

BGH (1980): BGH-Urteil vom 21.12.1979, veröffentlicht in: Neue Juristische Wochenschrift 1980, S. 1629-1630.

BGH (1982a): BGH-Urteil vom 25.02.1982 (BGHZ 83, 122, 133f.), veröffentlicht in: Die Aktiengesellschaft 1982, S. 158-164.

BGH (1982b): BGH-Urteil vom 15.11.1982 (BGHZ 85, 293ff.), veröffentlicht in Die Aktiengesellschaft 1983, S. 133-134.

BGH (1985): BGH-Urteil vom 04.03.1985 (BGHZ 94, 55), veröffentlicht in: Die Aktiengesellschaft 1985, S. 217-218.

BGH (1991): BGH Urteil vom 25.03.1991 (BGHZ 114, 127ff.), veröffentlicht in: Der Betrieb 1991, S. 1212-1215.

BGH (1992): BGH-Urteil vom 22.06.1992, veröffentlicht in: Wertpapier-Mitteilungen 1992, S. 1812-1825.

BGH (1997): BGH-Urteil vom 21.04.1997, (BGHZ 135, 244), veröffentlicht in: Der Betrieb 1997, S. 1068-1071.

BGH (2003): BGH-Urteil vom 25.11.2002, veröffentlicht in: Betriebs-Berater 2003, S. 462-466.

LG-Urteile:

LG Stuttgart (1999): Urteil des Landgerichts Stuttgart vom 29.10.1999, veröffentlicht in: Der Betrieb 1999, S. 2462-2464.

LG Bielefeld (2000): Urteil des Landgerichts Bielefeld vom 16.11.1999, veröffentlicht in: Zeitschrift für Wirtschaftsrecht 2000, S. 20-25.

Aufstellung der benutzten Gesetze und Verzeichnisse

Aktiengesetz (AktG) vom 6. September 1965 mit allen späteren Änderungen.

Bürgerliches Gesetzbuch (BGB) vom 18. August 1896 mit allen späteren Änderungen.

Genossenschaftsgesetz (GenG) von 1867 mit allen späteren Änderungen.

Deutscher Corporate Governance Kodex abgedruckt in Steuern und Bilanzen 2002, S. 98-102, Zeitschrift für Wirtschaftsrecht 2003, S. 1316-1320 sowie aufgeführt unter http://www.corporate-governance-code.de.

Deutscher Rechnungslegungsstandard Nr. 5 aufgeführt unter http://www.drsc.de

Gesetz zur Kontrolle und Transparenz im Unternehmensbereich (KonTraG) vom 5. März 1998.

Handelsgesetzbuch (HGB) vom 10. Mai 1897 mit allen späteren Änderungen

Haushaltsgrundsätzegesetz (HGrG) von 1969 mit allen späteren Änderungen.

Sarbanes-Oxley Act (SOA) of 2002 (http://thomas.loc.gov).

Wirtschaftsprüferordnung (WPO) (Gesetz über eine Berufsordnung der Wirtschaftsprüfer) vom 24. Juli 1961 mit allen späteren Änderungen.

FSC
www.fsc.org
MIX
Papier | Fördert
gute Waldnutzung
FSC® C083411

Kolibri 360 GmbH
Ferdinand-Jühlke-Straße 7
99095 Erfurt, Deutschland
produktsicherheit@kolibri360.de

Druck:
CPI Druckdienstleistungen GmbH
im Auftrag der
Kolibri 360 GmbH
Ferdinand-Jühlke-Str. 7
99095 Erfurt